KB059859

독서의
역사

독서의 역사

지은이	알베르토 망구엘
옮긴이	정명진
펴낸이	오세인
펴낸곳	세종서적(주)
주간	정소연
편집	최정미
디자인	조정윤
마케팅	조소영
경영지원	홍성우
인쇄	천광인쇄
출판등록	1992년 3월 4일 제4-172호
주소	서울시 광진구 천호대로132길 15, 세종 SMS 빌딩 3층
전화	경영지원 (02)778-4179, 마케팅 (02)775-7011
팩스	(02)776-4013
홈페이지	www.sejongbooks.co.kr
네이버 포스트	post.naver.com/sejongbooks
페이스북	www.facebook.com/sejongbooks
원고 모집	sejong.edit@gmail.com

1판 1쇄 발행	2000년 1월 13일
15쇄 발행	2014년 5월 10일
2판 1쇄 인쇄	2016년 6월 30일
5쇄 발행	2019년 6월 5일
3판 1쇄 인쇄	2020년 2월 30일
5쇄 발행	2024년 12월 27일

ISBN 978-89-8407-783-6 (03300)

• 잘못 만들어진 책은 바꾸어드립니다.

• 값은 뒤표지에 있습니다.

책과 독서, 인류의 끝없는 갈망과 독서 편력의 서사시

독서의 역사

알베르토 망구엘 지음

정명진 옮김

A History of Reading

세종

차례

마지막 페이지

-연대기적 순서를 뒤엎는 『독서의 역사』

domm. W. de cur tcho.

젊은 날의 아리스토텔레스. 두 발을 편안하게 꼰 채 푹신한 의자에 앉아, 한 손은 옆으로 늘어뜨리고 다른 한 손으로는 이마를 받친 자세로 무릎 위에 펼쳐진 두루마리를 읽고 있다. 베르길리우스[1]가 죽고 1500년의 세월이 더 흐른 뒤에 그려진 그의 초상화. 터번을 쓰고 턱수염을 덥수룩하게 기른 베르길리우스가 한 손으로 유난히 튀어나온 콧등 위에 '틀안경'을 잡고서 책장을 넘기고 있다. 성 도미니크[2]가 넓은 단에 앉아서 오른손으로 턱을 매만지며 두 무릎 위에 펼쳐진 책에 푹 빠져 있다. 세상사에는 관심이 없다. 연인 사이인 파올로와 프란체스카(13세기에 남편의 형제인 파올로와의 간통으로 유명함). 몸을 잔뜩 웅크리고 나무 밑에 앉아서 자신들의 운명을 예고하는 시구를 읽고 있다. 성 도미니크와 마찬가지로 파올로는 한 손으로 턱을 어루만지고 있고, 프란체스카는 자신들이 미처 거기까지는 읽지 못하게 될 페이지에 손가락 두 개를 끼운 채 책을 펼쳐 잡고 있다. 12세기경의 이슬람교도 학생 두 명이 의과대학으로 향하던 길에 발길을 멈추고 자신들이 가지고 있는 책의 어느 구절에 대해 질문을 던지고 있다. 어린 예수가 자기 무릎 위에 펼쳐진 책의 오른쪽 페이지를 가리키면서 사원에 모인 어른들에게 자기가 읽은 대목을 설명하자 어른들은 놀랍기도 하고 납득하기도 어렵고 하여 반박할 근거를 찾느라 각자가 가진 두툼한 책을 헛되이 뒤적이고 있다.

밀라노의 귀족 여성 발렌티나 발비아니의 묘 덮개에 얕게 돋을새김된 그녀의 상(像). 생전 모습 그대로 예쁜 그녀는 충직한 애완견이 지켜보는 가운데 먹물 무늬의 책장을 넘기고 있다. 번잡한 도시에서 멀리 떨어진 곳, 강렬한 햇살에 바싹 탄 바위와 모래 한가운데서 성 히에로니무스[3]는 마치 기차를 기

1) Publius Vergilius Maro, 70~19 B.C. 고대 로마의 최대 시인.
2) Dominic, 1170?~1221. 스페인의 성직자, 도미니크회의 창립자.
3) Eusebius Hieronymus Sophronius, 340?~420?. 라틴어역 성서를 완성한 고대 로마의 4대 교부의 한 사람.

다리는 늙은 통근자처럼 타블로이드 크기의 필사본을 읽고 있다. 한쪽 귀퉁이에는 히에로니무스의 책 읽는 소리에 귀기울이며 누워 있는 사자가 한 마리 보인다. 위대한 인문학자 데시데리우스 에라스무스[1]가 자기 앞의 강의대에 펼쳐진 책을 읽다가 흥미로운 구절을 발견하고는 친구 길베르투스 코그나투스에게 그 대목에 대해 이야기해 주고 있다.

활짝 핀 서양협죽도에 파묻혀 무릎을 꿇고 있는 17세기 인도의 어느 시인은 시의 맛을 한 점도 놓치지 않으려는 듯 이제 막 큰 소리로 낭송한 시구를 곰곰이 되씹으면서 턱수염을 쓰다듬고 있다. 그의 왼손에는 호화스럽게

1) Desiderius Erasmus, 1466?~1536. 네덜란드 인문학자로 문예 부흥 운동의 선구자.

장정된 책이 꼭 쥐어져 있다. 우툴두툴 거칠게 다듬어진 경판고 앞에 선 한국의 어느 스님은 7백 년 역사를 자랑하는 팔만대장경 경판 하나를 뽑아 눈으로 열심히 읽고 있다. 어부이자 수필가였던 아이작 월턴[1] 이 윈체스터 성당 가까이 흐르는 이첸 강가에서 자그마한 책을 읽는 모습을 그린 그림. 이름이 알려지지 않은 이 스테인드 글라스 화가가 던지는 충고는 바로 "조용하도록 애쓰라"(Study to be quiet)이다.

전나(全裸)의 막달라 마리아. 아직 회개하지 않은 그녀는 예쁘게 머리 단장을 하고 황무지의 바위 위에 옷을 깔아 놓고 엎드려 삽화가 곁들여진 커다란 책을 읽고 있다. 타고난 연기 재능에 자부심을 품고 있었던 찰스 디킨스가 자신을 흠모하는 대중들에게 읽어 줄 자신의 소설 작품 한 권을 들고 있다. 센 강이 내려다보이는 돌 난간에 기대어 서서 어느 젊은이가 책(과연 어떤 책일까?)에 정신을 놓고 있다.

인내심이 다했던지 아니면 그저 따분함을 느꼈을지 모르는 어느 어머니가 아들을 위해 책을 펼쳐 들고 있고, 빨간 머리의 아들은 오른손으로 책장 위의 문장을 따라잡으려고 애쓰고 있다. 앞을 못 보는 호르

1) Izaak Walton. 1593~1683. 영국의 수필가이자 전기 작가.

헤 루이스 보르헤스[1]가 자기 눈에 보이지 않는 책 읽어 주는 사람의 한 마디 한 마디를 더 분명하게 들으려고 눈을 지그시 감고 있다. 단풍으로 울긋불긋한 숲속의 이끼 긴 나무 등치에 앉아 자그마한 책을 읽고 있는 이 소년은 시간과 공간의 지배자임에 틀림없다.

이들 모두가 독서가다. 그들의 몸짓, 기술, 독서를 통해 얻는 기쁨과 책임감과 지식은 나의 그것과 똑같다. 그러므로 나는 외롭지 않다.

나는 네 살 때 처음으로 나 자신도 글을 읽을 수 있다는 사실을 깨달았다. 그때 나는 그림들 아래에 적힌(들어서 알았지만) 제목의 글자 하나하나를 몇 번이고 되풀이해서 살폈다. 두꺼운 검정 선으로 그린 소년은 붉은색 반바지와 초록색 셔츠를 입고 있었는데(그 책 속의 다른 주인공, 즉 개와 고양이, 나무, 그리고 키가 크고 야윈 소년의 어머니와는 확연히 구별되는 그런 빨강색과 초록색의 옷이있다), 그때 나는 그 소년이 어떤 식으로든 그림 밑의 그 검정색 형상과 연결된다는 사실을 깨달았다. 마치 그 소년의 몸뚱어리가 확연히 세 조각으로 잘라졌다고나 할까. 한쪽 팔과 토르소가 만드는 b, 너무도 완벽한 동그라미로 잘려 나간 머리통 o, 그리고 힘없이 축 늘어진 채 낮게 달려 있는 두 다리 y. 나는 소년의 동그란 얼굴에서 두 눈과 미소를 뽑아 토르소의 빈 원에 채워 넣었다. 그렇게 해도 그림 밑의 형상에는 남는 것이 또 있었다. 나는 그 형상들이 소년의 모습뿐만 아니라 팔을 쭉 펴고 다리를 벌리고 있는 소년의 행동까지도 명쾌하게 말해 주고 있음을 알았다. '소년은 달린다'(The boy runs)라고 그 형상은 말하고 있었던 것이다. 그 소년은, 당시에 나도 짐작했었겠지만, 점프하고 있는 것도 아니었으며 공중에 멈춘 것처럼 꾸미지도 않았다. 또 내가 알지 못하는 어떤 게임을 즐기고 있

[1] Jorge Luis Borges, 1899~1986. 아르헨티나의 시인 이자 단편 소설가.

었던 것도 아니었다. 그 소년은 달리고 있었던 것이다.

　그런데도 이런 깨달음은 예사로운 행위에 지나지 않았고 흥미도 덜했다. 그 이유는 다른 누군가가 나에게 일깨워 준 것이었기 때문이다. 또 다른 독서가가, 아마 나의 보모일지도 모르는데, 그 형상에 대해 설명을 해주었고, 그때부터 이 건강한 소년의 모습이 그려진 페이지가 펼쳐질 때면 나는 언제나 그 그림 밑의 구불구불한 형상이 무엇을 의미하는지 알 수 있었다. 그런 깨달음에도 기쁨은 있었지만 그 기쁨은 갈수록 퇴색해만 갔다. 경이로움 따위는 전혀 느껴지지 않았다.

　그러던 어느 날, 승용차의 유리창을 통해(당시 승용차를 타고 어디를 가고 있었는지 지금은 기억나지 않지만) 나는 도로 양 옆의 광고판을 보았다. 광고판을 볼 수 있었던 시간은 그리 길지 않았을지도 모른다. 아마도 자동차가 잠깐 멈추었든지, 아니면 책에서 보았던 것과 비슷하게 생겼는데도 그때까지 한번도 본 적이 없었던 그런 형상을 내가 볼 수 있었을 만큼 차가 천천히 달렸을지도 모를 일이다. 그렇지만 별안간 나는 그 형상들이 무엇인지 알 수 있었다. 그 형상들을 머리 속으로 그리며 곰곰이 생각에 빠지자 광고판 안에 담긴 검정 선과 흰 여백이 어떤 의미 있는 현실로 변형되는 게 아닌가. 이 성취만은 순전히 나 혼자만의 힘으로 해낸 것이었다. 그 누구도 나를 위해 마술을 부리지 않았다. 이제 나와 그 형상은 따로이면서도 일심 동체가 되어 정중한 대화를 나눌 수 있게 되었다. 휑뎅그렁한 선들까지 살아 꿈틀거리는 현실로 바꿀 수 있게 되었기 때문에 나는 전능한 존재가 되었다. 마침내 나도 글자를 읽을 수 있게 된 것이다.

　오래 전에 스친 그 광고판의 글자가 어떤 단어였는지 지금은 기억나지 않는다(분명하지는 않지만 그 광고판에는 A로 시작하는 단어가 너댓 개 들어 있었던 것 같다). 하지만 응시하는 능력을 익히기도 전에 어느 순간 갑자기 그런 형상이 무엇을 의미하는지 이해할 수 있다는 사실을 깨달았을 때의 그 감동은 지금도 생생하기만 하다. 그 감동은 전혀 생경한 감각을 새롭게 획득하는 것과도 같았다. 이제 나에게는 어떤 대상이든 더 이상 눈으로 볼 수 있는 것과 귀로 들을 수 있는 것, 혀로 맛볼 수 있는 것, 코로 냄새맡을 수 있는 것, 손가락으로 만질 수 있는 것만으로 이루어지지 않았다. 온몸으로 판독하고, 번역하고, 입 밖으로 읽을 수 있는 그런 것들도 중요한 부분을 차지하게 되었던 것이다.

나도 모르는 사이에 발을 들여 놓게 된 독서가라는 집단은(우리 인간은 스스로 새로운 발견을 하게 될 때면 언제나 그것이 자기 혼자만의 경험이라고, 그리고 탄생에서 죽음까지의 모든 경험을 유일한 것이라고 생각하게 마련이다) 우리 모두에게 공통된 한 가지 기능에 집중하며 그 기능을 확장해 나간다. 책장의 문자를 읽는 행위는 그런 기능의 다양한 모습 중 하나일 뿐이다. 더 이상 존재하지 않는 별들의 천체도를 읽는 천문학자, 집을 지을 때 악귀를 물리치기 위해 집터를 읽는 일본인 건축가, 숲속에서 동물들의 발자국을 읽는 동물학자, 자신의 승리의 패를 내놓기 전에 상대방의 제스처를 읽는 도박꾼, 안무가의 메모나 기호를 해석해 내는 무용가, 무대 위에서 공연중인 무용가의 동작을 읽는 관중, 한창 짜 내려가고 있는 카펫의 난해한 디자인을 읽어 내는 직공, 오케스트라용으로 작곡된 난해한 악보를 해독하는 오르간 연주자, 아기의 얼굴만 보고도 기뻐하는지 놀라고 있는지 아니면 감탄하고 있는지를 눈치채는 부모, 거북의 등딱지에 나타난 모양새를 보고 길흉을 점치는 중국 점쟁이, 밤에 침대 시트 아래에서 사랑하는 사람의 육체를 읽는 연인, 환자들을 상담하며 뒤숭숭한 꿈을 풀이하도록 돕는 정신과 의사, 바닷물에 손을 담궈 보고 바닷물의 흐름을 읽어 내는 하와이의 어부, 하늘을 보고 날씨를 예견하는 농부……. 이들 모두는 기

호를 판독하고 해석하는 기교를 독서가들과 공
유하고 있다. 이런 읽기의 일부는―예컨대 음
악 부호나 도로 표지판처럼―해독의 대상이
특수한 목적을 위해 다른 인간에 의해 만들어
졌거나, 아니면―거북 등딱지나 밤하늘처럼―
신에 의해 만들어졌다는 것이 특징이다. 그 나
머지 다른 읽기는 순전히 운(運)에 속한다.

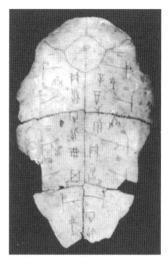

거북의 등딱지에 새겨진 갑골문자.

그렇지만 어느 경우에나 감(感)을 읽어 내는
사람은 독서가 자신이다. 어떤 대상이나 장소
나 사건에서 해독 가능한 것들을 인지해 내는
것이 독서가 본인이라는 말이다. 하나의 기호
체계에 의미를 부여하고 그것을 판독해야 하는
사람도 독서가이다. 우리 모두는 자신이 어떤
존재이고 또 어디쯤 서 있는지를 살피려고 우리 자신뿐 아니라 우리를
둘러싸고 있는 세계를 읽는다. 우리는 이해하기 위해, 아니면 이해의
단서를 얻기 위해 읽는다. 우리는 뭔가를 읽지 않고는 배겨 내지 못한
다. 독서는 숨쉬는 행위만큼이나 필수적인 기능이라고 하겠다.

나는 그 후 오랜 세월이 흐를 때까지, 즉 일곱 살이 될 때까지 글쓰
기를 배우지 않았다. 아마 쓰지 않고도 살 수 있었기 때문이 아니었을
까. 하지만 나는 뭔가 읽지 않고도 세상을 살아갈 수 있으리라고는 꿈
에도 생각하지 않는다. 내 스스로 체험한 일이지만, 읽기는 쓰기에 선
행한다. 글을 쓰지 않고도 사회는 존립할 수 있다. 실제로 그런 사회가
얼마든지 있다. 그렇지만 읽지 않는 사회는 결코 존재할 수 없다. 프랑
스의 민족학자인 필립 데스콜라에 따르면, 문자 기록이 없는 사회에서
는 시간 감각이 '단선적'인 데 반해, 소위 '읽고 쓸 줄 아는' 사회에서

는 '누적적'이다. 두 사회는 이 세상이 제시하는 수많은 기호들을 해독함으로써, 단선적 혹은 누적적이라는 표현에서 보듯 많이 다르긴 하지만 복잡하기는 마찬가지인 각각의 시간 범주 안에서 움직인다. 심지어 지나온 발자취를 기록으로 남긴 사회에서조차 쓰기보다는 읽기가 앞선다. 장래의 작가 지망생도 사회의 기호 체계를 원고지로 옮기기 전에 먼저 그것을 분별해 내고 뜻을 파악할 수 있어야 한다. 대부분의 문화 사회—이슬람 사회, 유대 사회와 내가 속한 기독교 사회, 고대 마야 사회, 거대한 불교 문화권—에서는 독서야말로 사회 계약의 출발선상에 위치한다. 나에게도 독서 능력의 터득은 하나의 통과 의례였다.

나는 글자를 읽을 수 있게 되자마자 닥치는 대로 마구 읽었다. 책만 아니라 경고문, 광고문, 시내 전차표 뒷면의 깨알만한 글자, 쓰레기통에 버려진 휴지 조각, 공원 의자 밑에 버려진 빛 바랜 신문, 벽의 낙서, 버스에서 다른 승객의 손에 쥐어진 잡지의 뒷표지까지. 세르반데스도 읽기를 너무나 좋아한 나머지 '길거리에 나뒹구는 종이 조각까지' 읽었다는 사실을 알게 되었을 때 나는 세르반테스 같은 대문호까지 그처럼 쓰레기통을 뒤지도록 몰아붙인 그것이 과연 무엇인지 정확히 알 수 있을 것 같았다.

이처럼 책(두루마리, 종이 혹은 화면)을 숭배하는 정신이야말로 문명 사회가 중요하게 여기는 신조 중의 하나이다. 이슬람에서는 이 개념을 한층 더 확대시킨다. 코란의 경우 신의 창조물의 하나일 뿐 아니라 신의 속성의 하나라는 것이다. 즉 신의 깊은 동정(同情)이나 신의 편재(偏在)와 다름아니라는 풀이이다.

나의 경우에 경험은 책을 통해 먼저 얻어지는 때가 많았다. 뒷날 책에서 읽었던 것과 유사한 사건이나 환경이나 인물을 접하게 되면 나는 언제나 약간은 놀라긴 하지만 곧바로 이미 경험한 것 같다는 실망감에 빠지곤 했다. 왜냐하면 그때 내 눈앞에 펼쳐지던 사건은 나에게는 이미 글자의 형태로 벌어졌었고 머리 속에까지 뚜렷한 이름으로 각인된 것처럼 보였기 때문이다. 현존하는 헤브루어 기록 중에서 가장 오래된 것으로, 체계적이고 사변적인 사상을 담고 있는『창조의 書the Sefer Yezirah』는 6세기에 쓰여진 텍스트인데, 여기에는 하느님이 서른두 개의 은밀한 지혜의 길로 이 세상을 창조했다고 적혀 있다. 10개의 숫자와 스물두 개의 글자가 그것이다. 숫자로부터는 모든 추상적인 것들이 창조되었고, 스물두 개의 글자에서는 이 우주의 3가지 근본인 이 세상과 시간, 그리고 인간 육체, 이런 것들 안에 들어 있는 모든 실존체들이 창조되었다고 한다. 유대-그리스도교 전통에서 우주는 숫자와 문자로 만들어진 책으로 인식된다. 따라서 이 우주를 이해하는 열쇠는 이들 숫자와 문자를 정확히 읽고 그 결합을 완전히 정복하여 조물주인 하느님을 흉내내어 그 방대한 텍스트의 일부분에라도 생기를 불어넣을 줄 아는 능력에 있다고 볼 수 있다(4세기의 전설에 따르면, 탈무드 학자인 한나니와 호샤이아는 일주일에 한 번씩 이『창조의 書』를 연구하면서 글자를 정확히 꿰맞춤으로써 3년생 송아지를 만들어 만찬을 즐기기도 했다고 한다).

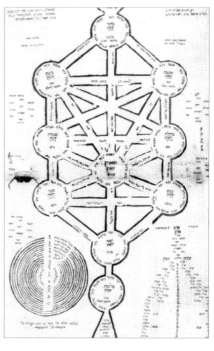

옛 유대인들은 세상이 10개의 숫자와 스물두 개의 문자로 창조되었다고 생각했다. 따라서 이 숫자와 문자를 정확히 이해하고 그 결합을 완전히 정복하기만 하면 이 우주를 이해할 수 있다고 보았다.

나에게 있어 나의 책들은 그 방대한 '책'(Book)을 베꼈거나 해설을 단 것들이었다. 미겔 데 우나무노[1]는 어느 소네트에서 시간에 대해 "그대의 근원은 미래에 있노라"라고 노래했다. 그처럼 나의 독서 생활 역시 내가 앞서 읽었던 것들을 뛰어넘으면서 조류를 거스르고 있다는 인상을 주었다.

내가 살던 집 밖의 거리는 서로 알지 못하는 일에 몰두하는 악의에 찬 사람들로 가득했다. 내가 여섯 살까지 살았던 텔아비브의 집에서 그리 멀지 않은 곳에 자리잡은 그 사막은, 아스팔트 도로 옆 모래밭에 '놋쇠의 성'[2]이 묻혀 있다는 사실로 인해 내게는 언제나 경이의 대상이었다. 젤리라는 것도 내 눈으로는 한번도 본 적이 없었지만 영국의 작가 에니드 블리튼의 책들을 통해 익히 알고 있었던 신비의 물질이었다. 그러나 내가 마침내 직접 경험한 젤리의 맛이란 문학 속에 나타나는 신들의 음식이라는 이름에는 걸맞지 않았다. 그래서 나는 멀리 떨어져 계시던 할머니에게 편지를 썼다. 약간의 정신적 고통에 대해 하소연을 늘어놓으면서, 할머니라면 내가 읽었던 문학 작품 속의 고아가 오랜 동안 소식이 끊겼던 피붙이를 찾았을 때 느꼈던 것과 똑같은 장엄한 자유를 베풀 수 있으리라고 믿었던 것이다. 그런데 할머니께서는 나를 슬픔에서 구해 주기는커녕 그 편지를 나의 부모님께 보냈고 부모님은 나의 불평 불만을 약간은 재미있다는 식으로 받아들였다.

나는 마술을 믿었기 때문에 언젠가는 나에게도 세 가지 소원이 허락되는 날이 있으리라고 굳게 확신하고 있었다. 그 당시 나는 이미 수많은 이야기를 통해 그 소원을 그냥 쓸데없는 곳에 써버리지 않도록 그 요령을 익히고 있었다. 귀신과 맞닥뜨리거나 죽음을 받아들여야 할 때, 그리고 동물과 이야기해야 할 때나 전쟁을 겪어야 할 때를 대비하고

1) Miguel de Unamuno, 1864~1936. 스페인의 철학자이자 시인, 소설가.
2) 6세기 『선원 신드바드』를 지은 세헤라자네의 이야기 속에 나오는 도시.

있었던 것이다. 나는 또 신드바드[1]를 친한 친구로 사귀기 위해 모험의 섬들로 여행하는 계획도 세밀하게 꾸몄다. 몇 년 뒤에 난생 처음으로 사랑하는 여인의 몸을 더듬어 보고서야 간혹 문학도 현실 세계에서 일어나는 사건을 고스란히 전달하지 못할 때도 있다는 사실을 깨달았다.

캐나다의 수필가인 스탠 퍼스키는 언젠가 나에게 "독서가들에게는 이 세상에 1백만 권의 자서전이 있음에 틀림없어"라고 말했다. 우리 인간들은 책 한 권 한 권에서 우리네 삶의 흔적들을 발견하는 것 같다는 뜻에서였다. 버지니아 울프도 "해마다 셰익스피어의 비극『햄릿』을 새로 읽고 그때마다 감동을 글로 남기면 그것은 사실상 우리 자신들의 자서전을 기록하는 것이나 마찬가지다. 그 이유는 인생 경험이 풍부하면 풍부할수록 인생에 대한 셰익스피어의 해석도 그만큼 더 절실하게 와닿기 때문이다"라고 적고 있다.

내 경우엔 약간 사정이 달랐다. 책들이 자서전일 수 있다면 그것은 책 속의 사건이 실제로 일어나기 전까지만 그럴 수 있었다. 나는 인생을 살면서 경험하게 되는 사건들이 일찍이 H.G. 웰스[2]의 작품과 『이상한 나라의 앨리스』, 에드몬도 데 아미치스[3]의 『쿠오레』, 정글 보이 봄바의 모험에서 읽었던 내용과 비슷하다는 사실을 깨달았다. 사르트르도 자신의 회고록에서 매우 비슷한 경험을 고백했다. 『라루스 백과사전』에 담긴 '식물구계'(植物區界)와 '동물구계'(動物區界) 항목을 룩셈부르크 식물원에서 목격한 실제 대상들과 비교하면서 그는 이렇게 적고 있다. "동물원의 원숭이들이 덜 원숭이답고, 룩셈부르크 식물원의 사람들도 덜 사람답다. 플라톤처럼 나도 지식을 먼저 익히고 나중에 그 지식의 실제 대상으로 넘어갔다. 그 결과 나도 실제 대상에서보다는 관념에서 현실감을 더 강

1) 『아라비안 나이트』의 항해 이야기의 주인공.
2) Herbert George Wells, 1866~1946. 영국의 역사학자이자 소설가.
3) Edmondo De Amicis, 1846~1908. 이탈리아의 언론인이자 작가.

하게 느끼게 되었는데, 그 이유는 관념이 먼저 주어졌을 뿐 아니라 구체성을 띠기 때문이었다. 아무리 이해를 하고, 분류를 하고, 이름을 붙이고, 깊이 숙고해 봐도 여전히 경외감을 불러일으키는 이 우주. 나와 이 우주의 조우는 책에서였다."

독서는 나에게 은둔의 구실을 제공하거나, 적어도 어린 시절 내내 나를 짓눌렀던 고독에 어떤 의미를 부여하는 역할을 했다. 1955년 가족이 아르헨티나로 돌아온 이후로 나는 한지붕 밑에 살면서도 다른 가족과는 떨어져 별채에서 따로 보모의 보살핌을 받으며 자라야 했다. 그 당시 내가 가장 좋아했던 독서 장소는 바로 나의 방바닥이었다. 두 발을 갈고리 모양으로 구부려 의자 밑으로 박은 채 배를 깔고 엎드려 책을 읽는 재미란……. 그 후로 늦은 밤시간에 깨어 있음과 잠듦 사이의 흐릿한 경계선을 넘나들며 가장 호젓하고 안전한 독서 공간이 되어 준 곳은 바로 나의 침내였다. 그때 내가 외로움을 느꼈다는 기억은 진혀 없다. 사실, 가끔 친구들과 만나도 책에서 읽는 모험이나 대화에 비해 그 아이들의 놀이나 대화가 형편없이 재미 없다는 사실을 깨달았다.

미국의 심리학자인 제임스 힐먼은 어린 시절에 이야기를 직접 읽었거나 다른 사람이 읽어 주는 것을 들으면서 성장한 사람들이 이야기를 줄거리로만 듣고 자란 사람들에 비해 예지력이 훨씬 뛰어나고 정신 발달 상태도 더 낫다고 주장했다. 일찍부터 삶을 경험한다는 것, 그것은 이미 인생에 대한 전망을 얻는 것이다. 힐먼은 어린 시절의 독서야말로 몸소 경험하며 살아 본 듯한 그 어떤 것으로 남게 된다고 보았는데, 그게 바로 영혼의 깊이를 더하는 길이 아닐까. 바로 그런 이유로 나는 끊임없이 그런 책 읽기로 되돌아갔고 지금도 그런 되풀이를 거듭하고 있다.

우리 가족들은 아버지께서 외교 분야에 몸담고 계셨기 때문에 외국에 돌아다닐 기회가 무척 많았다. 그런 떠돌이의 분위기에서 책은 나에게 영원한 안식처였으며, 잠을 자는 방이 아무리 낯설고 창밖의 소리가 상스럽게 들릴지라도 책은 어느 때든 내가 깃들 수 있는 보금자리였다. 보모가 편물기계 일을 가느라 자리를 비우거나 내 방 건너편 침실에서 코를 골며 잠에 빠질 때면 나는 침대 옆 램프를 켜곤 했다. 그렇게 책에 빠져들면 나는 마지막 페이지까지 읽고 싶은 욕망과 가능한 한 결말 부분을 늦추려는 욕망 사이에서 심한 갈등을 겪었다. 아주 재미있는 대목이면 몇 쪽 앞으로 되돌아가 그 부분을 다시 음미하면서 내가 미처 파악하지 못하고 놓쳐 버렸던 세부적인 내용까지 다시 잡아내려고 무척 노력했다.

　결코 나는 나 자신의 독서에 대해 아무에게도 이야기하지 않았다. 다른 사람과 독서에 대한 이야기를 나눠야 할 필요성은 훨씬 뒤에야 찾아왔다. 그때 나라는 존재는 로버트 루이스 스티븐슨[1]의 시구에 딱 맞아떨어질 정도로 이루 말할 수 없이 이기적이었다.

　　이게 세상 전부였고 나는 왕이었도다.

　　나에게 노래를 들려 주려고 벌들이 찾아들었고,

　　나를 위해 제비도 날아들었나니.

　책 한 권 한 권은 나름대로 하나의 세계였고 그곳에서 나는 안식처를 찾았다. 비록 나 자신은 내가 즐겨 읽던 작가들의 작품처럼 그럴듯한 이야기를 꾸며 낼 능력을 타고나지 않았다는 사실을 알고 있었지만, 더러는 내 의견이 작가들의 것과 일치할 때도 있었다. 그리고 (몽테뉴의 표현대

1) Robert Louis Stevenson, 1850~1894. 스코틀랜드의 소설가이자 시인.

로) "나는 '맞아, 맞아'라고 중얼거리면서 그 작가들보다 훨씬 뒤처져서 그들의 흔적을 추적하는 데 익숙해 있었다." 한참 뒤에야 나는 작가들의 픽션과 나 자신을 따로 떼어 생각할 수 있었다. 그렇지만 나의 어린 시절과 상당 기간의 사춘기 동안에는 내가 읽던 책의 내용이 아무리 허무맹랑할지라도 읽는 그 순간만은 다른 무엇보다도 더 절실한 현실로 여겨졌고, 그 책이 만들어진 재료만큼이나 손에 만져질 듯 실감이 났다.

발터 벤야민[1]도 그와 똑같은 경험을 이렇게 묘사했다. "내가 처음으로 읽었던 책들이 나에게 어떤 존재로 와닿았느냐 하면, 그걸 기억하려면 먼저 책에 대한 모든 다른 지식을 망각해야 할 정도였다. 오늘날 내가 책에 대해 알고 있는 모든 것은 그 당시 책을 향해 내 자신을 열려던 마음가짐에서 비롯되었음이 분명하다. 하지만 지금은 내용과 주제, 그리고 소재 따위가 책의 물리적인 번과는 무관하게 받아들여지는 데 반해 초기에는 그런 것들이 전적으로 책의 물리적인 특성 안에 들어 있는 것만 같았다. 어릴 적에는, 오늘날 책의 쪽수나 종이의 질이 책의 물리적인 특성과 떼어 놓을 수 없는 것만큼이나 내용과 주제, 소재 따위도 책과 뗄 수 없는 관계처럼 인식되었던 것이다. 책 속에 펼쳐지는 세계와 책 그 자체는 어떠한 일이 있어도 분리될 수 없었다. 그래서 모든 책에는 내용 역시 언제나 손에 만져질 듯 그렇게 담겨 있었다. 그와 마찬가지로 책의 내용과 이 세상은 책의 구석구석에서 서로 맞물려 찬란하게 빛을 발했다. 책의 내용과 이 세상은 책 속에서만 불타는 것이 아니라 책 바깥으로까지 불길을 피워 올렸다. 그런 것들은 단순히 책의 장정이나 그림에만 담겨 있는 것이 아니었다. 각 장의 표제와 서문, 절(節), 그리고 단락 속에도 간직되어 있었다. 누구든 책을 독파하지는 못한

1) Walter Benjamin, 1892~1940. 독일의 문예 비평가. |

다. 어느 대목에 한참 머물며 맛을 음미했어도 어느 정도 시간이 지나 다시 그 부분을 펴보면 당신의 눈길이 머물렀던 그 문장의 새로움에 깜짝 놀랄 때도 있지 않은가."

그 후 부에노스아이레스에서 청년기를 맞았을 때였다. 아버지께서 좀처럼 이용하지 않던 서재에서(아버지는 비서에게 서재를 갖추도록 지시했는데, 여비서는 도서를 야드 단위로 구입해서 서재의 선반 높이에 맞게 다듬었다. 때문에 각 페이지 맨 윗부분의 제목이 잘려 나간 책들도 수두룩했으며, 각 페이지의 첫 줄이 잘려 나간 책들도 더러 있었다) 나는 또 다른 발견을 경험했다. 그때 나는 육중하게 생긴 에스파사-칼페라는 스페인어 대백과사전에서 어떻게든 섹스와 관련되는 것으로 상상되는 항목들을 찾기 시작했다. '마스터베이션' '페니스' '질' '매독' '매춘' 등……. 아버지께서는 사무실이 아닌 집에서 누군가를 만날 필요가 있을 경우에만 가끔 서재를 드나드셨기 때문에 항상 서재는 내 차지였다. 내가 열두 살인가 열세 살 때의 일이다. 커다란 안락의자에 웅크리고 앉아 임질의 무시무시한 부작용에 대한 항목에 푹 빠져 있는데, 아버지께서 서재로 들어와 자기 책상 앞에 앉는 것이 아닌가. 한동안 나는 아버지께서 내가 무슨 항목을 읽고 있는지 눈치채지나 않았을까, 극도의 공포감에 사로잡혔다. 그렇지만 그때 나는 그 누구도—심지어 겨우 몇 발짝 떨어진 곳에 계신 아버지까지도—나의 독서 공간에는 침범할 수 없을 뿐 아니라 내가 손에 잡고 있는 책에서 어떤 외설스런 표현을 읽고 있는지 깨닫지 못한다는 사실과, 나 자신의 의지 외에는 그 어느 것도 그런 사실을 다른 사람에게 알릴 수 없다는 사실을 깨달을 수 있었다. 그 작은 기적은 나 자신에게만 알려진 하나의 암묵적인 기적이었다. 임질에 관한 그 항목을 다 읽었을 때의 내 마음은 충격은 커녕 우쭐해지기까지 했다. 뒷날, 바로 그 서재에서 나는 스스로 섹스 교육을 마무리짓기 위해 알베르토 모라비아[1]의 『무관심한 사람들』과 기 데 카르의 『잡종』, 그레이스 메탈리우스[2]의 『페이튼 플레이스』, 싱클레어 루이스[3]의 『메인 스트리트』, 블라디미르 나보코프[4]의 『롤리타』 등을 읽었다.

나에게는 독서 자체뿐만 아니라 읽을 책을 결정하는 데도, 그리고 텔아비브나 키프로스, 가르미슈-파르텐키르헨, 파리, 부에노스아이레스 등지의 이제는 오래 전에 사라져 버린 서점에서 책을 고르는 데도 프라이버시가 보장되었다. 표지만으로 책을 선택했던 경우도 여러 번 있었다. 지금까지도 잊혀지지 않는 순간이 있다. 예를 들어 (오하이오 주 클리블랜드의 월드 퍼블리싱 컴퍼니가 내놓았던) '레인보우 클래식스'의 무광택 표지를 보고는 짓이긴 듯한 표면 장정이 반가워 『은스케이트 Hans Brinker』(이 책은 결코 내가 좋아하지도 않았고 한번도 제대로 읽지 않았다), 『작은 아씨들』과 『허클베리핀의 모험』을 사들고 오던 때가 바로 그런 순간이었다. 이들 책에는 한결같이 '이 책이 쓰여지게 된 사연'이란 제목으로 메이 램버턴 베커가 쓴 서문이 실려 있었다. 그 서문에 담긴 가벼운 이야기는 지금까지도 나에게는 책을 이야기하는 방식 중에서 가장 재미있는 방법의 하나로 보인다. 『보물섬』에 쓴 베커 여사의 서문은 다음과 같다. "그래서 1880년 9월의 어느 차가운 아침, 스코틀랜드의 빗줄기가 창을 두드리는 소리를 들으며 스티븐슨은 벽난로 쪽으로 다가가서 글을 쓰기 시작했던 것이다."

내가 탄 배가 며칠 정박했던 키프로스의 어느 서점으로 기억된다. 창문 가득 '노디 스토리'가 쌓인 것을 보면서 나는 책의 설명에 따라 노디와 함께 집짓기 골패로 집짓는 일을 상상하는 즐거움을 만끽하기도 했다(그 후 전혀 부끄러움

1) Alberto Moravia. 1907~1990. 이탈리아의 소설가.
2) Grace Metalious. 1924~1964. 미국의 소설가.
3) Harry Sinclair Lewis. 1885~1951. 미국의 소설가.
4) Vladimir Vladimirovich Nabokov. 1899~1977. 러시아 태생의 미국 소설가.

을 느끼지 않고 에니드 블리튼의 '요술 의자 시리즈'를 즐겼는데, 그때 나는 영국의 사서들이 그 책을 '여성차별적이고 속물적'이라고 낙인찍었다는 사실도 모르고 있었다). 부에노스아이레스에서는 두꺼운 판지로 제작한 '로빈 후드 시리즈'를 발견했는데, 표지마다 생기 없는 노란색 바탕에 각 주인공의 초상이 검정색으로 윤곽만 그려져 있었다. 부에노스아이레스에서 나는 에밀리오 살가리의 해적 모험담 『말레이시아의 호랑이들』과 쥘 베른[1]의 소설, 그리고 디킨스의 『에드윈 드루드의 미스터리』 등도 읽었다. 책을 고를 때 그 책이 뭘 이야기하는지 알기 위해 표지 날개의 글을 읽었던 기억은 한번도 없다. 내가 어린 시절에 읽었던 책에도 그런 표지글이 적혀 있었는지는 정확히 모르지만 말이다.

나는 책을 읽는 데는 적어도 두 가지 방식이 있다고 생각한다. 우선 세부적인 사항을 속속들이 파악하려고 가슴을 죄며 사건과 인물들을 추적하는 방법이 있다. 그러면 독서 속도는 점점 빨라지고 책의 마지막 페이지를 넘어서까지 이야기가 확대된다. 라이더 해거드[2], 『오디세이아』, 코난 도일[3], 그리고 개척 시대 미국 서부의 이야기를 쓴 독일인 작가 카를 마이의 작품을 읽을 때가 그런 경우였다. 두 번째는 신중하게 탐험하는 방법이다. 복잡하게 뒤얽힌 텍스트의 의미를 정확히 이해하기 위해 텍스트를 샅샅이 조사하다 보면 단순히 단어의 발음에서 즐거움을 얻기도 하고, 아니면 그 단어들이 결코 드러내려 하지 않는 어떤 단서에서, 그것도 아니면 스토리 자체에 깊숙이 숨어 있다고 의심은 가지만 지나치게 가혹하거나 경이로워서 결코 직시할 수 없었던 그 어떤 것에서 즐거움을 발견하는 방식이다. 두 번째의 독서 방식을

1) Jules Verne, 1828~1905. 프랑스의 소설가. 근대 공상 과학 소설의 선구자.
2) Henry Rider Haggard, 1856~1925. 주로 남아프리카를 무대로 소설을 쓴 영국의 작가.
3) Arthur Conan Doyle, 1859~1930. 영국의 의사이자 소설가. 사립 탐정 셜록 홈즈가 활약하는 탐정 소설 시리즈를 발표하여 본격적 추리 소설의 장르를 확립함.

—탐정 소설을 읽을 때의 특징을 어느 정도 지니고 있는데—나는 루이스 캐럴[1], 단테, 키플링, 보르헤스의 책에서 발견했다.

또한 나는 (작가나 출판사, 그리고 그것을 읽은 다른 독자가 분류한 대로) 단지 어떤 유의 책일 거라는 짐작만으로 책을 읽기도 했다. 열두 살 때 체호프의 『추적 The Hunt』을 탐정 소설 시리즈에서 읽었던 나는 당시 체호프가 러시아의 스릴러 작가라고 믿고 『개를 데리고 있는 부인』을 마치 코난 도일의 라이벌이 창작한 작품인 양—어쨌든 추리 소설치고는 좀 얄팍하다는 생각이 들긴 했지만—아주 재미있게 읽었다. 새뮤얼 버틀러[2]가 윌리엄 세프턴 무어하우스라는 사람에 대해 한 이야기도 이와 매우 유사하다. 무어하우스는 자신이 로버트 버튼의 『우울의 해부』를 읽고 자신이 그리스도교로 개종했다고 굳게 믿고 있었지만 사실은 어느 친구의 추천으로 버틀러의 『유추 Analogy』를 읽는 다는 것이 그만 실수로 버튼의 책을 읽었을 뿐이다. 보르헤스는 1940년대에 발표한 어느 이야기에서 토마스 아 켐피스[3]의 『그리스도를 본받아서』를 제임스 조이스가 쓴 작품이라 생각하고 읽으면 그 작품도 "영적 단련을 새롭게 하기에 충분하다"고 지적하기도 했다.

스피노자도 1650년에 쓴 『신학정치론』(이 책은 로마 가톨릭 교회로부터 '반역자 유대인 악마에 의해 지옥에서 날조된 책'이라는 비난을 받았다)에서 이미 이렇게 강조했다. "종종 다양한 책을 통해 매우 유사한 역사들을 읽지만 그 책의 저자에 대해 우리가 어떤 견해를 품고 있느냐에 따라 그 역사는 크게 다르게 판단된다. 언젠가 나는 어느 책에서 오를란도 프로소라는 사나이가 날개 달린 괴물을 타고 자기가 원하는 곳이면 어느 나라든 창공을 날아다니며 혼자서 여러 사람들과 거인들을 닥치는 대로 죽인다는 이

1) Lewis Carroll, 1832~1898. 영국의 동화 작가. 『이상한 나라의 앨리스』로 잘 알려짐.
2) Samuel Butler, 1612~1680. 영국의 시인.
3) Thomas à Kempis, 1380?~1471. 독일의 신비 사상가 이자 성직자.

야기를 비롯하여, 이성적인 시각에서 보면 너무도 황당한 공상 이야기를 읽었던 적이 있다. 오비디우스의 작품에 나타나는 페르세우스[1]에 대한 글에서도, 또 성경의 「사사기」와 「열왕기」에서 혼자 아무런 무기도 갖지 않은 빈손으로 수천 명의 남자들을 살해하는 삼손에 대한 묘사나, 하늘을 날아 마침내 말이 끄는 불마차에 실려 하늘에 닿았다는 엘리야에 대한 설명에서도 나는 매우 유사한 이야기를 읽었다. 이 이야기들은 서로가 명백히 닮았는데도 불구하고 매우 다르게 받아들여진다. 첫번째 이야기는 재미를 추구한 것이고, 두 번째 이야기에는 정치적 목적이 있으며, 세 번째는 종교적 목적을 지닌 이야기이다."

나 또한 내가 읽은 책은 모조리 어떤 목적에 의해 쓰여졌다는 생각을 오랫동안 버리지 않았다. 예컨대 버니언[2]의 『천로역정』의 경우, 나는 이 책이 종교적인 우의(寓意) 소설이라는 이야기를 듣고 나에게도 설교를 할 거라고 생각했다. 마치 한 문장 한 문장이 작품을 창작해 내던 순간 작가의 마음에 어떤 일들이 벌어지는지 내가 들을 수 있기라로 하듯, 또 그 작가가 진정으로 진실을 말하고 있다는 확증을 잡을 수 있다는 듯이 말이다. 경험과 어느 정도의 상식을 쌓았건만 나는 아직도 이런 미신적인 악덕을 완전히 뿌리뽑지 못했다.

간혹 책 자체가 부적일 때도 있었다. 두 권짜리로 묶은 『트리스트램 샌디』[3]와 니콜라스 블레이크[4]의 『야수는 죽어야만 한다』의 펭귄판, 그리고 어느 어둑한 책방에서 (한 달치 잡비를 몽땅 털어) 내가 직접 제본을 했던 마틴 가드너의 『주석본 엘리스』의 누더기 책이 그런 것들이다. 이런 책들은 매우 주의 깊게 읽은 뒤에도 특별한 순간을 위해 간직해 두었다. 토마스 아 켐피스 같은 인물은 제자들에게 "그대들이 책을

1) 제우스와 다나에 사이에 태어난 아들로 여자 괴물 메두사를 살해한 영웅.
2) John Bunyan. 1628~1688. 영국의 종교 작가.
3) 영국의 로렌스 스턴이 지은 소설로, 뚜렷한 줄거리가 없다가 소설 중간에 저자 서문이 들어가는 등 매우 파격적으로 쓰여진 작품.
4) Nicholas Blake. 1904~1972. 아일랜드 태생의 영국 시인이자 비평가.

손에 쥘 때는 시므온이 아기 예수를 품에 안고 입을 맞추려 할 때처럼 행동하라. 그리고 그대들이 책 읽기를 끝낼 때면 책장을 덮고 하느님의 입을 통해 나온 그 모든 단어들에 감사를 표하라. 그 이유는 그대들이 하느님의 영역에 숨겨져 있던 보물을 발견해 냈기 때문이니라"라고 가르쳤다. 그리고 성 베네딕트[1]는 책이 희귀하고 비쌌던 시기에 쓴 글에서 수도사들에게 "가능하면 책은 왼손에 잡되 그 손은 그대들 수도사의 옷소매로 감싸야 한다. 책은 두 무릎에 가지런히 얹어야 하는데, 그때 오른손은 소매로 덮지 않은 상태로 두고 책장을 잡고 넘기는 역할을 해야 한다"라고 지시했다. 나의 청년기 독서가 이런 식으로 심오한 숭상이나 조심스런 의식을 따랐던 것은 아니지만 내가 지금도 부인하지 못하는 어떤 은밀한 엄숙함과 중요성만은 내포하고 있었다.

  나는 책에 파묻혀 살고 싶었다. 열여섯 살 되던 1964년에 부에노스아이레스에 있던 영어 책과 독어 책 서점 세 곳 중의 하나였던 '피그말리온'에서 방과후에 근무할 수 있는 일자리를 얻었다. 그 서점의 주인은 릴리 레바크라는 여자로, 나치스 학정을 피해 1930년대 말 부에노스아이레스에 정착한 독일계 유대인이었다. 그곳에서 내가 맡은 일은 서점에 꽂힌 책을 날마다 일일이 뽑아 내 먼지를 닦는 일이었다. 그녀가 그런 일을 내게 시킨 건 아마도 선반에 어떤 책들이 꽂혀 있는지, 그리고 어느 책이 어느 자리에 진열되어 있는지 재빨리 파악하게 하는데는 그게 최선의 방법이라고 판단해서였을 것이다. 그러나 불행히도 그 책들 중 많은 것들이 먼지를 털어 내는 차원을 넘어 마구 나를 유혹하는 게 아닌가. 그 책들은 마치 나의 손에 잡혀서 책장이 넘겨지고 또 자세히 검토되기를 바라는 듯했다. 간혹 책장을 살피는 것만으로 충분하지 않을 때도 있었다. 몇 번은 유혹에 못 이겨 책을 훔치기도 했다. 나는 그런 책을

1) Benedict, 480?~543?. 이탈리아의 수도사로 베네딕트 수도회를 창시함.

집으로 가져가기 위해 코트 주머니에 숨겼는데, 그 이유는 읽기도 해야 했을 뿐 아니라 그렇게 몸에 지녀야만 나의 것이라고 주장할 수 있었기 때문이다. 소설가 자메이카 킨케이드도 어린 시절 안티과에서 도서관에 다니다가 책을 훔쳤다는 비슷한 죄를 고백하면서 자신의 의도는 책을 훔치는 것이 아니었다고 설명했던 적이 있다. "단지 어떤 책의 경우 읽고 나면 그 책과는 도저히 헤어질 수 없었기 때문이었다"는 것이 그녀의 설명이었다. 나도 곧 사람들이 『죄와 벌』이나 베티 스미스의 『브루클린에는 나무 한 그루가 자란다A Tree Grows in Brooklyn』를 그저 읽기만 하는 것이 아니란 사실을 깨달았다.

사람들은 어떤 특정한 판이나 특별한 책을 읽고 나서, 그런 것들을 종이의 거칠음이나 부드러움, 책이 풍기는 냄새, 72페이지의 가볍게 찢긴 자국, 그리고 뒷표지 오른쪽 귀퉁이에 선명하게 찍힌 커피잔 자국 등으로도 그 책들을 쉽게 구분할 수 있다. 2세기에 확립된 인식론적 독서법, 즉 '가장 최근의 텍스트는 그 앞의 텍스트에 담긴 내용을 모두 포함하는 것으로 짐작되어 그 전의 텍스트를 대체한다'는 법칙은 내 경우에는 진실일 때가 퍽 드물었다. 중세 초기의 필사자들은 아마 자신들이 베끼고 있는 텍스트에서 실수를 찾아 낼 경우 그것을 정정했을지도 모르기 때문에 좀더 훌륭한 텍스트를 생산할 수도 있었을 것이다. 그렇지만 나에게는 처음 읽는 책의 판이 다른 판과의 비교 기준이 되는 초판(editio princeps)으로 자리잡았다. 인쇄술의 발달로 우리는 『돈키호테』의 독자라면 모두가 똑같은 책을 읽고 있다는 환상을 품게 된다. 그렇지만 나는 마치 지금까지도 인쇄술이 발명되지 않은 양 어느 책이든 저마다 불사조만큼이나 독특한 것으로 간직한다.

그럼에도 불구하고 특정 책들이 특정 독자들에게 어떤 특별한 인상을 안겨 주는 것은 사실이다. 책 한 권을 소유하는 행위에 잠재적으로 담겨 있는 것은 앞서 그 책을 읽었던 사람들의 독서의 역사이다. 말하자면 새롭게 책을 읽으려는 사람은 누구든지 자기보다 앞서 그 책을 읽었던 사람들에게 그 책은 어떤 존재였을까를 상상하는데, 바로 그런 상상에서도 독서가는 어떤 영향을 받는다는 뜻이다.

내가 부에노스아이레스에서 헌책으로 샀던 키플링[1]의 자서전 『내 자신에 대하여』에는 페이지 번호가 적혀 있지 않은 마지막 빈장에 키플링이 타계한 날짜가 적힌 시 한 편이 손으로 쓰여 있다. 즉흥 시인, 이 책을 먼저 읽었던 그는 열렬한 제국주의자였을까? 아니면 호전적 애국주의자의 시각에서 키플링을 바라보며 그의 산문체를 사랑한 사람이었을까? 나도 모르는 사이에 그 시를 갈겨썼던 그 사람과 이런 관점이 옳으니 저런 관점이 옳으니 논쟁을 벌이는 것으로 봐서 나의 상상 속에 그려지는 그 독서가는 나의 책 읽기에 상당한 영향을 미치고 있다고 볼 수 있다. 한 권의 책은 그 자체의 역사를 독시가에게 안겨준다.

미스 레바크는 자기 종업원들이 책을 훔쳐 가고 있다는 사실을 알고 있었음이 분명한데, 내 짐작으로는 종업원들이 어느 선은 넘지 않으리라 판단하고 그런 절도를 암묵적으로 허락하지 않았나 싶다. 한두 번 내가 새로 도착한 책더미에 파묻혀 있는 것을 발견할 때도 그녀는 얼른 내 일이나 하라고 하면서 책은 나중에 집에 가져가서, 즉 나만의 시간에 읽으라고 타일렀다. 이렇게 해서 그녀의 서점에서 나는 경이로운 책들과 만날 수 있었다. 토마스 만의 『요셉과 그 형제들』, 솔 벨로[2]의 『하츠그』, 파르 라게르크비스트[3]의 『난쟁이』, 샐린저[4]의 『9개의 단편』, 브로흐[5]의

1) Rudyard Kipling. 영국의 소설가이자 시인. 1907년 노벨 문학상을 받았으며, 우리에게는 소설 『정글북』으로 잘 알려짐.
2) Saul Bellow, 1915~ . 미국의 유대계 소설가. 1976년 노벨 문학상을 수상함.
3) Pär Fabian Lagerkvist. 1891~1974. 스웨덴의 시인이자 소설가. 1951년 노벨 문학상 수상.
4) Jerome David Salinger, 1919~ . 미국의 소설가. 『호밀밭의 파수꾼』으로 일약 인기 작가로 떠오름.
5) Hermann Broch, 1886~1951. 오스트리아의 소설가.

『베르길리우스의 죽음』, 허버트 리드[1]의 『초록 어린이』, 이탈로 스테 보의 『제논의 고백』, 릴케와 딜런 토머스[2]와 에밀리 디킨슨[3]과 저라드 맨리 홉킨스[4]의 시들, 에즈라 파운드[5]가 번역한 이집트의 사랑에 관한 서정시, 『길가메시 서사시』[6] 등이 그런 책들이다.

　어느 날 오후, 호르헤 루이스 보르헤스가 여든여덟 살 된 노모의 손에 이끌려 그 서점을 찾아왔다. 당시 그는 이미 유명한 인물이었는데도 나는 그의 시 몇 편과 소설을 읽었을 뿐 아직 그의 문학에 압도감을 느끼지는 않던 때였다. 그는 거의 맹인이나 다름없었지만 지팡이를 들고 다니기를 거부했으며 서점에 들르면 마치 손가락으로도 제목을 볼수 있다는 듯이 손으로 서가를 훑곤 했다. 보르헤스는 당시 자신이 막 열정을 쏟고 있던 영어를 연마하는 데 도움이 될 만한 책을 찾고 있었는데, 그를 위해 우리는 월터 윌리엄 스키트[7]의 사전과 주해가 붙은 『몰던의 전투Battle of Maldon』를 주문해 주었다. 그런 보르헤스를 지켜보던 그의 어머니는 안타까움이 갈수록 심해 갔다. "호르헤야, 나는 왜 네가 라틴어나 그리스어같이 도움이 되는 것들은 제껴 두고 하필 영어에 아까운 시간을 허비하려는지 도무지 알 수가 없구나!"라고 그의 어머니는 역정까지 냈다. 마침내 그는 몸을 돌려 나에게 책 몇 권을 주문했다. 나는 그 중 몇 권을 찾아 줬고 나머지 책은 서지 사항 등을 적어 두었는데, 그는 서점을 떠날 때쯤 나에게 저녁 시간에 바쁜지 물어 왔다. 그는 (매우 정중한 말투로) 이제 자기 어머니도 쉬이 피곤함을 느끼기 때문에 자기에게 글을 읽어 줄 사람이 필요하다고 설명했다. 나에게 그 자리를 제안한 것이다. 나는 그렇게 하마고 대답했다.

1) Sir Herbert Read, 1893~1968. 영국의 시인이자 예술 비평가.
2) Dylan Marlais Thomas, 1914~1953. 영국의 시인.
3) Emily Elizabeth Dickinson, 1830~1886. 미국의 여류 시인.
4) Gerard Manley Hopkins, 1884~1889. 영국의 시인.
5) Ezra Weston Loomis Pound, 1885~1972. 미국의 시인.
6) 세계에서 가장 오래된 바빌로니아의 서사시.
7) Walter William Skeat, 1835~1912. 영국의 언어학자이자 사전 편집자.

그 후 2년 동안 나는, 행운을 가져다 주는 다른 우연한 만남이 그러하듯, 저녁 시간이나 또 학교가 허락할 때는 아침 시간에도 보르헤스에게 책을 읽어 주었다. 그 의식은 언제나 거의 똑같이 진행되었다. 엘리베이터가 있었어도 나는 그의 아파트까지 계단을 뛰어오르곤 했다(보르헤스가 언젠가 새로 구입한 『아라비안 나이트』를 들고서 걸어 올랐던 그 계단을 말이다. 그때 그는 창이 열린 것을 미처 알지 못해 그만 실수로 크게 다쳤는데, 결국 그 상처로 병균이 감염되어 한때 정신착란 상태에 빠지기도 했다). 아파트 초인종을 누르면 하인이 나타나 나를 자그마한 거실로 이어지는 입구로 안내했다. 그러면 보르헤스가 그곳에 나타나 부드러운 손을 내밀곤 했다. 그곳에서는 어떠한 사전 절차도 없었다. 내가 안락의자에 자리를 잡는 동안 그는 언제나처럼 길다란 등받이 의자에 앉아서 약간 천식에 걸린 듯한 목소리로 그날 밤의 읽을거리를 임시하곤 했다. "오늘 밤에는 기플링이 어떨까? 응?" 물론 그기 진정으로 대답을 기다렸던 것은 아니었다.

그 거실에서, 로마의 원형 폐허를 조각한 피라네시[1]의 작품 아래에서 나는 키플링, 스티븐슨, 헨리 제임스[2], 브로크하우스 독일어 백과사전의 몇 개 항목, 마리노[3], 앙리크 방크, 그리고 하이네의 시들을 읽었다(그렇지만 이들 시는 이미 보르헤스가 죄다 외우고 있었기 때문에 머뭇거리는 듯한 그의 목소리가 새어 나오고 곧 이어 그가 한 구절 한 구절 기억 속에서 되살려 낼 때면 나의 책 읽기는 방해를 받곤 했다. 보르헤스의 망설임은 오로지 시의 가락에서 나타날 뿐, 정확하게 기억하고 있던 시어에서는 절대로 그러질 않았다). 나로서는 이런 작가들의 작품을 그전에는 별로 읽지 않았기 때문에 보르헤스에게 책을 읽어 주는 의식은 매우 호기심을 자극하는 것이었다. 다른 독서가들이 눈

1) Giovanni Battista Piranesi, 1720~1778. 이탈리아의 건축가이자 판화가.
2) Henry James, 1843~1916. 미국의 소설가.
3) Giambattista Marino, 1569~1625. 이탈리아의 시인.

을 이용하듯이 보르헤스가 책의 페이지에서 자신의 기억을 확인시켜 줄 단어와 문장, 그리고 절(節)을 찾으려 귀를 기울이는 동안 나 자신도 소리내어 읽음으로써 주제를 파악할 수 있었다. 책을 읽어 내려가다 보면 보르헤스가(내 짐작에는 책의 내용을 자신의 마음 속에 담아 두기 위해서인 듯한데) 문장에 대해 논평하느라 책 읽기를 가로막고 나서기도 했다.

스티븐슨의 『신판 아라비안 나이트』를 읽다가는 어느 행에서 배꼽을 잡게 하는 대목을 발견했는지 나를 멈추게 한 뒤("영락해 버린 언론계의 인물을 상징적으로 나타내기 위해 옷을 입고 화장을 했다고?" — "아니, 어떻게 사람이 그런 복장을 할 수 있단 말인가, 안 그래? 자네는 스티븐슨이 그때 무슨 생각을 하고 있었다고 보나? 한치의 빈틈도 없을 만큼 정확하다고? 응?"), 그는 이미지나 부류로 사람이나 물건의 본질을 설명하려는 문체상의 기교를 하나하나 분석해 나갔다. 그런 기교는 정확해 보이는 듯도 하지만 다른 한편으로는 독자들로 하여금 어쩔 수 없이 정의로 받아들이게 강요한다는 설명이었다. 그와 그의 친구 아돌포 비오이 카사레스는 다음과 같이 11개의 단어로 된 짤막한 이야기에 그 생각을 적용했다. "이방인은 어둠을 뚫고 계단을 올라갔다. 톡탁 톡탁, 톡탁 톡탁, 톡탁 톡탁."

키플링의 이야기 『경계를 너머 Beyond the Pale』에 귀를 기울이던 보르헤스는 어느 힌두교도 과부가 여러 종류의 물건을 다발로 만들어 자신의 연인에게 메시지를 전하는 장면을 묘사한 대목을 듣고는 책 읽기를 가로막았다. 그는 이 장면의 시적 표현의 탁월함에 대해 언급하면서 키플링이 그토록 구체적이면서도 상징성이 강한 언어를 어떻게 창조해 냈는지 크게 놀라워하기도 했다. 이어서 그는 자신의 마음 속 장서(藏書)에 쌓인 먼지를 털어 내려는 듯, 존 윌킨스의 '철학적 언어'

(philosophical language)라는 개념과 그 상징적 언어를 비교했다. 철학적 언어에서는 각각의 단어가 그 자체로 하나의 정의를 가진다. 예컨대 연어를 뜻하는 새먼(salmon)이라는 영어 단어의 경우, 이 단어는 우리에게 그 말이 뜻하는 대상에 대해 아무것도 말해 주지 않는다고 보르헤스는 설명했다. 반면 윌킨스의 언어에서 새먼에 해당하는 자나(zana)라는 단어는 미리 설정된 범주에 따라서 '살점이 붉은 비늘 강물고기'를 의미하게 된다. 왜냐하면 z는 물고기, za는 강물고기, zan은 비늘 강물고기, 그리고 zana는 살점이 붉은 비늘 강물고기를 뜻하기 때문이다. 보르헤스에게 책을 읽어 주는 행위는 언제나 내 마음 속에 간직되어 있던 책들의 위치를 바꾸는 결과를 낳았다. 그날 밤 키플링과 윌킨스는 나의 상상 속의 서재에서 같은 서가에 나란히 꽂혔다.

언젠가(책을 읽어 달라는 부탁을 받았던 때가 정확히 언제인지 기억할 수는 없지만) 보르헤스는 유명 작가들이 남긴 좋지 못한 문장들을 모아 즉흥 문집을 만들기 시작했다. 여기에는 키츠[1]의 "그 올빼미는 털을 가졌음에도 불구하고 싸늘했다.", 셰익스피어의 "오, 예언의 힘을 지닌 나의 영혼이여! 나의 삼촌이여!"(보르헤스는 '삼촌'이라는 단어가 햄릿이 내뱉기에는 시적이지도 못할 뿐 아니라 적절하지도 않다고 지적했다. 그는 오히려 '나의 아버지의 동생이여!' 라든지 '나의 어머니의 친족이여!' 라는 표현을 더 좋아했던 것 같다), 존 웹스터[2]의 『몰피 공작 부인』에 나오는 "우리는 단지 별들의 테니스공일 뿐이야", 밀턴[3]의 『복낙원』의 마지막 행들—"그는 아무도 몰래/그의 어머니의 집으로 조용히 돌아왔도다" 등이 포함되어 있다. 그 중에서 밀턴의 구절들은 예수가 (보르헤스의 생각에는) 차 한잔을 나누려고 중산모를 쓰고 어머니의 집으로 향하는 영국 신사로 비친다는 풀이였다.

1) John Keats, 1795~1821. 영국의 시인.
2) John Webster, 1580?~1625?. 영국의 극작가.
3) John Milton, 1608~1674. 영국의 시인. 그의 작품 『실낙원』은 영원한 고전이 됨.

가끔 보르헤스는 자신의 창작에 그런 독서를 활용하기도 했다. 우리가 크리스마스 직전에 읽었던 키플링의 『이물과 고물의 대포들The Guns of 'Fore and 'Aft』에 담긴 유령 사자 이야기는 보르헤스가 마지막으로 남긴 이야기 중의 하나인 『푸른 호랑이들』의 바탕이 되었다. 그리고 조반니 파피니[1]의 『연못 속의 두 영상』은 그의 작품 『1982년 8월 24일』에 영감을 불어넣어 주었는데, 그 날짜는 당시로서는 아직 미래에 속하던 것이었다. 또 러브크래프트에 대한 분노가 얼마나 컸던지 (이 작가의 작품은 대여섯 번이나 읽도록 해놓고는 매번 중도에서 포기하고 말았다) 보르헤스는 직접 러브크래프트의 이야기를 수정한 작품을 써서 『브로디의 보고서』에 발표하기도 했다. 종종 그는 우리가 읽던 책의 맨 뒷부분 백지장에 뭔가—각 장에 대한 참조 사항이나 생각 따위—를 적도록 지시했다. 이런 기록들을 그가 어떤 식으로 활용했는지는 모르지만 책을 읽은 뒤에 그 책에 대해 논평하는 습관은 그 이후 그대로 나의 것이 되었다.

　에블린 워[2]의 작품 중에는 아마존 정글 깊숙한 곳에서 위험에 처했다가 구조받은 사람이 자신을 구해 준 사람의 강요로 남은 인생 내내 디킨스의 작품을 큰 소리로 읽어 준다는 이야기가 나온다. 보르헤스에게 글을 읽어 주는 일을 두고 나는 그저 하루의 의무를 다하고 있다고만 느낀 적은 한번도 없었다. 그러기는커녕 오히려 그 경험은 일종의 행복한 포로처럼 느끼게 했다. 나를 사로잡았던 것은 보르헤스가 나에게 안겨 준 텍스트 그 자체였다기보다는(그들 중 상당수는 결국 나 자신도 사랑하는 작품이 되었지만), 광범위하면서도 전혀 막힘 없이 해박하고, 매우 재미있고, 가끔은 잔인하지만 거의 언제나 무시할 수 없는 그의 논평이었다. '나란 존재는 특별히 나 혼자만을 위해 제본된, 매우 신중하게 주석을

1) Giovanni Papini, 1881~1956. 이탈리아의 소설가.
2) Evelyn Waugh, 1903~1966. 영국의 소설가.

단 판본을 소유한 유일한 인간이 아닐까' 하는 생각이 들기도 했다. 물론 그렇지는 않았다. 나도 (다른 많은 이들처럼) 단지 보르헤스의 노트북에 지나지 않았다. 앞을 못 보던 그 사람이 자신의 사고를 짜맞추는 데 꼭 필요로 했던 비망록일 따름이었다.

내 경우엔 보르헤스를 만나기 전에는 혼자서 소리내지 않고 책을 읽든지 아니면 내가 고른 책을 누군가에게 큰 소리로 읽히는 식으로 독서를 했다. 눈먼 늙은이에게 큰 소리로 책을 읽어 주는 일은 아주 기묘한 경험이었다. 왜냐하면 비록 나 자신도 약간의 노력을 기울이며 독서의 속도와 목소리를 장악하고 있다고 느끼긴 했지만, 그럼에도 불구하고 그 텍스트의 주인은 언제나 듣는 입장인 보르헤스였기 때문이었다. 나는 운전기사인 셈이었고 풍경, 다시 말해 시원스레 펼쳐지는 공간은 운전기사에게 몸을 맡긴 그의 것이었다. 그에게는 창밖의 시골 풍경을 살피는 일 외에는 다른 책임이 지워지지 않는다. 책도 보르헤스 자신이 선택했고, 나에게 책 읽기를 멈추거나 다시 계속하라고 지시하는 사람도 보르헤스였으며, 논평을 하기 위해 참견하는 것도 보르헤스였고, 논평을 위한 어휘들을 불러내는 것도 그였다. 나는 그의 의식 세계에는 결코 인식되지 않는 존재였다.

독서는 누적적이어서 등비 급수적으로 진행된다는 사실을 나는 재빨리 깨달았다. 독서를 할 때마다 읽은 내용은 그전까지 읽었던 것들 위에 덧쌓인다는 말이다. 보르헤스가 나에게 선택해 주는 작품에는 언제나 선입견부터 앞섰다. 키플링의 산문은 딱딱하다든지, 스티븐슨의 문체는 유치하다든지, 조이스의 것은 난해하다든지……. 그러나 곧바로 그런 편견은 경험에 자리를 내주게 되었고, 한 작품의 발견은 나로 하여금 또 다른 작품을 기대하도록 만들었으며, 그 작품들은 보르헤스의 반응과 나 자신의 반응에 대한 기억으로 더욱 풍요롭게 되었다.

내 독서의 진전은 결코 판에 박힌 시간의 순서를 따르지 않았다. 예컨대 과거에 나 혼자서 읽었던 텍스트를 그에게 큰 소리로 읽어 주는 것은 초기의 나 혼자만의 독서를 수정하고, 그 당시의 독서에 관한 기억을 더욱 확대하고 충만시켜 주었다. 그의 반응에 자극을 받아 나는 나 혼자 읽었을 때는 전혀 알아차리지 못했던 것까지도 이제는 마치 이미 오래 전에 파악하고 있었던 것을 회상하는 것처럼 느끼기도 했다. "책을 읽으면서 그전에 다른 책을 읽었을 때를 회상하고 서로 비교하면서 그때의 감정을 불러내는 사람들도 있다"고 아르헨티나의 작가인 에세키엘 마르티네스 에스트라다는 촌평했다. "이런 독서야말로 가장 세련된 형태의 간통이다." 보르헤스는 체계적인 도서 목록을 불신하고 그런 간통 같은 독서를 권장했다.

보르헤스 외에도 친구와 선생님 몇 분, 그리고 이곳 저곳에 실린 서평이 때때로 책을 추천했지만 나와 책과의 만남은 대부분이 단테의 지옥편 열다섯 번째 노래에서 "햇빛이 어스름으로 잦아들고 새로운 달이 하늘에 돋아날 때 서로 대면하게 되는" 이방인들을 만나는 것처럼 우연으로 이뤄졌다. 다시 말해 책의 외관만으로도 순식간에 그 광휘를 느끼고 이야기, 그리고 도저히 저항할 수 없는 매력을 간파했다고나 할까.

처음에 내가 책을 정리했던 방법은 저자 이름의 알파벳 순서였는데, 나는 이 방법을 엄격히 지켰다. 그러다가 소설, 에세이, 희곡, 시 등 장르별로 구분하기 시작했다. 그 뒤에는 언어별로 나눠 보려고 노력했으며, 떠돌이 신세일 때는 어쩔 수 없이 몇 권밖에 소지할 수 없었기 때문에 거의 한번도 읽지 못한 책, 항상 옆에 두고 읽었던 책, 그리고 언젠가는 읽고 싶은 책으로 분류했다. 가끔 나의 서재에도 나만의 개성에서 비롯된 비밀스런 법칙이 지켜졌다.

스페인 소설가 호르헤 셈프룬은 토마스 만의 『바이마르의 로테』를 자신이 억류당했던 수용소인 부헨발트에 관한 책 사이에 꽂아 두었다고 한다. 그 이유는 셈프룬이 석방된 직후에 안내된 곳이 바로 부헨발트와 가까운 바이마르의 엘레펀트 호텔이었기 때문이다. 언젠가 그런 식의 배열로 문학사를 구축한다면 참 재미있겠구나라는 생각이 들었다. 예컨대 (내가 규칙으로 삼았던 알파벳 순서에 따라) 아리스토텔레스와 오든[1], 제인 오스틴, 마르셀 에메[2] 사이의 상호 관계나 체스터턴[3], 실비아 타운젠드 워너, 보르헤스, 성 요한 드 라 크루즈와 루이스 캐럴 사이의 관계도 그러하리라. 학교에서 가르치는 문학—세르반테스와 로페 데 베가[4]가 같은 세기를 호흡했다는 이유만으로 상호 관계가 설명되고 후안 라몬 히메네스[5]의 『플라테로와 나[6]』가 걸작으로 여겨지는 그런 문학—은 나 혼자만의 왜곡된 독서 여정에서 터득한 깨달음과 서가 크기만으로 문학 세계를 구축겠다는 야심만큼이나 독단적이거나 아니면 별다른 의미가 없는 선택이다. 교과서나 기타 책자, 공공 도서관에서 신성시된 문학사는 내 경우에는 독서의 역사의 한 예에 지나지 않는다. 그 문학사는 비록 나의 문학사보다 역사가 깊고 더 많은 정보를 담고 있지만 우연이나 상황에 좌우되기는 마찬가지이다.

고등학교를 졸업하기 1년 전인 1966년, 웅가니아 장군이 이끄는 군사 정권이 권력을 장악했을 때 나는 책을 정리하는 또 다른 방법이 있다는 사실을 발견했다. 특정 책과 저자는 공산주의자나 미풍 양속 파괴자로서의 위험이 다분하다는 이유로 블랙 리스트에 올랐고, 카페나 술집, 기차역, 아니면 길거리에서조차 경찰의 불심 검문이 크게 늘어난 상황에서는 의심을 살 만한 책을 소지하

1) Wystan Hugh Auden, 1907~1973. 영국 태생의 미국 시인.

2) Marcel Aymé, 1902~1967. 프랑스의 소설가이자 극작가.

3) Gilbert Keith Chesterton, 1874~1938. 영국의 수필가이자 비평가.

4) Lope Félix de Vega Carpio, 1562~1635. 스페인의 극작가.

5) Juan Ramón Jiménez, 1881~1958. 노벨 문학상을 수상한 스페인의 시인.

6) 어느 시인의 지나친 당나귀 사랑을 미사 여구로 늘어놓은 이야기.

지 않는 것이 적법한 신분증을 소지하고 다니는 것 못지않게 중요하다고 여겨졌다. 금지된 저자들—파블로 네루다, J.D. 샐린저, 막심 고리키, 해럴드 핀터[1]는 또 다른 문학사를 형성했는데, 이들간의 연결은 명확하지도 않았고 영원한 것도 아니었다. 그들의 공통점은 오로지 검열관의 엄격한 눈에만 드러날 뿐이었다.

그렇지만 책 읽기를 두려워하는 건 전체주의 정권만은 아니다. 책을 읽는 사람들은 정부 관공서나 교도소 못지않게 학교 운동장이나 탈의실에서도 구박을 당한다. 거의 모든 곳에서 독서가라는 공동체는 그 자체가 풍기는 기득권에서 비롯된 막연한 명성을 안고 있다. 독서가와 책의 관계가 갖는 어떤 특성은 현명하고 유익한 것으로 인식되는 한편 배타적이고 독점적인 것으로 비치기도 한다. 그 이유는 세상의 소란함에는 무관심한 듯 구석에 쪼그리고 앉은 한 인간의 이미지가 침범할 수 없는 프라이버시와 이기적인 눈길, 그리고 은밀한 행동을 풍기기 때문이다(내 어머니께서는 내가 책 읽는 모습을 보면 마치 나의 조용한 행동이 인생에 대한 당신의 판단과는 모순된다는 듯이 "밖에 나가서 놀아라!" 하고 꾸짖곤 했다). 책을 읽는 사람이 책에 파묻혀 무슨 꿍꿍이수작이라도 부리지 않을까 하는 두려움은 남자들이 여자를 마주할 때 여체의 은밀한 곳에서 어떤 일이 벌어지고 있는지에 대해 느끼는 두려움, 그리고 요술쟁이나 연금술사들이 문을 꼭꼭 걸어잠그고 컴컴한 곳에서 어떤 짓을 하는지에 대해 느끼게 되는 두려움과 별 차이가 없다. 베르길리우스에게 상아는 '헛된 꿈의 문'을 만드는 재료가 되는 물질이지만 생트뵈브[2]에 의하면 그것은 또한 독서가의 탑을 이루는 물질이기도 하다.

언젠가 보르헤스가 내게 말하기를, 1950년에 페론[3] 정권이 반대파 지식인들을 겨

1) Harold Pinter, 1930~ . 영국의 극작가.
2) Charles Augustin Sainte-Beuve, 1804~1869. 프랑스의 시인이자 비평가.
3) Juan Domingo Perón, 1895~1974. 아르헨티나의 군인이자 정치가.

냉해 조직한 어느 인민주의자 시위에서 시위대들이 "구두를 다오! 책은 싫다!"라고 외쳤다고 한다. 이에 "구두도 주고, 책도 주마!"라고 응수했지만 아무도 확신시키지 못했다. 거칠고 궁핍한 사회 현실은 도피적인 책이 주는 상상 속의 세계와는 타협이 불가능할 만큼 상충되는 것으로 보였다. 이런 실제적인 예를 볼 때 삶과 독서 사이의 인위적인 이분법은 권력을 쥔 사람들에 의해 적극적으로 조장된다. 인민의 통치 집단도 피지배자의 망각을 요구하기 때문에 책을 쓰잘데없는 사치라고 낙인찍는다. 반면 전체주의 통치 집단은 국민들에게 사고하지 말 것을 요구하기 때문에 책을 금지시키고, 위협하고, 검열한다. 어느 면에서 보면 인민 통치 집단이든 전체주의 통치 집단이든 국민 모두가 어리석은 존재로 남을 것을, 그리고 국민들이 자신들의 퇴행을 순순히 받아들일 것을 요구하기 때문에 알맹이와 가치가 없는 것들을 소비하도록 부추긴다. 그런 상황에서 독서가들은 오로지 제제 선복을 기도하는 사람이 될 수밖에 없다.

　그래서 나는 야심만만하게도 독서가로서의 나 개인의 역사에서 벗어나 독서 행위의 역사로 나아가려 한다. 아니 여러 독서의 역사 중 하나로 나아가려 한다. 역사는 어떤 것이든―역사란 특별한 직관과 개인적인 환경의 산물이랄 수 있다―철저히 개인적인 특성을 배제시킨다 하더라도 어쩔 수 없이 여러 개인 역사 중의 하나일 뿐이기 때문이다. 궁극적으로 독서의 역사는 아마도 독서가들 각자의 역사일 것이다. 심지어 독서의 역사의 출발점까지도 우연적이어야 한다.

　1930년대 중반에 출간된 어느 수학사(數學史) 책에 대해 서평을 쓰면서 보르헤스는 "수학의 역사는 불구라는 큰 결함을 안고 있다"고 적고 있다. "다시 말해 책에 담긴 사건의 연대기적 순서가 논리적이고도 자연스런 순서와 맞아떨어지지 않는다. 원리에 대한 정의가 선행돼야 함에도 불구하고 맨 나중에 나오는 경우가 잦고, 이론보다 경험이 앞서고, 수학 선구자들의 직관적인 노력은 평범한 독서가들의 시각에서 볼 때 현대 수학자들의 그것에 비해 이해하기가 훨씬 힘들다."

독서의 역사에 관해서도 거의 똑같이 말할 수 있다. 독서의 역사 연대기는 결코 정치적 역사의 연대기가 될 수 없다. 책 읽기가 훨씬 더 가치 있는 특권이었던 수메르인 필사자의 경우 오늘날의 뉴욕이나 산티아고의 독서가보다는 훨씬 더 치열한 책임 의식을 느꼈다. 법조문이나 금전 문제의 해결이 순전히 그의 해석에 달렸기 때문이다. 또한 중세 말기의 독서법, 예를 들어 큰 소리로 읽어야 할 책과 눈으로 조용히 읽어야 할 책을 구분하는 따위의 독서법은 19세기 말 빈이나 에드워드 7세 시대의 영국보다 훨씬 더 확고하게 정립되어 있었다.

독서의 역사는 문학 비평사의 순서를 그대로 따를 수도 없다. 그 이유는 19세기의 신비주의자인 안나 카타리나 엠머리히가 표현한 우려(인쇄된 텍스트는 결코 자신의 경험을 그대로 담을 수 없다)의 경우 그보다 2천 년 앞서서 소크라테스(책이 배움에 방해 요소가 된다는 사실을 발견했다)에 의해, 그리고 우리 시대에는 독일의 비평가인 한스 마그누스 엔첸스베르거[1](문맹을 칭송하고 구술 문학이 갖는 본래의 창조성으로 돌아갈 것을 제안했다)에 의해 훨씬 더 강하게 표현되었기 때문이다. 이런 입장은 특히 미국의 비평가인 앨런 블룸으로부터 맹공을 받았다. 그리고 블룸의 논지는 시대가 뒤엉켰긴 하지만 그보다 앞선 시대의 인물이었던 찰스 램[2]에 의해 수정되고 가치가 더 높아졌다. 램은 1833년에 이미 "다른 사람의 정신 세계에서 길을 잃고 싶다"고 고백하지 않았던가. "걷지 않을 때면 나는 책을 읽는다. 나는 가만히

1) Hans Magnus Enzensberger, 1929~ . 독일의 시인이자 비평가.
2) Charles Lamb, 1775~1834. 영국의 수필가.

앉아 생각에 잠겨 있을 수가 없다. 책들이 나를 대신해서 사색해 주지
않는가."

또 독서의 역사는 문학사의 연대순과도 부합하지 않는다. 그 이유는
어느 특정 작가의 작품을 대상으로 한 독서의 역사의 경우 그 작가의
첫번째 작품으로 시작되는 것이 아니라 그 작가의 장래 독자가 될 어
떤 사람의 이야기로 역사를 풀어 나가는 예가 종종 있기 때문이다. 프
랑스의 소설가 마르키 드 사드를 예로 들면, 1백 50년도 더 넘게 포르
노 문학 서가에 처박혀 지낸 뒤에야 애서가 모리스 하이네와 프랑스
초현실주의자들에 의해 구조될 수 있었다. 또 2세기 이상 무시당했던
윌리엄 블레이크[1]도 그의 이름을 대학 커리큘럼에서 빼놓아서는 안 될
작가의 반열에 올려놓은 제프리 케인스 경과 노스럽 프라이[2]의 열정에
힘입어 우리 시대에 들어서야 조명을 받기 시작했다.

독서가들이 별종의 위기에 처했다는 우려의 목소리가 심심찮게 들
리는 가운데 오늘날의 우리 독서가들은 독서란 어떤 것인지를 배워야
만 한다. 우리의 미래는―우리 독서 역사의 미래는―마음 속으로만
읽어야 할 텍스트와 큰 소리로 읽어 내려가야 할 텍스트를 구별하려고
노력했던 성 아우구스티누스에 의해, 독서가의 해석 권한을 제한하는
데 대해 의문을 품었던 단테에 의해, 특정 독서의 제한성을 옹호했던
무라사키 부인[3]에 의해, 독서 행위뿐만 아니라 글을 읽는 작가와 글을
쓰는 독서가 사이의 관계를 분석했던 플리니우스[4]에 의해, 책을 읽는
행위에 정치 권력을 실었던 수메르인 필사자에 의해, 그리고 (지금 우
리가 사용하는 컴퓨터상의 읽기 방법처럼)
두루마리식의 책 읽기가 지나치게 제한적
이고 성가시다는 사실을 깨닫고 우리에게
그런 방법 대신 책장을 넘겨 읽으면서 여

1) William Blake, 1757~1827. 영국의 시인이자 화가.
2) Herman Northrop Frye, 1912~. 캐나다의 문예비평
가.
3) 975?~1031?. 초기 일본 문학의 대가.
4) Gaius Plinius Secundus, 23~79. 고대 그리스의 장군
이자 박물학자.

백에 끄적거릴 수 있는 가능성을 제시한 초기의 책 제조업자에 의해 이미 탐험되었다. 그런 역사의 과거는 레이 브래드버리[1]가 『화씨 451도』에서 경고한 미래의 마지막 장면에 그대로 나타나 있다. 이 작품에서 모든 책은 종이라는 물질을 배제하고 마음 속에만 간직되어야 한다.

독서 행위 그 자체처럼, 독서의 역사는 우리 당대로—나를 향해서, 그리고 독서가로서의 내 경험을 향해서—돌진해 왔다가 아득히 먼 세기의 첫 페이지로 되돌아간다. 독서의 역사는 장(章)을 뛰어넘기도 하고 대충 훑거나 선별해 읽고 또다시 읽기도 하면서 판에 박힌 순서를 따르길 거부한다. 역설적이지만, 독서 행위를 역동적인 삶과 반대되는 일로 파악했던 그 두려움은, 나의 어머니로 하여금 나를 의자와 책으로부터 멀리 떨어뜨리고 열린 공간으로 나가도록 내몰게 했던 그 두려움은 정말 엄숙한 진실을 인정하고 있다. 터키의 소설가 오르한 파묵은 『하얀 성』에서 "편도 마차 승차권으로는 한번 여행이 끝나고 나면 다시는 삶이라는 마차에 오를 수 없다"라고 적은 뒤 "그렇지만 만약 당신이 책을 한 권 들고 있다면, 그 책이 아무리 이해하기 어렵고 복잡하더라도, 당신은 그 책을 다 읽은 뒤에 언제든지 처음으로 되돌아가 다시 읽음으로써 어려운 부분을 이해하고 그것을 무기로 인생을 이해하게 된다"라고 덧붙이고 있다.

| 1) Ray Bradbury, 1920~. 미국의 SF 소설가.

암시 읽기

6세기의 한 이슬람 학교에서 시각과 인식의 법칙에 대해 강의하고 있는 모습.

1984년 시리아의 텔 브라크에서는 기원전 네 번째 밀레니엄경에 만들어진, 흐릿하나마 사각형이었음을 짐작케 하는 자그마한 진흙 조각 2개가 발견되었다. 걸프전이 발발하기 한 해 전에 나도 바그다드 고고학 박물관의 소박한 진열장에서 그 조각들을 보았다. 그리 특별한 인상을 주지 않는 보잘것없는 물건들이었지만 각 조각에는 의미 심장한 표시가 새겨져 있었다. 맨 윗부분에 오목한 홈이 파여 있고 가운데 부분에 동물을 그려 넣었다. 그 동물 중 하나는 염소일 테고 다른 하나는 아마 양일 것이다. 고고학자들에 따르면 윗부분의 홈은 10이라는 숫자를 상징한다고 한다. 우리 인간의 모든 역사는 질박하기 짝이 없는 이들 조각 2개로부터 시작된다. 그 조각들은—만약 걸프전이라는 전쟁의 불길이 운좋게 피해 갔다면—지금 우리가 알고 있는 문자 중에서 가장 오래된 예가 될 것이다.

시리아의 텔 브라크에서 발견된 2개의 진흙 조각. 윗부분의 홈은 숫자 10을 상징하고, 홈 밑의 그림은 각각 염소와 양일 것으로 추정된다.

이들 조각에는 매우 감동적인 무언가가 담겨 있다. 오래 전에 사라진 어느 강(江)의 물길에 휩쓸려 그곳으로 옮겨졌을 이들 진흙 조각들을 응시하고 있노라면, 그리고 동물을 새긴 정교한 자국에서 파여 나간 진흙이 이미 수천 년 전에 흙먼지로 흩어졌을 것을 생각하고 있노라면 아련히 누군가의 목소리가 들려오는 듯하다. 그 사막이 아직은 푸르른 초원이던 시절에 어느 순진한 농부가 "여기 염소 10마리가 있었어" "여기에 양 10마리가 있었어"라고 말하는 듯 어떤 메시지가, 어떤 생각이 먼 곳에서 밀려오는 것이다. 조각을 응시하는 단순한 사실만으로도 우리는 인류의 역사가 시작되던 때의 기억을 연장시킬 수 있고, 당시 어느 사상가의 사고가 멈춘 한참 뒤에도 그 사상을 그대로 보존할 수 있으며, 진흙에 새겨진 동물상이 판독 가능한 한 언제든지 열려 있는 그 창조 행위에 동참할 수 있다.

상상조차 어려울 만큼 아득히 먼 옛날 어느 오후에 그 작은 조각을 읽고 있었을, 얼굴을 알 수 없는 수메르인 조상처럼 나 역시도 수 세기의 세월과 바다를 훌쩍 뛰어넘어 여기 내 방에서 책을 읽고 있다. 책상에 앉아, 두 팔꿈치는 책장에 고정시킨 채, 두 손으로는 턱을 감싸고, 한동안이나마 길거리에서 들려오는 소음과 시시각각 변하는 바깥의 햇살에 초연한 상태로 나는 이야기와 묘사와 논쟁을 눈으로 보고 귀기울이며 따르고 있다(그렇지만 보고 귀기울이고 따른다는 따위의 단어들만으로는 나의 정신 세계에서 일어나는 것들을 죄다 표현하지는 못한다). 두 눈을 제외하고 움직이는 것이라곤 아무것도 없다. 간혹 책장을 넘기느라 손이 움직일 뿐이다. 그렇게 책을 읽어 가다 보면 '텍스트'라는 어휘로는 정확히 정의되지 않는 무언가가 펼쳐지고, 자라나고, 뿌리내린다. 그렇다면 이런 독서 과정은 과연 어떤 식으로 전개되는 것일까?

독서는 두 눈으로 시작된다. 키케로[1]는 텍스트를 단순히 듣기만 할 때보다는 두 눈으로 볼 때 더 명확히 기억 속에 남는다는 사실을 강조하면서 "인간의 감각 중에서 가장 예민한 것은 시각"이라고 쓰고 있다. 성 아우구스티누스도 두 눈을 "세계로 들어가는 출입구"라고 극찬했으며 (후에는 저주했지만) 토마스 아퀴나스도 시력을 "지식을 획득하는 감각 중에서 가장 위대한 것"이라 했다.

어느 독서가라도 문자들이 시력을 통해 파악된다는 사실만큼은 쉽게 이해한다. 그렇지만 문자들이 분명한 뜻을 지니는 단어로 탈바꿈하는 것은 어떤 과정을 통해서란 말인가? 텍스트를 마주하고 있을 때 우리 내부에는

[1] Marcus Tullius Cicero, 106~43 B.C. 고대 로마의 정치가이자 웅변가.

어떤 일이 벌어지는가? 눈에 보이는 물체들, 즉 두 눈을 통해 우리 내부의 '실험실'에 도착하는 대상 사물이나 문자의 모양, 색깔들을 우리는 어떻게 해서 읽을 수 있게 되는가? 우리가 흔히 독서라고 부르는 행위는 실제로는 어떤 것인가?

B.C. 5세기에 엠페도클레스[1]는 눈을 여신 아프로디테에게서 비롯된 것으로 묘사했는데, 이 여신은 "양피지와 우아한 의상 밑에 불을 가둬두고서 양피지와 옷 주변으로 깊은 물이 흐르도록 하고 불꽃심만 표면에 나오게" 한 것으로 전해진다. 그 후 1세기가 지난 뒤 에피쿠로스[2]는 이 불꽃을 두고 모든 대상물의 표면에서 흘러 나와 우리의 두 눈과 마음 속으로 들어가는 원자들의 얇은 막이라고 상상했다. 그 흘러드는 모습은 마치 끊임없이 거세지기만 하는 비라고나 할까, 그렇게 해서 대상물이 지닌 모든 특징으로 우리가 흠뻑 젖는다는 것이다. 에피쿠로스의 동시대인인 유클리드[3]는 이와 상반되는 이론을 제안했다. 즉 관찰자의 두 눈에서 관찰 대상을 이해할 수 있도록 빛이 나온다는 주장이었다. 언뜻 보기에 두 이론에는 결코 극복할 수 없는 문제들이 도사리고 있는 듯했다. 예를 들면 첫번째 이론의 경우에는 소위 말하는 '삽입(intromission) 이론', 즉 코끼리나 올림포스 산과 같이 거대한 대상에서 방사하는 원자들의 피막이 어떻게 인간의 눈이라는 작은 공간으로 들어갈 수 있을까라는 의문을 일으킨다. 두 번째의 경우는 '방출(extromission) 이론'이 문제이다. 도대체 우리 눈에서 어떤 빛이 나오길래 밤마다 나타나는 아득한 별까지 단숨에 닿을 수 있단 말인가?

이보다 몇십 년 앞서서 아리스토텔레스는 또 다른 이론을 제시했다. 에피쿠로스를 미리 예상하고 그 과오를 정정하기라도 하듯, 그는 관찰 대상의 특징들이—원자

---

1) Empedocles, 490?~430 B.C. 고대 그리스의 철학자이자 정치가.

2) Epicouros, 341?~270? B.C. 고대 그리스의 철학자.

3) Euclid, 330~275 B.C. 고대 그리스의 수학자.

의 피막이기보다는—공기를 통해서 (아니면 다른 매체를 통해서) 관찰자의 눈으로 여행한다고 주장했다. 그렇기 때문에 인간에 의해 이해되는 것은, 산을 예로 들면 실제의 치수가 아니라 상대적인 크기와 모양이라는 것이다. 아리스토텔레스에 따르면 인간의 눈은 마치 카멜레온과 같아서 관찰 대상의 다양한 형태와 색깔을 받아들여 그 정보를 눈이 지닌 이해력을 통해 전지 전능한 내장, 즉 심장, 간, 폐, 쓸개, 혈관을 포함하는 장기의 집합체로 전달함으로써 인간의 모든 동작과 감각을 지배하는 위치를 차지하게 되었다고 한다.

그로부터 6세기 후, 그리스의 의사였던 갈레노스[1]는 에피쿠로스의 이론을 부정하고 유클리드의 주장을 따르는 네 번째 해결책을 제시했다. 갈레노스의 주장은 뇌에서 태어난 '비주얼 영혼'이 시신경을 통해 눈을 가로질러 공기 속으로 흘러 나간다는 것이었다. 그러면 공기 자체가 인지 능력을 갖추고 있어 관찰 대상이 제아무리 멀리 떨어져 있다 하더라도 그 특징을 파악할 수 있다는 설명이었다. 그 특징들은 다시 눈을 통해 뇌로 전달되며 이어서 척추를 타고 감각과 운동 신경으로 이어진다는 것이다. 아리스토텔레스에게 있어 관찰자는 공기를 통해 관찰 대상을 받아들이고, 그것을 다시 시각을 포함한 모든 감각의 보금자리인 심장으로 전달하는 수동적인 존재이다. 반면 갈레노스에게 있어 관찰자는 공기에 지각력을 부여하는 적극적인 역할을 떠맡게 되고, 시각이 비롯되는 뿌리는 뇌 깊숙이 묻혀 있게 된다.

갈레노스와 아리스토텔레스로부터 과학적 지식의 자양분을 섭취했던 중세의 학자들은 일반적으로 이 두 이론 사이에 상하 관계가 발견된다고 믿었다. 한쪽 이론이 다른 쪽 이론을 뒤엎는 것은 문제가 아니었다. 중요한 것은 각각의 이론으로부터 신체의 다른 부위들이 외부 세계의 지각에

1) Galenos. 130?~201?. 로마의 마르쿠스 아우렐리우스 황제 시의로 활동했던 고대 그리스의 의학자.

어떤 식으로 관계되어 있는가, 그리고 이런 부위들은 상호 어떤 관계에 놓여 있는가에 대한 이해를 이끌어 내는 일이었다. 14세기 이탈리아 의사인 젠틸레 다 폴리뇨는 "의학에서 그러한 이해는 책 읽기에서 알파벳을 배우는 것만큼이나 기본적인 과정"이라고 선언하고 초기 그리스도 교회의 지도자 중에서도 특히 성 아우구스티누스가 이미 그 같은 물음을 조심스럽게 제기했다고 말했다. 성 아우구스티누스에게 뇌와 심장은 감각들이 우리의 기억 속에 저장하는 것들을 지키는 양치기 역할을 하는 것으로 보였다. 아우구스티누스는 구획지어진 각각의 기억 칸막이에서 이런 인상들이 어떤 식으로 모아지고, 또 "그 인상들을 일시적으로 보관할 다른 공간이 없는 상황에서 그런 것들이 방금 빠져 나온 칸막이로 되돌아가지 못하도록 지키는 과정을 설명하기 위해" 'colligere'[1]라는 동사를 사용하곤 했다.

　기억이란 것은 이 같은 감각 저장에서 일어지는 여러 기능 가운데 하나에 지나지 않는다. 중세 학자들 사이에는 일반적으로 (갈레노스가 암시했던 것처럼) 눈으로 보는 것, 소리, 냄새, 맛과 감촉은 뇌에 자리 잡은 감각 저장소로 흘러 들어간다는 것이 정설로 통했는데, 이 저장소가 바로 '상식'으로 알려진 지역으로, 기억만이 아니라 지식과 환상과 꿈까지도 여기서 나온다는 것이었다. 이곳은 또 아리스토텔레스가 말하는 내장으로, 다시 말해 중세의 아리스토텔레스 해설자들에 의해 단순히 심장으로 좁혀져 버린 모든 감각의 중심 부위로 연결되었다. 이리하여 심장은 신체의 최고 통치자로 선언된 한편, 감각들은 뇌와 직접적인 혈족 관계에 놓이게 되었다. 15세기 말 독일에서 쓰여진 아리스토텔레스의 논리학과 자연학에 관한 어느 논문 원고에는 사람의 머리와 활짝 뜨인 눈, 벌어진 입, 벌름한 콧구멍, 그리고 한 쪽 귀를 조심스럽게 강조한 그림

1) 수집하고 요약한다는 두 가지 의미를 지님.

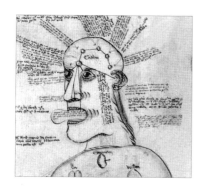

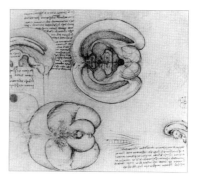

아리스토텔레스의 논문 원고에 그려진 뇌의 기능도. 뇌 속에는 작은 동그라미 다섯 개가 원형으로 연결되어 있는데, 그 동그라미들은 왼쪽에서 오른쪽으로 이어지며 상식의 주요 위치를 보여 준다.

레오나르도 다 빈치가 그린 뇌의 단면도. 이 그림을 보면 중세 말기의 사람들이 지각 과정을 어떤 식으로 상상했는지 짐작할 수 있다.

이 그려져 있다. 뇌 속에는 작은 동그라미 다섯 개를 그려 놓고 서로 원형으로 연결시켜 놓았는데, 그 동그라미들은 왼쪽에서 오른쪽으로 이어지며 상식의 주요 위치도, 즉 상상, 환상, 사고력, 기억의 위치를 나타내고 있다. 그림의 빈 공간에 적힌 해설에 따르면 상식의 원은 심장과도 관계가 있으며 그림에도 그렇게 묘사되어 있다.

　이 그림에다가 한 가지 추정만 더한다면 중세 말기의 사람들이 지각 과정을 어떤 식으로 상상했는지를 가히 짐작할 수 있다. 비록 이 그림에는 나타나 있지 않지만 그 시대 사람들은 뇌의 밑바닥에, 뇌에 도달한 것이면 무엇이든 세련되게 다듬어야 할 필요가 있을 때 의사 소통 채널로 작용하는, 작은 관들로 만들어진 '기이한 망'(marvellous net)이 자리잡고 있다고 보았다. 이 '기이한 망'은 레오나르도 다 빈치가 1508년경에 그린 뇌 스케치에도 나타난다. 이 그림에는 뇌실이 분명하게 구분되어 있고 각 부분마다 다양한 정신적 기능이 적혀 있다. 레오나르도 다 빈치에 따르면 "상식은 다른 감각을 통해 전달되어 온 인상을 판단하는 곳이며……상식의 위치는 인상 센터와 기억 센터 사이의 머리 한가운데이다. 주변의 대상들이 저마다의 이미지를 각 감각들로 전달하면 감각들은 그 이미지를 인상 센터로 보낸다. 그러면 인상 센터에서는 그 이미지를 다시 상식으로 보내고, 그곳에서 이미지들은 대상의 중요도와 세력에 따라 정도의 차이를 보이며 기억에 각인된다."

레오나르도 다 빈치의 시대에 인간의 마음은 자그마한 실험실로 여겨졌다. 그곳에서 눈, 귀, 그리고 다른 지각 기관에 의해 모아진 물건들의 구성 요소들은 상식 센터를 통해 뇌로 전달돼 '인상'으로 바뀌고, 이 인상은 감독 역할을 맡는 심장의 영향하에서—기억처럼—하나 혹은 여러 개의 기능으로 바뀐다는 생각이 지배적이었다. 이런 과정을 거쳐 검정색 글자를 보는 행위가 지식의 황금으로 탈바꿈하게 되었다.

그래도 한 가지 근본적인 의문은 미해결로 남았다. 유클리드와 갈레노스의 이론처럼 우리 독서가들이 책장에 석힌 문자로 나가가서 그것을 포획하는 것인가, 아니면 에피쿠로스와 아리스토텔레스가 단언한 것처럼 문자들이 우리의 감각에 와닿는 것인가? 레오나르도 다 빈치와 그의 동시대인들에게 이런 질문에 대한 대답은(아니면 대답을 도출해 낼 수 있는 힌트든지) 그보다 2백 년 앞선(가끔 학문적인 망설임은 이렇듯 긴 세월을 필요로 하기도 한다) 이집트에서, 서구에는 알하젠[1]으로 알려진 바스라의 학자 알 하산 이븐 알 하이삼의 저술을 번역한 책에서 발견된다.

11세기 이집트는, 모래바람이 세차게 날리는 국경은 외국의 용병들—베르베르인, 수단인, 그리고 터키인—로 지키게 하는 한편, 나일 계곡에서 나는 풍요로운 생산물과 지중해 이웃 국가들과의 교역을 통해 부를 축적하면서 파티마 왕조의 통치를 받으며 번성을 누렸다. 국제 교역과 용병 전투라는

1) Alhazen, 965?~1039?. 아라비아의 물리학자.

이질적인 배합은 파티마 왕조 치하의 이집트의 입장에서는 국제 국가가 되려는 데는 더없이 유리하게 작용했다. 1004년에 알 하킴 칼리프(열한 살의 나이에 통치자가 되었다가 25년 뒤 어느 날 홀로 걷다가 감쪽같이 사라져 버린 인물)는 이슬람교의 영향을 받기 이전부터 존재했던 교육 기관을 모델로 삼아 카이로에 커다란 아카데미(과학원)를 세워 국민들에게 자신의 소중한 원고 콜렉션을 선물로 내놓고 "이곳에 오면 누구라도 책을 읽고, 필사를 하고, 설명도 들을 수 있다"는 포고령을 내렸다. 알 하킴의 엉뚱한 결정들—그는 체스 게임과 비늘 없는 생선의 판매를 금지시켰다—과 그의 악명 높은 잔인성은 이런 행정적 성공에 희석되어 일반 대중에게는 한층 누그러진 인물로 비쳤다. 그의 목표는 파티마 왕조의 카이로를 정치 권력의 상징적 중심뿐 아니라 예술 추구와 과학 탐구의 수도로 가꾸는 것이었다. 이런 야망을 품었던 그는 수많은 저명 천문학자들과 수학자들을 초청했는데, 그 중에는 알 하이삼도 끼여 있었다.

알 하이삼의 공식 임무는 나일강의 홍수를 조절하는 방법을 연구하는 일이었다. 이 임무에는 별로 성공하지 못했지만, 그는 낮에는 프톨레마이오스[1]의 천문학적 이론에 대한 반박을 준비하느라(그의 반대자들이 주장하는 바에 따르면 반박이라기보다는 새로운 회의(懷疑)의 제시였다고 한다) 시간을 보냈으며 밤시간은 훗날 명성을 떨치게 될 시력에 관한 두툼한 연구 보고서를 쓰는 데 쏟았다.

알 하이삼에 따르면, 외부 세계와 관련된 모든 지각에는 우리의 판단력에서 비롯되는 어떤 사려 깊은 추론이 작용한다고 한다. 이 이론을 전개하기 위해 그는 아리스토텔레스의 삽입 이론의 기본적인 논거—우리가 보는 대상물의 특징들은 공기를 통해 우리 눈으로 들어온다—를 따르며,

1) Ptolemaeos Claudios, 2세기 중엽 알렉산드리아에서 활약한 그리스의 수학자이자 천문학자.

또 물리적, 수학적, 생리학적으로 정확한 설명을 제시하면서 자신의 견해를 옹호했다. 그러나 알 하이삼은 '순수 감각'과 '지각'을 보다 철저하게 구분했다. 전자는 무의식적이거나 부득의한 것이고—창밖의 햇살과 오후의 저물어 가는 그림자를 바라보는 행위—후자는 인식이라는 자발적인 행위를 요구하는—책장에 쓰여진 텍스트를 읽는 행위—것이다. 알 하이삼의 논거가 지니는 중요성은 지각 행위에서 역사상 처음으로 '보는 행위'로부터 '해독'하거나 '읽는' 것으로 나아가는 의식적인 행위의 일면을 식별해 냈다는 점이다.

알 하이삼은 1038년 카이로에서 숨을 거두었다. 그로부터 2세기 뒤에 영국인 학자인 로저 베이컨은—카톨릭 교회 내의 일부 파벌들이 과학적 연구가 그리스도교의 교리에 반한다고 맹공격을 퍼붓던 시절에 클레멘스 4세 로마 교황에게 시력 연구를 정당화하기 위해—알 하이삼의 이론을 수정 요약한 것을 제출했다. 알 하이삼을 따르면서 (한편으로는 이슬람 학자의 중요성을 폄하하면서) 베이컨은 교황에게 삽입 이론의 구조를 설명했다. 베이컨에 따르면 우리가 어느 대상물(나무 한 그루 아니면 SUN이라는 글자)을 바라볼 때 가시(可視) 피라미드가 형성되는데 그 피라미드의 아랫부분은 대상물에, 꼭대기는 눈의 각막의 볼록한 부분에 닿는다고 한다. 피라미드가 우리의 눈으로 들어와

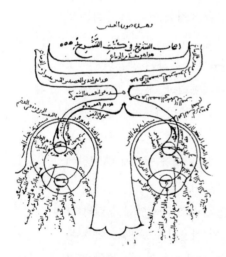

알 하이삼이 상상했던 가시(可視) 체계. 알 하이삼의 논거가 지니는 중요성은 지각 행위에서 역사상 처음으로 '보는' 행위를 통해 '해독'하거나 '읽는' 것으로 나아가는 의식적인 행위의 일면을 식별해 냈다는 점이다.

서 그 광선들이 서로 교차하지 않게 굴절되어 안구 표면에 나란히 정렬될 때 우리가 '본다'는 것이다. 베이컨에게 있어서 본다는 것은 대상의 이미지가 눈으로 들어와서 눈의 '가시 능력'에 의해 포착되는 능동적인 과정이었다.

하지만 어떻게 이런 지각이 독서가 될 수 있단 말인가? 문자를 이해하는 행위가 시각과 지각만이 아니라 추론, 판단, 기억, 인식, 지식, 경험, 실습까지 개입되는 과정에 어떤 식으로 관계되어 있는가? 알 하이삼은 독서 행위에 꼭 필요한 이런 모든 요소들이 독서 행위를 더할 나위 없이 복잡하게 만든다고 보고 성공적인 독서 행위를 위해서는 수백 가지의 다양한 기술을 조화시키는 일이 필요하다는 사실을 알았다(베이컨도 두말 할 필요 없이 여기에 동의했다). 그리고 이런 기술만이 아니라 시간, 장소, 그리고 독서 행위가 수행되는 진흙 조각과 두루마리, 책장이나 스크린도 독서 행위에 영향을 미친다. 이름 모를 수메르인 농부에게는 염소와 양을 돌보는 곳에서 가까이에 있는 마을과 동그란 진흙뭉치, 알 하이삼에게는 카이로 아카데미의 하얀 새 방과 냉소적으로 읽은 프톨레마이오스의 원고, 베이컨에게는 비정통적인 것을 가르쳤다 하여 그가 구금되었던 교도소와 자신의 귀중한 과학책들, 레오나르도 다 빈치에게는 말년을 보냈던 프랑수아 1세 왕의 궁정과 꼭 거울에 비춰야만 읽을 수 있는 비밀 암호로 간직해 온 자신의 비망록이 독서 행위에 영향을 미치는 요소들이었다. 이처럼 당혹스러울 만치 다양한 요소들은 독서라는 한 가지 행위로 모아지는데, 이런 점을 알 하이삼은 정확히 추측해 냈다. 그렇지만 이런 모든 것이 어떤 식으로 일어나는지, 각 요소들 사이에는 어떤 복잡한 연결고리가 존재하는지 알 하이삼과 그의 독자들은 여전히 의문을 품고 있다.

뇌와 언어의 관계를 탐구하는 신경언어학의 근대적 연구는 알 하이삼 이후 8세기하고도 반세기가 더 흘러 1865년에야 비로소 시작되었다. 바로 그해, 두 명의 프랑스 과학자인 미셸 닥스와 폴 브로카[1]는 같은 시기에 각자 따로 실시한 연구에서 대부분의 사람들은 수태와 동시에 시작된 유전학적 작용의 결과로 뇌 중에서도 왼쪽 뇌반구가 언어를 기호화하고 해독하는 역할을 맡게 되었다는 점을 내비쳤다. 아주 극소수만이(이들 중 대부분이 왼손잡이이거나 양손잡이인데) 이 기능이 오른쪽 뇌반구에서 발달된다. 극히 드문 경우(유전 인자로 인해 왼쪽 뇌반구로 편향된 사람), 어려서 왼쪽 뇌반구에 상처를 입으면 뇌의 '프로그램 재작성'으로 인해 언어 기능의 발달이 오른쪽 뇌반구에서 이뤄진다. 그렇지만 각 개인들이 실제로 언어에 노출되기 전까지는 어느 쪽 뇌반구도 언어를 기호화하고 해독하는 역할을 하지 못할 것이다.

최초의 필사자가 최초의 문자를 긁어 쓰고 그것을 소리로 말하기 전에도 인간 신체는 그때까지 미래에 속했던 쓰고 읽는 행위를 할 수 있는 능력을 갖추고 있었다. 말하자면 인간 신체는 아직도 창조되기를 기다리고 있던 글자의 독단적인 기호를 포함하여 모든 방식의 감각을 저장하고 다시 불러내고 해독해 낼 수 있었다는 뜻이다. 이런 의견, 즉 인간이 실제로 읽을 수 있게 되기 전에—요컨대 심지어 책장이 우리 앞에 펼쳐지는 것을 보기도 전에—이미 읽을 수 있는 능력을 갖추었다는 견해는 어떤 대상이 인지되기도 전에 우리 내부에 지식이 존재한다는 플라톤적인 생각으로 되돌아간다. 언어 능력 자체는 분명히 똑같은 패턴으로 발전한다. 우리가 하나의 단어를 '발견하는' 것은 그 단어가 나타내는 대상이나 관념이 이미 우리의 마음 속에 자라잡고서는 '그 단어와 연결될 준비'를 갖추고 있기 때문이다. 그것은 마치 외부 세계(우리의 손윗사람, 아니면 우리에게 처음으로 말을

1) Paul Broca, 1824~1880. 프랑스의 외과 의사. 인류학자이기도 한 그는 대뇌의 언어 중추인 '브로카 언어 영역'을 발견했음.

거는 사람)로부터 주어지는 선물과도 같지만, 그 주어진 선물을 파악하는 능력은 어디까지나 우리의 몫이다. 그런 의미에서 볼 때, 입으로 튀어나오는 단어(그리고 나중에는 읽혀지는 단어)는 결코 우리에게 속하는 것도 아니고 우리의 부모나 우리의 작가들에게 속하는 것도 아니다. 그 단어들은 의미를 공유하는 어떤 공간을 점유하는데, 그 공간을 달리 표현하면 우리가 대화 및 읽기 기술과 인연을 맺는 입구에 가로 놓인 공용의 문지방이라 하겠다.

몬트리올의 코트-데-네주 병원의 앙드레 로슈 르쿠르 교수에 따르면, 구어에 노출되는 것만으로는 어느 한쪽 뇌가 언어 능력을 발휘하는 데 충분하지 않다고 한다. 뇌의 언어 능력을 개발하려면 먼저 가시(可視) 기호의 공통된 체계를 배워야 할 것이다. 다시 말해 읽는 것을 먼저 배워야 한다는 뜻이다.

1980년대에 브라질에서 일하면서 르쿠르 교수는 좌뇌의 우위 현상을 보다 보편적이게 만드는 유전학적 프로그램이 읽기를 배우지 않은 사람보다 읽기를 배운 사람들의 뇌에서 더 잘 실행된다는 결론에 도달했다. 이 결론으로부터 르쿠르 교수는 읽기 능력에 손상을 입은 환자들을 연구하면 일련의 읽기 행위 과정을 알아 낼 수 있다는 사실을 도출해 냈다(갈레노스도 오래 전에 질병은 신체의 실행 능력의 실패를 알려 줄 뿐 아니라 사라진 능력 그 자체를 규명하기도 한다고 주장했다). 르쿠르 교수는 몇 년 뒤 몬트리올에서 언어 구사나 읽기 장애로 고통받는 환자들을 연구하면서 독서 행위의 메커니즘에 대해 일련의 관찰을 할 수 있었다. 예컨대 실어증 환자들—언어를 구사하거나 이해하는 능력을 부분적으로, 아니면 완전히 상실한 환자들—에게서 그는 뇌에 특별한 손상이 가해지면 매우 심각한 언어 장애를 일으킨다는 사실을 발견했다. 일부 환자들은 (영어에서 rough나 though와 같이) 철자가 불규칙한 단어만 읽지 못하거나 쓰지 못하게 되고, 또 다른 환자들은 (tooflow나 boojum처럼) 조작한 단어들을 읽지 못했다. 또 좀 별스럽게 분류해 놓은 단어나 불규칙적으로 나열해 놓은 단어들을 볼 줄은 알지만 발음은 하지 못하는 사람들도 있었다. 간혹 이들 환자들은 단어 전체는 읽을 줄 알지만 각각의 철자는 읽지 못했으며, 특정 단어를 다른 단어로 바꿔 읽는 환자들도 더러 있었다. 『걸리버 여행기』의 주인공인 걸리버는 라퓨타 섬의 스트럴드브러그[1]를 묘사하면서 나이 아흔에도 이들 늙은이들은 책 읽기로 시간을 즐길 줄 모른다고 말했다. "그 이유는 그들의 기억력이 한 문장이라도 처음부터 끝까지 따라잡을 수 없기 때문이며, 이런 결함으로 인해 그들은 그렇지 않았다면 즐길 수 있었을 유일한 즐거움인 독서를 박탈당한 상태에 놓여 있다." 르쿠르 교수의 환자 중 몇 명도 바로 그런 장애를 겪었다. 문제를 더욱 복잡하게 만드는 예를 살펴보자. 중국과 일본에서 실시한 유사한 연구에서 선문가들은 표음문자와 반대 위치에 있는 표의문자를 읽는 데 익숙했던 환자들이 매우 상이한 반응을 나타내는 것을 발견했다. 마치 이런 특수한 언어 능력이 뇌의 다른 영역에서 이뤄지는 것처럼 말이다.

알 하이삼과 의견을 같이하면서 르쿠르 교수는 읽기 행위가 적어도 두 개 이상의 단계를 수반한다고 결론지었다. 단어를 '보고' 이미 터득한 정보에 따라 그 단어를 '숙고하는' 것이다. 수천 년 전 수메르인 필사자처럼 지금의 나도 단어들을 보고 있다. 나는 단어들 쪽으로 눈을 돌리고 바라보고 이해한다. 그리고 내가 본 것들은, 이미 내가 터득했고 또 나와 시공을 같이하는 다른 독자들과 공유하는 암호나 체계에 따라 스스로 조직되는데, 이때 암호는 내 뇌의 특정 부위에 자리잡고 있다. 르쿠르 교수는 이렇게 주장한다. "그것은 마치 두 눈을 통해 책장에서 얻어진 정보가 일련의 특수한 뉴런(신경단위) 집합체를 통해 뇌를 여행하는 것과 비슷하며, 각각의 뉴런 집합체는 뇌의 특정 부위를 점하고서 저마다 특유의 기능에 영향을 미친다." 이런 기능들이 어떤 것들인지 우리는 아직 정확히 꿰뚫지 못하고 있다. 그렇지만 일부 뇌 손상의 경우 이런 뉴런 집합체가 하나 아니면 여럿이, 쉽게 말해 체인에서 끊어져 나오게 되며, 그렇게 되면 그 환자는 특정 단어나 특정 형태의 언어를 읽지 못하게 되거나 아니면 큰 소리로 읽지 못하거나 어떤 단어들의 조합을 다른 것으로 바꾸어 읽게 된다. 이처럼 체인으로부터 단절될 가능성은 수없이 많다."

책장을 눈으로 훑어보는 초보적인 행위 역시 연속적이거나 체계적인 과정이 아니다. 우리는 뭔가를 읽을 때 두 눈이 책장의 글을 따라 중단 없이 움직이는 것으로, 예를 들어 서양의 글을 읽을 때는 왼쪽에서 오른쪽으로 움직이는 것으로 생각한다. 하지만 결코 그렇지 않다. 1세기 전, 프랑스의 안과 의사인 에밀 자발은 글을 읽을 때 두 눈이 책장 이곳 저곳으로 마구 뛰어다닌다는 사실을 발견했다. 이런 점프나 단속성 운동[1]은 초당 약 2백도의 각도를 움직이는 속도로 1초에도 서너 번씩 일어난다. 책장을 가로지르는 눈의 움직임의 속도는—그러나 움직임 그 자체는 아니다—인지력을 방해하며, 우리가 실제로 '읽는' 행위는 눈의 움직임과 움직임 사이의 찰나에만 이뤄진다. 그렇다면 우리의 독서가 두 눈의 실질적인 단속성 운동에 따르지 않고 책장에 나타나는 텍스트의 순서나 스크린상의 텍스트와 같은 두루마리식 연결에 결부되는 이유는 뭘까. 그것도 머리 속으로 문장 전체나 사상을 받아들이면서 말이다. 이 의문에 대해서도 과학자들은 아직껏 해답을 내놓지 못하고 있다.

임상 환자 2명을 분석하면서—한 사람

1) 초점이 빠뀔 때 일어나는 안구의 단속적인 일련의 움직임.

은 횡설수설하는 문장으로도 연설을 곧잘 유창하게 늘어놓을 수 있었던 실어증 환자였고, 다른 한 사람은 언어 구사는 매우 정상적이지만 언어에 감정이나 무게를 싣는 능력이 없었던 인식 불능증 환자였다— 올리버 색스 박사는 이렇게 주장했다. "언어 구사—자연 그대로의 언어 구사—는 단어만으로 이뤄지는 것이 아니다.…… 그것은 발표—단어에 의미를 충분히 실어서 입 밖으로 내뱉는 것—로 이뤄지는데, 여기에는 단순한 단어 인식 이상의 수많은 것이 포함된다."

　독서에 대해서도 거의 똑같이 말할 수 있다. 텍스트를 따라가면서 독서가는 이미 알고 있는 텍스트의 취지와 사회적 합의, 축적된 독서량, 개인적 경험과 개인적 취향 등으로 복잡하게 뒤얽힌 방법으로 텍스트의 의미를 파악한다. 카이로 아카데미에서 책을 읽는 알 하이삼은 절대로 혼자가 아니었다. 다시 말해 그의 배후에는 대형 모스크에 있던 코란의 성스런 필적을 그에게 가르쳐 주었던 바스라 학사들, 아리스토텔레스와 그를 명쾌하게 해설한 사람들, 그리고 수많은 세월을 갈고 닦아 마침내 알 하킴의 궁정으로 초대받는 과학자가 된 알 하이삼 본인과 같은 많은 사람들의 그림자가 어른거리고 있었던 것이다.

　이 모든 것들이 암시하는 것은, 지금 책 앞에 앉아 있는 나라는 존재도 나보다 앞섰던 알 하이삼처럼, 텍스트를 구성하는 단어들의 철자와 빈 공간을 이해하는 것에 그치지 않는다는 점이다. 검정과 흰색의 기호 체계에서 메시지를 뽑아내기 위해 나는 먼저 깜박거리는 눈으로 그 체계를 파악하고 이어서 나의 뇌에서 뉴런들의 체인—이 체인은 내가 읽는 텍스트에 따라 달라진다—을 통해 기호들의 암호 체계를 재구축하고, 내가 어떤 존재인가 그리고 어떻게 해서 그런 존재가 되었는가에 따라 그 텍스트에 뭔가—감정, 육체적 감각, 직관, 지식, 영혼—를 불어넣는다.

멀린 C. 위트록 박사는 1980년대에 "하나의 텍스트를 이해하기 위해 우리는 단어의 사전적 의미로 읽는 데만 그치지 않고 그 텍스트를 위해 새로운 의미를 창조해 낸다"고 적고 있다. 이런 복잡한 과정을 통해 "독서가는 텍스트에 정성을 기울인다. 그들은 텍스트의 의미를 정확히 표현하기 위해 이미지와 언어의 형태적 변화까지 창조해 낸다. 너무나 감동적이게도, 독서가들은 텍스트를 읽어 내려가면서 자신들의 지식, 경험에 얽힌 기억과 글로 쓰여진 문장, 절과 단락 사이의 관계를 구축해 나감으로써 의미를 만들어 낸다." 그렇다면 독서는 감광성 종이가 빛을 포착하는 것과 같은 방법으로 텍스트를 자동적으로 포착하는 과정이 아니라, 당혹스럽고 미로 같기도 하고 예사로우면서도 지극히 개인적인 재구축 과정이 되는 것이다. 예컨대 읽기는 듣기와는 별개의 행위인지, 또한 다른 것과 확연히 구분되는 독특한 심리적 과정인지, 아니면 다양한 형태의 과정들로 구성된 것인지 아직 전문가들도 정확히 모른다. 그렇지만 많은 사람들은 독서의 복잡성도 사고 자체의 복잡성만큼이나 위대할지 모른다고 믿는다. 위트록 박사에 따르면 독서는 "기이하고 무정부주의적인 현상은 아니다. 그렇다고 오로지 한 가지 의미만이 옳은 것으로 통하는 틀에 박히고 통일된 과정도 아니다. 독서는 언어의 규칙 안에서 하나 이상의 의미를 구축하려는 독서가의 노력을 반영하는 생산적인 과정이다."

미국의 E.B. 휴이는 금세기 초 이렇게 시인했다. "뭔가를 읽을 때 우리가 뭘 하고 있는지를 완벽하게 분석해 내는 일은 심리학자들에게는 성취의 정점이라 해도 과언이 아니다. 왜냐하면 그 작업은 인간 정신의 활동 중에서도 가장 복잡다단한 활동의 상당 부분을 밝혀 내는 것이기 때문이다." 우리는 아직도 거기에 대한 해답에서 멀리 떨어져 있다. 우리는 자신이 하고 있는 일의 본질이 도대체 무엇인지 명확하게 정의내리지도 못하면서 읽기를 계속하고 있다. 독서 행위가 기계적인 모델을 통해 설명될 수 있는 과정이 결코 아니라는 사실을 우리는 알고 있다. 또 뇌의 특정 부위에서 독서가 이뤄지고 있음을 잘 알지만 우리는 또한 그런 부위도 독서에 관여하는 유일한 것이 아님을 잘 알고 있다. 일련의 독서 과정은 사고하는 것과 마찬가지로, 텍스트와 사고를 구성하는 단어, 즉 언어를 해독하고 이용할 줄 아는 능력에 달려 있다는 사실 또한 우리는 안다. 연구원들이 염려하는 것은 자신들이 내리는 결론이, 그 결론을 표현하는 바로 그 언어에 대해 의문을 제시하는 꼴이 되지나 않을까 하는 점이다. 언어는 본래부터 변덕스런 부조리일 수 있다거나, 언어는 그 속에 내포된 본질로서가 아니면 결코 아무것도 전달하지 못할지도 모른다거나, 언어가 계속 존재하려면 말을 표현하는 사람이 아니라 그것을 해설하는 사람에 거의 전적으로 의존할지도 모른다거나, 독서기의 역할은—알 하이삼의 유려한 표현을 빌리면—"단서와 암시를 통해 글이 완곡하게 말하는 것들"을 눈에 보이도록 드러내는 것이라는 주장 등이 그런 것들이다.

눈으로만 읽는 독서

성서대 앞에 앉아 있는 성 아우구스티누스. 11세기의 그림.

기독교 세계 최초의 황제였던 콘스탄티누스 대제가 임종의 자리에서 세례를 받고 거의 반세기가 지난 A.D. 383년, 장래 성 아우구스티누스로 알려질 스물아홉 살 된 라틴어 수사학 교수가 북아프리카에 있던 로마 제국의 어느 변방 전초 기지를 떠나 로마에 도착했다. 그는 집 한 채를 빌려 학교를 열었다. 지방 출신인 그 지식인의 자질을 익히 들어 알고 있던 학생들은 이 학교로 몰려들었다. 하지만 그가 제국의 수도에서 교사로 밥벌이하기가 어렵다는 사실을 깨닫기까지는 그리 많은 세월이 걸리지 않았다. 카르타고에 있었을 때는 비록 그의 학생들이 폭동을 일으키는 무뢰한이긴 했어도 적어도 배움에 대한 대가만은 치렀었다. 그런데 로마의 학생들은 아리스토텔레스와 키케로에 대한 그의 강의에 묵묵히 귀를 기울이다가도 수업료를 내야 할 때가 가까워지면 아우구스티누스를 빈손으로 남겨 두고 무더기로 다른 선생에게 옮겨 갔다. 그래서 1년 뒤, 로미의 장관이 그에게 밀라노에서 문학과 웅변술을 가르칠 기회를, 그것도 여행 경비까지 다 부담해 준다는 조건으로 제의하자 아우구스티누스는 감사한 마음으로 그 제안을 받아들였다.

　아마 밀라노가 연고 없는 낯선 땅이었는 데다가 그가 지식인 무리에 들어가기를 원해서 그랬는지, 아니면 그의 어머니가 그렇게 하기를 당부해서 그랬는지는 모르지만 밀라노에서 아우구스티누스는 어머니 모니카의 친구이자 조언자로 당시 그 도시의 주교를 맡고 있던 저명한 암브로시우스를 방문했다. 그때 암브로시우스(아우구스티누스처럼 훗날 성자의 반열에 올랐다)는 40대 후반으로, 정통적인 믿음에 엄격했고 세속의 최고 권위도 두려워하지 않던 인물이었다. 아우구스티누스가 밀라노에 도착하고 몇 년 지나서, 암브로시우스는 살로니카의 로마 제국 주지사를 살해한 폭도를 대량 학살한 황제 테오도시우스 1세에게 이 일에 대해 공개적으로 사과하도록 압력을 넣었다. 그리고 주스티나 여제가 주교에게 아리우스주의[1] 의식에 따라 예배를 올릴 수 있도록 도시의 어느 교회를 내놓으라고 요구했을 때도 암브로시우스는 여제가 물러설 때까지 밤낮으로 그 교회를 점령하고 연좌 농성을 이끌기도 했다.

5세기에 제작된 모자이크에 의하면 암브로시우스는 체구가 작고 귀가 유난히 크고 영리해 보이며, 검은 턱수염은 각진 얼굴을 부드러워 보이게 한다기보다는 오히려 가냘프게 만들었다. 그는 대단히 인기 높은 연설가여서 후대의 기독교 상징 세계에서 그의 상징은 달변을 의미하는 '벌집'이었다. 아우구스티누스는 암브로시우스가 그토록 많은 사람들로부터 숭앙받는 위치에 있다는 사실을 행운으로 받아들였지만, 곧 그는 그 늙은이에게 그때까지도 자신을 괴롭히고 있던 신앙 문제에 대해 질문을 던질 수 없음을 깨달았다. 그 이유는 암브로시우스가 검소한 식사를 할 때나 자신의 숭배자를 돌볼 때가 아니면 거의 언제나 자신의 독방에서 혼자 책을 읽었기 때문이다.

암브로시우스는 지독한 독서가였다. 아우구스티누스는 이렇게 말했다. "책을 읽을 때 그의 두 눈은 책장을 뚫어져라 살피고 가슴은 의미를 캐고 있었지만, 그의 목소리는 들

밀라노의 성 암브로시우스 교회에 그려진 모자이크 그림. 이 그림의 주인공 암브로시우스는 유명한 독서가였다. 그는 침묵 속에서 소리를 내지 않고 책을 읽곤 했는데, 당시에는 이런 독서법이 매우 충격적이었다.

1) 아리우스가 내세운 교리로 하느님의 아들인 그리스도는 아버지인 하느님과 동격이 아니라고 주장.

리지 않았고 혀도 움직이지 않았다. 누구나 마음대로 그에게 접근할 수 있어서 아무도 그에게 손님의 도착에 대해 알리지 않았다. 그래서 그를 방문할 때면 우리는 종종 이런 식으로 침묵 속에서 독서 삼매경에 빠진 그를 발견하곤 했다. 그는 절대로 큰 소리를 내어 글을 읽지 않았다."

두 눈은 책장을 면밀히 살피고 혀는 꼼짝도 하지 않는다. 그것은 오늘날 밀라노의 성 암브로시우스 교회 건너편의 카페에서 책을 들고 앉아 아마도 성 아우구스티누스의 『고백록』을 읽고 있을지도 모를 어느 독서가를 묘사하는 대목처럼 들린다. 암브로시우스처럼, 독서가들은 이 세상에 대해, 곁을 지나치는 군중에 대해, 노르스름한 연분홍색 건물에 대해 귀도 닫고 눈도 감았다. 지금은 한 곳에 정신을 팔고 있는 독서가에게 그 누구도 관심을 기울이지 않는 것 같다. 오늘날에는 군중 속에서 고립된 채 삼매경에 빠진 독서가의 이미지가 보편화되있기 때문이다.

그러나 아우구스티누스 시절에는 그런 독서 태도가 『고백록』에까지 적었을 만큼 이상하게 비쳤던 것 같다. 이런 사실에 함축된 의미는 이렇다. 말없이 책장을 정독하는 독서 방법은 아우구스티누스 시대에는 정상에서 일탈한 것이었다는 점, 그리고 통상적인 독서는 큰 소리로 떠들썩하게 이뤄졌다는 점이다. 비록 소리를 내지 않는 독서의 예가 그보다 앞선 시대에도 있었다 하더라도 서구에서는 10세기까지 묵독이 보편화되지 않았다.

아우구스티누스가 암브로시우스의 소리 없는 독서를 묘사한 부분 (그는 절대로 큰 소리로 글을 읽지 않았다는 언급도 포함)이 서구 문헌에 최초로 명확하게 기록된 묵독의 예이다. 그보다 앞선 기록들도 있긴 하지만 그것들은 불명확한 면이 많다. 기원전 5세기 작품으로 무대에서 글을 읽는 배우가 등장하는 연극이 두 편 있다. 에우리피데스[1]의 비극『히폴리투스』[2]를 보면 테세우스가 숨을 거둔 부인의 손에 쥐어져 있는 편지를 말없이 읽고 있고, 아리스토파네스[3]의『기사들』에서는 데모스테네스가 어느 현인이 보낸 서판을 바라보고 그 속에 담긴 내용은 한 마디도 내뱉지 않으며 당황해하는 모습을 해 내용을 미뤄 짐작케 하는 대목이 나온다. 플루타르크에 의하면, 알렉산더 대제도 B.C. 4세기에 자기 모친이 보낸 편지를 말없이 읽어 부하들을 당혹스럽게 만들었던 적이 있다. A.D. 2세기에 프톨레마이오스는 (아마 아우구스티누스도 알고 있었을 책인)『척도론』에서 지나치게 집중하다 보면 소리 없이 글을 읽을 때도 간혹 있다고 적고 있다. 그 이유는 단어를 소리내어 읽을 경우 생각이 산만해질 수 있기 때문이다. 그리고 율리우스 카이사르도 B.C. 63년에 상원에서 자신의 적수인 카토 옆에 서서 카토의 여동생이 보낸 연서를 소리 없이 읽었다. 그 후 4세기가 지난 349년, 예루살렘의 성 키릴로스[4]는 아마 사순절에 행했을 법한 교리 문답 설교에서 교회에 출석한 여성들에게 교회 의식 중 기다리는 시간에 "조용히, 입술은 달싹거려도 좋지만 다른 사람들의 귀에는 절대 들리지 않게 차분히" 읽어 달라고 간곡히 당부했다.

아마 입술은 움직여도 소리는 잠겨드는 '속삭임의 독서'라고나 할까.

만약 글자가 발명된 이래로 큰 소리로 읽는 것이 정상이었다면 그 옛날의 훌륭한 도서관에서는 어떤 광경이 연출되었을까? 아슈르바니팔 왕[5]의 도서관에 소장돼 있던 3만 점의 서책 중 한 권을 참고하는 아시리아 학자, 알렉산드리아와 페르가몬[6]

1) Euripides, 484?~407? B.C. 기원전 5세기의 그리스 3대 비극 시인 중의 한 사람.
2) 테세우스의 아들인 히폴리투스는 테세우스의 후처 파이드라로부터 유혹을 받지만 이를 거절함. 이에 파이드라는 테세우스에게 거짓 유서를 남기고 자살하고, 이 유서에 속은 테세우스의 저주로 결국 히폴리투스는 죽게 됨.
3) Aristophanes, 445?~385? B.C. 고대 그리스의 희극 시인.
4) Kyrillos, ?~?. 알렉산드리아의 신학자.
5) Ashurbanipal, ?~?. 도시 니네베에 대도서관을 세운 아시리아의 왕.
6) 헬레니즘 문화의 중심을 이룬 고대 소아시아 서쪽의 도시.

의 도서관에서 두루마리를 펼치는 사람들, 그리고 카르타고와 로마의 도서관에서 어떤 텍스트를 찾고 있는 아우구스티누스 본인도 시끌벅적한 소리에 파묻혀 연구 활동을 벌였음에 틀림없다. 심지어 오늘날에도 모든 도서관들이 절대 고요를 지키지는 못하고 있다. 1970년대, 밀라노의 그 아름다운 암브로시아나 도서관에서는 영국 런던의 브리티시 도서관이나 파리의 국립 도서관에서 확인할 수 있었던 그런 장엄한 고요가 느껴지지 않았다. 암브로시아나 도서관의 열람자들은 이 책상에서 저 책상으로 서로 대화를 나눴고, 가끔 질문을 던지거나 이름을 외치기도 했으며, 무거운 책을 덮으면 한 무더기의 다른 책들이 흔들거리곤 했다. 오늘날에는 브리티시 도서관에서도 그렇고, 파리 국립 도서관에서도 그렇고, 더 이상 완벽한 고요가 지켜지지 않는다. 휴대용 워드 프로세서를 두들기는 소리에 침묵의 독서는 종지부를 찍고 말았다. 이제는 마치 책으로 가득한 서가 안에 한 무리의 딱따구리가 살고 있는 듯하다.

그렇다면 아테네나 페르가몬 시대에 수십 명의 독서가들이 서로 다른 이야기를 입으로 중얼거리는 가운데 서책이나 두루마리를 소리내어 읽으며 정신을 집중하는 것과, 소리 없는 독서로 정신을 집중하는 것 사이에는 어떤 차이점이 있을까? 아마 그 당시의 독서가들에게는 주위의 소음이 들리지 않았을지도 모르며, 또 그 외의 다른 방법으로도 책을 읽을 수 있다는 사실을 몰랐을지도 모른다. 아무튼 그리스나 로마에서 도서관의 떠들썩한 소리에 대해 불평을 털어놓는 독서가가 있었다는 기록은 남아 있지 않다. 그런데도 세네카[1]의 경우에는 1세기경에 남긴 글에서 시끄러운 임시 숙소에서 공부를 해야 한다는 사실에 대해 불평을 털어놓기도 했다.

아우구스티누스 자신은 『고백록』의 어

---

1) Lucius Annaeus Seneca. 4? B.C.~A.D.65. 로마의 철학자이자 극작가.

느 중요한 단락에서 두 가지 방식의 독서법—소리를 내는 방법과 소리를 내지 않는 방법—이 거의 동시에 이뤄지는 순간을 묘사하고 있다. 아우구스티누스는 자신의 우유부단함에 화가 난 나머지, 또 자신의 과거 죄에 분노를 느끼면서, 그리고 마침내 자신이 결단을 내려야 할 시간이 왔다는 사실에 깜짝 놀라며 그때까지 자신의 여름 정원에서 (큰 소리로) 함께 책을 읽고 있던 친구 알리피우스 곁을 빠져 나와 무화과나무 밑으로 몸을 던져 흐느껴 울었다. 바로 그때 근처의 어느 집에서 어린이(소년인지 소녀인지, 그는 밝히지 않았다)의 노랫소리가 들려왔는데, 그 노래의 후렴이 "책을 잡고 글을 읽으세"였다. 그 노랫소리가 자신을 향한 것이라 믿었던 아우구스티누스는 알리피우스가 아직도 꼼짝 않고 앉아 있는 곳으로 다시 달려가 미처 다 읽지 못했던 바울의 『사도행전』 한 권을 집어들었다. 아우구스티누스는 "나는 그 책을 집어 펼친 뒤 시선이 가장 먼저 닿은 첫 부분을 소리내지 않고 읽었다"고 말한다. 그가 소리내지 않고 읽은 단락은 로마서 13장으로, "육신을 위해 양식을 준비하지 말고 그대 주 예수 그리스도를 '갑옷처럼' 걸쳐라"라는 훈계였다. 혼비백산한 그는 문장의 끝에 이른다. '믿음의 빛'이 그의 가슴에 충만하고 '회의의 어둠'은 말끔히 걷힌다.

깜짝 놀란 알리피우스가 아우구스티누스에게 그토록 엄청난 영향력을 끼친 게 도대체 뭐냐고 묻는다. 그러자 아우구스티누스는(수 세기가 흐른 지금까지도 우리에게 너무도 익숙한 몸짓을 해 보이는데, 그는 자신이 읽던 부분을 손가락 하나로 짚고는 이제 막 말없이 책을 덮은 터였다) 자기 친구에게 그 텍스트를 보여 준다. "친구에게 손가락으로 그 부분을 가르켜 주자 그는(아마 큰 소리로였을 것이다) 내가 읽었던 부분보다 훨씬 뒷부분까지 읽었다. 이런 대목이었다. 믿음이 연약한 자를 너희가 받되 그의 의심하는 바를 비판하지 말라." 이 충고가 알리피우스에게 그때까지 갈망해 마지않던 정신적 힘을 불어넣어 주기에 충분했다는 점을 아우구스티누스는 우리에게 이야기하고 있다.

밀라노의 그 정원 어딘가에서, 386년 8월 어느 날, 아우구스티누스와 그의 친구는 오늘날 우리가 읽었을 때와 동일한 방법으로 바울의 『사도행전』을 읽었다. 아우구스티누스는 자신의 은밀한 배움을 위해 소리 없이, 그의 친구는 텍스트가 계시하는 것을 친구와 함께 나누기 위해 큰 소리로 읽었다. 묘하게도, 아우구스티누스는 암브로시우스가 소리 내지 않고 책을 읽는 걸 도저히 이해하지 못했으면서도 자신의 소리 없는 독서에 대해서는 그다지 놀라워하지 않았다. 그것은 아마 아우구스티누스의 경우 단지 핵심 단어 몇 개만을 살펴보았기 때문일 것이다.

아우구스티누스는 시론과 산문의 운율에 능통한 수사학 교수로, 또 그리스어를 혐오하면서도 라틴어는 지독히 사랑했던 학자로서 글이라면 무엇이든 가리지 않고 그저 기쁨을 위해 소리내어 읽는 습관—대부분의 독서가에게 공통적임—을 가지고 있었다. 아리스토텔레스의 가르침을 따르면서 그는 '심지어 눈앞에 없는 사람들과도 대화를 나눌 수 있도록 창조된' 문자들은 '소리의 기호'이고 더 나아가 '우리가 생각하는 것들의 기호'라는 것을 알았다. 글자로 쓰여진 텍스트는 지금 눈앞에 없는 어떤 사람이 자신의 할말을 언젠가는 발음할 수 있도록 종이에 쓴 대화였다. 아우구스티누스에게 있어서는 말로 바뀐 단어야말로 텍스트 중에서도 가장 난해한 부분이었다. 그보다 3세기 전에 있었던 마르티알리스[1]의 경고를 마음에 새기고 있었던 것일까.

---

1) Marcus Valerius Martialis, 40?~104?. 고대 로마의 풍자 시인.

시는 나의 것이네.

하지만 친구, 자네가 그 시를 낭송할 때,

그 시는 마치 자네 것으로 보이네.

그토록 비통하게 자네는 그 시를 불구로 만드는 걸세.

수메르인들이 인류 역사상 최초로 진흙 조각을 남긴 그날 이후로, 글자로 쓰여진 단어들은 큰 소리로 발음하게 되어 있었다. 왜냐하면 각각의 기호들은 마치 어떤 영혼처럼 특정한 소리를 지니고 있었기 때문이다. '스크립타 마네트, 베르바 볼라트'(scripta manet, verba volat)라는 고전적인 표현은—지금에야 '글자로 쓰여진 것은 영원히 남고, 말로 표현된 것은 공기 속으로 사라진다'는 의미를 얻었지만—그 옛날에는 지금과 정반대의 뜻으로 통했다. '책장에 쓰여진 단어'는 아무런 움직임도 없이 죽어 있는 데 반해, '큰 소리로 외쳐지는 단어'는 날개까지 달고 훨훨 날아갈 수 있다는 점을 찬양하기 위해 만들어진 표현이었다. 글로 쓰인 텍스트를 대할 때면 독서가들은 언제나 침묵하고 있는 문자들, 즉 스크립타(scripta)에게, 말로 표현된 단어, 즉 베르바(verba)가 될 수 있도록 목소리를, 다시 말해 혼을 불어넣어야 하는 의무감을 느꼈다. 성경의 최초 언어들—아랍어와 헤브루어—은 독서하는 행위와 말하는 행위에 아무런 구분을 두지 않았다. 이들 언어에서는 두 가지 행위를 같은 단어로 표현했던 것이다.

각각의 철자와 철자들의 수, 그리고 철자 배열의 순서까지 신의 영감을 받아 쓰여진 성스러운 텍스트를 완벽하게 이해하기 위해서는 눈뿐만 아니라 신체 다른 부분의 활용까지 필요하다. 경전을 읽으며 약간의 신성함이라도 놓치지 않으려면 문장의 가락에 맞춰 몸을 흔들고, 성스런 단어들은 입을 크게 벌려 소리내어 읽어야 하는 것이다. 나의 할머니께서도 구약을 읽을 때는 이런 식으로, 지나칠 정도로 입을 크게 벌리고 기도의 리듬에 따라 몸을 앞뒤로 움직이셨다. 부에노스아이레스의 유대인 마을인 바리오 델 온세에 있는 할머니의 음침한 아파트에서 나는 할머니가 지금도 집에 유일하게 두고 있는 책인 성경에서 옛날 단어들을 노래하듯이 말하는 것을 들을 수 있다. 그 성경책은 너무나 낡아 검정색 표지는 나이가 들어 쭈글쭈글해진 할머니의 창백한 피부를 닮아 있었다.

이슬람교도들 역시 경전을 읽는 데는 전신을 다 동원한다. 이슬람교에서는 경전을 다른 사람에게 들리도록 읽느냐 아니면 눈으로 읽느냐의 문제는 매우 중요했다. 9세기의 학자인 아흐마드 이븐 무하마드 이븐 한발은 그 문제를 이런 식으로 표현했다. 최초의 코란—책의 어머니, 또 알라신이 무하마드에게 계시한 신의 말씀—은 창조된 것이 아니라 변힐 수 없는 영원한 것인데, 그렇다면 그 경전은 기도를 통해 큰소리로 외쳐짐으로써 현존하는 것인가, 아니면 오랜 세월 수많은 사람들의 손에 의해, 눈으로 읽을 수 있게 만들어진 책장을 통해 존재를 확대해 나가는 것인가? 그에 대한 대답을 얻었는지는 잘 모른다. 왜냐하면 833년에 그 학자는 그러한 의문을 품었다는 이유로 압바시드 칼리프[1]들에 의해 제도화된 '미나흐'를, 다시 말해 이슬람 교리상의 혹독한 심문을 받았기 때문이다. 3세기 뒤, 법학자이자 신학자였던 아부 하미드 무하마드 알가잘리는 코란 연구에 적용할 규칙들을 마련했는데, 여기서는 이슬람 경전을 직접 읽는 것이나 다른 사람이 읽는 걸 듣는 것이나 똑같이 성스러운 행위로 보았다. 규칙 제5번은 경전을 읽을 때 자신이 읽고 있는 것을 곰곰 생각할 수 있도록 천천히, 그리고 또박또박 읽어야 한다고 정했다. 규칙 제6번은 "눈물에 대해 말하자면……만약 자연스레 눈물이 솟아나지 않는다면 억지로라도 울어야 한다"는 조항인데, 이는 성스러운 단어를 완전히 이해한다는 그 자체에 이미 비탄이 담겨 있다는 해석이다. 규칙 제9번은 코란을 읽을 때는 자신도 충분히 들을 수 있도록 큰 소리로 외칠 것을 요구했다. 왜냐하면 읽는다는 것은 각각의 소리를 구별한다는 의미여서, 그렇게 함으로써 외부 세계로부터 야기되는 마음의 혼란을 몰아낼 수 있기 때문이다.

미국의 심리학자 줄리언 제인스는 의식의 기원에 대한 연구서에서 두 개의 방으로 이루어진 정신은—그 중 하나는 소리를 내지 않는 독서의 기능을 전담하게 되는데—인류의 진화 과정에서 늦게 발달하였고, 이 기능은 아직도 발달 단계에 놓여 있다는 주장을 펼쳐 논란을 불러일으켰다. 그는 최초의 읽기는 시각적 지각이기보다는 청각적 지각이었을 수도 있다는 암시를 던졌다. "따라서 B.C. 3천 년경의 독서는 설형문자를 듣는 것이었을지도 모른다. 즉 현대적 의미로 철자를 시각적으로 읽었다기보다는 설형문자의 그림 상징을 바라보면서 말의 환각을 느꼈을 가능성이 크다."

이 '청각적 환각'은 눈으로 책장의 글자를 지각하는 순간 그 글자가 소리화되지 않았던, 다시 말해 책장의 단어 자체가 소리였던 아우구스티누스의 시대에도 진실로 통했을지 모른다. 아우구스티누스의 옆집 정원에서 계시적인 노래를 불렀던 그 어린이는, 자기보다 앞선 세대인 아우구스티누스처럼, 사고(思考)든 묘사든 아니면 진실된 이야기든 가공된 이야기든, 정신이 가공해 내는 것이면 무엇이든 소리에는 물리적 실재가 존재한다고 아무런 의심 없이 배웠다. 그리고 이 소리들은, 즉 서책이나 두루마리나 필사본 책장에 표시된 소리들은 눈에 의해 인식

될 때 혓바닥에서 튀어나온다는 설명이 논리적이기도 했다.

독서는 사고의 한 형태이자 말하기의 한 형태였다. 키케로는 어느 도덕 에세이에서 귀머거리를 위로하는 대목을 이렇게 쓰고 있다. "만약 그대들에게 어쩌다 시낭송을 듣고 싶다는 맘이 일면 그대들은 먼저 시가 창조되기 전에도 많은 현인들이 행복하게 잘 살았다는 점을 명심해야 한다. 그리고 그 다음으로 시를 듣는 것보다 시를 읽는 데서 훨씬 더 큰 즐거움을 누릴 수 있다는 점을 잊지 말아야 한다." 하지만 이런 위로도 결국에는 쓰여진 글의 소리에서 기쁨을 얻을 줄 아는 어느 철학자가 수여하는 꼴찌상에 지나지 않는다. 키케로와 마찬가지로 아우구스티누스에게도 독서는 구두(口頭) 기술이었다. 키케로의 경우가 웅변이라고 한다면 아우구스티누스의 경우는 설교였다.

중세 시대로 한참 들어와서도 작가들은 자신의 독자들이 단순히 텍스트를 보기만 하는 게 아니라 듣기도 할 것이라 가정했다. 심지어 글을 창작할 때도 작가들은 혼자서 소리내어 읽어 보곤 했다. 상대적으로 극히 적은 수의 사람들만이 글을 읽을 수 있었기 때문에 대중 앞에서의 독서가 보편적이었고, 그래서 중세의 텍스트들은 거듭해서 청중에게 '이야기에 귀기울여 달라고' 간청한다. 우리가 '아무개로부터 소식을 들었다'(I've heard from So-and-so. 편지를 받았다는 뜻임)거나 '아무개가 말하기를'(So-and-so says. 아무개가 썼다는 뜻임)이라거나 '이 텍스트는 훌륭하게 들리지 않아'(This text doesn't sound right. 잘 쓰여지지 않았다는 뜻임)라는 표현에서처럼, 우리 시대의 일부 관용구에서도 그런 식의 독서 관행이 그대로 살아 숨쉴지도 모른다.

책이 주로 큰 소리로 읽혔기 때문에 책을 구성하는 문자들은 발음 단위로 구분할 필요가 없었다. 문자들은 연속적인 문장에서 줄줄이 나열되곤 했다. 이 문자의 '얼레'를 눈이 어떤 식으로 따를지, 그 방향은 장소나 시대에 따라 변해 왔다. 오늘날 서구에서 텍스트를 읽는 방향은—왼쪽에서 오른쪽으로, 위에서 아래로—결코 전세계적으로 공통된 것이 아니다. 어떤 글자는 오른쪽에서 왼쪽으로 읽었고(헤브루어와 아랍어의 경우), 또 다른 문자는 위에서 아래로 세로로 읽었으며(중국어와 일본어의 경우), 몇몇 문자는 가로 줄로 한꺼번에 몇 쌍의 글을 읽었다(마야 문자). 또 어떤 문자는 하나 걸러 번갈아 가면서 반대 방향으로 앞뒤로 왔다갔다 하며 읽기도 했다. 고대 그리스어 표현인 "소가 쟁기질하듯" 한다는 뜻에서 소위 좌우 교대 서식이라 불리는 방식이다. 또 '뱀과 사다리'[1] 놀이처럼, 선이나 점이 지시하는 방향을 따라 페이지를 가로질러 읽는 문자도 있었다(아스텍어).

두루마리에 기록된 고대의 필적은—단어 사이에 아무런 간격을 두지 않았을 뿐 아니라 소문자와 대문자의 구분도 없었고 구두점도 사용하지 않았다—큰 소리로 읽는 데 익숙한 사람들, 다시 말해 눈으로 볼 때 기호의 연속으로 보이는 것을 귀로 들을 수 있도록 정연하게 풀어 낼 수 있는 사람들의 목적에 부합하는 것이었다. 그 연속성이 얼마나 중요했는지는 아테네 주민들이 양피지와 파피루스의 잎을 붙이는 접착제를 창조했던 필라티우스라는 사람을 위해 조상(彫像)을 세워 기렸다는 사실에서도 짐작할 수 있다. 하지만 연속적인 두루마리라 해도 책 읽는 사람의 수고를

B.C. 5세기 한 독서가가 큰 소리로 책을 읽고 있다. 두루마리로 된 책을 양손으로 잡고, 한 손으로는 말린 쪽을 펴고 다른 한 손으로는 다 본 쪽을 말아 가면서 부분부분으로 읽고 있다.

1) 영국 어린이들의 놀이로 주사위를 던져서 진행 방향을 결정하는 것이 특징.

약간 덜어 주긴 했지만, 뒤얽힌 의미의 실타래를 푸는 데는 그리 큰 도움이 되지 못했을 것이다. 전통적으로 볼 때, 비잔티움의 아리스토파네스[1]에서 시작하여 알렉산드리아 도서관의 다른 학자들에 의해 발전된 것으로 전해지는 구두점은 괴상하게 보일 뿐이었다. 앞 세대의 키케로와 마찬가지로 아우구스티누스도 어떤 텍스트를 큰 소리로 읽기 전에 미리 연습을 했을지도 모른다. 즉석에서 읽어 내려가는 것은 그의 시대만 해도 좀 진귀한 기술었고 그러다 보니 해석상의 착오를 야기하는 경우가 더러 있었기 때문이다. 4세기의 문법학자인 세르비우스는 자기 동료인 도나투스가 베르길리우스의 작품 『아이네이스』 중에서 'collectam exilio pubem'(망명을 위해 몰려든 군중)을 'collectam ex Ilio pubem'(트로이로부터 몰려든 군중)으로 읽었다고 혹평했다. 띄어쓰기 없이 연속적으로 쓴 텍스트를 읽을 때 그런 실수는 다반사였다.

아우구스티누스가 읽었던 바울의 『사도행전』은 두루마리가 아니라 코덱스[2]였는데, 3세기 말에 로마의 기록에 나타난 언셜자체[3]나 반(半)언셜자체로 띄어쓰기 없이 연속적으로 써서 묶은 파피루스 필사본이었다. 이 코덱스야말로 이교도의 창조물이었다. 수에토니우스[4]에 따르면, 율리우스 카이사르가 자기 군대에 보낼 목적으로 두루마리를 쪽으로 접었던 것이 최초였다고 한다. 초기의 그리스도교도들이 코덱스를 받아들인 것은 당시 로마 당국에 의해 금지됐던 텍스트들을 옷 속에 숨겨 이곳 저곳 옮겨 다니기가 매우 쉬웠기 때문이었다. 페이지에는 번호까지 매길 수 있어 독서가들은 언제든지 원하는 부분에 접근할 수 있었고, 바울의 『사도행전』처럼 나눠진 책들도 들고 다니기 쉽게 묶을 수 있었다.

글자들을 단어나 문장으로 나누는 것은

1) Aristophanes, 445?~385? B.C. 고대 그리스의 희극 시인.
2) 나무나 금속의 얇은 판자를 끈이나 금속으로 철한 것.
3) 기원전 3~8세기에 그리스어, 라틴어의 필사에서 쓰이던 서체.
4) Suetonius 69?~140?. 로마의 역사가이자 전기 작가.

매우 점진적으로 발전했다. 대부분의 초기 문자―이집트 상형문자, 수메르의 설형문자, 산스크리트어―에는 그런 구분이 필요없었다. 고대 필사자들의 경우에는 자신들의 관행에 너무나 익숙했기 때문에 시각적인 도움이 전혀 필요하지 않았다. 초기의 그리스도교 수도사들도 종종 자신이 옮겨 적는 내용을 훤히 외우고 있었다. 읽기 기술이 뒤떨어지는 사람들을 돕기 위해 필사실의 수도사들은 '정지와 휴식'으로 알려진 필기 방법을 이용했는데, 이는 의미에 따라 텍스트를 나누는 것으로, 읽기 실력이 뒤떨어지는 독서가들이 하나의 의미가 끝나는 부분에서 목소리를 낮추거나 높일 수 있도록 한 원시적 형태의 구두점이라 할 수 있다(이 형태로 인해 학자들이 특정 문장을 찾는 일도 퍽 용이해졌다). 4세기 말경에 데모스테네스[1]와 키케로의 책을 필사한 것에서 이런 방법이 사용되었다는 사실을 발견한 사람은 성 히에로니무스였다. 그는 자신이 번역한 에스겔서의 서론 부분에서 그 방법에 대해 "'정지와 휴식'으로 쓰여진 글은 독자들에게 의미를 더욱 명료하게 전달한다"고 설명했다.

구두점이 아직까진 믿을 수 있을 만큼 완벽한 사용 체계가 세워진 건 아니지만 이런 초보적인 아이디어들은 소리 없는 독서의 발전을 부추겼다. 6세기 말경에 시리아의 성 아이잭은 그런 방법의 장점을 이렇게 설명했다. "나는 침묵을 훈련한다. 그러면 나의 독서와 기도의 한줄 한줄은 가슴을 기쁨으로 가득 채운다. 그리고 그런 구절들을 이해할 때의 즐거움이 마치 꿈속에서처럼 내 혀를 침묵케 할 때면 나는 내 감각과 사고가 한 점으로 집중되는 경지로 들어간다. 그리고 침묵이 길어지고 뒤죽박죽이던 기억이 가슴 속에서 차분히 정리될 때면 마음 속 깊은 곳에 숨어 있던 생각으로부터 끝없는 기쁨의 파도가 여울져 밀려와 갑자기 내

1) Demosthenes, 384~322 B.C. 고대 그리스의 웅변가이자 정치가.

가슴을 환희로 채운다." 그리고 7세기 중반, 세비야의 신학자인 이시도루스는 소리 없는 독서에 매우 익숙했기 때문에 묵독에 대해 "노력을 들이지 않고, 읽은 것을 곰곰 반추하면서, 읽은 내용들이 기억에서 달아나지 않게 하는 책 읽기"의 한 방법이라고 칭송할 수 있었다. 자기보다 앞섰던 아우구스티누스와 마찬가지로 이시도루스는 독서야말로 시공을 초월해서 대화를 가능하게 한다고 믿었지만, 아우구스티누스와는 한 가지 중요한 차이점을 보였다. 그는 자신의 『어원학』에서 "문자들은 지금 눈앞에 없는 사람들의 말까지도 소리 없이 우리에게 전달해 주는 힘을 지닌다"라고 쓰고 있다. 이시도루스의 문자들은 음성을 필요로 하지 않았던 것이다.

구두점의 구현은 계속 이어졌다. 7세기 이후에는 점과 대시 기호가 결합하여 완전한 멈춤을 지시했다. 글자 윗부분의 점 표시는 오늘날의 쉼표와 같았고, 세미콜론도 오늘날 우리가 사용하는 것과 같은 기능으로 쓰였다. 9세기까지는 아마 필사원의 필사자까지도 텍스트를 눈으로 훑는 일을 좀더 쉽게 하기 위해 각 단어를 분리시키기 시작했을 정도로 소리 없는 독서가 어느 정도 보편화되었다. 하지만 단어를 분리시키는 것은 미적 이유도 컸다. 이와 비슷한 시기에, 그리스도교 세계에서 기량을 떨쳤던 아일랜드의 필사자들도 한 문장 안에서 단어만이 아니라 문법적 성분까지 분리하기 시작하면서 오늘날 우리가 사용하는 구두점 중 상당 부분을 소개했다. 10세기경에는 소리 없는 독서를 더욱 쉽게 하기 위해, 텍스트와는 별개의 설명인 주서(朱書)[1]뿐만 아니라 텍스트(예를 들면 성경의 書들)의 으뜸 절 첫 줄을 일반적으로 빨간색 잉크로 썼다. 새로운 단락을 시작할 때 글자 하나를 일필로 두드러지게 쓴다거나 설형문자로 쓰곤 했던 고대의 관습은 계속되었다. 훗날에는 새로운 단락의 첫 글자

1) rubric. '붉은'을 뜻하는 라틴어에서 유래. |

가 약간 크게 쓰여지거나 대문자로 쓰여졌다.

수도원의 필사실에서 필사자들에게 입을 다물도록 강요한 최초의 규칙은 9세기부터 시작된다. 그때까지 필사자들은 누군가 불러 주는 것을 받아 적거나 아니면 자신들이 베끼고 있는 텍스트를 큰 소리로 읽으며 작업을 해나갔다. 간혹 저자 자신이나 '출판업자'가 책을 구술하기도 했다. 어느 이름 모를 필사자는 8세기 어느 때인가 필사를 끝내면서 "얼마나 피나는 노력이 있어야 하는지 아무도 모른다. 손가락 3개는 열심히 옮겨 적고, 두 눈은 끊임없이 보고, 혓바닥은 말을 하고, 온몸은 산고(産苦)를 치른다"고 적고 있다. 필사자들은 일을 할 때 자신이 옮겨 적는 단어를 하나하나 발음함으로써 혓바닥으로 말을 했던 것이다.

필사실에서 소리 없는 독서가 정상적인 형태로 자리잡자 필사자들 간의 의사 소통도 몸짓으로 이뤄지게 되었다. 만약 필사자가 새로 베낄 책을 필요로 했다면 아마 책을 뒤덮는 시늉을 해보였을 것이고, 특별히 전례용 시편이 필요했다면 (다윗 왕에 대한 암시로) 자신의 머리 위에 손을 얹어 왕관을 그려 보였을지도 모른다. 또 성구집은 촛농을 닦아 내는 시늉으로, 기도서는 십자가 표시로, 이교도적인 작품은 마치 개처럼 자신의 몸을 긁는 것으로 표현했을지도 모른다.

다른 누군가와 함께 같은 방에서 큰 소리로 읽는다는 것은 계획적이든 아니면 그렇지 않든 독서를 공유한다는 의미를 담고 있다. 암브로시우스의 독서는 언제나 혼자만의 행위였다. 이에 대해 아우구스티누스는 이렇듯 의아한 생각을 품었다. "아마 그는 큰 소리로 책을 읽을 경우에 자신이 읽고 있는 작가의 난해한 문장이 그 소리를 듣는 사람들의 마음에 회의를 불러일으키지나 않을까 걱정했을지도 모른다. 그렇게 되면 그는 그 사람들에게 그 문장이 어떤 의미인지를 설명해 줘야 했을 테고 심지어는 더욱 심오한 사항에 대해 논쟁까지 벌여야 하지 않았을까."

하지만 소리 없는 독서를 통해 비로소 독서가는 책과 단어와 아무런 제약이 없는 관계를 구축할 수 있었다. 단어들은 이제 더 이상 발음하는 데 시간을 잡아먹지 않아도 좋았다. 이제 단어는 정확히 판독되거나 아니면 반쯤 풀이된 채 은밀한 공간에 존재할 수 있었다. 그러면 독서가들은 사고(思考)하며 단어들을 느긋하게, 그리고 면밀히 검토하면서 거기서 새로운 개념을 끄집어내거나, 기억 속에 담긴 것들과 비교하거나, 아니면 함께 펼쳐 놓은 다른 책들과 비교할 수 있었다. 독서가는 소중한 단어들을 음미하고 또 음미할 여유를 가질 수 있었다. 그리고 텍스트 자체는 바쁘게 돌아가는 필사원에서든 시장에서든 아니면 가정에서든 표지에 의해 다른 사람들로부터 보호받게 되었고, 이에 따라 독서가 자신의 소유물이 되고 독서가 개인의 시식이 되었다.

어떤 교조주의자들은 이런 새로운 경향에 우려를 표시했다. 그들의 마음 속에는 소리 없는 독서야말로 공상과 나태, 즉 소중한 낮시간을 허비하는 파괴 행위를 가져올 여지가 많다는 생각이 있었다. 그러나 소리 없는 독서는 그리스도교 초기의 지도자들이 예상치 못했던 또 다른 위험을 초래했다. 은밀하게 읽을 수 있는 책은, 말하자면 두 눈이 단어의 의미를 벗겨 내며 곰곰 씹게 되는 그런 책은 이미 청취자에 의한 검열이나 비난, 안내, 즉각적인 해명 따위의 대상이 되지 못했다. 묵독은 책과 독서가 사이에 다른 사람의 눈에는 띄지 않는 의사 소통을 가능하게 하고, 아우구스티누스의 행복한 표현대로 "정신을 상쾌하게" 만들었다.

그리스도교 세계에서 소리 없는 독서가 보편화되기 전까지 이단적인 주장들은 개인이나 매우 적은 수의 불순분자들에게만 국한되었다. 초기 기독교인들은 기독교에 회의를 품는 사람들(이교도, 유대교도, 마니교도, 그리고 7세기 이후에는 이슬람교도까지)을 비난하며 통일된 교리를 확립하는 데 몰두했다. 정통적인 신앙에서 벗어난 주장들은 맹렬히 거부되거나 교회의 권위에 의해 조심스럽게 융합되기도 했지만, 그래도 이단들은 추종자가 많지 않았기 때문에 비교적 관대하게 다뤄졌다.

이런 이교도적 목소리의 범주에는 주목할 만한 상상도 더러 있었다. 2세기경 몬타누스파[1]들은 (벌써) 초기 교회의 관행과 믿음으로 되돌아갈 것을 주창하는 한편, 예수가 여성의 형태로 두 번째 재림한 것을 목격했다는 주장을 펴기도 했다. 2세기 후반에는 단일신(單一神)론자들이 3위일체의 정의로부터 십자가에서 고통받은 이가 하느님 아버지였다고 결론지었으며, 성 아우구스티누스와 성 암브로시우스의 동시대에 펠라기우스파[2]는 원죄 개념을 거부했다. 또 4세기 말을 몇 년 앞둔 시점에서 아폴리나리스파[3]들은 신의 화신에 대해 인간의 영혼이 아니라 하느님의 말씀이 예수의 육체와 결합했다는 주장을 펼쳤다. 4세기에 아리우스파[4]들은 예수 그리스도를 이룬 성분을 묘사하는 데 있어 (똑같은 물질을 뜻하는) 'homoousios'라는 단어에 반대하고 (동시대의 '익살'〔jeu de mot〕을 인용하기 위해) 어떤 복합자음(diphthong)을 채택함으로써 교회를 뒤흔들어 놓았다. 이어 5세기에는 네스토리우스파[5] 신도들이 아폴리나리스파에 반대하면서 예수 그리스도 역시 인간이었다고 주장했으며, 이들과 동시대인인 에우티키아누스파들은 예수 그리스도가 모든 인간이 고통받는 식으로 고통을 받았다는 점을 부인했다.

일찍이 382년에 교회는 이단자들을 사

1) 2세기 중엽 몬타누스가 창시한 그리스도교의 한 이단파. 세계의 종말을 예언하고 엄격한 금욕을 제창하여 결혼을 죄악시함.

2) 영국의 수도사 펠라기우스를 원조로 하는 이단파. 원죄설을 부정하고 인간의 자유의지와 금욕을 강조함.

3) 라오디케아의 신학자인 아폴리나리스가 주창한 이단 종파. 그리스도의 신성을 강조한 나머지 그 일생을 부정함.

4) 4세기 초 알렉산드리아의 신학자 아리우스가 제창한 이단 종파. 예수의 본질을 신과 인간의 중간적 존재라고 주장함.

5) 콘스탄티노플의 대주교 네스토리우스가 창시한 한 종파. 그리스도의 신성과 인성의 일치를 부정함.

형으로 벌할 수 있는 근거를 마련했지만 이단자를 실제로 화형주에 매달아 놓고 불태운 경우는 1022년 오를레앙에서 있기까지는 한번도 없었다. 오를레앙 사건에서 교회는 일단의 성직자와 세속 귀족들에게 유죄 판결을 내렸는데, 이들 성직자와 귀족들은 교리의 진정한 해석이란 성령에서 직접 나오는 것이라는 굳은 믿음으로 성서는 "인간이 동물의 가죽에 쓴 위조 문서"에 지나지 않는다며 성서를 거부했다. 이런 독자적인 독서가들이야말로 명백히 위험스런 존재들이 아닐 수 없었다.

시민법상으로도 이단을 죽음으로 처단할 수 있도록 한 법적 근거는 1231년에 이르러 프리드리히 2세가 멜피 헌법에 그렇게 정하면서 마련되었다. 그렇지만 이미 교회는 12세기 전에도 큰 규모로 전개되던 급진적인 이단 운동에 대해 맹렬한 비난을 퍼붓고 있었다. 이런 운동들은 (초기의 반대자들이 제안했던 것처럼) 금욕의 차원에서 세상으로

부터 벗어나 은둔히겠다는 것이 아니라 부패한 권위와 부정한 성직자들에 대한 도전이요 개인적인 신성에 대한 옹호였다. 그런 운동은 믿음이 왜곡된 현장으로 구석구석 번져나가 16세기에는 구체적인 형태를 갖추기에 이르렀다.

1517년 10월 31일, 어느 수도사가 성경을 은밀히 연구한 끝에 돈으로 구입한 믿음을 몰아내고 성스런 신의 은총을 지켜야 한다는 결론에 도달했다. 급기야 그는 비텐베르크의 만성(萬聖) 교회 문에다가 탐욕스런 관행—면죄부 판매—과 성직자들의 권력 남용에 반대하여 95개 항목의 주장을 내걸었다. 이

마틴 루터의 초상화. 그는 성경을 은밀히 연구한 끝에 새로운 신앙 해석을 내린다. 그는 면죄부 판매와 성직자들의 권력 남용에 반대하는 항의문을 비텐베르크의 만성(萬聖) 교회 문에 내걺으로써 종교 개혁의 불씨를 지폈다.

행동으로 마틴 루터는 제국의 눈에는 범법자로, 교황의 눈에는 배교자로 낙인찍히게 되었다. 1529년 신성 로마 황제인 카를 5세가 루터의 추종자들에게 그때까지 허용했던 권리를 취소해 버리자 독일의 14개 자유 도시들은 루터주의를 신봉하던 왕자 6명과 함께 황제의 결정에 반대하는 항의문으로 맞섰다. "신의 명예와 구원, 그리고 우리 영혼의 영생에 관한 한 우리 모두 신 앞에 일어서서 각자 이유를 설명해야 한다"며 항의자들, 다시 말해 훗날 프로테스탄트로 알려질 사람들은 황제의 권위에 대항했다. 그보다 10년 앞서서 로마의 신학자인 실베스테르 프리에리아스는 교회의 기초가 되는 책은 오로지 교황의 권위와 권력을 통해서만 해석될 수 있는 신비로움을 간직할 필요가 있다고 역설했다. 반면 반대론자들은 우리 인간에게는 증인이나 중개자를 통하지 않고 스스로 신의 말씀을 읽을 권리가 있다고 주장했다.

수 세기가 흐른 뒤, 그 옛날 아우구스티누스에게는 이 지구의 끝으로 비쳤을 대양 건너 신대륙에서, 그런 프로테스탄트들에게 신앙의 빚을 졌다고 고백하는 랄프 왈도 에머슨[1]은 아우구스티누스를 그렇게도 놀라게 만들었던 독서법을 십분 활용했다. 오로지 사회적 책임감 때문에 참석하게 되는 지루하고도 따분하기 짝이 없는 교회 설교 시간에 그는 파스칼의 『팡세』를 소리 없이 읽었다. 그리고 밤에는 콘코드의 차가운 방에서 "턱까지 담요를 바싹 당겨 쓴 채" 플라톤의 『대화』를 읽었다(어느 역사가는 "에머슨은 그날 이후로 플라톤 하면 그 담요 냄새부터 떠올렸다"고 적고 있다). 비록 에머슨은 이 세상에는 책이 너무 많아 모조리 다 읽을 수 없다는 사실을 깨닫고 독서가들끼리 요점을 서로 나눠야 한다고 생각했지만 책을 읽는 행위만은 개인적이고 은밀하게 이뤄져야 한다고 굳게 믿었다. 그는 『우파니샤드』와 『팡세』를 포함하는 '성스런' 텍

1) Ralph Waldo Emerson, 1803~1882, 미국의 사상가이자 시인.

스트의 목록을 만들면서 이렇게 강조했다. "이런 모든 책들은 보편적 양심의 장엄한 표현이며 올해의 연감이나 오늘의 신문보다도 더 우리의 일상 목적에 부합된다. 그렇지만 그런 책들은 밀실에서 무릎을 굽은 자세로 읽어야 제격이다. 책과의 의사 소통은 입술과 혀 끝이 아니라 두 뺨의 홍조와 두근거리는 가슴으로 받아들여지거나 보내지는 법이다." 침묵 속에서.

384년 그날 오후 성 암브로시우스의 독서를 관찰하면서 아우구스티누스는 암브로시우스 앞에 어떤 책이 놓여 있는지 도무지 알 수가 없었다. 그는 암브로시우스가 귀찮은 방문객을 피함과 동시에 앞으로 있을 강의를 위해 목소리를 아끼고 있다고 생각했다. 그러나 실제로 아우구스티누스는 한 무리의 묵독 독서가들을, 그 후 많은 세기가 흘러 루터를, 칼뱅을, 에머슨을, 그리고 그를 읽고 있는 오늘날의 우리까지 포함하는 소리 없는 독서가들의 무리를 보고 있었던 것이다.

기억 속의 책

2세기 것으로 추정되는 석관 측면의 조각. 대화에 빠져 있는 소크라테스의 모습이 새겨져 있다.

지금 나는 튀니지의 폐허 위에 서 있다. 이 돌들은 로마 시대의 것으로, B.C. 146년에 이 도시가 스키피오 아이밀리아누스[1]에 의해 파괴되고 카르타고 제국이 로마의 속주로 아프리카라는 이름을 얻은 뒤에 세워졌던 성벽의 파편들이다. 성 아우구스티누스는 밀라노로 여행하기 전까지 여기서 젊은 시절을 보내며 수사학을 가르쳤다. 30대 후반에 그는 다시 한 번 지중해를 가로질러 오늘날 알제리 부근에 있는 히포에 정착했다. 그곳에서 그는 침입자 반달족들이 마을을 포위하고 있던 A.D. 430년에 눈을 감았다.

나는 학창 시절에 읽었던『고백록』을, 나의 라틴어 선생이 다른 어떤 시리즈보다 좋아했던, 오렌지색 표지에 두께가 얄팍했던 로마 고전판을 지금도 가지고 왔다. 그 책을 손에 쥔 채 여기 이렇게 서 있노라니 언제나 주머니 크기만한 아우구스티누스의 책을 품고 다녔던 저 위대한 르네상스 시인 프란체스코 페트라르카[2]와 어떤 동료 의식까지 느끼게 된다.『고백록』을 읽을 때면 아우구스티누스가 다정스레 속삭이는 소리까지 들을 수 있었다던 그는 인생 말년에 가까워서는 그 성인과 상상 속에서 3번이나 대화를 나눴다고 한다. 그의 사후에 출간된『나의 비밀』이 그것이다. 내가 가진 로마 고전판의『고백록』여백에 연필로 긁적거린 글은 마치 그런 상상 속의 대화를 지금도 계속하고 있는 것처럼 페트라르카의 코멘트에 대해 언급하고 있었다.

아우구스티누스의 어투에는 어떠한 비밀이라도 터놓고 나눠도 좋을 만큼 아주 편안한 친밀감이 느껴지는 게 사실이다. 그 책을 펼치는 순간 내가 여백에 긁적거려 놓은 낙서가 눈에 들어오면서 사방 벽 색깔이 카르타고의 모랫빛이었던 부에노스아이레스 국립 대학의 널찍한 교실이 떠올랐다. 나는 자신도 모르게 아우구스티누스의

---

1) Scipio Aemilianus, 185~129 B.C. 고대 로마의 장군.
2) Francesco Petrarca, 1304~1374, 이탈리아의 시인이자 학자.

작품을 외우던 선생님의 목소리를 회상하고 있었고, 그리고 정치적 책임과 형이상학의 본질을 놓고 벌이던 우리들의 오만했던 논쟁들(그때가 열네 살이었던가 열다섯, 아니면 열여섯이었을 것이다)도 아련히 되살아났다. 그 책은 아득한 청년기의 기억과 선생님(지금은 작고했음)에 대한 추억, 그 선생님이 우리에게 확신에 찬 목소리로 들려 주었던 페트라르카의 아우구스티누스 읽기뿐만 아니라 아우구스티누스와 그의 교실, 그리고 폐허가 되었던 카르타고에 건설되었다가 또다시 파괴되고 만 도시에 대한 기억까지 고스란히 간직하고 있다. 폐허를 뒤덮고 있는 먼지는 이 책보다 훨씬 더 오래 전의 것인데도 이 책은 그 먼지까지도 품고 있다. 아우구스티누스도 면밀히 관찰하고 난 뒤에 자신이 떠올렸던 것을 적었다. 이렇듯 내 손에 들려 있는 이 책은 이중으로 기억을 되새겨 준다.

성 아우구스티누스가 그처럼 예리한 관찰자가 될 수 있었던 것은 아마 (그가 그렇게 억누르려고 노력했던) 그 예민한 감수성 때문이 아니었을까. 그는 인생의 후반기를 깨달음과 마음의 혼란이라는 역설적인 상태에서 보냈는데, 그 기간 내내 그는 자신의 감각이 자신에게 가르치는 것에 감탄하면서도 신에게는 육체적 쾌락의 유혹을 뿌리치게 해달라고 끊임없이 간청했다. 암브로시우스의 묵독 습관을 관찰해 낸 것도 아우구스티누스가 자기 눈의 호기심에 굴복한 것이며, 정원의 소리들을 들을 수 있었던 것도 그가 풀의 향기와 보이지 않는 새들의 노랫소리에 빠졌기 때문이다.

소리를 내지 않고도 책을 읽을 수 있다는 사실만이 아우구스티누스를 놀라게 만들었던 것은 아니다. 초창기 어느 학교 급우에 대한 글에서 그는 그 학생의 특출한 기억력에 대해 언급했다. 그 학생의 경우 한 번 읽고 외운 텍스트는 언제든지 줄줄 외우고 다시 정리할 수 있었다고 한다. 아우구스티누스에 따르면 그 학생은 만일 누군가가 베르길리우스의 모든 책에서 마지막 바로 앞 행을 외우라고 주문하면 "재빨리, 순서대로 기억 속에서……" 인용할 수 있었다고 한다. "만약 그 학생에게 또 그 앞의 행을 암송하라고 주문하면 그는 그렇게 했다. 그래서 우리 모두는 그 학생이 베르길리우스의 작품을 거꾸로도 암송할 수 있으리라고 굳게 믿었다.…… 그리고 그 학생은 키케로가 원고 없이 순전히 기억만으로 행했던 연설 중에서도 우리가 요구하면 어느 한 문장까지도 거뜬히 암송해 냈다." 묵독이든 소리내어 읽는 독서든 그 학생은 텍스트를 (아우구스티누스가 즐겨 인용했던 키케로의 표현을 빌리면) "기억 속의 밀랍칠한 서판"에 그대로 각인시킬 수 있어서 언제든지, 원하는 순서대로, 마치 책의 페이지를 이리저리 떠돌아다닐 수 있는 것처럼 기억해 내고 암송할 수 있었다. 하나의 텍스트를 회상함으로써, 그리고 한때 손에 쉬었던 책을 떠올림으로써 독서가는 자신은 물론이고 다른 사람까지도 읽을 수 있는 또 다른 책이 될 수 있다.

1658년에 열여덟 살 난 장 라신은 시토 수도회 수도사들의 엄격한 감시 아래 포르-루아이알 수도원[1]에서 공부하다가 우연히 초기 그리스 소설인 『테오고니스와 캐리클레스의 사랑』를 발견했다. 그가 몇 년 뒤 『앙드로마크』와 『베레니스』를 쓸 때 아마 이 책에 담겼던 비련의 개념을 떠올렸을지도 모른다. 그는 그 책을 들고 수도원 근처 숲속으로 숨어 들어가 게걸스럽게 읽으려 했다. 그러나 그의 독서는 이루어지지 못했다. 막 그러려던 참에 교회지기에게 들키고 말았기 때문이다. 그 교회지기는 소년의 손에서 책을 빼앗아 모닥불에 던져 버렸다. 그리고 얼마 지나지 않아 라신은 간신히 또 다른 한 권을 찾아냈으나 그것 역시 들켜서 재가 되고 말았다. 이렇듯 연거푸 일어나는 방해에 오기가 솟은 라신은

<hr />

1) 13세기 초에 창설되어 17세기에 번성한 프랑스의 시토파 여자 수도원.

이제 그 책을 사서 몽땅 외워 버렸다. 그러고 나서 그 책을 성격이 불 같았던 교회지기에게 건네 주면서 "이 책도 불태우시지, 다른 책들을 태웠던 것처럼 말요"라고 빈정거렸다.

독서의 이런 특성은, 다시 말해 단순히 단어를 훑어보는 게 아니라 그 단어를 독서가 자신의 것으로 소화할 수 있게 하는 특성은 항상 축복으로 받아들여졌던 건 아니다. 2천 3백 년 전, 아테네의 성벽 바로 건너편, 강변에 자리잡은 키 큰 느릅나무 그림자 밑에서는 현대인들에게 파이드루스라는 이름 외에는 별로 알려진 게 없는 젊은 청년이 소크라테스에게 자신이 열정적으로 존경했던 어느 리키아 사람의 연설을 큰 소리로 읽어 주고 있었다. 그 청년은 (연인의 의무감 같은 사명감을 느끼면서) 그 연설을 몇 차례 들었고 급기야 나중에는 글로 쓰여진 것을 구해서 눈 감고 외울 때까지 몇 번이고 반복해서 연구했다. 이어서 (독서가들이 자주 그러하듯) 자신의 발견을 나눠 갖고 싶은 마음을 억누르지 못해 그는 소크라테스를 구경꾼으로 끌어들였던 것이다. 소크라테스는 파이드루스가 망토 밑에 연설문을 숨기고 있으리라 짐작하고 그 청년에게 그렇게 외울 것이 아니라 원문을 읽어 달라고 요구했다. 소크라테스는 그 젊은 열광자에게 "리키아인 '본인'이 여기 이 자리에 있는 마당에 나는 당신이 내 앞에서 연설 연습을 하도록 내버려두지는 않을 거요"라고 말했다.

소크라테스와 파이드루스 사이에 오고 간 고대의 대화는 사랑의 본질에 관한 것이 주류를 이루었지만, 대화가 이리저리 정처 없이 떠돌다가 마지막 단계에 이르러서는 간혹 문학의 역할로 옮아가기도 했다. 언젠가 한번은 소크라테스가 파이드루스에게 주사위, 체커, 숫자, 문자, 기하학, 천문학 등을 발명한 이집트의 신(神)인 토트가 이집트 왕을 방문해 이런 발명품을 이집트 국민들에게 넘겨 주자고 제안했다는 이야기를 해주었다. 왕은 신이 줄 선물 하나하나를 놓고 저마다의 이점과 해악을 따졌는데, 마침내 토트가 문자의 기술에 대해서 이야기하게 되었다. 토트는 "여기 이것은 국민들의 기억을 향상시켜 줄 배움의 한 종류요. 내 발명은 기억과 지혜 모두에게 유익한 비결을 제공할 것이오"라고 설명했다. 이 말에도 왕은 전혀 감명을 받지 않았다. 그는 신에게 이렇게 대답했다. "신하들이 이걸 배운다면 그들의 영혼에 망각할 수 없는 무언가를 심는 결과가 되오. 그 사람들이 앞으로는 쓰여진 것에만 의존하려 들 것이기 때문에, 그리고 더 이상 기억 속에서 무엇인가를 더듬어 내려 하지 않고 눈에 드러나는 기호에만 의존할 것이기 때문에 다시는 기억하려는 노력을 기울이지 않을 거요. 당신이 발명한 것은 기억을 위한 비법이 아니라 잊지 않기 위한 비결이오. 그리고 그대가 그대의 신봉자들에게 제시하는 것은 진정한 의미의 지혜가 아니라 지혜의 유사품에 지나지 않소. 왜냐하면 그대의 신봉자들에게 많은 것을 가르쳐 주지는 않고 말만으로 많은 것을 아는 것처럼 느끼게 만들기 때문이오. 신봉자들 대부분은 아무것도 알지 못할 텐데도 말이오. 그리고 신봉자들은 지혜가 아니라 지혜에 대한 자만심만 커질 것이기 때문에 동료들에게 짐만 될 것이오." 소크라테스는 파이드루스에게 "독서가라면 쓰여진 글은 누군가가 이미 알고 있는 것을 다시금 상기시켜 주는 것에 지나지 않는다는 사실을 믿을 만큼 순진해야 한다"고 충고했다.

소크라테스의 추론에 설득당한 파이드루스도 그 뜻에 동의했다. 그러자 소크라테스가 말을 이었다. "파이드루스, 글쓰기가 그림 그리기와 비슷하다고 하는 것도 바로 그런 사실 때문이라는 점을 자네도 잘 알고 있어. 화가의 작품은 마치 살아 있는 것처럼 우리 앞에 서 있지. 그렇지만 한번 그 그림에게 질문을 던져 봐. 그래도 그림들은 엄숙한 침묵만 지킬 뿐이야. 글로 쓰여진 단어들도 마찬가지지. 단어는 마치 매우 지적인 듯이 자네에게 말을 걸고 있는 듯하지만, 더 많은 것을 알려는 욕망에서 뭘 말하고 있는지 글에게 물어 보면 되풀이해서, 아니 영원히 똑같은 것만을 이야기할 뿐이야." 소크라테스에게 있어서 읽혀지는 텍스트는 기호와 의미가 당혹스러울 만큼 정확하게 포개지는 단어들의 나열에 지나지 않았다. 해석, 주석, 주해, 요지 설명, 연상, 반론, 그리고 상징적·우화적 의미 등은 텍스트 자체에서가 아니라 독서가에게서 나오는 것이다. 텍스트는 화가에 의해 그려진 그림처럼 '아테네의 달'만 말할 뿐이다. 그 달을 상앗빛 얼굴과 시커먼 하늘, 소크라테스가 한때 걷기도 했던 길에 널브러진 고대의 폐허 따위로 장식하는 것은 독서가의 몫이었다.

1250년경, 아미앵 대성당의 주교구 상서관이었던 리샤르 드 푸르니발은 『사랑에 관한 우화담』의 서문에서 소크라테스의 주장에 동의하지 않고, 모든 인류는 지식을 갈망하지만 인생이 지극히 짧기 때문에 각자의 지식을 증대시키기 위해서는 다른 사람에 의해 축적된 지식에 의존하지 않을 수 없다고 암시했다. 이와 같은 취지로 하느님은 인간 영혼에 기억의 재능을 부여했고, 우리는 시각과 청각을 통해 이 재능에 접근할 수 있다. 드 푸르니발은 이어서 소크라테스의 개념을 더욱 정성껏 다듬었다. 그는 시각에 이르는 길은 그림으로, 청각에 이르는 길은 단어로 이뤄진다고 말했다. 시각과 청각의 장점은 이미지나 텍스트에 전혀 변형이나 해석을 가하지 않고 그대로를 진술하는 데 있는 것이 아니라, 독서가가 자기가 사는 시대와 공간의 입장에서 자기와는 전혀 다른 시대와 공간을 호흡했던 사람들이 그 그림이나 단어를 통해 무엇을 담고자 했는지를 재창조해 내는 데 있다. "트로이나 다른 어떤 주제에 관한 그림을 대할 때 사람들은 과거에 벌어졌던 그런 고귀한 행위들이 지금도 그대로 유효하리라 본다. 이는 텍스트를 듣는 데도 똑같이 적용된다. 왜냐하면 어떤 이야기를 큰 소리로 들을 때면 사람들은 그 이야기에 귀를 기울이며 그 사건들이 현재 벌어지고 있는 것처럼 느끼기 때문이다.……그리고 당신이 읽을 때면, 그림과 단어로 구성된 이 글은, 심지어 내가 실제로는 당신 앞에 나설 수도 없는 상황인데도 당신의 기억 속에 내가 나타난 것처럼 느끼게 만들 것이다." 드 푸르니발에 따르면 독서는 현재를 풍요롭게 하고 실질적으로 과거까지 풍요롭게 만들었다. 기억은 더 나아가 이러한 특징을 미래로까지 연장시켰다. 기억을 보존했다가 후대에 물려주는 일은 드 푸르니발에게 있어서는 독서가의 역할이 아니라 책의 역할이었다.

소크라테스의 시대만 해도 글로 쓰여진 텍스트는 보편적인 도구가 아니었다. B.C. 5세기 아테네에는 상당수의 책이 존재했고 서적 교역이 이뤄지기도 했지만 개인적인 독서 관행은 적어도 한 세기 뒤 자신만이 이용할 목적으로 귀중한 필사본들을 수집했던 최초의 독서가인 아리스토텔레스가 나타나기 전까지는 충분히 확립되지 않았다. 사람들이 배움을 얻고 그렇게 배운 것을 전파하는 수단은 대화였으며, 소크라테스도 모세, 부처, 예수 그리스도와 함께 구두 강의의 거장에 속했다. 예수 그리스도의 경우는 딱 한 번 모래밭에 단어 몇 자를 적었다가 금세 지워 버렸다는 이야기만 전해 올 뿐이다. 소크라테스에게 책들은 기억과 지식의 보조 역할을 했지만 진정한 학자라면 책 없이도 해낼 수 있어야 했다. 몇 년 뒤 그의 제자인 플라톤과 크세노폰이 어느 책에다가 책을 얕보던 스승의 의견을 적었는데, 그렇게 기록을 남김으로써 소크라테스의 기억력에 대한 플라톤과 크세노폰의 추억이 소크라테스의 미래 독서가들인 우리에게 전달될 수 있었다.

드 푸르니발 시대에 학생들은 교실에서 몇 명 앞에 책 한 권씩 펼쳐

12세기 한 플로렌스 지방의 학교 모습.

놓고 그것을 기억의 보조물로 이용했다. 학창 시절에 나도 선생님이 강의하는 동안 책을 펼쳐 놓고서 훗날까지 암기해 두고 싶은 중요한 문장을 표시해 가면서(내 짐작에 소크라테스의 추종자 같은 몇몇 교사들은 우리가 교실에서 책을 펼쳐 놓는 것을 달가워하지 않았지만) 드 푸르니발 시대 학생들과 똑같은 방법으로 공부했다. 그러나 부에노스아이레스 고등학교 시절의 학생들과 드 푸르니발 시대의 그림에 묘사된 학생들 사이에는 이상한 차이점이 하나 있었다. 우리 시대의 학생들은 각자 책의 문장을 (좀 대담했다면) 펜으로, (얌전한 편이었다면) 연필로 줄을 긋고 선생님의 설명을 기억해 두기 위해 책장 여백에 필기를 했다. 옛날 삽화에 나타나는 13세기의 학생들은 대부분 필기 도구라고는 아무것도 갖고 있지 않은 모습이다. 그들은 펼쳐진 코덱스 앞에 서거나 앉아서 단락의 위치나 문자의 배열을 암기하면서도 요점을 책장에 기록하지는 않고 순전히 기억력에만 의존했다. 특별히 시험을 앞두고 밑줄친 문장과 주석을 곁들인 문장을 공부하곤 했던(그러다가 시험만 끝나면, 언제든지 필요할 때 책을 들추면 되겠지라는 믿음으로 대부분은 까맣게 잊어버리곤 했다) 나나 내 동시대인들과는 달리, 드 푸르니발의 학생들은 자신의 머리에 저장된 '도서관'에 의존했고, 또 어려서부터 배운 어려운 기억술 덕분에 그들은 머리 속의 도서관에서 요즘 내가 마이크로칩과 종이 책의 참고 도서관에서 발견해 내는 것만큼이나 쉽게 장과 글귀를 찾아낼 수 있었다. 심지어 그들은 텍스트를 암기하는 게 유익하다고 믿고는 2세기 로마 시대의 의사인 안틸루스를 권위자로 칭송했는데, 이 의사는 이런 글을 남겼다. "시구를 한번도 외워 보지 못하고 필요할 때마다 책을 들춰야 하는 사람의 경우는 텍스트에 대한 기억 능력이 대단한 사람이 숨 한번 내쉬는 것만으로 쉽게 지울 수 있는 유독 액체를 처리하는 데도 간혹 땀을 뻘뻘 흘리게 된다."

대신에 나는 아득히 먼 곳의 정보를 찾기 위해 알렉산드리아의 그것보다 더 거대한 도서관들을 이리저리 들추는 일을 전적으로 컴퓨터화된 서비스에 의존하고 있다. 이때 나의 워드 프로세서는 모든 형태의 책들에 '접근'할 수 있다. 미국의 구텐베르크 프로젝트 같은 사업들은 셰익스피어의 전작에서부터 CIA의 '월드 팩트북'과 로제 유사어 분류 사전까지 모든 것을 디스켓에 담고 있으며, 영국의 옥스퍼드 텍스트 아카이브는 주요 그리스와 로마 시대 작가들의 작품과 몇몇 고전을 다양한 언어의 전자책으로 만들어 서비스를 제공하고 있다. 그렇지만 중세의 학자들은 저마다 기억 능력에만 의존했으며, 책을 떠올릴 때면 책장은 마치 살아 있는 귀신처럼 머리 속에 나타나곤 했다.

성 토마스 아퀴나스도 드 푸르니발과 같

셰익스피어의 전 작품, 다양한 판본, 번안물, 코덱스 형태로 된 책 들이 이 한 장의 CD에 담겨 있다.

은 시대의 인물이었다. 웅변가로서 기억 능력을 향상시키기 위해 키케로가 제안한 방법을 따르면서 아퀴나스는 독서가들을 위해 일련의 기억 규칙을 공들여 만들어 냈다. 기억하려는 것들을 특정 순서로 나열하고, 그것들에 대해 애착을 키우고, 또 그것들을 시각화하기 쉽도록 '유사한 모양'의 무엇으로 변형시킨 뒤 그것을 자주 되풀이하는 것이다. 마침내 르네상스 시대 학자들은 아퀴나스의 방법을 더욱 발전시켜 마음 속으로 건축 모델들―궁전, 극장, 도시, 천국과 지옥의 영역들―을 구축하여 각자 기억하고 싶은 것들을 각 공간에 집어넣자고 제안했다. 이런 모델들은 오랜 세월에 걸쳐 마음 속에 구축되어 빈번하게 사용됨으로써 더욱 공고해졌다. 그것들은 몇 세기가 흘러도 여전히 효율적임이 입증되었다.

내 경우를 말하면, 책을 읽다가 남기게 되는 해설이나 메모는 타인의 기억력을 대신해 주는 워드 프로세서에 보관한다. 마음만 먹으면 언제든지 자신만의 기억의 궁전을 떠돌며 인용구나 이름을 끌어낼 수 있었던 르네상스 시대의 학자처럼, 나도 화면 뒤편에서 끼르륵 끼르륵 낮은 소리를 내며 돌아가는 전자 미로로 들어간다. 워드 프로세서의 기억력의 도움으로 나는 저 유명한 나의 선조들보다 더 정확하게(정확성이 중요하다면) 그리고 더 많은 양을(양이 가치 있는 것이라면) 기억할 수 있지만, 수많은 해설 가운데서 중요도를 판단하고 결론을 도출하는 일은 여전히 내 몫으로 남아 있다. 또한 나는 '기억된' 텍스트를 잃게 될지도 모르는 위험 속에서 일한다. 조상들에게는 그런 위험이야 노쇠의 결과로만 나타났지만 나에게는 언제나 존재할 수 있다. 불안정한 전압, 키 착오, 시스템 결함, 바이러스, 훼손된 디스크 등이 바로 그런 위험이다. 이들 중 어느 하나라도 잘못되는 날이면 내 기억에 담긴 모든 것들은 깡그리 날라가고 만다.

드 푸르니발이 자신의 작품 『우화담』를 끝내고 한 세기가 흐른 뒤, 방대한 독서량을 계속 추구하기 위해 아퀴나스의 기억술을 따랐음이 분명한 페트라르카는 『나의 비밀』에서 독서와 기억이라는 주제를 놓고 자신이 사랑해 마지않던 아우구스티누스와 대화를 나누는 것을 상상했다.

아우구스티누스와 마찬가지로 페트라르카도 젊은 시절에 꽤 혼란스런 삶을 살았다. 단테의 친구였던 그의 아버지는 단테처럼 자신의 고향 피렌체에서 추방당해 페트라르카가 태어나자마자 가족들을 아비뇽에 있던 클레멘스 5세 교황의 궁정으로 옮겨야 했다. 페트라르카는 몽펠리에와 볼로냐의 대학들을 다녔으며 아버지가 죽고 스물두 살이 되었을 때는 다시 아비뇽에 정착했다. 이때 그는 이미 돈 많은 젊은이가 되어 있었다. 하지만 부(富)도 젊음도 그렇게 오래 지속되지 않았다. 빙팅한 생활 몇 년 만에 그는 아버지가 물려준 유산 대부분을 탕진하고 어느 수도원으로 들어가지 않을 수 없게 되었다. 그곳에서 발견한

14세기 자신의 원고 『저명한 남자에 대하여』에 그려진 페트라르카의 모습.

키케로와 성 아우구스티누스의 책들은 새로 서품을 받은 성직자의 맘에 잠재해 있던 문학 취미를 일깨워 주었고, 그는 여생을 걸신들린 듯이 책을 읽어댔다.

그는 30대 중반에 두 개의 작품 『저명한 남자에 대하여』와 시 『아프리카』를 창작하면서 신중하게 글쓰기를 시작했다. 이들 작품에서 그는 고대 그리스와 로마의 작가들에게 많은 신세를 지고 있다고 실토했으며, 이 작품으로 그는 로마의 국민과 상원으로부터 월계관을 얻는 영광을 누렸다. 그 월계

관을 그는 나중에 성 피에트로 대성당의 높다란 제단에 바쳤다. 당시에 그를 그린 그림들을 보면 코가 크고 눈은 신경질적이며 깡마르고 짜증스러워 보이는 인물로 묘사되고 있다. 인생의 연륜마저도 침착하지 못한 그의 성미를 누그러뜨리지 못했음을 짐작케 한다.

『나의 비밀』에서 페트라르카(그의 기독교 이름인 프란체스코로)와 아우구스티누스는 '진리 부인'이 뚫어져라 지켜보는 가운데 어느 정원에 앉아 대화를 나눈다. 프란체스코가 자신은 도시의 공허한 번잡스러움에 지쳐 있다고 고백한다. 그러자 아우구스티누스는 프란체스코의 삶에 대해, 시인인 프란체스코의 서재에 꽂혀 있는 책 가운데 한 권이긴 하지만 아직 프란체스코가 어떤 식으로 읽어야 할지 방법을 모르고 있는 책과 같다고 대답하면서 그에게 미쳐 버릴 만큼 성가시게 구는 군중을 주제로 한 텍스트를 몇 권 상기시킨다. 그 중에는 아우구스티누스 자신의 것도 들어 있다. "이런 책들이 도움이 되지 않을까?"라고 아우구스티누스가 묻는다. 그 질문에 프란체스코는 책을 읽을 때는 매우 유익하지만 "책이 손을 떠나자마자 그 책에 대해 느꼈던 모든 감정도 눈 녹듯 사라지고 마는걸요"라고 대답한다.

아우구스티누스 : 그런 식의 독서는 지금 매우 보편적이라네. 학식 있는 사람들도 상당수 있으니까.…… 하지만 자네가 적절한 여백에 약간의 메모를 간결하게 적어 놓으면 아마 독서의 열매를 쉽게 즐길 수 있을 걸세.

프란체스코 : 어떤 종류의 메모를 말씀하시는 겁니까?

아우구스티누스 : 책을 읽다가 자네의 영혼을 뒤흔들거나 유쾌하게 만드는 경이로운 문장을 마주칠 때마다 자네의 지적 능력만을 믿지 말고 억지로라도 그것을 외우도록 노력해 보게나. 그리고 그것에 대해

깊이 명상하여 친숙한 것으로 만들어 보라구. 그러면 어쩌다 고통스런 일이 닥치더라도 자네는 고통을 치유할 문장이 마음 속에 새겨진 것처럼 언제든지 준비되어 있음을 깨닫게 될 걸세. 자네에게 유익할 것 같은 어떤 문장이든 접하게 되면 분명히 표시해 두게. 그렇게 하면 그 표시는 자네의 기억력에서 석회의 역할을 맡을 것이지만 그렇지 않을 경우에는 멀리 달아나고 말 걸세.

(페트라르카의 상상력으로 보면) 아우구스티누스가 암시하는 독서법은 분명히 새로운 것이었다. 사고를 위한 버팀목으로 책을 이용하지도 않고, 또 사람들이 현인의 권위를 믿는 것처럼 책을 믿지도 않으면서, 책에서 사고와 문장과 이미지를 취한 뒤에 그것을, 오래 전부터 머리속에 담고 있던 다른 텍스트로부터 정제해 낸 또 다른 사고나 이미지와 연결시키고, 거기다가 독시가 자신의 독특한 사상을 곁들여서 사실상 전혀 새로운 텍스트를 창조해 내는 독서 방법이었다.『찬란한 분배에 대하여』의 서문에서 페트라르카는, 이 책이 독서가들에게 "여기저기 흩어져 희귀해진" 텍스트의 기억 장치 역할을 맡았으면 하는 바람이라고 적고, 또 그 자신은 그 텍스트를 끌어모았을 뿐 아니라, 더욱 중요한 것은 그 텍스트에 순위와 질서까지 부여했다는 사실을 강조하고 있다.

14세기만 해도 텍스트의 권위는 확고하게 확립되어 있었고 독서가란 단지 외부 관찰자에 지나지 않았기 때문에 당시 독서가들에게 페트라르카의 주장은 정말 놀라운 것이었다. 그리고 2세기가 흘러서야 페트라르카의 독창적이고도 창조적인, 그리고 상호 비교적인 독서 형태가 유럽 전역의 학자들 사이에 보편적인 형태로 자리잡게 되었다. 페트라르카의 말을 빌리면 이런 독서법도 그 자신이 '신성한 진실' 이라

부르는 그 어떤 것을 고려하다 우연히 터득하게 된 것이라고 한다. 그가 말하는 '신성한 진실'이란 책장의 유혹에도 전혀 흔들림 없이 자신의 길을 선택하고 해석해 내기 위해 독서가들이 꼭 갖춰야 하는 감각이었다. 어떤 텍스트를 평가하는 데는 심지어 작가의 의도마저도 특별한 의미를 지니지 못한다. 이런 작업은 독서가 자신이 다른 독서 경험을 기억해 냄으로써만 가능하며, 그런 기억을 통해 작가가 책장에 담은 기억이 자연스레 흘러 나온다고 페트라르카는 암시한다.

이처럼 주고받거나, 아니면 따로 떼었다가 다시 결합하는 역동적인 과정에서 독서가는 진실이라는 윤리적 경계선을 ─ 독서가의 양심(흔히들 상식이라고 부르는데)이 그 경계를 어느 선으로 지시하든 ─ 절대로 넘어서는 안 된다. 수많은 편지를 남긴 페트라르카는 어느 편지에서 "만약 '신성한 진실'이라는 빛이 독서가의 머리 위를 비추면서 어떤 것은 읽고 어떤 것은 피해야 하는지를 가르쳐 주지 않는다면 독서는 좀처럼 위험을 면하지 못하게 된다"라고 쓰고 있다. (페트라르카의 심상을 비추는) 이 빛은 사람에 따라서 다르게 비출 뿐 아니라 인생 여정의 단계에 따라서도 달라진다. 우리는 결코 똑같은 책으로, 아니면 똑같은 페이지로 되돌아갈 수 없는데, 그 이유는 그 다양한 빛에 싸여서 우리도 변하고 책도 변하고, 그리고 우리의 기억도 밝았다가 쇠해졌다가 또다시 밝아지기도 하기 때문이다. 또 우리는 배우고 까먹고 또 기억하는 것이 어떤 것들인지 정확히 알지 못하기도 한다. 한 가지 분명한 사실은 과거의 수많은 목소리를 지켜 내는 독서 행위가 그런 목소리들을 미래로까지 잘 지켜 나간다는 점인데, 그 미래에는 지금의 우리가 전혀 예상치 못했던 방법으로 그 음성들을 이용할 수도 있을 것이다.

내가 열 살이던가 열한 살이었을 때 부에노스아이레스에서 나의 선생님들 중 어느 한 분은 매일 밤마다 독일어와 유럽 역사를 가지고 나를 무척이나 괴롭혔다. 독일어 발음을 향상시키기 위해 그는 하이네, 괴테, 쉴러의 시와 구스타프 슈바프[1]의 발라드인 『기사(騎士)와 보오덴호(湖)』를 외우라는 과제를 내주었다. 슈바프의 작품은, 말을 탄 사람이 꽁꽁 얼어붙은 보오덴호를 질주한 뒤 건너편 호수변에 서서 자신이 성취해 낸 일을 깨닫고는 경악하다 죽어 간다는 이야기이다.

나는 시를 배우는 것은 즐겼지만 그런 것들이 장차 어떤 소용이 있을까에 대해서는 의문을 품었었다. "그 시들은 말야, 자네한테 읽을 책이 없는 날 자네의 훌륭한 동반자가 될 거야"라고 그때 선생님은 말씀하셨다. 이어서 그 선생님은 작센하우젠에서 돌아가신 자기 아버지가 많은 고전들을 줄줄 외었던 유명한 학자였으며, 수용소에 억류되어 있을 때는 동료 수용자들에게 책을 읽어 주는 도서관 역할을 했다는 이야기를 들려 주었다. 나는, 그 음침하고 무력하고 절망적인 공간에서 늙은이가 베르길리우스나 에우리피데스[2]를 읽어 달라는 주문을 받고는 마음을 떡하니 열고서 책을 갖지 못한 자신의 독서가들에게 고어(古語)를 암송하는 모습을 그려 보았다. 몇 년 뒤 나는 그가 브래드버리의 『화씨 451도』에 등장하는 인물 중에서 책을 구출해 내는 무리 중의 한 사람으로, 불멸의 화신으로 각인되었다는 사실을 깨달았다.

읽혀지고 기억되는 하나의 텍스트는, 구원이라 이름할 수 있는 그런 반복 독서에서는 마치 내가 오래 전에 기억했던 그 시에 등장하는 얼어붙은 호수—대지만큼이나 단단해서 독서가의 횡단을 받쳐 줄 수 있다—같기도 하지만, 그와 동시에 그 텍스트의 유일한 존재의 터가 마음 속이기 때문에 글자들은 마치 호수의 물 위에 쓰여진 것처럼 늘 불안정하고 유동적이다.

---

1) Custav Schwab, 1792~1850. 독일의 시인.
2) Euripides, 485?~?406 B.C. 그리스의 비극 시인.

글 읽기 배우기

인본주의 운동에서 선구적인 역할을 하고 에라스무스의 작품 상당수도
편집한 베아투스 레나누스의 초상화.

큰 소리를 내며 읽거나 아니면 소리 없이 읽음으로써 마음 속에 도서관을 꾸미는 행위는 아직 우리 인간이 정확히 규명해 내지 못한 활동으로 얻어지는 결과물치고는 정말 놀랄 만한 것이다. 그럼에도 불구하고 이런 능력을 확보하려면 인간은 한 사회가 의사 소통을 위해 선택한 공통의 기호를 이해하는 기본적인 기술을 배울 필요가 있다. 다시 말해 읽기를 배워야 한다는 것이다. 레비스트로스는 자신이 브라질의 남비콰라 인디오 마을을 여행하면서 목격했던 특이한 경험을 이야기한다. 자신을 맞아 주었던 인디오들이 레비스트로스가 글을 쓰는 모습을 지켜보다가 그의 연필과 종이를 빼앗아 그가 쓴 글자를 흉내내어 굼벵이가 기어가는 모양으로 줄을 그어 놓고는 레비스트로스에게 그것을 읽어 보라고 요구했다고 한다. 남비콰라 인디오들은 자신들이 갈겨 놓은 것이 레비스트로스에게 당장에 중요하리라 기대했던 모양이다. 유럽식 학교에서 읽기를 배운 레비스트로스에게는 의사 소통 체계가 다른 사람에게 즉각 이해되어야 한다는 인디오들의 생각이 너무나 터무니없어 보였다. 우리가 읽기를 배우는 방법은 읽고 쓰는 능력을 대하는 특정 사회의 전통—즉 정보의 전달, 지식과 권력의 위계—을 나타낼 뿐 아니라, 우리의 독서 능력을 활용할 수 있는 길을 결정하고 제한하기도 한다.

한때 나는 일 년 가까이 라인강과 보주 산맥 사이의 알자스 평야 한가운데 자리잡은 셀레스타트에 살았던 적이 있었다. 스트라스부르에서 남쪽으로 20마일 떨어진 자그마한 프랑스 마을이었다. 그곳의 작은 마을 도서관에는 직접 손으로 쓴 커다란 노트가 두 권 있었다. 하나는 3백 쪽 분량이고 다른 하나는 4백 80쪽 정도였는데, 두 권 모두 몇 세기의 세월을 견뎌 오느라 종이는 누렇게 퇴색해 버렸지만 다양한 색깔의 잉크로 적은 글자만은 여전히 놀랄 만큼 선명하다. 이 노트의 주인들은 인생 말년에 노트를 좀더 깨끗이 보관하기 위해 순서대로 차곡차곡 묶었지만, 사용할 당시에는 아마 그 마을 시장 어딘가의 서점 진열대에서 산 것으로 그저 종이를 접어 놓은 것에 지나지 않았을 터였다. 도서관을 찾는 사람들의 눈앞에 펼쳐지는 그 노트들은—타이프로 친 안내 카드의 설명에 따르면—15세기의 마지막 몇 년, 즉 1477년에서 1501년까지 셀레스타트의 라틴 학교에 다녔던 두 학생이 쓰던 것이었다. 한 주인공은 그 노트가 말해 주는 사항 외에는 전혀 삶에 대해 알려진 바가 없는 기욤 기젠하임이고, 다른 한 사람은 훗날 인본주의 운동에서 선구적 역할을 맡게 되고 에라스무스의 작품 상당수를 편집한 베아투스 레나누스였다.

내가 부에노스아이레스에서 학교를 다니던 시절 저학년들에게는 글을 반듯하게 적고 색색의 크레용으로 힘들게 그림까지 그려 넣어야 하는 '독서' 노트가 따로 있었다. 그때 우리의 책상과 의자는 튼튼한 주철 가로대로 서로 연결되어 있었고, 나무 교단 위에 우뚝 선(권위의 상징은 언제나 우리를 놓아 주지 않았다) 선생님의 책상까지 두 줄로 정렬되어 있었다. 교단 뒤쪽에는 칠판이 걸려 있었다. 각 책상에는 하얀 도자기 잉크병을 놓을 수 있도록 홈이 파여 있었는데, 우리는 그 잉크병에 펜촉을 끊임없이 담그곤 했다. 당시 우리에게는 3학년까지 만년필 사용이 허용되지 않았다. 지금으로부터 수 세기가 흘러 만약 어느 꼼꼼한 사서가 그 노트를 소중한 물건으로 판단하고 유리 상자 속에 넣어 전시를 한다면 방문객은 어떤 사실을 발견할까? 깔끔하게 베껴 쓴, 애국적인 냄새가 강한 텍스트에서 방문객들은 우리의 교육에는 정치적 수사가 문학적 섬세함을 압도했다고 짐작할지도 모른다. 또 우리가 남긴 삽화에서는 텍스트를 슬로건으로 바꾸는 것을 배웠다고 추론할 것이다('말비나스 제도는 아르헨티나의 땅이다'는 울퉁불퉁한 섬 둘레를 두 손으로 감싸쥔 그림이 되었고, '우리의 국기는 고국의 상징이다' 는 세 가지 색깔의 천이 바람에 날리는 그림이 되었다). 노트에 적어 놓은 해설이 서로 똑같다는 사실에서 방문객들은, 우리가 공부했던 것은 즐거움이나 지식을 위해서가 아니라 지시에 따른 것이었음을 파악하게 될 것이다. 인플레이션이 매월 200%에 달하던 나라에서 개미와 베짱이의 우화를 읽는 유일한 방법은 이런 식으로밖에 달리 길이 없었다.

셸레스타트에는 다양한 성격의 학교가 있었다. 14세기에 세워진 라틴 학교의 경우는 교회 소유의 땅에 자리잡았으며, 지방의 행정관과 교회에 의해 관리되었다. 기젠하임과 레나누스가 다녔던 원래의 학교는 11세기에 세워진 생 포이 교회 정면의 마르셰-베르에 있던 어느 집을 빌려서 사용했다. 그 후 이름이 널리 알려지자 1530년에 그 학교는 13세기에 지어진 생 조르주 교회 건너편의 좀더 큰 건물로 옮겨졌다. 이 집의 정면에는 헬리콘 산의 성스런 히포크레네 샘에서 즐겁게 노니는 아홉 신을 묘사한, 창의성이 매우 뛰어난 프레스코화가 그려져 있었다. 학교가 옮겨 감에 따라 그 거리의 이름도 로텐가세에서 학생들의 재잘거림(babbe. 알자스 지방의 방언으로는 bablen임)을 은근히 꼬집는 바빌가세로 바뀌었다. 나는 그 학교에서 겨우 몇 블록 떨어진 곳에서 살았다.

14세기 초부터 셸레스타트에는 독일 학교 두 곳에 대한 기록이 고스란히 남아 있다. 이어서 루이 14세가 그 마을을 차지하고 13년이 지난 1686년에 최초의 프랑스 학교가 문을 열었다. 이들 학교에서는 읽기, 쓰기, 노래, 그리고 약간의 산수를 지방 사투리로 가르쳤다. 학교의 문은 모든 이들에게 열려 있었다. 1500년경에 쓰여진 어느 독일 학교의 입학 약정서를 보면, 선생은 "라틴 학교에 다닐 수 없는 어린이들뿐 아니라, 길드[1]의 회원과 12세 이

1) 중세의 상인·수공업자의 동업 조합. |

상 된 다른 사람들, 소년뿐 아니라 소녀들에게도" 가르칠 것이라고 적혀 있다. 독일 학교에 다니는 학생들과는 달리 라틴 학교에는 여섯 살부터 입학이 허락되었고, 그 후 열세 살이나 열네 살이 되어 대학에 들어갈 준비를 갖출 때까지 계속 그 학교에 다녔다. 그 중 몇몇은 선생의 조수가 되어 스무 살까지 남기도 했다.

비록 유럽 대부분의 지역에서 17세기까지도 라틴어가 관료 사회나 교회 업무, 그리고 학문 분야의 언어로 계속 군림했지만 16세기 초부터는 방언들이 힘을 얻어 가기 시작했다. 1521년에는 마틴 루터가 독일어 성경을 처음으로 발간했고, 1526년에는 윌리엄 틴들[1]이 살해 위협에 떼밀려 영국을 떠나 콜로뉴와 보름스에서 자신이 번역한 영어판 성경을 출간했다. 또 1530년 스웨덴과 덴마크 두 곳에서 발표된 어느 정부 칙령을 보면 교회에서 성경은 현지 언어로 낭독돼야 한다고 못박고 있다. 하지만 레나누스의 시대에는 성직자들이 꼭 라틴어로 예배를 올려야 했던 카톨릭 교회뿐만 아니라 레나누스가 다니기를 원했던 소르본 같은 대학에서도 라틴어의 공식적 사용은 계속되었다. 그 때문에 라틴 학교들에 대한 수요는 계속 높기만 했다.

학교는 라틴 학교든 아니면 다른 학교든 똑같이 중세 말기 혼란스럽던 학생들의 존재 양식에 어느 정도 질서를 잡아 주었다. 학문 세계는 교회와 국가 사이에 위치하는 '제3의 권력'으로 받아들여졌기 때문에 학생들에게는 12세기 이후로 줄곧 공적인 특권이 많이 주어졌다. 1158년에 독일 신성로마제국 황제였던 프리드리히 바르바로사[2]는 중범죄를 저지르는 경우를 제외하고는 학생들에게 세속 권력의 재판권으로부터 보다 자유롭게 해주었고 여행할 때도 안전을 보장해 주었다. 1200년에 프랑스의 왕 필립 오귀스트는 파리의 감독관에게 어

1) William Tyndale, ?~1536. 영국의 성서 번역가이자 신학자.
2) Frédrick Barbaróssa, 1122~1190. 붉은 수염 왕이라는 별명을 얻었던 신성로마제국 황제.

떠한 구실로도 학생들을 구속하지 말라고 명령했다. 그리고 헨리 3세 이후로 모든 영국 군주는 옥스퍼드 학생들에게 세속적 의무의 면제를 보장해 주었다.

학교에 다니려면 학생들은 학비를 내야 했다. 그 금액은 학생들이 일주일 동안 잠자는 일수와 식사 횟수에 따라 정해졌다. 만약 돈을 지불할 수 없는 처지라면 학생들은 자신에게 '경제적인 부양자가 없다' 는 선서를 해야 했으며, 그런 학생들에게는 간혹 국가 보조금으로 조성되는 장학금이 주어지기도 했다. 15세기에는 가난한 학생들의 비율이 파리에서는 전체 학생 중에서 18%를 차지했으며 빈에서는 25%, 라이프치히에서는 19%를 차지했다.

특권은 누릴 수 있었지만 무일푼이었고, 또 권리를 계속 지키고 싶었지만 밥벌이를 어떻게 할지 막막했던 학생들 수천 명은 시골을 이리저리 떠돌며 자비와 기부금에 의존해야 했다. 그 중 몇몇은 '기적'의 장신구를 팔거나 일식과 월식, 재앙을 예견하고 요술을 부리거나 기도자들에게 연옥에 빠진 영혼을 구하는 방법을 가르쳐 주거나 농작물을 우박으로부터 보호하고 동물을 질병에서 보호해 주는 처방을 내려 준다는 식으로 점쟁이나 마법사 행세를 하며 살아 남았다. 어떤 학생들은 자신이 드루이드파[1]의 후손이라고 주장하면서 비너스 산에 들어가서 비밀스런 기술을 터득했다고 떠벌려댔다. 그런 표시로, 그들은 어깨 위에 소매 없는 노란색 옷을 걸치고 다녔다. 많은 학생들은 자신들이 가르침을 받았고 또 존경해 마지않는 나이 많은 성직자를 따라 이마을 저 마을로 옮겨 다녔다. 그런 선생은 바샹트(bacchante, '떠돈다' 는의미의 bacchari에서 비롯된 어휘임)로 알려졌고, 그의 제자들은 독일어로는 슈트첸(Schützen), 아니면 프랑스어로 베죵(béjaunes)이라 불렸다. 성직자가 되기

1) 기독교가 전파되기 전에 고대 켈트족 사이에 성행했던 신앙.

로 각오했거나 어떤 직위든 공직으로 들어가려는 사람들만이 방황을 끝낼 수단을 강구하면서 셀레스타트의 라틴 학교 같은 학업 기관으로 들어가곤 했다.

셀레스타트의 라틴 학교에는 알자스-로렌 지방의 곳곳에서 학생들이 몰려왔으며, 더 멀리는 스위스에서 오는 경우도 있었다. 부유한 부르주아나 (베아투스 레나누스의 경우처럼) 귀족의 자녀들은 총장 부부가 운영하는 하숙집에서 숙식을 해결하거나, 그들의 개인 교사 집에 돈을 내고 손님으로 머물거나, 혹은 심지어 그 지방의 여인숙에 거주할 수 있었다. 열여덟 살 나이로 1495년 그 학교에 들어갔던 스위스 토마스 플라터가 남긴 기록을 보자.

"우리가 스트라스부르에 도착했을 때 그곳에는 가난한 학생들이 많았다. 그들은 우리에게 그 학교가 좋지 않다고 일러 주면서 셀레스타트에 우수한 학교가 하나 있다고 귀띔해 주었다. 그래서 우리는 셀레스타트로 향했다. 가는 길에 어느 귀족을 만났는데, 그 사람이 '자네들 어디로 가는가?' 라고 물었다. 셀레스타트로 가는 길이라고 말하자 그 귀족은 그 마을에는 가난한 학생들이 많을 뿐더러 주민들도 돈과는 거리가 멀다면서 가지 말라고 충고해 주었다. 그 말을 듣고 옆에 있던 내 동료는 울음을 터뜨리면서 '이제 우리는 어디로 가지?' 라고 울부짖었다. 그래서 나는 '자신을 가져. 셀레스타트에서 먹을 것을 확보하는 사람이 단 한 사람이라도 있다면 나도 우리 둘을 위해서 어떻게든 그렇게 할 테니까' 라는 말로 그 친구를 달랬다."

그때 플라터는 아무것도 모르는 상태에서, 심지어 중세의 문법 입문서로 널리 알려진 알리우스 도나투스의 『변론술 8장(章)』조차도 읽어 보지 못한 채 학교에 들어가서 어린 학생들 틈에서 '병아리 무리 속의 암탉' 처럼 소외감을 느꼈다. 그들은 셀라스타트에서 몇 달 동안 그럭

저럭 지내려고 애써 봤지만 오순절이 지나고 새로운 학생들이 사방 팔방에서 몰려드는 바람에 더 이상 둘이 먹을 음식을 찾지 못하게 되자 솔뢰르라는 마을을 향해 떠나게 되었다.

　읽고 쓸 줄 아는 모든 사회에서 읽기를 배운다는 것은 일종의 입문과 같아서 의존과 어리광의 단계에서 벗어나는 통과 의례로 통한다. 읽기를 배우는 어린이는 책이라는 도구를 통해 사회 공통의 기억 속으로 받아들여지고, 그렇게 함으로써 과거의 역사에 익숙해지며, 그 후로 독서를 통해 조금씩 그것을 새롭게 고쳐 나가게 된다. 예컨대 중세의 유대인 사회에서는 읽기를 배우기 시작할 때 공개적으로 축복해 주는 의식이 따랐다. 모세가 신의 손으로부터 『모세 5경』을 넘겨받던 날을 기리는 오순절 축제 때는 기념할 만한 의식이 치러진다. 읽기에 입문할 소년이 기도 시간에 어깨에 걸치는 겉옷에 싸인 채 아버지에 의해 선생에게로 넘겨진다. 그러면 그 선생은 소년을 무릎에 앉히고 헤브루어 철자가 적힌 석판을 보여 준다. 석판에는 성경 한 구절과 "『모세 5경』이 너의 것이 될지어다"라는 글귀가 적혀 있다. 선생이 글자 한 자 한 자를 큰 소리로 읽으면 그 어린이도 따라서 읽는다. 그러고 나면 석판 위에는 꿀이 발라지고 어린이는 석판을 혀로 핥으며 그 성스러운 단어들을 온몸으로 받아들인다. 또 껍질을 벗겨 낸 삶은 계란이나 꿀로 만든 과자에 성경 구절을 적기도 했는데, 그러면 어린이는 선생 앞에서 성경 구절을 큰 소리로 읽은 뒤 그것을 먹었다.

　수 세기 동안, 그리고 수많은 나라에서 이뤄졌던 것을 일반화하기는 어렵지만, 중세 말기와 르네상스 초기의 기독교 사회에서 읽고 쓰기를 배우는 것은—교회 밖에서—거의 귀족과 (13세기 후에는) 상류층 부르주아들의 특권이었다. 간혹 읽기와 쓰기를 가난한 성직자들에게나 어울리는 천박한 일로 치부해 버리는 귀족이나 상류층 부르주아들도 있었지만, 이런 계층에 태어난 대부분의 소년들과 극소수의 소녀들은 아주 어릴 때부터 글을 익혔다. 어린이의 보모가 글을 읽을 줄 아는 경우에는 보모가 직접 가르쳤는데, 그런 이유로 보모의 선택은 매우 신중해야 했다. 단순히 젖만 공급하는 것이 아니라 정확한 발음과 말을 전달하는 역할까지 해야 했기 때문이다. 저 유명한 이탈리아 인문학자인 레온 바티스타 알베르티[1]는 1435년에서 1444년 사이 어느 시점엔가 "어린아이를 돌보는 것은 보모든 엄마든지 간에 어쨌든 여자들의 일이며, 어린이에게는 가능한 한 빨리 철자를 가르쳐야 한다"고 적고 있다. 어린이들은 초급 독본이나 철자가 적힌 쪽지를 놓고 보모나 엄마가 가리키는 문자를 반복함으로써 발음을 익혔다(나 역시 보모에게서 이런 방법으로 글자를 배웠다. 보모가 낡은 영어 그림책을 펴놓고 굵은 글자를 큰 소리로 읽어 주면 나는 그 소리를 그대로 반복해서 읽었다).

글을 가르치는 어머니상은 기독교 초상화에서는 흔하게 나타나지만, 교실을 묘사한 그림에서 여자 학생들을 찾기는 퍽 힘들었다. 마리아가 아기 예수 앞에 책을 펴보이고 있거나 마리아를 가르치는 안나를 묘사한 그림은 수없이 많지만(성경의 연속성을 분명히 하는 데는 바로 구약성서를 읽고 있는 예수가 필수적이지 않았겠는가), 예수 그리스도나 그의 어머니가 글쓰기를 배우거나 실제로 글을 쓰는 것으로 그려지는 예는 없었다.

1세기, 북부 스페인 출신으로 훗날 도미티아누스 로마 황제의 조카아들의 가정 교사가 되었던 로마의 어느 변호사는 르네상스 시대를 통틀어 가장 영향력을 미쳤던 교육 안내서 『담화법』을 열두 권으로 묶었다. 그 책에서 그는 이렇게 충고했다. "어떤 사람들은 소년들에게 일곱 살이 될 때까지는 글 읽기를 가르치지 말아야 한다고 고집하기도 한다. 그 나이는

1) Leon Battista Alberti, 1404~1472. 이탈리아 르네상스기의 건축가·화가·시인.

15세기의 어머니상, 그들의 자녀들에게 책 읽는 법을 가르치고 있다. 왼쪽의 조각상은 성모 마리아와 어린 예수의 모습이고 오른쪽 조각상은 성 안나와 어린 마리아의 모습이다.

되어야 가르침에서 무언가를 얻고, 배움에 따르는 긴장을 견뎌 낼 수 있다는 판단에서다. 그렇지만 어린이의 마음을 잠시라도 가꾸지 않고 내버려둬서는 안 된다는 생각을 품는 사람들이 더 현명하다. 예컨대 크리시포스[1]의 경우, 그는 보모들에게 3년간의 군림을 허용하면서 아울러 어린이의 정신을 최선으로 형성시켜야 한다는 의무를 부과했다. 다시 말하지만, 도덕적 훈련을 쌓을 수 있는 어린이들에게 문학적 교육을 받을 능력이 없다고 판단하는 근거는 무엇인가?"

글자 공부를 다 마치고 나면 (가정 형편이 넉넉할 경우에는) 소년들에게는 가정 교사로 남자 선생님을 붙여 주지만 딸의 교육은 어머니 몫이었기 때문에 어머니는 계속 바쁠 수밖에 없었다. 15세기경 대부분의 부유한 가정은

<hr />

1) Chrysippos, 280?~207? B.C. 그리스의 스토아 학파 철학자.

집에서 교육을 해도 좋을 만큼 조용한 공간과 시설을 갖추고 있었다. 그런데도 대부분의 학자들은 소녀들에게는 가족과 멀리 떨어져서 그들끼리 모여 공부하는 게 바람직하다고 추천했다. 그런 한편 중세의 도덕주의자들은 소녀들에게—공적이든 아니면 사적이든—교육이 유익한가를 놓고 뜨거운 논쟁을 벌였다. "특별히 수녀가 될 뜻이 없을 경우 소녀들이 읽고 쓰기를 배우는 것은 적절하지 못하다. 소녀가 글을 배우게 되면 나이가 들어 연애 편지를 주고받게 된다"고 귀족이었던 필립 드 노바르는 경고했지만 그의 동시대인 몇몇은 이에 동의하지 않았다. "진정한 신앙을 배우기 위해, 그리고 그들의 영혼을 위협하는 위험에서 자신들을 보호하기 위해 소녀들도 읽기를 배워야만 한다"고 슈발리에 드 라 투르 랑드리는 주장했다.

  부유한 가정에 태어난 소녀들은 종종 읽기와 쓰기를 배우기 위해 학교로 보내졌는데, 이런 경우는 수도원에 들어가기 위한 준비가 보통

15세기의 전환기, 교사와 학생 사이의 엄격한 관계를 보여 주고 있는 학교의 모습.

이었다. 귀족 가정에서는 완벽하게 읽고 쓸 줄 아는 여자도 만날 수 있었다.

셀레스타트의 라틴 학교의 가르침은 학문적 전통의 틀에 박힌 계율을 따르다 보니 15세기 중엽이 되기도 전에 이미 특별한 차별성을 갖지 못한 지극히 평범한 학교가 되어 버렸다. '사고란 고정된 법칙에 따라 움직이는 기술'이라는 인식을 지녔던 철학자들에 의해 주로 12, 13세기에 발전한 스콜라 학파는 종교적 신앙의 계율과 인간 이성의 논쟁을 조화시키는 데 유익한 방법임이 입증되었다. 그 결과로 얻어진 것이 '불일치의 일치'였는데, 이는 또 다른 논쟁의 출발점으로 이용될 수 있었다. 그렇지만 머지않아 스콜라 학파는 새로운 관념을 유도해 내기보다는 기존의 관념을 고수하는 방법이 되어 버렸다.

이슬람에서는 스콜라 학파가 공식 교의를 굳히는 데 기여했다. 이슬람 세계의 경우 의견을 절충할 종교 회의나 교회 회의가 마련되지 않았기 때문에, 모든 반대 의견을 물리치고 살아 남는 의견만이 정통파적인 신념이 되었다. 기독교 세계에서는 비록 대학에 따라 크게 다르긴 했지만, 스콜라 학파는 5세기의 철학자로 (앨프레드 대제가 영어로 번역한) 『철학의 위안』을 남겨 중세에 가장 널리 읽혔던 보에티우스 같은 초기 기독교 철학자들을 통해 아리스토텔레스의 계율을 굳건히 따랐다.

본질적으로, 스콜라 학파의 방법은 학생들이 텍스트를 대할 때 이미 확고히 정립되고 또 공식적으로 인정받은 기준으로 분석하도록 훈련시키는 것에 지나지 않았다. 읽기 교육에 관한 한, 그런 교육 방법의 성공은 학생들의 지적 능력보다는 학생들의 인내심에 의존하는 바가 컸다. 13세기 중반의 어느 글에서, 학식을 갖춘 스페인 왕 알폰소 엘 사비오는 그런 관점을 끈질기게 공격했다. "진정으로 선생들은 학생들에게 책을 읽어 주고 그것을 최대한 이해할 수 있도록 각자가 가진 학식을 보여 줘야만 한다. 그리고 한번 책을 읽기 시작하면 언제나 끝까지 다 읽을 수 있도록 가르쳐야 한다. 또 몸이 건강한 상태에서는 책읽는 일을 피하려는 의도가 아니거나, 다른 누군가를 존경하여 특별히 그 사람에게 책을 대신 읽어 달라고 요청하지 않는 한 절대로 책 읽는 일을 남에게 맡겨서는 안 된다."

  16세기 들어서도 유럽 전역의 대학과 교회에서, 그리고 수도원 및 성당의 학교에서 스콜라 학파의 교수법은 널리 받아들여지고 있었다. 셀레스타트 라틴 학교의 선조격인 이런 학교들은 로마식 교육 제도가 쇠퇴한 뒤인 4,5세기에 시작하여 카를 대제가 모든 성당과 교회의 성직자들에게 읽기, 쓰기, 노래, 그리고 산술을 가르칠 학교를 세우도록 명령한 9세기까지 번영을 구가했다. 10세기 들어 마을들이 다시 정립되자 기본적인 가르침을 제공하는 시설이 필요하게 되었고, 이 요구에

16세기 초 프랑스의 한 학교의 모습.

볼로뉴 지방의 한 무덤에서 출토된 대리석 조
각. 14세기 중반의 작품으로 보이는 이 조각
상에서 교사는 책을 펼쳐 놓고 학생들을 바라
보고 있다.

부응해 학교들이 특별히 재능이 뛰어난 교사
를 축으로 세워졌다. 당시 학교의 명성은 철
저히 그런 선생에게 달렸기 때문이다.

 학교의 외관상 특징은 카를 시대 이후로
크게 달라진 게 없었다. 수업은 널따란 교실
에서 이뤄졌다. 일반적으로 선생은 높은 교
탁이나 간혹 테이블 앞에 놓인, 일상 생활에
쓰이던 벤치에 앉았다(기독교 유럽에서는 15
세기까지 의자가 보편화되지 않았다). 14세기
중반에 만들어진 볼로뉴 지방의 어느 무덤에
서 출토된 대리석 조각을 보면 선생은 벤치
에 앉아 있고 선생 앞에 놓인 책상 위에는 책
이 한 권 펼쳐져 있으며 선생은 학생들을 바
라보고 있다. 이 선생은 왼손으로는 책장 한 장을 잡은 채 오른손으로
는 자신이 방금 큰 소리로 읽었던 대목을 설명하면서 요점을 강조하는
것 같다. 대부분의 그림을 보면 학생들은 요점을 받아 적기 위해 줄이

1516년 암브로시우스 홀바인에 의해 그려진, 학교를 선전하는 간판 그림.

쳐진 종이나 밀랍을 칠한 서판을 들고 벤치에 앉아 있거나 책을 펼쳐 들고서 선생 주변에 서 있는 모습이다.

　1516년 학교를 선전한 어느 간판에는 학생 두 명이 자신의 텍스트 위로 몸을 구부린 채 벤치 위에서 공부하고 있고, 오른쪽에는 한 부인이 탁자에 앉아서 손가락으로 책장을 가리켜 가며 어린아이에게 글자를 가르치고 있다. 왼쪽에는 10대 초반으로 보이는 학생이 교탁에 서서 펼쳐진 책을 읽고 있고, 선생은 학생 뒤에서 자작나무 가지 한 묶음을 학생의 엉덩이에 갖다 대고 있다. 자작나무는 수 세기 동안 선생의 상징으로 책만큼이나 훌륭한 역할을 해냈을 것이다.

　셀레스타트의 라틴 학교에서는 먼저 학생들에게 읽고 쓰는 것을 가르친 뒤 문법과 수사학, 논리학을 배우도록 했다. 모든 학생들이 똑같이 글자를 아는 상태로 입학하는 것이 아니어서 읽기는 ABC나 초보 독본, 아니면 주기도문, 성모송, 사도신경 같은 간단한 기도문 모음으로 시작했다. 초보적인 학습을 끝내면 학생들은 대부분의 중세 학교에서 공통적으로 사용하던 몇몇 독서 입문서에 들어간다. 도나투스의 『변론술 8장(章)』, 프란체스코 수도회의 수도사인 알렉상드르 드 빌르디외가 쓴 『아동 교육』, 스페인 출신 피터의 『수사학 편람』이 그런 입문서들이다.

　그런 책을 구입할 수 있을 만큼 부유했던 학생들이 몇 명 되지 않았기 때문에 선생만이 값비싼 책들을 소유하는 경우도 종종 있었다. 그러면 선생은 복잡한 문법을 흑판 위에 그대로 옮겨 적어 가르쳐야 했다. 그러나 스콜라 학파의 교수법에 따르면 이해는 지식의 필수 조건이 아니었기 때문에 문법에 대해서 친절하게 설명하지 않는 게 보통이었다. 학생들에게는 그저 문법을 외우라는 지시가 떨어졌다. 익히 예상되는 대로 그 결과는 실망스러울 때가 많았다. 1450년대 초에 셀레스타트의 라틴 학교에 다녔던 야콥 빔펠링(레나누스처럼 당대에 가장 유명한 인문주의자가 되었다)은 몇 년 뒤 "낡은 제도 밑에서 공부했던 학생들은 라틴어는 한 마디도 못했고 편지나 시 한 편도 제대로 짓지 못했으며 심지어 미사에 사용되는 기도조차도 제대로 설명하지 못했다"고 논평했다.

초심자들에게 읽기 공부를 어렵게 만드는 요인이 몇 가지 있었다. 지금까지 살펴본 대로 15세기에는 아직 구두점이 불안정했고 대문자도 일관성 있게 사용되지 못했다. 또 축약형이 많이 사용되곤 했는데, 간혹 학생들이 요점을 빨리 적으려고 그러는 경우도 있었지만 아마 종이를 아끼기 위해서인 듯했다. 당시 이러한 축약형은 필기에 보편적으로 사용되던 관행이었다. 그래서 글을 읽는 사람은 발음 그대로 읽을 줄도 알아야 할 뿐 아니라 축약이 무엇을 의미하는지까지 인식할 수 있어야 했다. 마지막으로 당대에는 철자조차도 통일되지 않았다. 똑같은 단어가 여러 가지 숨은 의미로 나타날 수도 있었다.

스콜라 학파의 방법론을 따라서 학생들은 우리 시대의 보잘것없는 강의 노트와 비슷한 정통적인 주석을 읽도록 지시받았다. 오리지널 텍스트—기독교 지도자들의 것이거나, 아니면 그보다 극히 적었지만 고대 이교도 작가들의 것이었다—는 학생들에게 직접 이해되는 것이 아니라 예정된 일련의 단계를 밟아 그대로 따르도록 되어 있었다. 문법적 분석인 렉치오(lectio)가 첫 단계였다. 여기서는 각 문장의 통어적인 요소를 확인하는 작업이 이뤄진다. 그러고 나면 텍스트의 문학적 의미를 따지는 리테라(littera)로 이어지는데, 이 과정을 통해 학생들은 이미 확립된 다양한 해석에 따라 텍스트의 의미, 즉 센수스(sensus)를 얻었다. 이런 단계적인 과정은 이미 인정받은 해설가들의 의견을 놓고

서로 토론을 벌이는 평석으로 끝을
맺는다.

　이러한 독서법의 이점은 텍스트에
서 개인적인 의미를 발견하는 데 있
는 것이 아니라 권위자들의 해석을
외우고 서로 비교하여 '조금 더 훌륭
한 인간'으로 성장하는 데 있었다.
이런 소신을 가슴에 품고 있었던 15
세기 수사학 교수 로렌초 기데티는
읽기 교육의 목적을 이렇게 요약했
다. "훌륭한 선생이 어떤 문장을 설
명할 임무를 맡을 때, 그것은 바로

15세기 후반, 아리스토텔레스의 『시학』 프랑스 번역본에
그려진 그림. 교사가 제자에게 체벌을 가할 준비를 하고
있다.

학생들이 유창하게 말할 수 있도록 하여 결과적으로 도덕적인 삶을 꾸
릴 수 있게 훈련을 시키기 위해서다. 이런 목적에 도움이 되지는 못한
다 해도, 그래도 설명이 가능한 모호한 구절이 뜻밖에 나타난다면 나
는 선생이 그것을 설명하는 쪽을 지지하겠다. 만일 그 의미가 즉각 명
백하게 나타나지 않아 선생이 명쾌하게 설명하는 데 실패하더라도 나
는 그 선생을 게으르다고 생각하지는 않겠다. 그렇지만 만약 선생이
설명을 하느라 사소한 것까지 파고들면서 시간과 노력을 허비한다면
나는 그를 현학적이라고 부를 것이다."

　1441년에 셀레스타트 교구의 성직자이자 지방 행정관이었던 장 드
웨스튀는 하이델베르크 대학 졸업생인 루이스 드링겐베르크를 그 학
교의 교장에 임명하기로 결심했다. 이탈리아와 네덜란드에서 전통적
인 교육법에 회의를 품고 있던 당대의 인문주의 학자들에게 고무받은
데다. 이미 프랑스와 독일에까지 미칠 만큼 대단한 영향력을 행사하고

있던 드링겐베르크는 획기적인 변화들을 도입했다. 그도 도나투스와 알렉상드르 같은 낡은 읽기 입문서들을 계속 고수하면서도 교실에서 토론을 위해 그런 책들을 펼칠 때면 그 책의 극히 일부분만을 활용했다. 문법을 가르칠 때면 그는 학생들에게 무조건 암기하라고만 윽박지르지 않고 그 원리를 잘 이해할 수 있도록 설명을 해줬다. 그는 "학생들이 유창한 언어를 획득하는 데 도움이 되지 못한다"고 판단되는 낡은 해석과 주해는 과감하게 버리고 그 대신 교회 지도자들이 남긴 고전 텍스트로 강의했다. 현학적인 주석자라는 전통적인 디딤돌을 과감히 뽑아 버리고, (아직은 토론에서 엄격한 안내자의 역할을 고수하면서) 현재 배우고 있는 텍스트를 놓고 서로 토론을 벌이도록 허락함으로써 드링겐베르크는 학생들에게 독서에서 그전에는 한번도 경험해 보지 못했던 엄청난 재량권을 주었다. 그는 기데티가 '시시한 것들' 이라고 얕잡아 보았던 것들에 대해서도 겁내지 않았다. 그리하여 그가 죽은 1477년에 셀레스타트에는 어린이들에게 읽기를 가르치는 새로운 교수법의 초석이 튼튼히 놓이게 되었다.

　드링겐베르크의 후임자 역시 하이델베르크 대학 졸업자로, 제자들 사이에는 '재미있게 엄격하고 엄격하게 재미있는' 사람으로 기억되는 스물일곱 살 된 학자인 크라토 호프만이었다. 문학 공부에 충분히 정성을 쏟지 않는 학생이면 누구든 회초리를 들 준비가 되어 있는 그런 인물이었다. 드링겐베르크가 학생들로 하여금 교회 지도자들의 텍스트와 친숙하도록 만드는 데 노력을 기울였다면, 호프만은 그리스 · 로마의 고전을 더 좋아했다. 그의 제자 한 명은 드링겐베르크처럼 "호프만도 낡은 해설과 주해들을 혐오했다"고 적고 있다. 지루한 문법으로 학생들을 고문하기보다는 고고학적, 지리학적, 역사적 일화로 텍스트에 살을 붙여 가면서 호프만은 곧바로 텍스트 읽기로 들어갔다. 또 다른 학생은 호프만이 학생들을 오비디우스, 키케로, 수에토니우스, 발레리우스 막시무스, 안토니우스 사벨리쿠스 등의 작품으로 안내한 뒤로는 대학에 들어갈 때까지 '라틴어에 완벽하게 유창했고 문법도 깊이 알 수 있었다'고 회고했다. '아름답게 쓰는 기술'인 서법도 결코 게을리하지 않았지만, '텍스트에서 마지막 한 점의 의미까지 짜내면서' 유창하고 정확하게, 그리고 지적이고 능숙하게 읽을 줄 아는 능력이야말로 호프만에게서는 최우선 목표였던 것이다.

그렇지만 호프만의 교실에서도 학생들에게 텍스트를 자의적으로 해석하도록 완전히 개방한 적은 한번도 없었다. 그와는 반대로 텍스트를 체계적으로, 그리고 열정적으로 해부했으며, 베껴 쓴 글에서 정중함, 예의, 믿음 그리고 악에 대한 경고뿐 아니라 도덕까지도 도출해 냈다. 테이블 매너에서 7가지 죄악의 덫에 이르기까지, 사실상 모든 종류의 사회 계율이 총망라되었다. 호프만의 어느 동시대인은 "선생은 읽기와 쓰기를 가르쳐야 할 뿐 아니라 기독교적 미덕과 도덕도 가르쳐야 한다. 선생은 학생들의 영혼에 미덕의 씨앗을 심도록 애써야만 한다. 아리스토텔레스가 말했듯이 인간은 훗날 인생살이에서 어릴 때 받았던 교육에 따라 처신하기 때문에 이 일은 매우 중요하다. 모든 습관은, 특히 훌륭한 습관은 어린 시절에 뿌리를 내리는 것이어서 뒷날 아무리 뽑으려 해도 뽑히지 않는 법이다"라고 적고 있다.

레나누스와 기젠하임이 셀레스타트에서 적은 노트는 일요일의 기도와 수업 첫날에 흑판을 보고 베꼈을 찬송가 몇 곡으로 시작된다. 이 기도와 찬송가를 아마 그들은 이미 외우고 있었을 터인데, 기계적으로 옮겨 적음으로써—아직 읽을 줄은 모르고—학생들은 글자 모양과 외우고 있는 찬송가의 소리를 서로 연결시킬 수 있었을 것이다. 바로 2세기 후에 니콜라스 아담이 자신의 저서 『세계 언어 학습법』에서 펼쳐 보인, 읽기 교육을 위한 '포괄적인' 방식이란 것과 유사하다. 이 책에서 아담은 이렇게 설명했다. "어린이에게 한 가지 대상물을, 예컨대 옷을 보여 줄 경우 당신은 그 아이에게 주름을 보여 주고 다음에는 소매, 앞면, 주머니, 단추 하는 식으로 단계적으로 보여 준다고 생각하는가? 아니다, 절대 그렇지 않다. 당신은 아이에게 옷을 전체적으로 보여 주면서 '이것은 옷이다' 라고 말할 것이다. 어린이들이 보모로부터 말을 배우는 것도 그런 식이다. 그런데 학생들에게 읽기를 가르칠 때는 왜 그렇게 하지 않는가? 아이들에게 ABC와 프랑스어와 라틴어 입문서를 보여 주지 말고 전체 단어로 어린이들을 즐겁게 해줘라. 아이들도 이해할 수 있을 뿐만 아니라 훨씬 쉽게 머리 속에 담게 되며 인쇄된 그 어느 글자나 음절보다도 더 재미를 느낄 것이다."

우리 시대에 맹인들도 이와 비슷하게 이미 알고 있는 단어를 글자 하나하나로 판독하기보다는 단어 하나를 전체로 '느낌으로써' 읽기를 배운다. 헬렌 켈러는 자신의 교육을 회상하면서 철자를 읽을 줄 알게 되자마자 선생이 단어가 볼록하게 튀어 나오도록 인쇄된 작은 판지들을 주었다고 한다. "재빨리 나는 인쇄된 단어들이 대상이나 행위, 아니면 대상의 특질을 의미한다는 사실을 깨달았다. 나는 그 단어들을 작은 문장으로 정렬시킬 수 있는 틀을 머리 속에 담고 있었다. 그렇지만 문장을 그 틀에 집어넣기 전에 나는 그 문장들을 대상으로 구체화시켰다. 예를 들어 doll, is, on, bed를 표현한 판지 조각들을 발견하면 각각의 이름을 그 대상에 포

장애를 극복하고 훌륭한 독서가가 된 헬렌 켈러. 창가에 앉아 점자로 된 책을 손으로 짚어 가며 읽고 있다.

겠다. 다시 말해 나는 나의 인형을 is, on, bed라는 단어가 새겨진 침대에 올려놓는다고 상상하는 방식으로 문장을 만들었고, 동시에 그 대상들을 통해 문장의 의미를 깨닫는다는 착상을 실천에 옮겼다."

앞을 못 보는 어린이의 입장에서 볼 때 단어도 실제로 만져질 수 있는 구체적인 대상이기 때문에, 언어적 기호로서 단어도 그것이 의미하는 대상으로 대체될 수 있는 것이다. 물론 셀레스타트의 학생들은 이 경우와 똑같지는 않았다. 그들에게는 책장에 적힌 글들이 여전히 추상적인 기호로 남아 있었다.

몇 년을 두고, 아마 종잇값을 아끼려는 경제적 이유 때문인 듯도 한데, 그들은 같은 노트를 사용해야 했다. 모르긴 해도 호프만 자신이 학생들에게서 배움의 점진적 발전을 확인하고 싶어서가 아닐까 싶다. 레나누스의 필체는 몇 해 동안 텍스트를 옮겨 적었는데도 거의 변화를 보이지 않는다. 페이지 가운데에 집중적으로 적었고, 훗날 해석과 주석을 적어넣기 위해 행간을 넓게 두었고, 각 모서리에도 여백을 충분히 두고 있으며, 필체는 독일의 15세기 필사본에 나오는 고딕체를 모방하고 있다. 구텐베르크가 성경을 인쇄하기 위해 글자를 새길 때 베꼈을 법한 우아한 필체이다. 연한 자줏빛 잉크로 쓴 강하면서도 뚜렷한 필체는 레나누스가 텍스트를 점점 더 쉽게 따라잡도록 했다. 여기에 장식적으로 쓴 첫 문자가 여러 페이지에 나타난다(이 글자들은 내가 예전에 숙제를 할 때 좀더 높은 점수를 받을 욕심으로 장식체로 쓰곤 하던 일을 떠오르게 한다). 노트는 교회 지도자들로부터 짤막한 문구를 인용해서 집중적으로 분석한 뒤—모두 검정색 잉크로 여백이나 행간에 문법적 혹은 어원적 설명을 가득 적어 놓았고 가끔 비평도 눈에 띄는데 이는 아마 훗날에 덧붙였으리라—고전적인 작가들의 연구로 나아간다.

호프만은 이런 텍스트의 문법적 완벽함을 강조하면서도 때때로 학생들에게 독서는 분석적이어야 할 뿐 아니라 가슴으로도 읽어야 한다고 일깨워 주고 싶은 충동을 느꼈다. 그 자신이 그런 고대의 텍스트에서 아름다움과 지혜를 발견했기 때문에 학생들에게도 이미 오래 전 사라진 영혼의 단어에서 선인들이 바로 그 시기 그 장소에 있는 학생들에게 개별적으로 말하고 싶어하는 것이 무엇인가를 탐구하도록 격려했다. 예컨대 1498년에 학생들이 오비디우스의 『달력』 4, 5, 6권을 공부하고 있을 때, 그리고 일 년 뒤 베르길리우스의 『전원시』 도입 부분과 『농경시』 전체를 베낄 때 이를 칭송하는 단어가 여기저기서 튀어나오고 격정적인 해석이 여백에 적혀 있는 것으로 보아, 그런 어휘를 적을 때는 호프만이 학생들의 필기를 멈추게 하고 학생들이 자신의 환희와 존경을 나눠 가지도록 했으리라고 우리는 쉽게 짐작할 수 있다.

라틴어와 독일어로 텍스트에 곁들인 기젠하임의 메모를 바라보면서 우리는 호프만의 교실에서 벌어졌던 분석적인 책 읽기를 추적해 볼 수 있다. 기젠하임이 라틴어 책을 옮겨 적은 여백에 쓴 단어의 상당수는 동의어이거나 번역이며 전문적인 해설일 때도 가끔 있다. 예를 들면 prognatos라는 단어 위에는 동의어인 progenitos를 적고 거기에 독일어로 "당신 자신에게서 태어난 사람들"이라는 설명을 덧붙이고 있다. 다른 메모들은 어느 단어의 어원과 그 단어와 같은 의미의 독일어 단어와의 관계를 풀이하고 있다.

셀레스타트에서는 7세기 신학자로, 단어의 의미와 쓰임새를 설명하고 논한 20권짜리 『어원 사전』을 남긴 세비야의 이시도루스가 가장 사랑받는 작가였다. 호프만은 학생들이 단어를 정확하게 사용하고 단어의 의미와 함의에 경의를 표하도록 가르치는 데 특별히 관심을 쏟았던 것처럼 보이는데, 그래야만 학생들이 엄격하게 해석하고 번역할 수 있었기 때문이다. 호프만은 학생들에게 노트 끝부분에 공부한 주제를 나열하고 정의한 '사물과 단어 색인'을 만들도록 했으며, 이 작업은 학생들에게 자신들의 실력이 향상되고 있다는 자신감을 심어 줬을 뿐 아니라 다른 책 읽기에서도 참고 자료로 사용되었을 것이 틀림없다. 어떤 문장은 호프만 선생 본인의 풀이도 담고 있다.

어떤 경우에도 기젠하임과 레나누스와 다른 학생들이 발음을 기억하기 위해 여러 차례 큰 소리로 반복해 읽었음을 짐작케 할 만큼 발음 그대로 단어를 적었던 흔적은 없다. 이들 노트의 어느 문장에도 악센트가 그려져 있지 않아서 우리는 호프만이 책 읽기에서 리듬을 요구했는지, 아니면 그냥 학생들에게 맡겨 버렸는지 알 길이 없다. 분명히 말하지만 시적인 문장에서는 표준 리듬을 가르쳤을 것이다. 은은하게 울려 퍼지는 고대의 시구를 호프만이 우렁찬 목소리로 크게 읽고 있는 모습을 우리는 쉽게 그려 볼 수 있다.

이런 노트에서 얻을 수 있는 사실은 15세기 중반의 책 읽기가 적어도 인문주의 학교에서만은 점진적으로 개개인의 책임 영역으로 옮아가고 있었다는 것이다. 예전에는 권위자들—번역자, 해석자, 주석자, 주해자, 목록 제작자, 선집자, 검열관, 규범 제정자—이 공식적인 위계 체계를 구축해 놓고는 그 의도를 다양한 작업 형태로 구현했다. 이제 독서가들은 자기 자신을 위해 책을 읽어야 했고 가치와 의미 판단도 간혹 독서가 자신의 권위로 할 수 있었다. 물론 이런 변화는

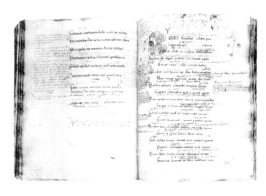

인문주의자 베아투스 레나누스가 학창 시절에 사용한 노트.

갑작스런 것도 아니었으며 어느 장소와 어느 날짜에 국한시킬 수 있는 성질의 것도 아니다. 13세기 초에 이미 이름을 알 수 없는 한 필사자가 수도원 일지의 여백에 "책을 읽을 때 당신은 단어보다는 의미에, 잎사귀보다는 열매에 더 많은 집중력을 쏟는 버릇을 들여야 한다"고 적고 있다. 이런 정서는 호프만의 가르침에서도 답습되고 있다. 옥스퍼드에서, 볼로냐에서, 바그다드에서, 심지어 파리에서도 스콜라 학파의 교수법은 점차 회의의 대상이 되었고 점점 변해 갔다. 이런 변화는 부분적으로는 인쇄술의 발명으로 책을 접할 기회가 갑자기 늘어난 데서도 기인하지만, 카를 대제와 그 후 중세까지 다소 단순했던 사회구조가 경제적으로, 정치적으로, 그리고 지적으로 파편화되었다는 사실에서도 크게 영향을 받았다. 새로운 학자에게는—예컨대 베아투스 레나누스에게는—이 세상은 안정성을 상실하고 복잡성을 더하고 있는 것처럼 보였다. 1543년에는 마치 아직 상황이 절망적이지 않다는 듯이, 논쟁의 불씨를 안은 코페르니쿠스의 논문『천체의 회전에 관하여』가 발행되었다. 이는 태양을 우주의 중심에 놓는 것으로, 그때까지 지구와 인간이 모든 창조물의 중심에 선다는 확신을 심어 줬던 프톨레마이오스의『알마게스트』를 몰아내는 주장이었다.

스콜라 학파적 방법에서 더 자유스런 사고 체계로 옮아감으로써 또 다른 발전이 있었다. 그때까지만 해도 학자의 임무는—선생과 마찬가지로—지식을 탐구하고 특정 규범과 규칙 안에 그것을 담고 지식 체계를 입증해 보이는 것이었다. 선생들의 책임도 텍스트와 그 안에 담긴 다양한 수준의 의미를 수많은 관중들이 모두 소화할 수 있도록, 그렇게 함으로써 정치, 철학, 신앙의 사회 공통의 역사를 확고히 하는 데 있었다. 드링겐베르크, 호프만 그리고 다른 학자들을 본받아서 그런 학교를 나온 졸업생들, 즉 새로운 인문주의자들은 교실과 공공 토론의 장을 포기하고 레나누스처럼 연구실이나 도서관의 밀폐된 공간으로 물러나 은밀하게 책을 읽고 사고를 했다. 셀레스타트의 라틴 학교 선생들은 확고한 기반을 다졌던 '정확하고' 통일된 독서를 암시하는 정통적인 계율을 물려주는 한편으로, 학생들에게 더욱 폭넓고 더욱 개인적인 인문주의적 전망을 제시하기도 했다. 결과적으로, 학생들은 책 읽는 행위를 자신만의 은밀한 세계와 경험으로 싸안고 각각의 텍스트를 읽는 독특한 독서가로서 자신들의 권위를 앞세우는 쪽으로 반응했다.

찢겨 나간 첫 페이지

젊은 시절의 카프카의 모습.

부에노스아이레스의 국립학교에서 보냈던 고등학교 마지막 해에, 지금 굳이 이름을 기억하고 싶지 않은 어느 선생이 교단에 서서 우리들에게 다음과 같은 글을 읽어 주었다.

비유가 말하고자 하는 모든 것은, 이해할 수 없는 것들은 이해할 수 없는 것에 지나지 않는다는 것뿐이다. 우리는 이미 그 점을 알고 있다. 그러나 우리가 일상에서 부닥치는 문제들은 그와는 별개의 것이다. 이 주제에 대해 언젠가 어떤 사람이 질문을 던졌다. "왜 그렇게 옹고집인가? 만일 그대가 비유를 따르기만 하면 당신 스스로가 비유적이 될 것이고, 그러면 당신은 그런 방식으로 일상의 모든 문제들을 해결할 수 있을 텐데"라고.
다른 사람이 말했다. "그것 또한 틀림없이 하나의 비유에 지나지 않는걸."
첫번째 사람이 말했다. "당신이 이겼오."
두 번째 사람이 말했다. "하지만 어찌하랴, 비유적으로 이겼을 뿐인데."
첫번째 사람이 말했다. "하지만 실제 생활에서는 그렇지 않아. 비유적으로 당신이 졌거든."

이 짤막한 텍스트는, 그 선생은 꿈에도 우리에게 설명해 주려 하지 않았지만, 고등학생인 우리를 고민에 빠뜨렸고 그 학교의 귀퉁이에 자리잡은 라 푸에르토리코 카페의 연기 자욱한 실내에서의 열띤 토론을 유발했다. 그 글은 프란츠 카프카가 눈을 감기 2년 전인 1922년에 프라하의 하늘 밑에서 썼던 것이었다. 그로부터 45년이 지나 그 텍스트는 호기심 가득한 청년이었던 우리에게, 어떤 유일한 해석도, 어떤 결론도, 그리고 그와 그의 작품을 이해한 듯하다는 기분마저도 잘못이라는 매우 복잡한 감정만을 안겨다 주었다. 그 몇 줄의 글귀가 암시하는 것은, 어떤 텍스트든 그것을 읽을 때는 텍스트 외적인 요소를 파악해 가면서 하나의 비유로 읽을 수 있다는 사실뿐 아니라(여기서 '비유'와 그보다는 덜 독단적인 개념인 '상징' 사이의 구분이 모호해진다) 모든 책 읽기는 또한 다른 책 읽기의 대상이어서 원래가 비유적이라는 점이다. 그 당시 우리는 '비유적 화술은 스토리를 읽는 데 실패했음을 말하는 것'으로 받아들였던 비평가 파울 드 만에 대해서는 한번도 들어 보지 못했으면서도 어떠한 책 읽기도 결코 최종적일 수 없다는 그의 견해에는 생각이 같았다. 한 가지 중요한 차이점은 드 만이 그것을 무정부주의적인 실패로 보았던 반면, 독서가로서 우리는 자유를 누린다는 증거로 받아들였다는 점이다.

만약 책 읽기에서 '최후의 단정' 같은 것이 불가능하다면 그 어떤 권위도 우리에게 '정확한' 책 읽기를 강요할 수 없을 것이다. 세월이 흐름에 따라, 우리는 어떤 책 읽기의 경우 다른 책 읽기보다 조금 나을 수 있다는 점을—보다 견문이 높다거나, 보다 명쾌하다거나, 좀더 도전적이라거나, 보다 유쾌하다거나, 좀더 불온하다는 따위—깨달았다. 그렇지만 새롭게 눈을 뜨게 된 자유에 대한 감각만은 결코 우리 곁을 떠나지 않았으며, 어떤 서평자가 악평한 책을 즐기거나 그때까지 뜨겁게 칭찬받던 책을 젖혀 두기도 했던 그때의 반항적인 감정을 나는 지금도 꽤 생생하게 돌이킬 수 있다.

소크라테스가 일찍이 설파하기를, 책 읽기를 통해서는 그 독서가가 이미 알고 있는 것들만 자극받을 수 있으며, 죽은 글을 통해서는 지식을 얻을 수 없다고 했다. 중세 초기의 학자들은 책 읽기에서 종국적으로는 하느님의 말씀이라 할 유일한 목소리를 반향할 다양한 목소리를 추구했다. 중세 말기의 인문주의 선생들에게, 텍스트(소크라테스의 논증을 플라톤이 읽은 것도 포함)와 그 후에 대를 이어 나온 해석들은 책 읽기의 방법이 유일하지 않고 거의 무한에 가깝다는 점을 넌지시 암시해 주는 것이었다. 다양한 책 읽기가 서로 자양분을 공급하면서 말이다. 우리가 학급에서 리키아스의 연설문을 가지고 했던 책 읽기는, 리키아스가 파이드루스[1]의 열정이나 소크라테스의 음흉한 해설을 의심하지 않았을지도 모르듯이, 그가 꿈에도 생각하지 않았을 수많은 세월에 걸쳐 얻어진 무수한 정보로 무장한 셈이었다.

15세기 중반 플로렌스 성당에 그려진 벽화. 이 그림에서 단테는 자신의 작품 『신곡』을 펼쳐 보이고 있다.

내 서가에 꽂힌 책들은 내가 책장을 펼쳐 줄 때까지는 나와는 상관이 없겠지만, 나는 그 책들이 나에게—나를 포함하는 다른 모든 독서가들에게—손짓을 보내고 있다고 확신한다. 그 책들은 나의 해설과 의견을 기다리고 있는 것이다. 나는 모든 책에 대해서 그렇듯이, 플라톤에 대해서도 건방지게 그 내용을 추정한다. 심지어 내가 결코 읽지 않을 책에 대해서조차 뻔뻔스럽게 추정을 내린다.

1316년경 로마 카톨릭 교회의 교황 대리였던 칸그란데 델라 스칼라에게 보낸 유명한 편지에서 단테는 텍스트는 적어도 두 가지 이상의 방식으로 읽을 수 있다고 주장했다. "텍스트의 문자 자체에서 하나의 의미를 얻고, 그 문자가 상징하는 것에서 또 다른 의미를 얻는다. 첫번째 것은 글자 그대로의 뜻이라 불리고, 다른 하나는 비유적 혹은 신비적이라고 부른다." 단테는 한 걸음 더 나아가 비유적 의미는 3가지 방법의 책 읽기로 구성된다고 지적한다. 단테는 "이스라엘이

1) Gaius Julius Phaedrus, B.C.15?~A.D.50?. 고대 로마의 우화 시인.

이집트에서 나오고, 야곱의 족속이 이방 민족에서 나올 때 유다 지파를 가장 귀하게 여겨 이스라엘을 다스리게 하셨다"(When Israel came out of Egypt and the House of Jacob from among a strange people, Judaah was his sanctuary and Israel his dominion)라는 성경 구절을 예로 들면서 이렇게 설명했다. "만약 글자만을 고려한다면 우리 앞에 펼쳐지는 것은 모세 시절에 이스라엘의 자손들이 이집트를 탈출하는 광경뿐이다. 만약 비유를 고려한다면 예수 그리스도에 의한 구원이 되고, 또 유추적인 의미를 고려한다면 비탄과 죄의 비열함에 빠진 영혼이 은총의 상태로 전환되는 것이 된다. 만일 영적인 부분을 고려한다면 우리 앞에는 성스런 영혼이 부패의 속박에서 벗어나 영원한 영광의 자유로 떠나가는 형상이 나타날 것이다. 그리고 이런 신비적인 의미들이 다양한 이름으로 불릴지라도 그 모두를 뭉뚱그려 비유적이라고 불러도 무방하다. 그 이유는 신비적 의미들의 경우 문자 그대로의 의미나 역사적 의미와는 다를 수밖에 없기 때문이다."

이 모든 것들이 우리 모두가 누릴 수 있는 책 읽기의 다양한 방법들이다. 일부 독서가들은 그 중 하나 혹은 몇 가지는 옳지 않다고 느낄지도 모른다. 만약 사건 배경의 전후 맥락을 잘 모르는 사람이라면 아마 '역사적' 책 읽기를 불신할 것이다. 이런 사람들은 예수 그리스도에 대한 언급을 시대착오적이라고 예단함으로써 '비유적인' 책 읽기에 반대할 것이고, 또 '비유적' 책 읽기와 '영적' 책 읽기를 지나치게 가공적이라거나 억지라고 판단할지도 모른다. 심지어 '글자 그대로'의 책 읽기도 의심을 받을 수 있다. 위의 글에서 'came out'은 정확히 무엇을 의미하는가? 아니면 'House'는? 또 아니면 'dominion'은 정확히 말해서 무엇을 의미하는가? 심지어 피상적인 수준의 책 읽기를 위해서도 독서가는 그 텍스트가 탄생하게 된 역사적 배경, 전문 어휘, 그리고 가장 파악하기 힘든 것으로 성 토마스 아퀴나스가 'quem auctor intendit' 라고 부른 '저자의 의도' 등에 관한 정보가 요구된다. 그렇지만 어떤 독서가라도 만일 그가 텍스트에 쓰여진 언어를 일상어로 사용하는 사람이라면 일단 그 텍스트의 의미 일부는 파악할 수 있다. 다다이즘, 점성술, 신비의 시, 컴퓨터 매뉴얼, 심지어 정치적 허풍까지도······.

단테가 죽고 나서 4세기 하고도 반세기가 지난 1782년, 요제프 2세 신성로마제국 황제는 유대인을 기독교 인구로 흡수할 목적으로, 그때까지 신성로마제국 내에 팽배했던 유대인과 비유대인간의 장벽을 허물어 버리는 '관용령'을 반포한다. 새로운 법에 따르면 유대인들도 독일식 이름과 성을 채택하고 병적에도 등록하고(그때까지 유대인은 군복무에서 제외되었다) 종교와 무관한 독일 학교에 의무적으로 출석해야 했으며 모든 공식 문서는 독일어로 작성해야 했다. 그리고 나서 1세기 뒤인 1889년 9월 15일, 프라하에서는 여섯 살 난 프란츠 카프카가 가족 요리사의 손에 이끌려 오래 전에 죽은 합스부르크 황제의 희망에 따라 학교에 입학하려고 미트마르켓에 자리잡은 독일계 시민 초등학교를 찾았는데, 이 학교는 체코의 민족주의적 분위기 속에서도 거의 전적으로 유대인에 의해 운영되던 독일어 교육 기관이었다.

카프카는 이 초등학교를 싫어했고 그 뒤 왕립 고등학교를 다녔을 때도 그곳을 혐오했다. 학교 생활이 성공적이었음에도 불구하고(그는 전 학년을 매우 쉽게 통과했다) 그는 자신이 상급생들을 기만하고 있고, 1학년에서 2학년으로, 또다시 3학년으로 줄곧 교활하게 몰래 숨어들고 있다는 죄책감에 시달렸다. 그는 이렇게 덧붙이고 있다. "그렇지만 마침내 그들의 관심을 일깨워 놓았으니 즉각 나를 팽개쳐 버리겠지. 그러면 악몽에서 풀려난 고결한 사람들은 매우 만족할 테고."

　고등학교 1년 수업 10개월 중에서 3분의 1은 고전 언어들에, 나머지
는 독일어와 지리, 역사에 할애했다. 수학은 중요도가 덜한 과목으로
여겨졌고, 체코어와 프랑스어와 체육은 선택 과목이었다. 학생들은 배
운 과목을 암기했다가 누군가가 주문만 하면 금방 뱉어 낼 수 있어야
했다. 카프카와 같은 시대의 고전학자인 프리츠 마우트너는 이렇게 회
고한다. "우리 반 학생 40명 중에는 그나마 땀을 뻘뻘 흘리는 정성을
기울인 끝에야 고전 일부를 글자 한자 한자씩 번역해 낼 수 있었던 학
생이 겨우 서너 명에 지나지 않았다.……하지만 그렇다고 해서 그들
에게 그런 번역이 고대의 정신이란 게 어떤 개념인지, 그리고 도저히
흉내낼 수 없는 고대의 그 낯설음이 어떤 것인지 아주 흐릿하게나마
짐작이라도 할 수 있게 했다고는 절대로 생각하지 않는다.……그 나
머지 학생들, 학급의 90% 학생들은 그리스어와 라틴어를 끝낸다는 사
실에도 아무런 기쁨을 느끼지 못한 채 그저 시험만 통과할 뿐이고 졸
업하고 돌아서면 금방 깡그리 잊어버렸다."

　선생들도 그런 현실에 대한 실망에서인지 학생들이 고전에 대한 이
해가 부족하다고 비난했으며 학생들을 대하는 시선에는 경멸이 담겨
있었다. 몇 년 뒤 자기 약혼자에게 보낸 편지에서 카프카는 "우리에게
『일리아드』를 읽어 주면서 '이런 책을 너희들 같은 인간과 함께 읽는
다는 것은 슬픈 일이야. 너희들은 이 책을 이해하지 못 해. 이해한다고
생각할 때조차도 너희들은 아무것도 몰라. 아주 보잘것없는 것을 이해
하기 위해서도 인생을 엄청 치열하게 살아야 하거든' 이라고 말했던 선
생을 떠올리게 하는군"이라고 썼다. 카프카는 평생을 자신이 이해의
첫 자락을 들추는 데 필요한 경험이나 지식조차도 갖추지 못했다는 기
분으로 책을 읽었다.

카프카의 친구이자 전기 작가인 막스 브로트에 따르면 중등학교의 종교 교육은 엉망이었다고 한다. 수적으로 유대인 학생들이 프로테스탄트와 카톨릭 학생을 앞질렀고, 헤브루어로 기도를 암송하는 시간이나 독일어로 유대 역사를 강의하는 시간에는 유대인 학생들만 남았는데, 그들에게도 헤브루어는 여전히 낯선 언어였다. 그렇게 공부하고 나서야 카프카도 자신의 읽기 개념에서 고대 탈무드의 지은이들과 공통된 기반을 발견할 수 있었다. 탈무드 필자들에게 성경은 복합적인 의미를 기호화한 것으로 받아들여졌으며, 그 오묘한 의미를 끊임없이 추구하는 것이야말로 이 세상에 태어난 인간으로서 지향해 봄직한 일이었다. 카프카는 언젠가 자기 친구에게 "사람은 질문을 던지기 위해 뭔가를 읽는다"라고 말한 적이 있다.

구약성서에 대한 고대 유대인의 주석을 모은 '미드라시'에 따르면 하느님이 시나이 산에서 모세에게 건넸다는 '토라'는 글자로 쓰여진 텍스트이기도 하고 말로 표현한 주해일 수도 있다. 모세가 자기 민족에게로 돌아가기 전 황야에서 보낸 40일 동안 그는 낮에는 글을 읽었고 밤에는 구두 해석을 연구했다. 이처럼 이중적인 텍스트의 개념—문자로 쓰여진 글과 읽는 사람의 해석—이 암시하는 것은 성경의 경우 성경 그 자체에 국한되지 않고 끊임없는 계시를 허용한다는 점이다. 탈무드—구약성서의 핵심이 되는 다섯 권의 책, 즉 모세 5경을 보충하는 구두 계율을 모은 '미시나'와 그것을 토론의 형태로 바꾼 '게마라'로 구성된다—는 5, 6세기부터(팔레스타인에서는 5세기, 바빌로니아에서는 6세기부터) 빌니우스[1]에서 탈무드의 표준판이 만들어지던 19세기 말 근대까지, 수백 년에 걸쳐 이뤄졌던 다양한 해석을 총체적으로 담기 위해 개발된 것이다.

성경을 읽는 두 가지 방법은 16세기 유대인 학자들 사

1) 리투아니아 공화국의 수도.

이에서 확립되었다. 하나는 스페인과 북아프리카의 유대계 학교들을 중심으로 발전한 것으로, 성경 문장을 구성하는 세부 사항에 대한 논의는 가급적 피하고 그 대신 글자 그대로의 의미와 문법적 의미에 초점을 맞춰 각 절의 내용을 요약하는 쪽을 더 선호했다. 다른 한 파는 프랑스, 폴란드, 그리고 게르만계 나라에서 기반을 닦은 아슈케나지 학파로, 글 한줄 한줄, 그리고 단어 하나하나를 면밀히 분석하면서 가능한 모든 해석을 추구했다. 카프카는 후자의 전통에 속했다.

아슈케나지파 탈무드 학자들의 목표는 인식 가능한 모든 의미로 텍스트를 탐구하면서 본래의 텍스트에 접근할 수 있도록 해석에 해석을 덧붙이는 것이었기 때문에 탈무드 문학은 스스로 다시 태어나는 텍스트로 발전해 나갔다. 그런 책 읽기는 앞서의 독서들을 파기하지 않고 포용한다. 책을 읽을 때 아슈케나지파 탈무드 학자들은 공통적으로 (단테가 제안한 것과는 다르지만) 동시에 4개 차원의 의미를 이용한다. 그 4개의 차원은 두문자인 PaRDeS로 상징화할 수 있다. 프샤트(Pshat, 글자 그대로의 의미), 레메츠(Remez, 상상력을 배제한 의미), 드래슈(Drash, 이성적인 퇴고〔推敲〕), 그리고 소드(Sod, 불가사의하고 은밀하고 신비적인 의미)가 그것이다. 그리하여 독서는 결코 완벽할 수 없는 행위였다. 18세기 하시디즘[1]의 대가였던 베르디체프의 랍비 레비 이츠하크는 바빌로니아의 탈무드를 보면 책의 첫 페이지가 모두 결락되어 꼭 두 번째 페이지부터 읽도록 되어 있는데 그 이유가 뭐냐는 질문을 받았다. 그러자 그 랍비는 "아무리 열심히 공부하고 책을 읽는 사람일지라도 아직 그 책의 첫 페이지에도 이르지 못했다는 사실을 결코 잊어서는 안 되오"라고 대답했다.

탈무드 학자들에게 텍스트 읽기는 가능한 한 많은 방법으로 이뤄진다. 하나의 작

1) 18세기 폴란드와 우크라이나에서 제창된 유대교 안에서의 운동.

은 예를 살펴보자. '게마트리아'로 알려진 읽기법, 즉 성스런 텍스트의 문자를 숫자로 번역해서 읽는 방법은 어떨까. 이 방법에 따라서, 11세기 랍비이자 탈무드 해설자로 유명한 슐로모 이츠하크는 하느님이 아브라함에게 그의 늙은 부인인 사라가 이삭이라는 아들을 잉태하게 될 것이라고 일러 주는 대목인 창세기 17장의 읽기를 이런 식으로 설명했다. 헤브루어로 '이삭(Isaac)'은 Y.tz.h.q.로 쓰인다. 라쉬라는 이름으로 더 잘 알려진 이 랍비는 각 문자에 숫자 하나씩을 늘어놓았다.

Y:10—아브라함과 사라는 아기를 가지려고 10번이나 노력했지만 헛수고였다.

TZ:90—이삭이 출생할 때 사라의 나이.

H:8—태어나고 여드레째 되는 날 아이는 할례를 하게 되어 있다.

Q:100—이삭이 태어날 때 아브라함의 나이.

텍스트가 읽혀진 방법대로 해독하면 하느님에게 했던 아브라함의 대답이 나타난다.

"10년의 기다림 끝에 우리가 아기를 가지게 된다고요?
뭐라구요! 그녀는 아흔 살이나 되었는데요!
8일 후에 할례를 해야 하는 아기를 말요?
제가요? 이미 백 살이 된 제가요?"

라쉬가 죽고 몇 세기가 지나서, 한때 하시디즘이 번창했던, 독일 문화와 체코 문화와 유대 문화가 합류를 이루는 터전 한가운데서, 또 이 지구상에서 유대인의 모든 지혜를 싹 쓸어 버리겠다는 대학살이 닥쳐

오던 전야의 분위기에서 카프카는 독특한 읽기법을 개발했다. 자신에게 단어를 판독하도록 허용하면서도 그 단어를 판독하는 자신의 능력에 의심을 품고, 그런 식으로 책을 이해하려고 끈질기게 매달리면서도 결코 그 책의 환경과 자신의 환경을 혼동하지 않았던 것이다. 마치 그 옛날 카프카에게 인생 경험이 부족해서 텍스트를 이해할 수 없다고 조소를 보냈던 그 고전 선생에게, 그리고 텍스트야말로 새로운 계시로 독자들을 끊임없이 유혹해야만 한다는 식으로 행동했던 선조 랍비들에게 응답이라도 하듯이 말이다.

도대체 카프카가 읽었던 책들은 어떤 것이었을까? 우리가 듣기로, 어린 시절 그는 동화와 셜록 홈스 이야기, 외국 여행 이야기를 읽었다고 한다. 청년 시절에는 괴테와 토마스 만, 헤르만 헤세, 디킨스, 플로베르, 키에르케고르, 도스토예프스키를 즐겨 읽었다. 가족들의 웅성거림이 끊임없이 새어 들어오는 자기 방에서, 아니면 노동자 사고 보험협회 2층에 있던 자기 사무실에서, 그는 틈만 나면 무슨 책이든 숙독하려고 노력했을 것이다. 의미들을 찾아서, 각각의 의미는 설득력에 있어 그 다음 것에 비해 더도 덜도 아니었을 테고, 자기 눈앞에 펼쳐진 페이지 위에 마치 두루마리처럼 전개되는 텍스트로 마음 속에 커다란 서재를 구축하면서, 마치 탈무드 학자처럼 이 해석에서 저 해석으로 옮겨 가면서, 자신에게 원래의 텍스트에서 멀어지도록 허용함과 동시에 그 텍스트에 천착하면서, 그렇게 책을 읽었을 것이다.

어느 날 자기 동료의 아들과 프라하 거리를 걷다가 그는 어느 서점 앞에서 발걸음을 멈추고 창문 안을 들여다보았다. 그 젊은 동행이 머리를 갸웃거려 가며 진열된 책들의 제목을 읽으려고 애쓰는 모습을 지켜보면서 카프카는 웃음을 지었다. "그래, 자네도 책에 넋을 놓는 사람이군. 이것저것 읽느라 머리를 이리저리 돌리는 꼴을 보니?" 그 젊은

이도 동의했다. "책 없이 살아가야 한다는 건 생각만 해도 무서워요. 나에게 책은 이 세상의 전부입니다." 카프카는 점점 심각해졌다. 그는 "그건 잘못이야"라고 말했다. "책이 이 세상을 대신할 수는 없어. 그건 불가능한 일이야. 인생에서 모든 것은 나름대로 의미와 목적을 지닌단 말야. 어떤 것이든 영원한 대체물은 있을 수 없어. 예컨대 인간도 다른 사람을 매개로 해서 경험을 숙달할 수는 없는 법이야. 세상과 책의 관계도 마찬가지란다. 사람은 새장의 노래하는 새처럼 삶을 책에다 가두려 하지만 그건 부질없는 짓이야."

　카프카의 직관, 즉 이 세상이 조화를 안고 있다면 그것은 우리 인간으로서는 결코 완벽하게 이해할 수 없는 것—그 조화가 희망을 제시한다 하더라도 (그가 언젠가 막스 브로트한테 대답했던 것처럼) 그것은 우리 인간을 위한 것이 아니다—이라는 직관은 그에게 이 세상이 갖는 다양성의 본질을 보도록 이끌었다. 발터 벤야민[1]은 어느 유명한 에세이에서 카프카의 세계관을 이해하기 위해서는 항상 카프카의 독서법을 염두에 둬야 한다고 강조했다. 벤야민은 카프카의 독서법을 도스토예프스키의 『카라마조프의 형제』의 비유적인 이야기에 등장하는 대심문관의 그것에 비교했다. 그 심문관은 땅으로 돌아온 예수 그리스도에게 이렇게 말한다. "우리 앞에는 인간으로서는 결코 파악할 수 없는 신비가 하나 있다. 그리고 그것이 신비라는 이유로 우리는 그것을 전파할 권리를 가지며, 사람들을 향해 이 세상에서 중요한 것은 자유나 사랑이 아니라 우리 모두가 굴종해야 하는 수수께끼와 신비라고 가르칠 권리를 가진다. 그것도 신비에 대해 심사 숙고 하지도 않고, 심지어 의식조차 하지 않으면서 말이다." 카프카가 책상에 앉아 책을 읽는 모습을 지켜보던 어느 친구는 체코의 표현주의 화가인 에밀 필라의 그림 「어느 도스토

1) Walter Benjamin, 1892~1940. 독일의 문예비평가.

예프스키 독자」에 그려진 고통스러워하는 인물을 떠올리게 했다고 말했다. 이 인물을 보면 책을 읽다가 그만 책을 손에 쥔 채 비몽사몽 헤매는 모습이다.

체코의 표현주의 화가 에밀 필라의 그림 「어느 도스토예프스키 독자」.

카프카가 자기 친구 막스 브로트에게 사후에 자신의 저작을 태워 달라고 부탁했지만 브로트가 친구의 유언을 따르지 않았다는 이야기는 유명하다. 카프카의 요청은 '명망의 신'으로부터 "아니야 아니야, 자네는 충분한 가치가 있어"라는 대답을 고대하는 어떤 작가가 "나는 아무 쓸모가 없어"라는 식으로 그냥 뱉어 보는 자기 비하의 제스처로 받아들여졌다. 여기에는 아마 다른 설명도 가능할 것이다. 한 사람의 독서가로서 카프카는 모든 텍스트는 그 자체가 미완성(아니면 폴 발레리가 암시했던 것처럼 버려지든지)이어야 하고, 실제로 어느 텍스트든 미완성이라는 이유로 읽혀질 수 있고 그리하여 독서가에게 그 텍스트에 끼여들 여지를 허용할 수 있다는 사실을 깨닫고 있었기 때문에, 오랜 세월 독서가들이 알렉산드리아 도서관에서 불탄 저작물에 부여했던 그런 불멸성을 자신의 저작에도 바랐을 수도 있다는 말이다. 아이스킬로스[1]의 잃어버린 희곡 작품 83편, 리비우스의 분실된 책들, 친구의 하녀가 어쩌다 불길에 던져 버린 칼라일[2]의 『프랑스 혁명사』초고, 그리고 광적인 성직자가 불태운 고골리의 『죽은 넋』 둘째 권 등이 그런 예이다. 아마 이와 똑같은 이유로 카프카도 자기 저작 중에서 많은 것을 미완으로 남겼을 것이다. 『성』이라는 작품에도

1) Aeschylos, 525~456 B.C. 고대 그리스의 3대 비극 시인의 한 사람.
2) Thomas Carlyle, 1795~1881. 영국의 사상가이자 역사가.

마지막 페이지가 없는데, 그 이유도 독자들이 여러 가지 의미를 지니는 그 텍스트를 두고두고 가까이하도록 만들려면 주인공 K를 거기까지 끌고 와서는 곤란했기 때문이다.

　주디스 크란츠나 엘리너 글린[1]의 소설은 완벽하게 단 한 가지 독서법만을 허용하기 때문에 독자들은 상식의 범주를 벗어나지 않는 한 절대로 그 독서법에서 탈출할 수 없다(『데이지 공주』를 영혼의 여행으로 읽거나 『3주일』을 19세기 작품 『천로역정』으로 읽는 독자들은 퍽 드물다). 이런 사실을 우리는 일찍부터 부에노스아이레스에서 자유의 감각과 함께 깨달았다. 독서가의 권한은 결코 무한하지 않다는 점을…….
움베르토 에코도 어느 경구적인 표현에서 "해석의 한계는 텍스트의 권리와 일치한다"고 설파했다.

　에른스트 파벨은 1984년에 쓴 카프카의 전기 말미에서 "세계 주요 언어권에서 카프카와 그의 작품을 다룬 문헌은 현재 1만 5천 종에 이른다"고 추산했다. 현재 카프카의 텍스트는 글자 그대로의 독서만이 아니라 비유적으로, 정치적으로, 또 심리적으로도 읽힌다. 책 읽기야말로 언제나 그 책 읽기를 낳는 텍스트를 수적으로 훨씬 상회한다는 이야기는 좀 케케묵은 관찰일까. 그렇지만 한 독서가가 낙담하는 바로 그 책장에서 또 다른 독서가는 웃을 수 있다는 사실에는 독서 행위가 갖는 창조적인 본질이 담겨 있다. 나의 딸 레이철은 『변신』을 열세 살에 읽고는 매우 익살스런 작품이라고 생각했고, 카프카의 친구인 구스타프 야누흐는 그 작품을 종교적이고 도덕적인 우화로 읽었다. 베르톨트 브레히트는 『변신』을 '유일한 진짜 볼셰비키주의 작가'의 작품으로, 헝가리의 비평가인 기오르기 루카치는 퇴폐적인 부르주아의 전형적인 작품으로, 보르헤스는 제논의 역설을 재구성한 작품으로 읽었다. 또 프랑스 비평가인

1) Elinor Glyn, 1864~1943. 영국의 여류 소설가.

마르트 로베르는 그 작품을 독일 언어를 가장 명징하게 구사한 예로 꼽았으며, 블라디미르 나보코프는 그것을 청년기 고민에 대한 비유로 읽었다. 한 가지 분명한 사실은 카프카 자신의 독서 경험을 자양분으로 해서 태어난 카프카의 작품들이 이해라는 환상을 한 자락 살짝 내비추는 듯하다가 금방 거둬들인다는 점이다. 다시 말해 카프카의 작품들은 독서가로서의 카프카를 만족시키려다 보니 작가로서의 카프카의 기교를 훼손시켰다는 뜻이다.

카프카는 1904년에 친구인 오스카르 폴라크에게 이런 글을 보냈다. "요컨대 나는 우리를 마구 물어뜯고 쿡쿡 찔러대는 책만을 읽어야 한다고 생각해. 만약 읽고 있는 책이 머리통을 내리치는 주먹처럼 우리를 흔들어 깨우지 않는다면 왜 책 읽는 수고를 하느냐 말야? 자네가 말한 것처럼 책이 우리를 즐겁게 하기 때문일까? 천만에. 우리에게 책이 전혀 없다 해도 아마 그만큼은 행복할 수 있을지도 몰라. 우리를 행복하게 만드는 책들은 우리가 궁지에 몰린 상황에서도 쓸 수 있단 말야. 우리가 필요로 하는 것은 마치 우리 자신보다도 더 사랑했던 이의 죽음처럼, 아니면 자살처럼, 혹은 인간 존재와는 아득히 먼 숲속에 버림받았다는 기분마냥 더없이 고통스런 불운으로 와닿는 책들이라구. 책은 우리 내부에 있는 얼어붙은 바다를 깰 수 있는 도끼여야 해. 나는 그렇게 믿고 있어."

그림 읽기

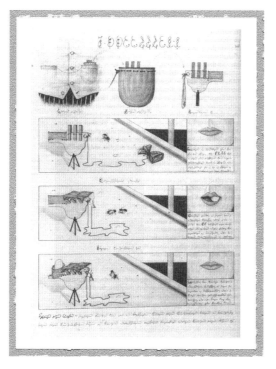

『코덱스 세라피니아누스』의 한 페이지.

1978년 어느 여름날 오후, 내가 외국어 담당 편집자로 근무하던 밀라노의 출판업자 프랑코 마리아 리치 사무실로 두툼한 소포 하나가 배달되었다. 우편물을 뜯자 원고 뭉치가 아니라 낯선 대상물들을 그린 그림 뭉치가 튀어나왔다. 그림 아래 부분에는 어느 편집자도 그때까지 한번도 본 적이 없는 글자로 각 대상들의 기묘한 작동에 대해 설명하는 내용이 있었다. 동봉된 편지는 그 그림의 작가인 루이기 세라피니가 중세의 과학 목록을 바탕으로 상상 세계의 백과사전을 창작해 냈다고 설명하고 있었다. 각 페이지마다 독특한 항목을 하나씩 꼼꼼하게 그려 넣었으며, 세라피니가 2년 동안이나 로마의 자그마한 아파트에 틀어박혀 만들어 냈다는 이상야릇한 글자로 적은 해설은 복잡한 삽화의 내용을 설명하는 것이었다. 리치는 그의 명예에 걸맞게 이 작품을 이탈로 칼비노[1]의 명쾌한 소개말까지 덧붙여서 두 권짜리 호화 장정으로 출판했다. 이 책은 내가 아는 그림책 중에서도 가장 진기한 것이다. 철저히 새롭게 창조된 단어와 그림만으로 꾸며진 『코덱스 세라피니아누스Codex Seraphinianus』는 일상적인 언어의 도움은 전혀 받지 않고 기호로만 읽어야 하는데, 이 기호도 오로지 창조적인 독자에 의해서만 의미가 부여될 뿐 그 외 다른 사람에게는 아무런 의미를 지니지 못한다.

물론 이 책은 좀 지나친 예이기는 하다. 인류 역사 전반을 볼 때 일련의 기호는 이미 확고하게 정해진 코드를 따르게 마련이어서, 그 코드를 무시하면 기호를 읽는 일이 불가능해진다. 취리히에 있는 리트베르크 박물관을 돌아보면서 그때까지 익숙하지 않았던 인디언들의 작은 그림 앞에 서서 그 신화적인 장면을 바라보며 그들만의 무용담을 재구성하려고 노력할 때 나는 그런 경험을 했다. 그리고 알제리 쪽 사하라 사막의 테살리

1) Italo Calvino, 1923~1985. 이탈리아의 소설가.

고원 바위에 그려진 선사 시대의 그림 앞에 앉아서도, 나는 그 당시 기린 모양의 생물체들을 놀라 달아나게 만든 위협이 도대체 어떤 것이었을까 상상해 본다. 나는 또 나리타 공항에서 일본 만화책을 뒤적이면서 내가 한번도 배운 적이 없는 글자로 쓰여진 등장 인물들의 대화 내용도 상상해 본다. 내가 알지 못하는 언어—그리스어, 러시아어, 크리어[1], 산스크리트어—로 책을 읽으려고 시도하는 행위 자체는 물론 나에게 아무것도 드러내 보이지 않는다. 하지만 그 책에 삽화가 곁들여 있을 경우에는, 심지어 설명을 읽을 수조차 없는 경우일지라도 나는 언제나 그 텍스트에 설명된 그대로는 아닐지라도 늘 하나 정도의 의미는 파악할 수 있었다. 이렇듯 세라피니는 자신의 책을 읽는 독자의 창의적인 기교에 의존했던 셈이다.

세라피니에 앞서서 엉뚱한 선구자가 한 사람 더 있었다. 4세기 말경 앙키라[2]의 성 닐루스는 몇 년에 걸쳐서 자기 고향 근처에 수도원을 세웠다. 닐루스에 대해서는 알려진 게 거의 없다. 그의 축제일이 11월 12일이고 사망 연도가 430년경이라는 사실과, 자신의 수도사들을 위해 교훈적이고 금욕적인 책을 여러 권 썼으며, 자신의 상관과 친구, 그리고 교회 사람들에게 1천 통 이상의 편지를 남겼고, 젊은 시절에 콘스탄티노플의 그 유명한 성 크리소스텀[3] 밑에서 공부했다는 사실 정도가 고작이다.

몇 세기에 걸친 학문적 탐구의 결과로 이 성인을 덮고 있던 베일이 이 정도로 벗겨지기 전까지는 성 닐루스 하면 유별난 이야기의 주인공으로만 알려졌을 뿐이었다. 6세기에 편찬된 것으로 당시에는 성인전으로 읽혔다가 지금은 전기 소설 혹은 모험 소설 선반에 꽂혀 있는 『국왕 살해자와 테오둘로 필리오의 일곱 가지 이야기』을 보

1) 아메리칸 인디언의 한 종족의 언어.
2) 지금은 앙카라로 불리며 터키의 수도임.
3) Chrysostom, 347?~407. 콘스탄티노플의 추기경. 웅변이 뛰어나 '황금의 입을 가진 요한'이라 불렸음.

면, 닐루스는 콘스탄티노플의 귀족 가문에서 태어나 테오도시우스 대제 궁정의 행정 담당 성직자로 임명되었다. 그는 결혼까지 해 아이를 둘 두었지만 항상 영혼에 대한 갈증으로 충만하다 보니 부인과 딸을 버리고 390년 아니면 404년(그의 일대기를 재구성한 이야기는 상상력에 따라 다양하다)에 시나이 산의 금욕적인 무리 속으로 들어갔다. 그곳에서 그와 그의 아들 테오둘루스는 신앙심을 더욱 두터이 키우며 은둔의 삶을 살아갔다. 이야기에 따르면 닐루스와 그의 아들의 미덕은 악마들에게는 혐오감을 불러일으키고 천사들에게는 시기심을 불러일으킬 정도였다고 한다. 천사도 싫어하고 악마도 싫어했던 나머지 410년에는 일단의 사라센 강도들이 그들의 은둔처를 공격해 수도사 상당수를 학살하고 나머지는 노예로 끌고 갔는데 그 중에 어린 테오둘루스도 끼여 있었다. 신의 은총으로 칼과 체인 둘 다 피할 수 있었던 닐루스는 아들을 찾아 길을 떠났다. 그는 팔레스타인과 아라비아 반도 서북쪽 사이에 위치한 어느 마을에서 아들을 발견했는데, 그 마을의 주교가 닐누스의 헌신에 감동하여 아버지와 아들 둘 모두에게 사제 서품을 내렸다. 닐루스는 부끄러워하는 천사들과 후회하는 악마들로 조용해진 시나이 산으로 돌아온 뒤 나이가 들어 편안한 죽음을 맞이했다고 한다.

닐루스의 수도원이 어떤 모습이었는지, 또 정확히 어느 곳에 위치했는지 우리는 알지 못하지만, 그가 어느 편지에서 교회 장식의 이상적인 형태를 묘사한 것으로 미루어 보아 그의 교회가 어떤 장식을 사용했는지는 짐작해 볼 수 있다. 올림피도루스 주교는 그에게 교회 건설에 대해 자문을 청하면서 성인들과 사냥 장면, 그리고 새와 동물의 이미지로 장식하면 어떨까, 하고 물었다. 그러자 닐루스는 성인을 묘사하는 것은 찬성하지만, 사냥 장면과 동물상은 "고결한 기독교 영혼에 비해서 시시하고 하찮은 것"이라고 비난했다. 대신 그는 구약과 신약에 등장하는 장면을 "재능 있는 화가의 손으로 그릴" 것을 제의했다. 그는 성 십자가의 양쪽 면에 그런 장면을 그려 놓으면 "배우지 못한 사람들에게는 책의 역할까지 맡아 성서의 역사를 가르치고 하느님이 베푼 은혜의 기록을 감명 깊게 전하게 될 것"이라고 주장했다.

닐루스는 철저히 기능 위주로 설계된 자신의 교회에서 무지한 신자들이 이런 장면을 대하면 그 장식들이 마치 책에 쓰여진 단어라도 되는 양 읽게 될 것이라고 상상했다. 그는 신자들이 더 이상 '하찮은 치장'이 아닌 장식물들을 올려다보는 모습을 꿈꾸었다. 신자들이 그 소중한 이미지들의 의미를 깨닫고 마음 속으로 그 이미지들을 연결시켜 각자 나름대로 이야기를 창조해 내거나, 아니면 눈에 익은 그림에서 예전에 들었던 설교를 연상해 낸다든지, 그것도 아니면 어쩌다 신자들이 완전한 '무식쟁이'가 아닌 이상 성서의 해석까지 연상할 수 있으리란 판단에서였다.

그 후 두 세기가 흘러, 교황 그레고리우스 대제가 닐루스의 견해를 반영했다. "그림을 숭배하는 것과 그림이라는 매개를 통해 거룩한 이야기를 깊이 배우는 것은 별개의 문제이다. 글로 독자에게 드러내 보이고자 하는 것을 글을 읽을 줄 모르는 사람들에게는, 다시 말해 시각적으로만 인지하는 사람들에게는 그림으로 보여 줄 수 있다. 그 이유는 무지한 사람도 그림 속에서는 자신들이 따라야 하는 이야기를 파악할 수 있고, 글자를 모르는 사람들도 일정 양식을 따라서 읽을 수 있음을 깨닫기 때문이다. 그러므로 특히 평민들에게는 그림이야말로 글 읽기나 다름없는 것이다." 1025년에 아라스에서 열린 교회 회의는 "보통 사람들이 성서를 읽어 터득할 수 없는 것은 그림을 응시하는 방법으로 배울 수 있다"고 선언했다.

비록 하느님이 모세에게 내린 제2의 계율에서는 특별히 '천상이나

지하나 땅밑 물 속에 있는 어떠한 것'이라도 유사한 모양을 조각하는 일을 금하고 있지만 유대인 예술가들은 한참 거슬러 올라가 예루살렘에 솔로몬의 사원을 세우던 시절부터 종교적인 공간과 대상물들을 즐겨 장식했다. 간혹 금지령이 내려질 때면 유대인 예술가들은 인간의 얼굴을 피하기 위해 인간의 모습에다가 사람의 얼굴 대신 새의 머리를 그리는 식으로 창의적인 타협을 택했다. 8세기와 9세기에 레오 3세 황제와 그 뒤에 성상 사용을 반대한 황제들인 콘스탄티누스 5세와 테오필루스가 제국 내 전 지역에서 이미지의 표현을 금지시키자 비잔티움에서는 뜨거운 논쟁이 재연되었다.

4세기경의 그림. 한 독창자가 유대 교회의 독서대 앞에 서 있는 장면. 인간의 얼굴을 조각하거나 그리지 말라는 구약의 금기에 따라 그 얼굴은 새의 모습으로 바뀌었다.

고대 로마인들에게 신의 상징(예컨대 주피터의 경우 독수리)은 신 자체의 대용물이었다. 가끔 주피터가 독수리와 함께 그려지는 경우가 있는데, 이때 그 독수리는 신의 현존을 나타내는 것이 아니라 번개 같은 주피터의 속성을 표현하는 것이었다. 초기 기독교인들에게 상징은 이처럼 이중적인 특징을 지녔기 때문에 단순히 주체(양은 예수 그리스도, 비둘기는 성령을 상징)만을 의미하지 않고 그 주체의 특별한 면모(양은 희생적인 예수 그리스도를, 비둘기는 성령의 구제 약속)도 뜻했다. 그 상징들은 개념의 동의어나 신성의 단순한 복사물로만 읽히도록 기대되지 않았다. 그러기보다는 중심 이미지의 특이한 특징들을 도형적으로 확대하고, 그 특징에 대해 해설을 내리고, 그 특징을 강조함으로써 주체에 특징을 불어넣는 역할을 해냈다.

마침내 초기 기독교의 기본적인 상징들은 상징적 기능의 일부를 상실하고 사실상 표의(表意)문자 수준으로 전락하고 말았다. 이리하여 가시관은 예수 그리스도의 수난을, 비둘기는 성령만을 상징하게 되었다. 이러한 기본적인 이미지들은 점진적으로 보다 크고 보다 복잡한 이미지에 의해 완전한 형태를 갖추게 되었는데, 급기야는 성경의 모든 이야기들이 예수와 성령, 동정녀 마리아의 다양한 면모의 상징이 되었다. 닐루스가 성 십자가의 양쪽 면에 신약과 구약의 장면들을 그려 넣음으로써 두 성서를 대위시키자고 제안했을 때 그가 마음에 품었던 것도 아마 이런 의미의 풍성함이 아니었을까.

구약과 신약의 이미지들이 서로를 보완하면서, 그것도 '배우지 못한 사람들'에게 하느님의 말씀을 가르쳐 가면서 각각의 이야기를 계속할 수 있다는 사실은 이미 복음서 저자들이 스스로 암시한 바 있다. 마태의 경우 자신의 복음에서 구약과 신약을 적어도 여덟 번이나 명백히 연결시켰다. "이 모든 일의 된 것은 주께서 선지자로 하신 말씀을 이루려 하심이니 가라사대." 그리고 예수 그리스도 자신도 "모세의 율법과 선지자의 글과 시편에 나를 가르켜 기록된 모든 것이 이루어져야 하리라"고 말했다. 신약에는 구약 내용을 글자 그대로 인용한 부분만도 275군데나 되고 명백히 구약 내용을 언급한 곳도 235군데나 있다. 당시에는 정신적 계승이라는 개념이 전혀 새로운 게 아니었다.

유대인 철학자로 예수와 같은 시대의 인물이었던 알렉산드리아의 필로는 오랜 세월을 두고 서서히 실체를 드러내는 '보편 정신'이라는 개념을 처음으로 생각해 냈다. 그처럼 유일하면서도 만사를 훤히 꿰뚫는 정신은 예수 그리스도의 말씀에 들어 있는데, 예수는 그런 마음을 두고 귀기울이면 일렁이는 바람으로, 또 과거를 현재와 미래로 각각 연결하는 바람으로 묘사했다. 오리게네스[1], 테르툴리아누스[2], 뉘사의 성 그레고리우스와 성 암브로시우스는 모두가 신약과 구약의 공통된 이미지에 대해 언급하면서 성경의 어느 한 요소도 놓치지 않고 복잡하고 시적인 설명을 곁들였다. 성 아우구스티누스는 자주 인용되는 2행 연구(聯句)에서 "신약은 구약에 숨어 있고, 구약은 신약에서 들춰진다"라고 쓰고 있다. 또 340년에 죽은 카이사리아[3]의 에우세비우스[4]는 이렇게 적고 있다. "모든 예언자, 모든 고대 작가, 국가의 모든 변화와 모든 계율, 그리고 구약의 모든 의식은 오로지 예수 그리스도를 향한 것이고 그를 증거한 것이고 그를 대표하는 것이다.……그는 성인들의 조상인 아버지 아담에게도 현존하고, 아벨의 순교 정신처럼 순진무구하고 청순했으며, 노아에서 보듯이 세계를 새롭게 했으며, 아브라함처럼 축복을 받았고, 멜기세덱처럼 훌륭한 사제였으며, 이삭처럼 기꺼이 희생하려 했으며, 야곱처럼 선거장이었으며, 요셉처럼 그의 형제들에 의해 팔렸으며, 이집트처럼 일에 막강했으며, 모세처럼 계율을 베풀었고, 욥처럼 고통받고 버림받았으며, 대부분의 예언자들처럼 미움받고 괴롭힘을 당했다."

성 닐루스가 추천할 당시 기독교 교회의 예술적 주제는 이미 신령 (神靈)의 편재를 그리는 것이 틀에 박힌 관례로 발전하던 중이었다. 가장 초기의 예 중 하나가 4세기에 로마에서 다듬어져 성 사비나 교회에 설치된 두 짝으로 된 문이다. 문짝에는 구약과 신약의 서로 상응하는 장면들이 그려져 있어 누구라도 동시에 읽을 수 있다. 만듦새가 다소 거칠고 세세한 표현도 오랜 세월 순례자들의 손길에 희미하게 닳았지만 각 장면만은 어떤 대목인지 쉽게 간파할 수 있다. 한쪽 면에는 모세가

<hr/>

1) Origenes, 185?~254?. 이집트 알렉산드리아의 저술가이자 신학자.
2) Tertullianus, 160?~220?. 카르타고의 신학자.
3) 이스라엘 서북부에 있는 고대의 항구 도시.
4) Eusebius, 260?~340?. 교회사의 아버지로 불리는 팔레스티나의 주교.

로마의 성 사비나 교회, 두 개의 문짝에 새겨진 신·구약의 장면. 왼쪽에는 예수 그리스도의 기적이 그려져 있고 오른쪽에는 모세의 기적이 그려져 있다.

일으킨 기적 중에서 3가지 장면이 그려져 있다. 마라의 물을 달콤하게 만들었고, 이집트에서 탈출하는 동안 만나를 공급했으며(두 파트로 묘사), 바위에서 물을 발견한 것 등이 그것이다. 다른 쪽에는 예수 그리스도의 기적 중에서 3가지를 묘사하고 있다. 눈이 먼 사람에게 시력을 되찾아 주고, 가나에서의 결혼식을 위해 빵과 고기를 만들어 내고, 물을 포도주로 바꾸는 기적이 그것이다.

 5세기 중반의 기독교도는 성 사비나의 문을 올려다보며 무엇을 읽었을까? 모세가 마라의 쓰디쓴 물을 달콤하게 만드는 데 이용했던 나무는 예수 그리스도의 상징인 십자가로 받아들여졌으리라. 그 샘은 예수 그리스도처럼 기독교도들에게 생명을 불어넣는 살아 있는 물의 원천이었다. 모세가 일격을 가한 사막의 바위 또한 양 옆으로 피와 물을 흐르게 한 구세주인 예수 그리스도의 이미지로 읽혔다. 만나는 가나에서와 최후의 만찬상의 음식을 예시하는 것이었다. 하지만 기독교 신앙의 가르침을 받지 않은 신앙심 없는 사람들은 성 사비나의 문에 새겨진 이미지들을, 세라피니가 자신의 책을 읽는 독자들에게 그 기상천외한 백과사전을 이해해 주기를 기대했던 방식으로 읽곤 했을지도 모른다. 즉 그림으로 그려진 요소들을 가지고서 저마다 이야기와 언어를 꾸며 내는 방법으로 말이다.

물론 이런 방식은 성 닐루스가 마음에 품고 있었던 것은 아니었다. 787년 니케아에서 열린 제7차 공의회에서는 신도들도 교회의 그림들을 자의적으로 해석하지 못할 뿐 아니라 화가도 자신의 작품에 개인적인 의미나 결의를 부여할 수 없다는 점을 분명히 했다. 이 회의는 "그림의 제작은 화가의 창작이 아니라 전체 교회의 계율과 전통을 공식적으로 선언하는 행위이다. 고대의 교부(敎父)들은 그림을 교회의 벽에 그리도록 했다. 그래서 우리가 눈으로 보는 것은 교부들의 사상과 전통이지, 화가들의 사상과 전통은 아니다. 그림 자체는 화가에게 속할지 몰라도, 그 배치는 교부들에게 속한다"고 선언했다.

13세기 들어 고딕 미술이 번창하기 시작하고, 교회의 벽에 그림을 그리는 대신 창문에 그림을 그려 넣고 기둥에 조각을 새기는 작업이 성행하게 되자 이제 성화(聖畵)도 석고에서 스테인드 글라스와 나무, 그리고 돌로 옮겨 갔다. 이제 성경의 가르침들은 햇빛을 받아 반짝거리게 되었으며, 둥근 모양으로 우뚝 솟은 채 신약과 구약이 서로를 교묘하게 투영하며 신앙심 돈독한 이야기를 속삭이게 되었다.

이어서 14세기 초반 어느 때인가, 성 닐루스가 신자들이 교회 벽을 바라보면서 읽어 주길 바랐던 그 이미지들은 점점 더 작아져 급기야는 책의 형태로 묶어졌다. '하부 라인' 지역에서는 채식가(彩飾家)와 목판 조각가 몇 명이 종이와 양피지에 이미지들을 묘사하기 시작했다. 그들이 만들어 낸 책들은 거의 대부분이 몇 개의 장면을 병렬시켰고, 글자는 겨우 몇 단어만 적었으며, 그것도 페이지 양 옆에 그림을 설명하는 형식을 취하거나, 오늘날 만화책에서 흔히 보는 풍선 모양처럼 등장 인물의 입에 깃발같이 생긴 두루마리를 그리고서 그 안에 글을 적어 넣은 것이었다.

14세기 말에 이런 그림책들은 대단한 인기를 누렸으며, 그 후 중세에 이르기까지 그 인기를 계속 지켜 나가다가 다양한 형태로 탈바꿈했다. 한 페이지 가득 그림으로 채워진 책이 있는가 하면, 지나칠 만큼 꼼꼼하게 그린 세밀화도 있고, 손으로 잉크를 발라 찍은 목판 인쇄도 있으며, 그 뒤를 이어 마침내 15세기에는 커다란 인쇄본이 탄생하기에 이르렀다. 인류가 확보하고 있는 그런 최초의 책은 1462년까지 거슬러 올라간다. 장차 이런 특이한 책들은 '비블리아 파우퍼룸'(Biblia Pauperum), 즉 가난한 자들의 성경으로 알려지게 된다.

기본적으로 이런 '성경들'은 각 페이지마다 두 개 이상의 장면을 담은 커다란 그림책이었다. 예를 들면 소위 하이델베르크의 비블리아 파우퍼룸은 15세기부터 페이지가 상하 두 부분으로 나눠져 있었다. 첫 페이지의 아랫부분은 성수태(聖受胎)를 묘사하고 있어 아마도 그 전례일(典禮日)에 신도들에게 그림을 내보였지 않았을까 싶다. 그 장면을 둘러싸고 있는 인물들은 예수 그리스도의 강림을 예언했던 구약 성서의 예언자 4사람, 즉 다윗과 예레미아, 이사야, 그리고 에스겔이다. 그들 위로 반 페이지 가량에는 구약 성서에 나오는 장면 두 개가 그려져 있다. 그림 하나는 에덴 동산에서 아담과 이브가 수줍어하며 한쪽에

가난한 사람들을 위한 성서라는 '비블리아 파우퍼룸'은 글을 읽지 못하는 이들을 위해 성경의 장면들을 그림으로 설명해 주고 있다. 그러나 그 화려한 삽화는 과연 가난한 사람들을 위한 것인지 의심하게 만든다.

서 있는 가운데 하느님이 뱀을 저주하는 장면(창세기 3장)을 담고 있고, 다른 하나는 하느님이 이스라엘을 구할 것인지 알아보려고 땅바닥에 양털을 까는 기드온을 천사가 재촉하는 장면이다.

성서대에 쇠줄로 묶인 채 필요한 책장이 펼쳐져 있었던 비블리아 파우퍼룸은 그런 식으로 날이면 날마다. 달이면 달마다 쉼없이 신도들에게 두 종류의 그림을 보여 주곤 했다. 고딕 글자는 많은 사람들이 읽지 못했을 것이고 각 그림이 지니는 역사적, 도덕적, 비유적 의미를 파악할 수 있었던 사람 또한 드물었을 것이다. 그래도 사람들 대부분은 그림 속의 인물과 장면을 알아보고 그런 이미지에서 구약 속의 이야기와 신약에 나오는 이야기 사이의 상호 관계는 읽을 수 있었으리라. 전도사와 사제들은 틀림없이 이런 그림에 대해 그럴듯하게 설명을 했을 테고 교화하는 듯한 목소리로 그림에 나타난 사건을 나름대로 이야기했을 것이다.

그런 식으로 날이면 날마다 성스러운 텍스트가 읽혀짐에 따라 사람들은 인생살이에서 성경의 상당 부분을 거듭 듣게 되었다. 간혹 비블리아 파우퍼룸의 최대 목적은 무식한 무리들에게 읽을거리를 제공하는 것이 아니라, 사제들에게 일종의 프롬프터 역할을 하거나 그때그때 대화의 주제를 제시하는, 다시 말해 설교나 연설거리를 제공하는 것이었다는 주장이 제기되기도 했다. 만약 이 주장대로라면 (비블리아 파우퍼룸의 목적을 확인할 문서는 존재하지 않지만) 대부분의 책들과 마찬가지로 비블리아 파우퍼룸도 이용자가 다양했고 쓰임새 또한 다목적이었다고 볼 수 있다.

'비블리아 파우퍼룸'은 그 책을 처음 읽었던 사람들에게까지 통했던 이름은 아니었다. 그 이름이 잘못 불려졌다는 사실은 18세기 말에 '책들은 삶을 설명한다'고 믿었던 독서가이자 작가였던 독일의 고트홀드

고트홀드 에프라임 레싱의 초상화.

에프라임 레싱[1]에 의해 발견되었다. 가난한 데다 병까지 걸렸던 레싱은 1770년에 멍청하기로 이름난 볼펜뷔텔의 공작 브라운슈바이크 공의 도서관 사서직을 박한 월급에도 불구하고 받아들였다. 그곳에서 그는 8년을 비참하게 지내면서 자신의 작품으로는 가장 유명한 희곡인 『에밀리아 갈로티』를 썼으며, 일련의 평론을 통해 다양한 형태의 예술적 표현 사이의 관계를 논했다. 그때 공작의 도서관에 소장되어 있던 책 중의 한 권이 비블리아 파우퍼룸이었다. 레싱은 그 책의 어느 여백에서 책이 출간되었던 시기보다 훨씬 훗날에 어느 누군가가 "여기 가난한 자에게 이 책을 주노라"라고 갈겨 놓은 글자를 발견했다. 이 글을 통해 레싱은 때가 언제인지는 모르지만 이 책을 분류하기 위해 어떤 이름이 필요했는데, 삽화가 많고 글이 듬성듬성한 것으로 미루어 교육을 받지 못한 사람들, 가난한 사람들을 위해 만든 책이라 생각했던 어느 사서가 이름을 붙였고, 그것을 후세 사람들이 진짜로 믿게 되었으리라고 유추해 냈다. 그러나 레싱이 눈치챘듯이 그런 성경의 일부 예를 보면 가난한 사람들을 겨냥했다고 하기에는 너무 화려하고 제작비가 많이 드는 것이었다. 아마도 중요한 것은 소유권이 아니라—교회에 속하는 것은 무엇이든 모든 사람들의 것으로 여겨졌을 것이다— 책에 대한 접근이었다. 특정한 날에 모든 사람들이 두루 살펴볼 수 있도록 책장을 열어 놓음으로써, 어쩌다 비블리아 파우퍼룸으로 불리게 된 그런 책들은 학식 있는 사람들 사이의 울타리를 벗어나 이야기에 굶주린 신도들 사이에서 인

1) Gotthold Ephraim Lessing, 1729~1781. 독일의 극작가, 계몽 사상가.

기를 끌었다.

레싱은 또한 윗부분과 아랫부분이 서로 상응하는 그 책의 상징적 제시와 히르샤우 수도원 창문의 스테인드 글라스의 그것 사이에 발견되는 유사점에 관심을 가졌다. 그는 그 책에 실린 삽화가 창문에 있는 삽화의 복사판임을 암시했다. 그는 또 그런 창문의 역사가 볼펜뷔텔판 비블리아 파우퍼룸이 제작되기 거의 반세기 전 압보트 요한 폰 칼베에게서 시작됐다고 보았다. 현대의 연구 결과로는 그 책이 복사가 아니라고 하지만, 그 책과 창문의 그림들이 그때까지 몇 세기를 두고 내려오던 유행을 따랐던 것이 우연히 일치하게 된 거라고 말하기는 어렵다. 하지만 비블리오 파우퍼룸이나 스테인드 글라스의 그림을 읽는 것은 본질적으로 같은 행위이며 이런 두 행위는 책장에 쓰여진 글 속의 묘사를 읽는 것과는 다르다고 언급했다는 점에서는 레싱이 옳았다.

14세기에 글자를 해독할 줄 알았던 기독교인들에게 평범한 성경의 각 페이지는 복합적인 의미를 지녔는데, 기독교인들은 자신의 지식이나 저자의 해설에 따라 그런 다양성을 섭취하면서 지적 발전을 이룰 수 있었다. 성경을 읽는 사람은 한 시간 아니면 일 년을 두고 앉은 자리에서 한 페이지를 곱씹든지, 아니면 특정 부분을 뛰어넘으면서 독서의 속도를 자유 자재로 조절할 수 있게 되었다. 하지만 비블리아 파우퍼룸의 그림 읽기는 거의 즉시적이었다. 왜냐하면 비블리아 파우퍼룸의 '텍스트'가 대체로 의미론적으로 특별한 단계를 밟지 않고 상징적인 그림으로 제시되었고, 그림에 나타나는 이야기의 시대적 배경도 반드시 독자가 책을 읽는 시기와 일치했기 때문이다. 마셜 맥루언[1]은 이런 글을 남긴 적이 있다. "옛날의 인쇄와 판목(版木)들은 오늘날의 연재 만화나 만화책처럼 시기적으로 어느 특정 순간에 대한 자료를, 공간적으로 어떤

---

1) Marshall McLuhan, 1911~1980. 캐나다의 커뮤니케이션 이론가.

압솔뤼 보드카의 1994년 광고.

대상에 대한 관점을 거의 전해 주지 못한다고 봄이 타당하다. 만화를 보는 사람 혹은 만화를 읽는 사람은 만화 그림의 테두리 안에 제시된 몇 가지 힌트만 해석해야 한다는 강박 관념을 느낀다. TV 영상도 판목이나 만화 속의 문자와 별로 다르지 않는데, 대상에 대한 자료를 극히 적게 제시하기 때문에 그물코보다 더 촘촘한 점(點)으로 암시하는 것만 이해하는 데도 시청자들의 매우 높은 참여도가 요구된다."

14세기로부터 수 세기가 흐른 지금 내게는 조간 신문을 읽을 때 그런 두 가지의 읽기가 동시에 이뤄진다. 한 가지 독서법은 매우 천천히 읽는 것으로, 뉴스를 읽을 때 그런 방법이 채택된다. 같은 뉴스가 다른 페이지로 옮겨서 계속될 수도 있고, 다른 섹션에 숨어 있는 다른 제목의 기사와도 상호 관계가 있을 수 있으며, 문장의 스타일도 감정이 전혀 개입되지 않은 것에서부터 뻔뻔스러울 만큼 풍자적인 것까지 실로 다양하다. 그런 한편으로 광고를 대할 때는 거의 무의식적으로 한번 힐끗 보는 것으로도 눈에 익숙한 기호나 상징을 통해 제한된 틀 안에 담긴 이야기를 읽어 낼 수 있다. 여기서의 상징은 고통받는 성녀 카타리나나 엠마오에서의 만찬이 아니라 최신 자동차의 상품명인 푸조나 보드카 상품명인 압솔뤼 보드카의 에피퍼니[1]이다.

그렇다면 아득히 먼 옛날에 살았던, 그림을 읽었던 나의 선조들은 도대체 어떤 존재였을까? 그들이 읽었을 그림을 그렸던 화가들과 마찬가지로 그들 역시도 입을 굳게 다물고 익명으로 남아 있어 찬양을 받지는 못했지만, 그런 익명의 군중 속에서도 몇 사람의

1) epiphany. 어떤 단순 소박하고 평범한 사건이나 경험에서 야기된 사항의 실체나 본질적인 뜻을 직관적으로 통찰하는 것.

면모는 읽을 수 있다.

1461년 10월, 루이 11세가 우연히 묑-쉬르-루아르라는 마을을 지나치게 된 덕분에 감옥에서 풀려날 수 있었던 시인 프랑수아 비용은 석방 후에 『유언 시집』이라는 길면서도 시적인 잡문을 남겼다. 그 글 중에서 자기 어머니의 요청으로 쓴 성모 마리아에게 드리는 기도를 보면 자기 어머니의 입을 빌려 이런 말들을 토해 놓는다.

> 나는 가난하고 늙은 여인입니다.
> 아는 건 아무것도 없고, 글자도 결코 읽지 못합니다.
> 나는 교구 수도원에서 보았습니다.
> 하프와 류트의 선율이 흐르는 천국의 그림을.
> 그리고 또한 저주받은 사람들이 지글지글 끓고 있던 지옥도.
> 어느 그림은 내게 경악을, 다른 한 그림은 즐거움을 안겨다 주었습니다.

비용의 어머니는 평온하게 음악이 흐르는 천국과 불길이 너울거리며 부글부글 끓는 지옥의 이미지를 보았을지도 모르며, 죽은 뒤에 자신의 영혼도 그 중 어느 한 곳으로 들어가게 운명지어져 있음을 알았을지도 모른다. 분명한 것은 그런 이미지들을 보면서—제아무리 능수능란하게 그려진 그림일지라도, 또 그녀의 눈길이 그림의 세세한 부분까지 오랫동안 살폈다 할지라도—그녀는 15세기라는 긴 세월에 걸쳐 교부들에 의해 제기되었던 뜨거운 신학적 논쟁까지 간파하지는 못했을 것이다. 아마 그녀도 저 유명한 라틴 격언인 '구원받는 사람은 적고, 저주받는 사람은 많다'(Salvandorum paucitas, damnandorum multitudo)를 프랑스어로 옮긴 말은 알고 있었을 테지만 성 토마스 아퀴나스가 구원받을 사람의 비율을 나머지 인간의 수에 비교해 볼 때

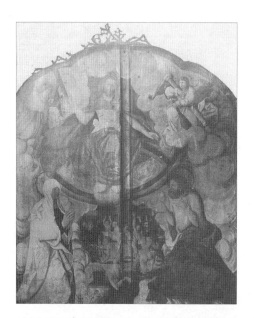
성당의 제단 뒤쪽에 그려진 성화. 신앙심 깊은 신도들은 이곳을 지나칠 때마다 최후의 심판을 다시금 되새기게 되고 그 공포에 전율하게 된다.

노아와 그의 가족 정도에 불과하다는 점을 분명히 했다는 사실은 몰랐을 것이다. 교회의 설교를 통해 그런 이미지들의 일부에 대한 설명을 들었을 것이고 나머지 이미지들은 그녀의 상상의 결과물이었으리라.

비용의 어머니처럼, 수천 명의 사람들이 처음에는 교회의 벽을, 그리고 나아가서는 창문, 원주, 설교단, 심지어 미사를 집전하는 사제의 제의를 보며, 아니면 고백성사를 하는 제단 뒤쪽의 패널을 장식했던 그림 쪽으로 시선을 던지며 그런 그림에서 수많은 이야기, 아니면 결코 끝나지 않는 단 하나의 이야기를 보았다. 비블리아 파우퍼룸의 경우라고 해서 이와 달랐으리라고 생각할 이유는 전혀 없다. 하지만 몇몇 현대 학자들은 이에 동의하지 않는다. 예컨대 독일의 비평가인 마우루스 베르베에 따르면 비블리아 파우퍼룸은 "글을 읽을 줄 모르는 사람에게는 절대로 파악이 불가능한" 것이었다고 한다. 그 대신 베르베는 "비블리아 파우퍼룸은 아마도 성경 전질을 살 수 없었거나 높은 수준의 교육을 받지 못해 이런 발췌에 만족해야 했던 학자들이나 성직자들을 위한 것이었을 수도 있다"고 암시했다. 따라서 '비블리아 파우퍼룸'이라는 이름은 '가난한 자들의 성경'을 뜻하는 것이 아니라 '비블리아 파우퍼룸 프라에디카토룸', 즉 가난한 성직자들의 성경을 의미했었을 수도 있다.

이런 그림들이 가난한 사람들을 위한 것이
었든 아니면 가난한 성직자들을 위한 것이었
든, 분명한 것은 그 책들이 신도들 앞의 성서
대에 펼쳐진 채로 매일매일, 일 년 내내 예배
를 볼 때마다 그렇게 놓여 있었다는 사실이
다. 글을 읽지 못해서 글자의 혜택에서 배제
되었던 사람들에게는 자신들이 인식하거나
'읽을' 수 있는 이미지를 모아 놓은, 성스럽기
이를 데 없는 텍스트를 보는 행위야말로 권력
을 손아귀에 쥔 똑똑한 사람들과 마찬가지로
하느님의 말씀을 공유하고 있다는 기분을 안
겨다 주는 것이었다. 이런 장면들을 책에서

15세기 미사 때 사제가 입던 제의. 이처럼
종교 의식에 쓰이는 모든 것들이 종교적인
이야기를 담고 있다.

보는 것은—당시 학식이 높았던 성직자와 학자들에게만 특혜가 주어
졌던, 그리고 신비롭게만 여겨졌던 그 물건을 통해서—옛날에 늘상
그랬던 것처럼 교회의 장식을 통해서 그런 장면들을 대하던 것과는 크
게 달랐다. 그때까지만 해도 극소수의 전유물로 여겨지던 성스런 말씀
들이 급작스럽게 누구나, 심지어 비용의 어머니처럼 '가난하고 나이
많고' 교육받지 못한 여인까지도 이해할 수 있는 언어로 번역된 것이
나 마찬가지였다.

누군가에게 대신 책을 읽게 하기

마릴리에가 그린 판화. 18세기 프랑스에서는 대중 앞에서 책 읽어 주는
일이 사회적인 기능을 했다.

중세 유럽의 그림들은 글자가 없어도 문장적 구성을 제시하는 것이 보통이었는데, 그런 그림을 감상하는 사람들은 말없이 그 그림에 하나의 이야기를 덧씌웠다. 현대의 우리도 광고나 비디오 예술, 만화 등의 그림을 해독하면서 하나의 이야기에 목소리만이 아니라 언어까지 불어넣는다. 나도 문자와 그 문자가 지니는 소리와의 만남이 이루어지기 전에, 말하자면 글 읽기 초기 단계에서는 그런 식으로 읽어야만 했다. 수채화 모음집 시리즈인 피터 래비트, 파렴치한 슈트루벨베터[1], 그리고 『오르미구이타의 모험』[2]에 등장하는 광채가 나는 커다란 생물체들을 보면서 나도 서로 다른 장면들을 연결하며 각 장면을 설명하고 정당화시켜 나름대로 한 편의 줄거리로 이야기들을 구성했음에 틀림없다. 그 당시에는 깨닫지 못했었지만, 나는 여러 가지 가능성을 탐색하면서 독서의 자유를 최대한 누리고 있었던 셈이다. 그 이야기는 나의 것이 되었을 뿐만 아니라, 똑같은 그림을 놓고 읽는다고 해서 매번 똑같은 이야기를 되풀이하라고 그 어떤 것도 나에게 강요할 수 없었다. 처음 읽을 때는 익명의 주인공이 영웅이 되었다가 또다시 읽으면 악당이 되었으며 세 번째 해석에서는 어느새 나의 이름으로 불리기도 했다.

때때로 나는 이런 모든 권한을 단념하기도 했다. 단어와 목소리 둘다를 누군가에 맡겨 버렸고 책의 소유도—간혹 책의 선택까지도—포기했으며, 이상야릇할 만큼 명징한 의문을 가슴에 품고서도 그저 듣기만 하는 존재가 되어 버렸다. 나는 차분히 자리잡고서 (밤에도 그랬고, 천식이 발작하여 몇 주일이고 침대에 처박혀 지내야 할 때는 낮 시간에도 그랬다) 베개를 몇 개 받쳐 베고서 그림 형제[3]의 무시무시한 동화를 읽어 주는 보모의 목소리에 귀를 기울였다. 가끔 보모의 목소리는 나를 잠 속으로 끌고 가긴 했지

<hr>

1) 프랑크푸르트의 의사 하인리히 호프만이 1500여년 전 자기 자식들의 상상력을 자극하기 위해 쓴 작품의 주인공으로 더벅머리가 인상적임.
2) 아르헨티나의 콘스탄시오 C. 비힐의 작품.
3) 독일의 언어학자이자 민속학자 형제.

만 그 반대로 흥분으로 나를 달뜨게 만들 때도 있었다. 그러면 나는 저자가 의도했던 것보다도 더 빨리, 이야기 속에서 도대체 무슨 일들이 벌어지는지를 알려고 그녀를 채근했다. 하지만 대부분의 책 읽기에서 나는 단순히 글에 의해 어디론가 이끌려 가고 있다는 호사스런 감정을 즐겼으며, 육체적으로도 아득히 먼 곳 어딘가를 지나 마지막 페이지에 은밀하게 숨어 있는 그곳으로 실제로 여행하는 듯한 기분을 느꼈다. 그 후 내가 아홉 살인가 열 살이던 때 교장 선생님으로부터 누군가에게 책을 읽어 달라고 하는 것은 꼬마들에게나 어울리는 짓이라는 충고를 들었다. 교장 선생님의 말씀을 믿고 나는 그런 식의 책 읽기를 포기했다. 누군가가 읽어 주는 것을 듣는 것은 나에게 대단한 기쁨이었는데도, 그 당시 나는 기쁨을 주는 행동이면 어떠한 것이든 도덕적으로 약간은 해로울 수 있다는 점을 받아들일 태세를 갖추고 있었다. 그러고 나서 한동안 잊고 지냈던 그런 기쁨을 다시 찾기까지는 그리 많은 세월이 흐르지 않았다. 나는 나의 연인과 어느 여름에 『황금 성인전』을 서로에게 읽어 주기로 약속했던 것이다. 당시만 해도 나는 큰 소리로 책을 읽는 독서 기술에도 뿌리 깊은 역사가 담겨 있다는 사실을 몰랐을 뿐만 아니라, 한 세기 전 스페인 점령하의 쿠바에서는 쿠바 경제의 제한적인 틀 안에서 이런 책 읽기가 하나의 제도로 자생했다는 사실 또한 모르고 있었다.

쿠바에서는 17세기 이래로 엽궐련 제조업이 국가 주요 산업의 하나로 자리잡았으나 1850년대 들어 경제 환경이 크게 변하였다. 미국 시장의 포화, 실업률 증가, 그리고 1855년의 콜레라 유행은 많은 쿠바 근로자들에게 자신들의 조건을 개선하기 위해서는 노동 조합의 결성이 불가피하다는 점을 확신시켰다. 1857년에는 백인 엽궐련 제조 근로자들만의 권익 옹호를 위해 '성실한 근로자와 일용 근로자들의 상호지원

협회'가 조직되었고, 1858년에는 자유의 몸이었던 흑인 근로자들을 위해서도 이와 유사한 상호지원협회가 구성되었다. 이 조직들이 쿠바 최초의 노동 조합으로 금세기 초 쿠바 노동 운동의 선구적 역할을 했다.

1865년, 엽궐련 제조업자이자 시인이었던 사투르니노 마르티네스는 엽궐련 산업에 종사하는 근로자들을 위해 정치 연재물만이 아니라 과학과 문학에 관한 기사와 시, 단편 소설까지 싣는 신문을 창간하면 어떨까 하는 생각을 품게 되었다. 몇몇 쿠바 지식인들의 지원으로 마르티네스는 그해 10월 22일에 『라 아우로라』 창간호를 발행하기에 이르렀다. 그는 창간 기념 사설을 통해 "이 신문을 창간한 목적은 가능한 모든 방법을 동원해 이 신문이 봉헌하기로 한 사회 계층을 계몽하는 데 있다. 우리는 우리 자신들이 사회적으로 수용될 수 있도록 모든 수단을 동원할 것이다. 만약 성공하지 못한다면 그 원망은 우리의 의지 부족보다는 우리의 역량 부족으로 돌려져야 할 것이다"라고 선언했다. 그 후 몇 년 동안 『라 아우로라』는 당대의 주요 쿠바 작가의 작품을 실었을 뿐 아니라 쉴러와 샤토브리앙 같은 유럽 작가들의 작품도 번역 게재했고, 서평과 연극평, 그리고 공장 소유주들의 포악상과 근로자들의 고통에 대한 폭로 기사도 다루었다. 1866년 6월 27일자 신문에서는 독자들에게 "독자 여러분들은 라 산하의 변두리에, 사람들의 전언에 따르면 도제로 고용한 어린이들에게 족쇄를 채우는 공장주가 있다는 사실을 아는가요?"라고 물었다.

하지만 마르티네스가 곧바로 깨달았던 것처럼, 『라 아우로라』를 널리 읽히도록 만드는 데는 사람들의 문맹이 명백한 장애로 작용했다. 19세기 중반 쿠바의 근로 인구 중에서 글을 읽을 줄 알았던 사람들의 비율은 겨우 15%에 지나지 않았다. 그래서 모든 근로자들이 두루 읽는 신문으로 만들려고 궁리하던 마르티네스는 대중 앞에서 책 읽는 사람을 두면 되겠다는 데까지 생각이 미쳤다. 그는 구아나바코아 고등학교 교장에게 접근해 학교측이 작업장에서 책 읽는 일을 도와 주면 어떻겠느냐고 제안했다. 열정으로 충만했던 그 교장은 엘 피가로 공장의 주인으로부터 허락을 얻은 뒤 그 공장의 근로자들을 만나서 책 읽기의 유용성을 설명했다. 근로자 중에서 한 사람을 책 읽는 사람으로, 다시 말해 공식적인 독사(讀師)로 선택하고 다른 근로자들은 각자의 주머니를 털어 그의 노고에 대한 대가를 지불했다. 1866년 1월 7일자『라 아우로라』지는 이렇게 보도했다. "작업장에서 책 읽기가 처음으로 시작되었는데, 그것은 엘 피가로의 자존심 강한 근로자들의 제안에 따른 것이었다. 이로써 근로자들의 발전과 전진을 향한 대장정에 하나의 큰 발걸음을 내디딘 셈이다. 이런 방법을 통해 근로자들은 차츰 영속적인 우정의 근원이자 위대한 오락인 책과 친숙해질 수 있기 때문이다." 그 당시 자주 읽히던 책 중에는 역사 개론서인『세기의 전쟁』과 이제는 오래 전에 잊혀 버린 인물인 페르난데스 이 곤잘레스가 쓴『세계의 왕』같은 교훈적인 소설들, 그리고 플로레스 에스트라다가 쓴 정치ㆍ경제학 입문서도 들어 있었다.

마침내 다른 공장들도 엘 피가로의 뒤를 따랐다. 이런 공동 독서가 어느 정도 성공적이었는지는 매우 짧은 시간에 '체제 전복 행위'라는 명성을 얻었다는 사실에서도 익히 짐작할 수 있다. 1866년 5월 14일에는 쿠바의 정치 담당 총독이 다음과 같은 칙령을 선포하기에 이르렀다.

1. 담배 공장, 작업장, 그리고 모든 형태의 일터에서 일하는 근로자들을 책이나 신문 읽기, 혹은 근로자들이 종사하는 일과는 거리가 먼 토론을 빙자하여 근로자들을 이끌어 내는 행위는 엄금한다.
2. 경찰은 이 칙령을 집행하기 위해 끊임없이 경계를 펼칠 것이며, 이 명

령에 복종하지 않는 작업장 소유자나 대표, 관리인은 사태의 위험성에
따라 법으로 엄하게 다스릴 것이다.

이런 금지령에도 불구하고 은밀한 독서는 한동안 다른 형태로 계속
되었다. 그러나 1870년에는 그런 독서 형태도 사실상 자취를 감추고
말았다. 1868년 10월, 10년 전쟁의 발발과 함께 『라 아우로라』 역시 종
지부를 찍었다. 그렇지만 그런 독서 형태가 망각되었던 것은 아니었
다. 1869년으로 접어들자마자 다시 부활했는데, 이번에는 근로자 자신
들에 의해 미국 영토에서였다.

쿠바 독립을 위한 10년 전쟁은 1868년 10월 10일, 쿠바의 지주였던
카를로스 마누엘 데 세스페데스와 엉성하게 무장한 2백여 명의 남자들
이 산티아고 시를 넘겨받고 스페인으로부터 독립을 선언하면서 비롯
되었다. 그 달 말경 세스페데스가 모든 노예들에게 혁명에 가담한다면
자유롭게 해주겠다는 조건을 내걺으로써 그의 군대는 1만 2천 명의 지
원자를 확보할 수 있었다. 그 다음해 4월 세스페데스는 새로운 혁명
정부의 대통령으로 선출되었다. 그러나 스페인은 완강하게 맞섰다. 4
년 뒤 세스페데스는 궐석으로 진행된 쿠바의 법정에서 대통령직을 박
탈당했다가 1874년 3월 스페인군의 덫에 걸려 살해당했다. 그러는 사
이 스페인의 제한적인 무역 정책에 불만을 품고 있던 미국 정부는 공
개적으로 혁명군을 지원했으며 뉴욕과 뉴올리언스, 그리고 키웨스트
는 조국을 탈출한 수천 명의 쿠바인에게 항구를 열었다. 그 결과 자그
마한 어촌이었던 키웨스트는 몇 년 사이에 비중 있는 엽궐련 생산지
로, 하바나 시거의 새로운 수도로 탈바꿈했다.

미국으로 이주한 근로자들은 무엇보다도 먼저 독사(讀師) 제도를 옮
겨 왔다. 1873년에 발행된 미국의 『프랙티컬 매거진』에 실린 어느 그

1873년, 뉴욕 『프랙티컬 매거진』의 한 삽화. 이 그림에 초기 독사(讀師)의 모습이 보인다.

림에도 그런 독사가 등장한다. 안경을 끼고 챙이 넓은 모자를 쓴 채 다리를 꼬고 앉아 두 손으로 책을 잡고 있는 모습이다. 독사가 책을 읽어주는 동안 (모두가 남자인) 근로자들은 와이셔츠에 조끼를 걸친 차림으로 나란히 앉아서 시거를 둥글게 마는 일에 몰두하고 있다.

이런 책 읽기에서 어떤 책을 읽을 것인지는 (엘 피가로 시절에서 보듯 자신이 번 돈으로 독사에게 수고비를 지불했던) 근로자들에 의해 미리 결정되었으며, 그 장르도 정치 논문과 역사물에서 현대 및 고전 소설에 이르기까지 실로 다양했다. 그 중에서도 특별히 좋아하는 책들이 있었다. 예컨대, 알렉상드르 뒤마의 『몽테크리스토 백작』은 얼마나 인기가 높았던지, 한 무리의 근로자들이 뒤마에게 자기들 엽궐련 제품에

마리오 산체스의 그림 「독사」.

그 책의 주인공 이름을 사용할 수 있게 해달라는 편지를 보낼 정도였다. 뒤마도 이 요청을 기꺼이 승락했다.

키웨스트의 화가로 1991년까지도 20년대 말에 시거를 말던 근로자들에게 책을 읽어 주던 독사를 회상할 수 있었던 마리오 산체스에 따르면, 책 읽기는 지극히 조용한 분위기에서 이뤄졌으며 읽기가 다 끝날 때까지는 어떠한 논평이나 질문도 허락되지 않았다. 산체스의 회고를 들어 보자. "나의 아버지는 1900년대 초반부터 1920년대까지 에두아르도 이달고 가토 시거 공장에서 독사 노릇을 했다. 아침이면 아버지께서는 현지의 지방 신문에서 번역한 뉴스를 읽었으며 매일 하바나에서 우송되어 오는 쿠바 신문을 보고 세계 뉴스를 그대로 읽었다. 정오부터 오후 3시까지는 소설을 읽었다. 그럴 때면 근로자들은 아버지에게 배우처럼 목소리까지 흉내내면서 등장 인물을 생생하게 전달해 주기를 기대했다." 작업장에서 서너 해를 보내다 보면 근로자들은 기억 속에서 긴 시구나 심지어 산문 문장까지도 인용할 수 있었다. 산체스는 마르쿠스 아우렐리우스의 『명상록』을 완전히 외울 수 있었던 사람에 대해 언급하기도 했다.

시거 근로자들이 확인했던 것처럼, 누군가 책을 읽어 주는 것을 듣고 있노라면 냄새가 강렬한 담뱃잎을 둥글게 마는, 지극히 기계적이고 따분한 행위를 하면서도 연속적으로 펼쳐지는 모험과 곰곰 생각해야 하는 이념, 그것들을 자기 것으로 소화시키느라 깊은 사색에 파묻혀 버리게 된다. 오랜 작업 시간 중에 자신의 다른 신체 부위들이 책 읽기 의식에서 배제되고 있다는 사실에 대해 근로자들이 유감으로 생각했는지 우리로서는 알 수 없다. 그리고 책을 읽을 줄 알았던 사람들이 손가락으로 직접 책장을 넘기고 싶어서, 아니면 문장을 따라 짚고 싶어서 안달을 부렸는지, 또 글을 배우지 못했던 사람들이 그런 책 읽기를 통해 글을 배우고 싶다는 자극을 받았는지 우리는 알지 못한다.

뉘르시아의 성 베네딕트는 547년경 죽기 몇 달 전 어느 날 밤에—쿠바의 독사가 탄생하기 약 13세기 전에—어떤 환상을 보았다. 열린 창가에 서서 어둠 속을 내다보며 기도를 올리는데, '세상 모두가 한줄기 광선으로 모아져 자기 눈앞으로 다가오는' 것처럼 보였던 것이다. 그 환상 속에서 늙은 베네딕트는 두 눈에 눈물을 머금은 채 비밀스럽고 명확하지 않은 어떤 대상을, 그 이름을 인간이 붙이긴 했지만 아직 그 실체를 직시하지는 못했던 그런 대상을, 즉 상상조차 할 수 없었던 '우주'를 보았음에 틀림없을 것이다.

베네딕트는 로마의 부유한 가문 출신이라는 명성과 재산을 포기하고 열네 살의 나이로 속세를 등졌다. 그는 529년경에 몬테카시노[1]에 수도원을 세우고 자신의 수도사들을 위해 일련의 규칙을 마련했는데, 이 규칙에서 법전의 권위는 수도원 상급자의 절대 의지를 대신하는 것이었다. 성경 속에서, 몇 년 뒤 자신에게 허용되었던 것처럼 모든 것을 총망라하는

[1] 로마와 나폴리 중간쯤에 있었던 고대의 이교도 제단을 1천 5백 피트 높이에서 내려다보는 바위투성이 언덕.

성 베네딕트가 자신이 정한 규칙을 수도원장에게 전해 주는 장면. 11세기 필사본에 나오는 채식화(彩飾畵).

비전을 모색했기 때문이었는지 아니면 토머스 브라운 경[1]처럼 하느님은 우리에게 두 가지 형태로, 즉 자연과 책의 형태로 이 세상을 내놓았다고 믿었기 때문인지는 모르지만 베네딕트는 수도원의 일상 생활에서 독서가 필수적인 부분이 될 것이라고 선포했다. 그가 정한 규칙 제38조는 책 읽기의 행위까지 건드렸다.

수도사들의 식사 시간에는 항상 독서가 동반되어야만 한다. 그렇다고 누구나 아무 책이나 들고 읽을 수는 없다. 한 주일 동안 책 읽는 일을 맡게 될 수도사는 언제나 일요일에 자기 임무를 시작하게 된다. 그리고 미사나 성체 배령을 끝내고 사람들 앞에서 책을 읽는 자리로 올라서기 전에 그 수도사는 자신이 정신적 고무를 피할 수 있도록 하느님께 기도해 달라고 모든 이들에게 부탁하게 될 것이다. 그러면 모든 사람들은 세 번씩 그의 선창에 따라 웅변조로 이런 구절을 외치게 될 것이다.

"하느님, 저의 입을 열게 해주십시오. 그러면 저의 입은 당신을 찬양하리다."

이렇게 축복을 받으면 그 수도사는 독사로서의 자기 임무에 들어갈 것이다. 그러면 탁자에서는 절대 고요를 지켜 독사의 목소리 외에는 어떤 속삭임이나 소리도 들려서는 안 될 것이다. 그리고 음식에 관해 말하자면, 필요한 것이 있으면 무엇이든 수도사들은 절대로 입을 열지 않고 말없이 넘겨주고

1) Sir Thomas Browne, 1605~1682. 영국의 의사이자 저술가.

받아야 한다.

쿠바의 공장에서와 마찬가지로 여기서도 읽혀질 책은 무작위로 선택되지 않았다. 하지만 근로자들간의 의견 일치를 통해 책 제목이 선정되던 공장과는 달리, 수도원에서의 책 선택은 그 공동 사회의 권위자들에 의해 결정되었다. 쿠바의 근로자들에게는 책이 듣는 사람 각자의 친숙한 소유물이 될 수 있었으나(많은 경우 실제로 그렇게 되었다) 성 베네딕트의 제자들에게는 기쁨이나 개인적 쾌락, 프라이드는 피해야 하는 것들이었다. 그 이유는 텍스트의 즐거움이야말로 공동적이어야지 개인적인 것이 되어서는 안 되기 때문이었다. 하느님에 대한 기도, 즉 하느님에게 독서가의 입을 열어 줄 것을 간청하는 기도는 글 읽는 행위를 전지 전능하신 분의 손아귀에 맡기는 것이었다. 성 베네딕트에게 텍스트—하느님의 말씀—는 비록 이해의 한계를 넘어서는 것은 아니라 하더라도 개인적 취향 너머에 존재하는 것이었다. 텍스트는 불변이었고 그 저자는 최후의 권위였다. 마침내는 탁자도 조용해야 했고, 집중력을 확보하기 위해서뿐만 아니라 성스런 책에 대해 사사로운 논평 따위를 사전에 차단하기 위해서도 청중들의 반응은 철저히 금지시켜야 했던 것이다.

훗날, 12세기 들어서부터 유럽 전역에 건립된 시토 수도원에서는 공동의 필요를 위해 개인적인 고민이나 욕구를 죽여야만 하는 수도원 생활의 질서를 유지하기 위해 성 베네딕트의 규율을 채택했다. 규율을 위반하는 수도사들은 매로 다스려졌고 다른 수도사들로부터 고립된 채 생활해야 했다. 고독과 독거(獨居)는 처벌로, 비밀은 누구나 다 아는 사실로 받아들여졌으며, 지적인 것이든 아니면 다른 것이든 모든 종류의 개인적 추구는 강력한 저항을 받았으며, 수련은 공동체 내에서 무난하게 지냈던 사람들에 대한 보상이었다. 일상 생활에서 시토 수도원의 수도사들은 혼자 남는 경우가 결코 없었다. 식사 시간에도 그들의 영혼은 육체의 기쁨을 벗어나 성 베네딕트가 오래 전에 정해 놓은 책 읽기를 통해 성스런 말씀과 함께해야만 했다.

책 읽는 걸 듣기 위해 한곳으로 모이는 행위는 중세의 세속 사회에서도 꼭 필요했고 또 흔하게 일어났던 관행이었다. 인쇄술이 발명될 때까지 읽고 쓰는 능력은 그다지 보편화되지 못했고 책들은 부유층의 전유물로, 극소수 독서가들의 특권으로 남았다. 간혹 이런 복받은 유력자들 가운데 몇 명이 책을 빌려 주었다고는 하지만 그것은 어디까지나 자신의 계층이나 가족에 속하는, 극히 제한된 사람들에 한해서였다. 책이나 저자와 친숙해지길 원했던 사람들은 값비싼 책을 손에 넣기보다는 텍스트를 암송하거나 읽는 것을 듣는 쪽을 택했다.

하나의 텍스트를 읽는 데는 다양한 방법이 있었다. 11세기부터 유럽의 왕국들에는 저글러(joglars)라는 떠돌이가 있어서 자신이 직접 창작한 시구나 자신의 스승인 트루바두르[1]가 지은 것들을 비상한 기억력으로 외워 두었다가 이리저리 떠돌며 읊조리거나 노래하곤 했다. 이런 저글러야말로 궁정 앞에서뿐 아니라 정기적으로 열리는 시장과 장터에서 공연을 벌이는 대중 연예인이었던 셈이다. 그들은 대부분이 미천한 신분 출신이어서 법의 보호와 교회의 은총 둘 다를 거부당하기 일쑤였다. 엘레아노르[2]의 할아버지인 아키텐의 기욤과 베르트랑 드 본, 즉 오르포르 공 같은 음유 시인들은 고귀한 집안 출신이었으며 정형적인 노래에 자신의 이룰 수 없는 사랑을 담았다. 한창 유행하던 12세기 초부터 13세기 초 사이에 이름이 알려진 1백여 명의 음유 시인 중에서 20명 정도가 여자였다. 피터 픽토르 같은 지식인 예

---

1) troubadours, 음유 시인.
2) Eleanor, 1122?~1204. 프랑스 왕 루이 7세의 부인이었으나 그와 이혼하고 영국 왕 헨리 2세의 왕비가 되었음.

술가까지도 "고위 성직자 중에서도 일부는 진지한 라틴 시인이 멋드러지게 창작한 스탄차보다도 저글러의 멍청한 시가에 더 혹하곤 한다"고 불평을 터뜨린 것으로 봐서 일반적으로 저글러가 음유 시인들보다 더 인기가 있었던 것 같다. 픽토르가 말하는 진지한 라틴 시인이란 바로 자신을 두고 한 말이었다.

다른 사람이 책을 읽는 걸 듣는 건 이와는 얼마간은 다른 경험이었다. 저글러의 암송에는 연기와 같은 특징들이 명백히 담겨 있었고, 주제가 충분히 예측할 수 있는 것이었기 때문에 암송의 성공과 실패는 다양한 표현을 표출해 내는 연기자의 기술에 크게 좌우되었다. 대중 앞에서 책을 읽는 행위 또한 책을 읽는 사람의 '연기력'에 크게 의존했지만 책을 읽는 사람보다는 텍스트 자체에 더 비중을 두었다. 암송하는 자리에 있는 관중들은 저글러가 저 유명한 소르델로[1] 같은 특정 음유 시인의 노래들을 공연하는 것을 지켜보곤 했고, 공개적인 책 읽기에서의 관중들은 글을 아는 가족 구성원 누군가가 읽어 주는 『르나르 여우 이야기』에 귀기울이면 그만이었다.

궁정에서, 그리고 간혹 비천한 가정에서도 책은 재미뿐만 아니라 교훈을 위해 가족과 친구들이 모인 가운데 큰 소리로 읽혔다. 저녁 식사 자리에서 큰 소리로 책을 읽도록 하는 것은 음식의 맛을 느끼지 못하게 하려는 의도는 아니었다. 그와는 반대로 상상의 즐거움까지 곁들여 미각을 더욱 높이려는 뜻이 강했으며, 이는 로마 제국 초기부터 내려오던 관행이었다. 소(小)플리니우스[2]는 어느 편지에서, 자기 부인이나 친구 몇 명과 식사를 할 때는 누군가가 자신에게 재미있는 책을 큰 소리로 읽어 주는 것을 즐긴다고 설명했다. 14세기 초에 아르투아의 마오 백작 부인은 여행을 할 때도 서재의 책을 커다란 가죽

1) Sordello, 1200?~1269. 13세기 이탈리아의 음유 시인.
2) Gaius Plinius Caecilius Secundus, 62?~113. 로마의 정치가이자 저술가.

가방에 잔뜩 담고 다니면서 저녁이면 시녀에게 많은 책 중에서 철학 서적이나 마르코 폴로의 『여행기』 같은 외국 땅에 대한 재미난 이야기를 뽑아 소리내어 읽도록 주문했다. 글을 읽을 줄 아는 부모라면 아이들에게 직접 책을 읽어 주었다. 1399년 토스카나의 공증인이었던 세르 라포 마체이는 상인이었던 친구 프란체스코 디 마르코 다티니에게 자기 아들에게 큰 소리로 읽어 줄 수 있도록 『성 프란체스코의 작은 꽃들』을 빌려 달라는 편지를 썼다. "겨울 저녁에 아들 녀석은 그 책에서 즐거움을 얻을 거야. 자네도 알다시피 그 책은 읽기가 쉽잖아"라고 그는 설명했다. 14세기 초반 몽테유에서는 마을 사제였던 피에르 클레르그가 다양한 행사 때마다 신자들의 가정을 찾아 화롯가에 몰려앉은 사람들에게 소위 '이단자들의 신앙서'를 큰 소리로 읽어 주었고, 거의 같은 시기 엑스레테르므라는 마을에서는 농부 기욤 앙도랑이 이단적인 복음을 자기 어머니에게 읽어 주다 발각되어 종교 재판을 받았다.

15세기 『여성의 복음서』는 이러한 비공식적인 책 읽기가 얼마나 다양하게 이루어졌는지를 잘 보여 주고 있다. 책 속의 화자인 나이 많고 학식이 풍부한 노인은 "크리스마스와 성촉제(聖燭祭, 2월 2일) 사이의 길고 긴 어느 겨울밤에 저녁 식사를 끝낸 뒤" 한 나이 많은 부인의 집을 방문했는데, 그 집은 이웃 여인들 몇 명이 "실을 잣고 자잘한 일상사와 행복한 일들에 대해 이야기를 나누려고" 자주 모이던 곳이었다. 그곳에 모인 여자들은 당시의 남자들이 "여성들의 성 지조를 왜곡하는 풍자 문학과 전염성 강한 책들을 끊임없이 써대고 있다"고 지적하면서 그 책 속의 화자에게 자신들의 모임—일종의 독서 그룹인 '아방 라 레트르'—에 참가하여 자신들이 섹스, 연애, 결혼 관계, 미신, 지방 관습에 관한 문장들을 큰 소리로 읽으며 여성의 관점에서 그런 문제에 대해 논평하는 동안 증인의 역할을 맡아 달라고 부탁했다. 실을 잣던 한 여인이 "우리 중 한 사람이 다른 참석자들에게 몇 개의 장(章)을 읽어 주면 우리는 그것을 기억 속에 각인시키도록 노력한다"고 열정적으로 설명을 늘어놓는다. 6일 동안 여자들은 책을 읽다가 멈추고 서로 논평을 하고 반대도 하고 설명을 하면서 대단히 즐겼던 듯하다. 심지어 그 화자마저도 여인들의 태평스러움에 넌더리가 난다고 판단했을 정도였으니……. 그 화자는 여인들의 대화를 충실히 기록하면서도 여자들의 논평이 '운(韻)과 이성을 결여하고 있다'고 판단했다. 의심할 바 없이 그 화자는 남성들이 쓴, 좀더 형식적이고 학문적인 논문에 익숙해 있었을 것이다.

즉흥적인 모임에서 비공개적으로 실시되는 공동 책 읽기는 17세기에도 꽤 빈번했다. 모험을 좇아 여행하는 돈키호테를 찾다가 어느 여관에 닿으면서, 돈키호테의 집 서재에 꽂혀 있던 책들을 그리도 열렬히 불태웠던 성직자는 사람들을 향해 기사도 소설이 돈키호테의 정신을 어떤 식으로 혼란에 빠뜨렸는지를 설명한다. 그러자 여관 주인이 나서서 자신은 주인공이 거인들과 맞서서

『여성의 복음서』에 나오는 초기 독서 모임.

씩씩하게 전투를 벌이고 괴물 같은 뱀들의 목을 비틀고 혼자 힘으로 막강한 군사들을 격퇴시키는 그런 이야기를 듣길 즐긴다고 고백하면서 성직자의 말에 반대한다. 여관 주인은 이렇게 말한다. "추수기의 축제 동안에는 많은 노동자들이 이곳으로 모여들어요. 그러면 그 중에는 틀림없이 글을 읽을 줄 아는 사람이 몇 명 있게 마련입니다. 그들 중 한 명이 이 책들 가운데서 한 권을 손에 뽑아들면 서른 명이 넘는 사람들이 그를 에워싸고 그의 책 읽기에 귀를 기울이는데, 그 즐거움은 흰머리가 다시 검어질 만큼 이루 말로 표현할 수 없는 것이죠."

그런 때는 그녀의 딸도 사람들 틈에 끼지만 그 딸은 폭력적인 장면을 혐오하고 "집으로 돌아온 기사들이 자기 부인들이 사라진 것을 확인하는 순간에 토해 내는 한탄의 소리를, 솔직히 말하자면 어떤 때는 기사들이 불쌍해 눈물까지 핑 돌게 만드는 그 비탄의 소리를 듣길" 더 좋아한다. 우연한 기회에 상당수의 기사도 소설(그 성직자는 당장 불태우기를 원한다)을 손에 넣게 된 어느 여행객 또한 그의 가방 속에 소설 필사본을 넣고 다닌다. 마침내 그 성직자도 자신의 뜻을 거스르면서까지 그 자리에 있던 사람들에게 소설을 큰 소리로 읽어 주기로 동의한다. 그 소설의 제목도 당시 상황에 어울리게도 『호기심 많은 무뢰한들』이고, 3개의 장(章)으로 구성된 그 책을 읽는 동안에 사람들은 수시로 끼여들어 논평을 해도 좋다는 마음을 느낀다.

제도화된 독서와는 달리 이런 모임이 얼마나 구속에서 자유롭고 부담이 없었던지 듣는 사람들(혹은 책을 읽는 사람들)은 텍스트를 들으면서 그것을 마음 속으로 체화해 완전히 자기 것으로 소화할 수 있었다. 세르반테스가 세상을 떠나고 두 세기가 흘러, 스코틀랜드의 출판업자인 윌리엄 체임버스도 자기 형인 로버트의 전기를 쓰면서 형과 함께 소년 시절을 보냈던 피블즈에서 그런 독서를 회고하고 있다. 이들 형제는 1832년에 에든버러에 자신의 이름으로 출판사를 설립한 인물로도 유명하다. 그는 형의 전기에서 이렇게 회고했다.

"형과 나는 어느 친절한 친척 할머니가 들려 주는 옛날의 발라드와 전설을 들으면서 교훈은 두말 할 것도 없고 엄청난 재미까지 느낄 수 있었다. 그 할머니는 어느 쇠락한 상인의 부인으로 옛날에 지은 사원의 경내에 살고 있었다. 할머니의 초라한 벽난롯가에는 눈이 반쯤 멀고 늙어 쇠락한 남편이 의자에 앉아 꾸벅꾸벅 졸고 있고, 커다란 굴뚝 덮개 밑으로는 코루나 전투나 다른 놀랄 만한 소식들이 유대인이 치른 전쟁에 대한 호기심과 묘하게 뒤섞였다.

이들이 나누는 흥미 진진한 대화의 원천은 바로 요세푸스[1]의 『레스트랑주 L'Estrange』를 1720년에 번역해 폴리오판(2절판)으로 출간한 아주 곱게 닮은 책이었다. 남의 부러움을 샀던 책 주인은 탬 플레크라는 사람이었는데, 그는 그럴듯한 일자리에 꾸준하게 다니지 못하고 저녁마다 요세푸스의 책을 들고 이집 저집 떠돌면서 그 책의 내용이 마치 당장 눈앞에 일어나고 있는 뉴스인 양 읽어 주는 것을 직업으로 고집했던 그런 사람이었다. 그렇게 책을 읽을 때도 그에게 주어지는 불빛은 촉탄(燭炭) 한 조각에서 깜박거리는 것이 전부였다. 그는 한번에 두세 페이지 이상은 절대로 읽지 않았으며 책을 읽을 때는 각주 형식으로 자신의 촌평을 적당히 가미해 이야기에 재미와 긴장을 불어넣었다. 많은 가정을 돌면서도 이야기를 공평하게 들려 줌으로써 탬은 모든 사람들이 똑같은 수준의 정보를 누리도록 애썼으며, 유대인의 역사 중에서 감동적인 사건을 이야기할 때는 그에 어울리는 감정까지 섞어 가며 사람들을 바짝 긴장시켰다. 이런 식으로 요세푸스 강의는 일 년 내내 계속되지만 진기함이 덜하는 경우는 절대로 없었다."

1) Josephus, 37?~100? A.D. 유태의 역사가이자 장군.

탬이 요세푸스 책을 팔에 끼고 들어와 가족용 화롯가에 자리를 잡으면 늙은 조디 머레이는 "자, 탬, 오늘은 어떤 소식이오?"라고 물었다. "좋지 않은 소식이오, 좋지 않은 소식이라구요"라고 탬이 대답했다. "티투스 로마 황제가 예루살렘을 포위하기 시작했다오. 아주 힘들게 될 것 같소."

읽기(아니면 연기나 암송)가 계속되는 동안에는 간혹 책을 소유하고 있다는 사실 자체가 마치 부적과도 같은 값어치를 갖는다. 오늘날까지도 프랑스 북부에서는 마을의 이야기꾼들이 책을 '버팀목'으로 이용한다. 이들 이야기꾼들은 텍스트를 훤히 외우고 있으면서도 마치 책을 읽는 양 꾸밈으로써 권위를 내세우는데, 어떤 때는 책을 거꾸로 들고 있는 경우도 있다. 책—무한한 이야기와 지혜의 말, 이미 흘러가 버린 시대의 연대기, 그리고 우스꽝스런 일화와 성스러운 계시를 담을 수 있는 물건—을 소유하고 있다는 게 책을 읽는 사람에게는 이야기 창작 능력을, 듣는 사람들에게는 이야기가 창작되는 그 순간을 현장에서 지켜보고 있다는 감격을 안겨다 준다. 이런 식의 암송에서 중요한 사실은 책을 읽는 사람과 청중, 그리고 책 중에서 어느 한 편이라도 없으면 책 읽기가 불가능하다는 점이다.

성 베네딕트 시대에 남이 책을 읽어 주는 것을 듣는 일은 정신적인 훈련으로 받아들여졌는데, 그 후 몇 세기가 지나 이런 고귀한 목표는 다른 구실들을 숨기는 데 이용될 수 있었다. 예컨대, 19세기 초 영국에서 아직 학식 있는 여성을 대하면 눈살을 찌푸릴 때 남이 읽어 주는 것을 듣는 건 여성들에게 사회적으로 용납되던 학습의 한 방법이었다. 소설가 해리엇 마티노[1]는 죽은 뒤인 1876년에 발간된 자신의 자전적 회고록에서 이런 한탄을 늘어놓았다. 그녀가 젊었을 때는 젊은 여자가 다른 사람의

1) Harriet Martineau, 1802~1876, 영국의 여류 소설가.

눈길을 끌면서까지 공부하는 것은 방정하지 못한 행동으로 여겨졌다. 그녀는 바느질감을 잡고 응접실에 앉아 누군가가 큰 소리로 읽어 주는 이야기에 귀를 기울이면서도 수시로 찾아오는 손님을 맞이할 태세를 갖추고 있어야 했다. 방문객이 집에 찾아오면 대화는 자연스레 방금 내려놓은 책으로 흐를 것이어서 책 선택도 매우 신중해야 했는데, 그 이유는 손님이 책 때문에 충격을 받고 다른 집에 가서 이렇다 저렇다 분개의 말을 퍼뜨리면 곤란했기 때문이다.

그런 한편으로는 이처럼 분개의 대상이 되었던 방종을 일부러 꾸미려고 책을 큰 소리로 읽는 경우도 종종 있었다. 1781년 디드로[1]는 정신적인 자양분을 제공해 주지 않는 책은 손도 대지 않겠다고 완강하게 버티는 고집쟁이 부인 나네트를 몇 주일 동안 음탕한 문학에 파묻히게 함으로써 '병'을 치유한 일화를 아주 재미나게 적고 있다.

"나는 마누라를 위해 기꺼이 책을 읽어 주는 사람이 되었다. 매일 '질 블라스 이야기' 세 토막을 읽어 줬는데, 하나는 아침에, 또 하나는 저녁 식사 후에, 그리고 마지막 하나는 밤에 읽어 주었다. 질 블라스 이야기를 다 끝내면 우리는 『두 장대 위의 악마』와 『살라만카의 학사』나 그런 유의 다른 흥미 있는 작품으로 넘어갈 것이다. 그렇게 몇 년이 흘러 몇백 개의 작품을 읽으면 치유는 끝날 것이다. 만약 성공만 확신한다면 그 정도의 노고에 대해서는 불평하지 않겠다.

나를 즐겁게 만드는 것은 마누라가 자신을 방문하는 누구에게나 내가 방금 들려 주었던 이야기를 되풀이한다는 사실인데, 그런 식의 대화가 치료 효과를 배가했다. 그때까지 나는 소설에 대해서는 늘상 시시한 작품이라고 떠벌렸지만 마침내 소설도 망상을 치유하는 데 유익하다는 사실을 깨달았다. 다음에 트로친 박사를 만나면 이 처방법을 말해 줘야지.

---

1) Denis Didero, 1713~1784. 프랑스의 철학자이자 비평가.

처방 : 스카롱[1]의 『로망 코미크』 여덟 쪽 내지 열 쪽, 『돈키호테』 네 개의 장(章), 라블레[2]의 문장 중 잘 선택해서 한 소절, 그리고 『운명론자 자크』나 『마농 레스코』의 상당량을 넣고 달이는데, 이런 약재들은 마치 병에 따라 약초의 양을 달리하듯 필요에 따라서 양을 달리할 수 있다."

　다른 사람이 대신 읽어 주는 책 읽기의 경우 듣는 사람의 입장에서 보면 그렇지 않았을 경우에는 언제나 혼자 침묵 속에서 느꼈을 감동을 맘껏 털어놓을 수 있는 관중을 한 사람 갖는 셈이다. 일종의 카타르시스와도 같은 이런 경험을 스페인 소설가 베니토 페레스 갈도스[3]는 자신의 『국사 삽화 國史揷畵』 중 한 권에서 실감나게 묘사했다. 19세기 중산층 독서가였던 도나 마누엘라는 마드리드의 더운 여름밤에 응접실 램프 불빛 아래서 정장을 갖춰 입고 책을 읽다가 갑자기 이러다가는 자칫 열병에 걸릴 수도 있겠다는 핑계를 대고 침대로 물러난다. 그러자 그녀를 열렬히 사모했던 레오폴도 오도넬 장군이 그녀가 잠들 때까지 책을 읽어 주겠다면서 그녀를 즐겁게 해줄 만한 선정적인 작품 하나를, '번역이 조잡하고 구성이 뒤죽박죽 복잡하게 얽힌 프랑스 작품 하나를' 선택했다. 집게손가락으로 문장을 짚어 가면서 오도넬은 그녀에게 어느 젊은 금발 남자가 마스노라는 사람과 벌이는 난투극 장면을 읽어 준다.

　　"정말 멋져!" 도나 마누엘라가 황홀한 듯 기분에 들떠 외쳤다.
　　"그 금발 멋쟁이 말야, 당신도 기억하지 않아요? 행상으로 변장하고 브리타니에서 온 그 포병이에요. 생김새로 보아서 그는 그 공작 부인의 친자식임에 틀림없어요.…… 계속 읽어 보세요.…… 그렇지만 당신이 읽은 내용에 따르면……." 그리고

---

1) Paul Scarron, 1610~1660. 프랑스의 소설가이자 극작가.
2) Françoir Rabelais, 1494?~1553?. 프랑스의 풍자 작가.
3) Benito pérez Galdós, 1843~1920.

도나 마누엘라는 계속 주시했다. "그 사람이 마스노의 코를 잘랐단 말인가요?"

"그런 것 같은데……분명히 이렇게 쓰여 있어. '마스노의 얼굴은 피범벅이 되었고 잿빛 콧수염 사이로 피가 두 줄기 강물을 이루며 흘러내렸다'고."

"정말 기뻐요.……그 사람은 정당하게 벌을 줘야 해요. 그 사람을 한동안 더 불러 내도록 해요. 이제 작가가 어떤 식으로 끌어가는지 살펴보도록 하죠."

큰 소리로 책을 읽는 행위는 은밀하지 못하기 때문에 읽을 책의 선택은 읽는 사람이나 청중 모두에게 사회적으로 받아들여질 수 있어야만 한다. 오스틴의 가족은 햄프셔의 스티븐턴 사제관에서 낮시간 내내 서로에게 책을 읽어 주었으며, 책 선택을 놓고도 촌평을 했다. "아버지께서 아침에 우리에게 쿠퍼[1]를 읽어 줄 때면 나도 들을 수 있을 경우에 아버지에게 귀를 기울였다"고 제인 오스틴은 1808년에 쓰고 있다. "우리 가족이 로버트 사우디[2]의 『에스프리엘라의 서한집』 제2권을 구하자 나는 그 책을 촛불 밑에서 소리내어 읽었다." "월터 스콧 경[3]의 『마미온』에 깊이 감명받아야만 한다고? 지금까지는 그렇지 않아. (그녀의 가장 큰 오빠였던) 제임스는 해질 무렵이면 그 책을 큰 소리로 읽는다. 짧은 밤 시간에 10시쯤 시작해서 야식 시간까지." 오스틴은 장리 부인의 『알퐁신』에 귀를 기울이다가 갑자기 분노를 터뜨렸다. "겨우 20페이지도 넘기지 못하고 메스꺼움을 느꼈다. 번역이 서툰 것은 차치하고라도 그 작품에는 펜의 순박함을 더럽히는 상스러움이 가득했다. 그래서 우리는 레녹스의 『피메일 키호테Female Quixote』라는 다

1) Cowper. 1731~1800. 영국의 낭만파 시인.

2) Robert Southey. 1774~1843. 영국의 시인.

3) Walter Scott. 1771~1832. 스코틀랜드의 소설가.

른 책으로 바꿔 읽었는데, 이 작품은 매일 밤 나를 무척 즐겁게 해줬으며 내가 기억하고 있던 작품 그대로라는 사실을 깨달았다." (후에 오스틴은 자신의 글에서 등장 인물들의 성격 묘사를 할 때 책을 좋아하고 싫어하는 성향을 그리면서 그 당시 자신이 소리내어 읽었던 책들의 잔영을 드러내 보인다. 『샌디턴』에서 에드워드 데넘은 스콧을 복종적이라고 폄하하고 있고『노생거 사원』에서 존 소르프는 "난 소설 나부랑이는 절대로 읽지 않아"라고 말한다. 그렇지만 그는 즉각 필딩의『톰 존스』와 루이스의『수사修士』가 꽤 품위 있는 작품임을 깨달았다고 고백한다.)

남에게 책을 소리내어 읽도록 시키는 것은 육체를 정화하기 위해서든, 즐거움을 느끼기 위해서든, 아니면 지식을 얻기 위해서든, 그것도 아니면 교훈을 얻기 위해서든 관계없이 독서 행위를 풍성하게 하기도 하고 제한하기도 한다. 다른 누군가에게 자신을 대신해서 큰 소리로 글을 읽도록 시키는 것은 책을 직접 손으로 잡고 눈으로 텍스트를 따라가며 읽는 것보다는 은밀한 면에서 훨씬 떨어지게 마련이다. 읽는 사람의 목소리에 자신을 내맡길 경우에는—듣는 사람의 인격이 압도적으로 출중한 경우를 제외하고는—책 읽는 속도를 조절하고 구절에 어울리는 억양과 목소리를 발휘할 기회를 박탈당하게 된다. 그런 경우에는 별수없이 다른 누군가의 혀가 움직이는 대로 귀를 맡길 수밖에 없는데, 그런 행위에서는 듣는 사람이 읽는 사람에게 굽히고 들어가야 하는 상하 관계가 형성된다. 간혹 책을 읽는 사람에게 별도의 의자나 연단이 주어진다는 데서도 그런 관계가 엿보인다. 심지어 육체적으로까지 듣는 사람은 책 읽는 사람의 몸짓을 따라하기도 한다. 친구 사이의 책 읽기를 묘사하면서 디드로는 1759년에 이런 글을 남겼다. "책을 읽는 사람은 상대방에 대한 배려는 전혀 없이 자신이 가장 적절하다고 생각하는 태도를 취하게 마련인데, 그러면 듣는 이도 똑같이 따라하게 된다.……그런 현장에 제3의 인물을 끌어들이면 그 사람 역시 자기 앞에 있는 두 사람의 기존 관계에 순종할 것이다. 그것은 바로 이해 당사자 3자의 연합 시스템인 셈이다."

그와 동시에 집중력이 특출한 사람에게 책을 큰 소리로 읽어 주는 행위는 가끔 책을 읽는 사람에게 더욱 꼼꼼할 것을 강요하며 문장을 건너뛰거나 앞의 문장으로 되돌아가지 못하게 한다. 그러면 텍스트는 틀에 박힌 정형으로 굳어 버리게 된다. 베네딕트 수도원에서든 아니면 중세 말기의 겨울 방안에서든, 또 르네상스 시대의 여관이나 부엌이든 혹은 19세기 응접실이나 엽궐련 공장에서든—심지어 오늘날, 고속도로를 달리면서 배우가 책을 읽는 테이프를 들을 때든—남에게 책을 대신 읽도록 하는 것은 듣는 사람이 책 읽기에서 누릴 수 있는 고유한 자유들을—목소리의 음색을 선택하고 중요한 부분을 강조하고 가슴에 절실히 와닿는 문장은 다시 돌아가 읽는 따위의 자유를—박탈하는 것임에 분명하다. 하지만 그런 식의 책 읽기는 또한 변덕스럽기 짝이 없는 텍스트에, 그렇지 않고 혼자 소리 없이 읽을 때는 좀처럼 기대하기 어려운 통일성을, 즉 시간적인 측면에서는 유대감을, 그리고 공간적인 면에서는 존재감을 불어넣기도 한다.

책의 형태

유명한 출판업자였던 알두스 마누티우스의 초상화.

침실에서 읽거나 독서대에서 읽기 위해, 아니면 기차 여행 때 읽거나 선물을 주기 위해 책을 고를 적에 나의 손길은 책의 내용 못지않게 모양새도 고려한다. 기념할 행사에 따라서, 아니면 책을 읽을 장소에 따라서 나는 작고 읽기 편한 책을 더 좋아할 때가 있고 두툼하고 내용이 알찬 책을 더 좋아할 때가 있다. 책은 제목이나 저자, 카탈로그나 서가에서 차지하는 위치, 그리고 표지 그림을 통해서 스스로를 드러내 보인다. 책은 또한 크기를 통해서도 스스로를 밝힌다. 시간에 따라, 또 장소에 따라 나는 내가 읽고 있는 책들이 다른 사람들에게 어떻게 받아들여졌으면 하고 기대하게 된다. 그리고 모든 유행에서와 마찬가지로 이런 다양한 형태는 책의 정의에 명확한 특징을 부여한다. 나는 표지로도 책을 판단하고 그 생김새로도 책을 판단한다.

아주 오래 전부터 독서가들은 책이 쓰임새에 적절한 형태로 만들어질 것을 요구해 왔다. 초기 메소포타미아의 서판 조각들은 보통 네모 반듯했지만 간혹 크기가 3인치 가량인 직사각형의 진흙판일 때도 있었는데 이런 것들은 손으로 쉽게 쥘 수 있어 편했다. 그런 진흙판 몇 개로 꾸며진 책은 아마 가죽 주머니나 상자에 보관해 놓고서는 미리 정해진 순서에 따라 진흙판을 하나하나 끄집어내 읽었을 것이다. 메소포타미아에서는 또 오늘날과 같은 방법으로 책을 묶었을 수도 있었다. 히타이트[1] 신제국 시대의 장례용 돌유물에는 코덱스와 비슷한 물건이 그려져 있는데—아마도 앞뒤 덮개 안쪽으로 진흙 조각들을 묶은 것일 텐데—아쉽게도 그런 책은 우리에게까지 전해지지는 않는다.

메소포타미아의 책들 모두가 손에 쥐도록 만들어졌던 것은 아니다. 중앙 아시리아 법전같이 매우 큰 표면에 쓰여진 텍스트도 존재한다. 아슈르에서 발견된 이 법전은 제작 시기가 B.C. 12세기로 거슬러 올라가며 크기가 자그

1) Hittite. 기원전 1900년경의 고대 시리아 민족.

마치 67평방피트에 달하고 텍스트를 양면에 세로로 담고 있다. 분명한 사실은, 이 '책'은 이리저리 움직이도록 만들어진 것이 아니라 세워 놓고 누구나 참고 자료로 활용할 수 있게 했다는 것이다. 이런 경우 크기는 또한 계급적인 의미를 담고 있음에 틀림없고, 자그마한 진흙판은 사사로운 거래를 암시할 수도 있다. 메소포타미아 독서가들의 눈에는 그처럼 거대한 법전이 법 자체의 권위에 더욱 무게를 싣는 것처럼 비쳐졌을 것이 뻔하다.

물론 독서가의 바람이야 어떻든 책의 형태는 제한적일 수밖에 없었다. 진흙은 서판을 제작하는 데 안성맞춤이었고 (갈대 같은 식물의 줄기를 찢어서 말린) 파피루스는 다루기가 편한 두루마리로 만들 수 있었으며 둘 다 상대적으로 옮기기가 용이했다. 하지만 두 물질 다 서판과 두루마리를 능가하는 책의 형태인 코덱스나, 책장을 다발로 묶는 형태에는 적절하지 못했다. 진흙 서판으로 코덱스를 만든다면 무겁고 거추장스러웠을 테고, 비록 파피루스로 만든 코덱스가 있더라도 파피루스는 쉽게 부숴지기 때문에 접어서 소책자로 만들기는 불가능했다. 반면 양피지나 벨럼[1]은(이 둘은 제조 과정은 달라도 똑같이 동물 가죽으로 만들었다) 자르거나 갖가지 형태의 크기로 접을 수 있었다. 플리니우스에 따르면, 이집트의 프톨레마이오스 왕은 자신의 알렉산드리아 도서관에 유리하도록 파피루스의 생산 비결을 국가 기밀로 지키고 파피루스의 수출을 금지시켰다고 한다. 그러나 그것은 결과적으로 페르가몬의 통치자이자 그의 라이벌이었던 에우메네스가 어쩔 수 없이 자신의 도서관을 위해 책을 만들 새로운 재료를 발견하도록 했다. 플리니우스의 말을 곧이 곧대로 믿는다면, 프톨레마이오스 왕의 칙령이 B.C. 2세기에 페르가몬에서 양피지를 발명하도록 자극한 셈이다. 비록 오늘날 우리에게 알려진 최초의 양피지

| 1) 송아지나 새끼 양 가죽의 고급 피지.

소책자는 그보다 1세기 앞서는 것이지만 말이다. 이런 재료들은 한 가지 종류의 책을 제작하는 데만 쓰이지 않았다. 양피지로 만든 두루마리도 있었고 우리가 이미 말했듯이 파피루스로 만든 코덱스도 존재했다. 하지만 이런 경우는 퍽 드물 뿐만 아니라 실용적이지도 못했다. 4세기 경에는, 그리고 8세기 뒤 이탈리아에서 종이가 출현할 때까지는 유럽 전역에 걸쳐서 책을 제작하는 데는 양피지가 가장 사랑받는 재료였다. 양피지는 파피루스보다 질기고 부드러웠을 뿐만 아니라 값까지 쌌는데 그 이유는 (프톨레마이오스 왕의 칙령에도 불구하고) 파피루스에 쓰여진 책을 주문하는 독서가들은 상당한 값을 치르고 이집트로부터 재료를 수입해야 했기 때문이다.

양피지 코덱스는 즉각 관리와 성직자, 여행자와 학생들—사실은 읽을거리를 이곳에서 저곳으로 편하게 옮겨야 하는 사람들 모두, 그리고 텍스트의 어느 부분이든 원할 때마다 참고해야 할 필요성을 느꼈던 모든 사람들—에게 널리 환영받는 책의 형태가 되었다. 한 걸음 더 나아가 책장 양면에 텍스트를 담을 수 있었고, 코덱스 책장의 네 귀퉁이에는 여백까지 생기게 되었다. 여백은 읽는 사람으로 하여금 언제든지 쉽게 해석을 달고 논평을 할 수 있게 함으로써 독서가들에게 텍스트의 이야기에 직접 참여하는 듯한 기분을 안겨다 준다. 두루마리로 읽을 때는 기대하기 힘든 참여 의식이었다. 텍스트 자체의 구성까지도 그전에는 두루마리가 담을 수 있는 능력에 따라(예컨대 호머의 『일리아드』의 경우 시(詩)가 스물네 권으로 나눠진 것은 아마도 두루마리 스물네 장 분량이었기 때문이었으리라) 단락이 나눠졌지만 이제는 크게 달라졌다. 내용에 따라 권으로 나누든지 아니면 장(章)으로 나눌 수 있게 되었고 텍스트가 짧을 때는 근사한 표지 하나에 몇 개의 작품을 함께 묶을 수 있었다.

두루마리는 볼품도 없었을 뿐만 아니라 면의 크기도 제한되어 있었다. 오늘날 우리가 컴퓨터 스크린을 마주하고 앉아서 '↑'나 '↓' 키를 두드리며 텍스트를 '펼쳐' 읽는 불편은 마치 고대에 두루마리를 읽었던 사람들이 느꼈던 불편과 비슷하리라. 반면 코덱스는 독자에게 한 페이지를 끝냄과 거의 동시에 다른 페이지로 넘어가는 것을 허용했고 그리하여 전체감을 안겨다 주었다. 이는 책을 읽는 동안 줄곧 전체 텍스트가 독자의 손에 잡혀 있다는 사실에서 비롯되는 감각이다. 코덱스에는 다른 두드러진 장점들도 많다. 기본적으로 갖고 다니기 편하게 만들고자 했고 그래서 작을 수밖에 없었던 것이 코덱스였다. 하지만 갈수록 크기나 페이지 수가 커져 무한하다고는 말할 수 없지만 적어도 그전의 어떤 책과도 크기 면에서는 비교가 되지 않았다. 1세기 고대 로마의 풍자 시인이었던 마르티알리스는 손아귀에 충분히 쥐어질 만큼 작은 물건이 그처럼 무궁 무진한 경이를 담는 신비로운 힘에 경탄을 금치 못했다.

양피지 쪽들에 호머가 다 담기다니!
일리아드와 오디세이의 그 많은 모험이
프리아모스 왕국의 적이었던 오디세이 말야!
그 모든 것이 양피 한 조각에 갇혀 버리다니
겨우 자그마한 몇 장으로 접은 양피 조각에!

코덱스의 편리함은 가히 혁명적이었다. 서기 400년경이 되자, 고전적인 형태의 두루마리는 거의 사용되지 않고 대부분의 책들은 사각형으로 여러 장 모은 형태로 제작되었다. 양피지를 한 번 접으면 2절, 두 번 접으면 4절, 그것을 한 번 더 접으면 8절이 되었다. 16세기경에는 종이를 접는 형태가 공식화되기도 하였다. 프랑스에서는 1527년에 프랑수아 1세가 자신의 왕국 전역에 걸쳐 표준적인 종이 크기를 정하고 이 규칙을 어기는 사람은 누구든 투옥시킨다는 칙령을 내렸다.

인류 역사를 통틀어 가장 인기를 끌었던 책은 쉽게 독자들의 손에 잡히는 크기로 된 책이었다. 모든 텍스트에 통상적으로 두루마리가 사용되던 그리스·로마 시대에서조차도 사적인 서신은 일반적으로 손에 잡히는 작은 크기의 밀랍 서판(書板)이 이용되었는데, 이 서판은 다른 부분보다 가장자리를 약간 높게 하고 장식용 커버를 씌워 손상되지 않도록 했다. 때가 되어 서판들은, 다양한 색깔로 다듬어져 세련미가 넘쳤던 양피지에 자리를 내주고 말았다. 양피지가 요점이나 해설을 신속하게 적는 데 편리하다는 이유에서였다. 기원후 3세기쯤 로마에서는 이런 소책자들이 실용적인 가치는 좀 떨어지는 대신 표지가 우수하여 높이 평가받기 시작했다. 정교한 장식을 한 아이보리판으로 묶은 소책자들은 고위 관리에 임명된 사람들에게 선물로 주어지다가 나중에는 개인적인 선물로 자리잡았다. 돈 많은 시민들이 시나 헌정사를 새긴 소책자들을 서로 주고받기 시작했던 것이다. 이어 곧바로 기업적인 서적상들이 나타나서 이런 식의 자그마한 시선집을 출간하기 시작했다. 시의 내용보다는 정교한 장식에 더 비중을 둔 선물용 작은 책들이었다.

책의 크기는, 그것이 두루마리든 아니면 코덱스든 그것을 보관할 공간의 형태를 결정지었다. 두루마리들은 나무로 만든 두루마리 박스(일종의 모자 케이스를 닮았다)에 넣었으며 각각의 두루마리에는 이집트에서는 진흙으로, 로마에서는 양피지로 만든 표찰을 붙였다. 아니면 서가에다가 꼬리표가 바깥으로 보이도록 꽂았는데 이는 언제든지 쉽게 책을 파악하기 위해서였다. 코덱스는 특별히 그것을 보관하기 위해 만든 선반에 펼쳐 놓았다. 서기 470년경에 오베르뉴의 주교였던 가이우

고대 로마에서 두루마리를 보관하는 방법을 보여 주고 있는 판화. 두루마리 끝에 표찰이 늘어져 있다.

스 솔리우스 아폴리나리스 시도니우스는 갈리아 지방의 어느 시골 마을을 방문했던 일을 묘사하는 대목에서, 보관하고자 하는 코덱스의 크기에 따라 모양이 다채로웠던 서가에 대해 이렇게 설명했다. "이곳 역시도 책들이 많았다. 가슴 높이만한 문법학자들의 서가나 아테나이온[1]의 V자 모양 케이스, 혹은 질서 정연하게 채워진 서적상들의 벽장을 바라보고 있다고 상상하면 될 것이다." 시도니우스에 따르면 그곳에서 그가 발견한 책들은 두 종류였다. 하나는 남자들을 위한 라틴 고전이었고 다른 하나는 여성들을 위한 기도집이었다.

중세에는 유럽인들의 삶 상당 부분이 종교적인 공간에서 이뤄졌기 때문에 가장 인기 있던 책의 하나가 성수태(聖受胎)고지를 묘사한 부분의 기도문을 책으로 엮은 것이었다. 사실은 별로 놀랄 게 못 된다. 일반적으로 자그마한 크기에 손으로 직접 썼든 아니면 인쇄를 했든, 많은 경우에 거장 화가가 그린 흠잡을 데 없는 삽화가 곁들여져 있었는데, 그 책에는 '성모 마리아 소성무'로 알려진 간단한 의식들이 담겨 있어서 밤낮

1) 고대 그리스 여신 아테네의 신전. 여기서 시인, 문학가들이 모여 자기들의 작품을 논평하였음.

을 가리지 않고 수시로 암송되곤 했다. 소성무도 성직자가 매일 올리는 원칙적인 예배를 본따서 찬송가, 죽은 이들을 위한 성무, 성자들에 대한 특별 기도, 연중 행사표뿐만 아니라 시편과 성경의 다른 구절들도 담고 있었다. 이런 얇은 책들은 신자들이 공적인 교회 성무나 개인적인 기도에 사용하던 것으로, 손쉽게 휴대할 수 있는 탁월한 기도 도구였다. 크기는 어린이들에게도 적절했다.

1493년경 밀라노의 잔 갈레아초 스포르차 공(公)은 세 살박이 아들인 프란체스코 마리아 스포르차를 위해 특별히 기도서 한 권을 주문했는데, 이 책의 어느 페이지에는 아들이 수호 천사의 손에 이끌려 밤의 황무지를 헤쳐 나가는 모습이 그려져 있다. 기도서들은 주문한 고객의 신분에 따라, 그리고 지불하는 돈에 따라 아주 풍부하게, 그러면서도 매우 다양한 형태로 장식되었다. 많은 기도서에는 가문의 문장이나 그 책을 읽는 사람의 초상이 그려져 있다.

프란체스코 마리아 스포르차를 위해 특별 제작된 기도서의 한 채식화. 어린 스포르차가 수호 천사의 손에 이끌려 밤의 황무지를 헤쳐 나가고 있다.

기도서는 처음에는 귀족들의 전통적인 결혼 선물로, 나중에는 돈 많은 부르주아들의 선물로 자리잡았다. 15세기 말경에는 플랑드르의 채식(彩飾) 전문가들이 유럽 시장을 지배하면서 무역 대표단을 유럽 각지로 파견해 오늘날의 결혼 선물 목록과 같은 것을 만들게 하기도 했다. 1490년 브리타니아의 앤의 결혼식을 위해 주문한 아름다운 기도서는 정확히 그녀의 손 크기로 만들어졌다. 그 기도서는, 달이면 달마다 또 해를 거듭해서 되풀이 외우게 될 단어뿐만 아니라 아름다운 삽화에도 푹 빠지게 될 한 사람의 독자를 위해 디자인된 것이었다. 여기에 실린 삽화는 얼마나 정교한지 세부 사항을 완전히 해독하는 일은 결코 불가능할 뿐 아니라 그 도회 풍―구약과 신약에 나오는 장면은 책이 제작되던 시기의 풍경을 배경 으로 하고 있다―의 분위기로 인해 성스러운 내용들까지도 기도서를 읽는 그녀 자신에게 동시대의 것으로 와닿게 했다.

그런 자그마한 책들이 특별한 목적에 기여했던 것과 마찬가지로, 커 다란 책들도 나름대로 다른 독자들의 욕구를 만족시켜 주었다. 5세기 경, 카톨릭 교회들은 거대한 기도서―미사전서, 찬송가, 교창 성가집 ―를 제작하기 시작했다. 그런 기도서들은 합창단 한가운데의 성서대 위에 펼쳐져 있어 사람들은 기념비에 새겨진 글을 읽는 것만큼이나 쉽 게 가사나 악보를 따라 읽을 수 있었다. 성 골 수도원의 도서관에는 20 명이나 되는 합창단이 멀찍이 떨어져서도 가락에 맞춰 율동까지 넣어 가며 책을 읽을 수 있는 글자가 매우 크고 아름다운 교창 성가집이 하 나 있다. 그 성가집의 악보는 몇 피트 떨어진 곳에서도 뚜렷하게 읽을 수 있었다. 그 책을 보면서 나는 내가 가진 참고 도서들도 멀찍이 서서 그처럼 쉽게 읽을 수 있었으면 하고 생각해 보기도 했다. 이런 기도서 의 일부는 워낙 크다 보니 쉽게 옮기기 위해서는 바퀴가 달린 장치 위 에 올려놓아야만 했다. 그렇지만 그 책들을 이동해야 하는 경우는 퍽 드물었다. 청동이나 상아로 장식을 하고 네 귀퉁이는 금속으로 보호한 데다가 거대한 걸쇠까지 장치된 그런 책들은 여러 사람이 공동으로, 그리고 멀리서도 볼 목적으로 제작되었기 때문에 느긋한 음미나 개인 적인 소유감은 결코 허용되지 않았다.

책을 편안하게 읽기 위해서 독서가들은 성서대와 책상을 크게 개선 하는 독창성을 발휘했다. 14세기 어느 때인가 이탈리아 베로나에서 만 들어졌다가 런던의 빅토리아 앤드 앨버트 박물관에 소장되고 있는 성

독특하게 착안된 성 그레고리우스 대제의 책상. 14세기 한 조각가가 상상해 낸 장면이다.

그레고리우스 대제의 조각상은 의자에서 일어설 때는 성서대를 위로 올리고 또 다양한 각도로 성서대에 몸을 기울일 수 있도록 만든, 일종의 조립용 독서대에 앉아 있는 모습이다. 14세기의 어느 조각은 쭉 책이 꽂힌 서재에서 어느 학자가 높다란 팔각형의 책상 겸용 성서대에서 글을 쓰고 있는 모습을 새기고 있다. 그런 성서대라면 한쪽에서 공부를 하다가도 책상을 회전시켜 다른 7개 면에 놓여 있는 책들을 쉽게 읽을 수 있었을 것이다. 1588년에는 이탈리아 출신 엔지니어로 프랑스 왕 밑에서 일했던 아고스티노 라멜리가 일련의 유용한 기계들을 설명한 책을 발간했다. 그 기계 중 하나가 라멜리의 표현을 빌리면 "아름답고 독창적이어서 공부에 흥미를 느끼는 사람이면 누구에게나 매우 유익하고 편리한 기계로, 특히 가벼운 병이나 통풍(痛風)을 앓는 사람에게 유용하게 쓰일 수 있다. 이 기계를 갖추면 자리를 옮기지 않고도 엄청난 양의 책들을 보고 읽을 수 있을 뿐 아니라, 이해력이 있는 사람이라면 누구라도 그림만 보아도 알 수 있듯이 공간도 별로 차지하지 않아 더없이 편하다"는 회전식 독서대이다(이 경이로운 회전 독서대는 1974년에 제작된 리처드 레스터

『다양하고 정교한 기계』의 1588년판에 그려진 편리한 독서대.

의 영화 「삼총사」에 실물 그대로 등장한다).

의자와 독서대는 하나의 가구로 결합될 수 있었다. 기발한 '칵파이팅 체어' [1]는 18세기 초반 영국에서 도서관용으로 특별히 제작된 것이다. 독서가는 말을 탄 자세로 의자에 앉아 널따란 팔걸이에 몸을 편안하게 기댄 채 의자 뒤쪽에 달린 책상을 마주하도록 되어 있다.

간혹 독서용 장비는 다양한 필요성에 의해 발명되기도 했을 것이다. 벤자민 프랭클린은 메리 여왕 통치 시절에 프로테스탄트였던 자신의 조상들이 영어 성경을 '나무로 만든 나지막한 책상의 두껑 안이나 밑쪽에 끈으로 단단히 매어' 숨기곤 했다고 이야기한다. 프랭클린의 몇대 할아버지가 가족들에게 책을 읽어 줄 때면 "그 할아버지는 나무로 만든 앉은뱅이 책상을 자기 무릎 위에 올려놓고 책장을 한 장 한 장 끈 밑으로 넘겼다. 그럴 때면 아이 하나가 문을 지키며 종교 재판소의 집행관이 나타나지 않나 살폈다. 집행관이 얼쩡거리기라도 하면 즉각 책상을 발 아래로 내려놓았는데 그러면 성경은 감쪽같이 책상 아래에 숨겨지곤 했다"는 것이다.

책을 정성스레 만드는 일은, 그것이 성서대에 쇠줄로 묶일 거대한 책이든 아니면 어린이의 손에 쥐어질 아름다운 소책자이든 상관없이 시간이 많이 걸리고 힘든 작업이었다. 15세기 중엽 유럽에서 일어난 변화가 책을 제작하는 데 소요되는 작업 시간을 줄였을 뿐 아니라 책의 생산량을 극적으로 증가시키는 바람에 책은 이제 더

의자와 독서대가 하나의 가구로 결합된 형태인 '칵파이팅 체어'.

1) cockfighting chair. 의자의 등쪽을 향하여 걸터앉게 되어 있는 팔걸이 의자. 닭싸움을 그린 삽화에서 묘사되었다고 해서 이런 이름이 붙었다.

이상 옛날처럼 필사자의 손에 의해서만 정교하
게 다듬어지는 일부 사람들의 전유물이 아니었
다. 두말 할 필요도 없이 그 변화란 바로 인쇄술
의 발명을 두고 하는 말이다.

1440년대 어느 때인가, 마인츠의 대주교 관할
지역 출신으로 젊은 목판공이자 보석 세공자였
던 구텐베르크는(그의 정식 이름은 요하네스 겐
스플라이쉬 추어 라덴 춤 구텐베르크였는데, 상업
세계의 실용성을 좇아 그의 이름은 요한 구텐베르
크로 줄여졌다), 삽화를 인쇄하는 데 이용되던
나무 판목보다는 거듭 다시 사용할 수 있는 활
자 형태로 철자를 깎을 경우 효용성이나 속도면
에서 많은 이점을 얻을 수 있다는 사실을 깨달
았다. 구텐베르크는 자신의 사업 계획을 실행에
옮기기 위해 막대한 자금을 차용해 가며 몇 년
을 두고 실험에 실험을 거듭했다. 마침내 그는
20세기까지도 그대로 활용되게 되는 인쇄 요소

요한 구텐베르크의 모습을 상상으로 그린
초상화.

의 모든 것을 고안하는 데 성공했다. 활자의 자면(字面)을 주조하는 데
필요한 금속 조각, 포도주 양조와 책 제본에 각각 사용되던 압축 기계
의 특징을 서로 결합한 새로운 압축 기계, 그리고 기름 잉크 등이 그런
발명품으로, 그 이전까지는 전혀 존재하지 않았던 것들이다. 마침내
1450년에서 1455년 사이에 구텐베르크는 각 페이지에 42행을 담은 성
경을 제작하는 데 성공했다. 활자로 인쇄한 인류 최초의 책인 이 성경
을 구텐베르크는 프랑크푸르트 박람회장에서 선보였다. 너무나 다행
스럽게도, 에네아 실비노 피콜로미니라는 사람이 카르바잘의 추기경

에게 보낸 편지가 지금까지 전해오고 있다. 1455년 3월 12일에 씌어진 이 편지에서 피콜로미니라는 사람은 추기경에게 박람회장에서 구텐베르크의 성경을 보았다고 전하고 있다.

완성된 성경은 아니었지만, 저는 성경의 권(券)들 몇 개를 담은 다섯 쪽짜리 소책자들을 상당수 보았습니다. 인쇄도 매우 선명하고 글자도 꽤 괜찮았고 결점이라곤 하나도 없는 그런 책이었습니다. 추기경님께서도 안경을 끼지 않고 매우 쉽게 읽으실 수 있을 겁니다. 많은 목격자들이 저에게 158권이 완성되었다고 일러 주고 있습니다. 심지어 모두 180권이라는 사람들도 있습니다. 저도 책의 양은 정확히 알 수 없지만 책의 완성도는, 사람들의 말을 믿을 수 있다면, 전혀 의심의 여지가 없습니다. 추기경님의 뜻이 어떤지를 알았다면 저도 분명히 한 권 구입했을 것입니다만. 이 5쪽짜리 소책자 중 몇 권은 황제에게 보내졌습니다. 판매용으로 나왔던 성경 중 한 권을 사려고 저도 백방으로 노력하고 있으며 추기경님을 위해서도 한 권 구입할 작정입니다. 하지만 불가능할지도 모른다는 불안감을 떨칠 수가 없군요. 책이 다 완성되기도 전에 성경을 구입하려는 손님들이 줄을 섰다는 말이 들리니까요.

구텐베르크의 발명품이 몰고 온 파장은 즉각적이고도 유난스러웠다. 그 활자본을 대하는 순간 독자들은 그 발명의 위대한 장점을 깨달았다. 제작 속도, 텍스트의 통일성, 그리고 상대적으로 값이 싸다는 이점이 그런 것이었다. 사상 처음으로 성경이 인쇄되고 채 몇 년도 지나지 않아 인쇄기는 유럽 전역으로 퍼져 나갔다. 이탈리아에서는 1465년, 프랑스에서는 1470년, 스페인에서는 1472년, 네덜란드와 영국에서는 1475년, 이어서 덴마크에서는 1489년에 각각 인쇄기가 세워졌다(인쇄술이 신대륙으로 넘어가기까지는 더 오랜 세월을 기다려야 했다. 신대륙 최초의 인쇄기는 1533년 멕시코시티에 설치되었으며 매사추세츠주의 케임브리지에는 1638년에야 설치되었다). 이런 인쇄기로 제작된 '인큐내뷸러'[1]가 3만 권 이상으로 집계되고 있다. 15세기의 인쇄량이 통상 250부 미만이었고 1천 부에 달하는 책이 거의 없었다는 사실을 감안하면, 구텐베르크의 위업은 가히 경탄할 만한 것이었다. 이때부터 갑자기, 글자를 발명한 이래 처음으로 읽을거리를 신속하게 많은 양으로 생산하는 일이 가능해졌다.

이제야 필사 시대는 종말을 고하고 말았다는 예측에도 불구하고 인쇄술이 필사 텍스트에 대한 취향을 완전히 없애지는 못했다는 사실은 마음 속 깊이 새겨 볼 만하다. 그러기는커녕 오히려 구텐베르크와 그의 추종자들은 필사자들의 손재간을 흉내내려고 노력했다. 지금까지 전해오는 인큐내뷸러는 외관이 필사본을 쏙 빼닮았다. 15세기 말경에는, 비록 인쇄술이 확립된 터였지만 우아한 손재능에 대한 동경이 사그러들지 않았고, 서구 역사상 가장 기억할 만한 달필의 일부는 아직 미래의 일로 남아 있었다. 책을 대하기가 더 쉬워졌고, 따라서 더 많은 사람들이 읽기를 배우는 한편으로 글자를 보다 우아하고 두드러지게 쓰려고 애쓰게 되었다. 그래서 16세기는 인쇄의 시대일 뿐만 아니라 훌륭한 육필 입문서의 시대이기도 했다. 기술상의 발전이—구텐베르크의 경우처럼—그 기술로 인해 뿌리째 뽑혀 버리리라고 예상되던 것들을 제거하기보다는 오히려 발전시키는 예가 얼마나 많은지 주목하는 일은 매우 흥미롭다. 자칫 간과하거나 무시해도 좋다는 식으로 지나쳐 버릴 수 있는 전통적인 미덕에도 참다운 가치가 담겨 있음을 깨닫게 하는 대목이다. 오늘날 컴퓨터 기술과 CD롬 서적

[1] incunabula. 활자본. 17세기 라틴어로 '요람과 관계된'이란 뜻으로 일반적으로 유럽에서 1500년 이전에 활판 인쇄된 책을 뜻함.

의 확산도—통계상으로는—옛날 식의 코덱스 형태를 지키고 있는 책의 생산과 판매에 별다른 영향을 미치지 못하고 있다. 컴퓨터의 개발을 악마가 현신한 것이라 보았던 사람들(스벤 버커츠가 『구텐베르크 비가悲歌』라는 극적인 제목을 붙인 책에서 그랬듯이)도 종이책에 대한 향수가 경험을 지배한다고 인정한다.

구텐베르크 이후 책 생산이 급증한 것은 책의 내용과 물리적 생김새 사이의 관계를 부각시켰다. 예를 들면, 구텐베르크의 성경이 당시의 값비싼 육필 서적을 모방하려 들었기 때문에 이 성경은 몇 장씩 낱장으로 구입했다가 나중에 그것을 구입한 사람의 손에 의해 부피가 두꺼운 책으로, 보통 가로 세로 12, 16인치인 4절판으로 성서대에 진열할 책으로 묶였다. 벨럼으로 이만한 크기의 성경을 만든다면 양 200마리 이상의 양피가 필요했을 것이다(고서상인 앨런 G. 토머스의 표현을 빌리면 '불면증에 더없이 확실한 치료법'이었다). 그러나 좀더 저렴한 비용으로 신속하게 책이 생산되자 책을 구입할 능력을 갖춘 사람들은 좀더 은밀하게 책을 읽고 싶은 갈망을 느끼게 되었고, 그에 따라서 커다란 활자나 판형을 원하지 않는 사람들이 큰 시장을 형성하게 되었다. 그래서 구텐베르크의 후계자들은 결국 좀더 크기가 작고, 주머니에 넣을 만한 책들을 생산하기 시작했다.

1453년에 콘스탄티노플이 오스만 제국에 함락되자 보스포러스 해안에 학교를 설립했던 상당수의 그리스 학자들이 이탈리아로 이주해 왔다. 이제 베네치아가 고전 배움터의 새로운 중심지로 각광받게 되었다. 그리고 한 40년쯤 지나, 피코 델라 미란돌라와 같은 뛰어난 학생들을 그리스어와 라틴어로 교육시켰던 이탈리아의 인문주의자 알두스 마누티우스는 실용적인 크기의 고전 책자 없이는 가르치는 일이 어렵다는 사실을 깨닫고 구텐베르크의 기술을 빌리기로 작정했다. 그리고 자신의 강의에 필요한 책들을 정확히 출판할 수 있는 인쇄소를 손수 설립하기에 이르렀다. 마누티우스는 동방에서 쫓겨난 학자들이 몰려들고 있다는 이점을 이용하기 위해 베네치아에 자신의 인쇄소를 설립하고는 아마도 필사자 출신이었던 크레타 난민들을 식자공과 교정공으로 고용했을 것이다. 1494년 마누티우스는 야심찬 인쇄 출판 프로그램을 마련했는데, 그는 훗날 인쇄 역사상 가장 아름다운 책 몇 권을 남겼다. 처음에는 그리스어로—소포클레스, 아리스토텔레스, 플라톤, 투키디데스—이어서 라틴어로—베르길리우스, 호라티우스, 오비디우스—책을 찍었다. 마누티우스가 볼 때 이런 저명한 작가들은 '중간 매개를 거치지 않고' 직접 읽혀져야만 했다(원래의 언어로, 그리고 가능한 한 주석이나 해설 없이). 또한 그는 독자들이 고전 옆에다가 역시 자신이 출판한 문법서와 사전을 놓고 '결출한 사자(死者)들과 자유롭게 대화를 나눌 수' 있기를 바랐다. 그는 그 지방의 전문가들에게 지원을 구했을 뿐만 아니라 유럽 전역에서 뛰어난 인문주의자들—로테르담의 에라스무스 같은 선각자를 포함—에게까지도 손을 뻗쳤다. 하루 한 번 이들 학자들은 마누티우스의 집에 모여 앞서 수많은 세월 동안 체계화된 고전 소장품들을 추려 내면서 인쇄할 책에 대해 논의하고, 믿을 만한 자료로 어떤 필사본을 이용

키케로의 알두스판 포켓북. 화려함은 없지만 고상한 절제가 담긴 수수한 책이다.

할 것인지를 의논했다. "중세 인문주의자들을 다 모아 놓고 보면 르네상스기 인문주의자들이 두드러지게 마련이었다"고 역사학자 앤터니 크래프턴은 적고 있다. 마누티우스는 아주 정확한 눈으로 식별해 냈다. 고전 작가 명단에 특별히 위대한 이탈리아 시인이었던 단테와 페트라르카의 작품을 보탰다.

개인용 서재가 늘어남에 따라 독서가들은 부피가 큰 책들이 다루기가 어렵고 갖고 다니기에 불편할 뿐 아니라 보관하는 데도 성가시다는 사실을 깨닫기 시작했다. 1501년 자신의 초판이 성공을 거두자 자신만만해진 마누티우스는 독자들의 요구에 부응해 4절판의 반인 8절판으로, 인쇄도 선명하고 편집도 꼼꼼하게 해 주머니 크기만한 책을 시리즈로 찍어 냈다. 제작 비용을 줄이기 위해 그는 한번에 1천부씩 찍고 책장도 좀더 경제적으로 활용하기 위해 새로 개발한 활자인 '이탤릭체'를 사용했다. 이 글자체를 개발한 볼로냐의 프란체스코 그리포는 또 행의 균형 감각을 높이기 위해 머리글자를 소문자의 최고 높이보다 더 낮게 한 로마체 활자를 최초로 개발한 인물이기도 했다. 그런 노력으로 중세 전반에 인기를 모았던 화려한 필사본보다 훨씬 더 수수해 보이는 책이 탄생되었다. 고상한 절제가 잘 담긴 책이라고나 할까.

알두스판 포켓북을 소유했던 사람들에게 무엇보다 중요했던 것은 책이 과거처럼 장식적인 물건이 아니라 이제는 명료한 지식을 풍부하게 담은 텍스트라는 사실이었다. 그리포의 이탤릭체 활자(시에나의 성 카타리나의 편지 모음을 설명하는 판목에 처음 도입되어 1500년에 처음 인쇄되었다)는 글자들 사이의 미묘한 균형 쪽으로 독자들의 관심을 유도했다. 현대 영국의 비평가인 프랜시스 메이늘 경에 따르면, 이탤릭체는 독자들의 눈의 움직임을 느리게 해서 "텍스트의 아름다움을 흡수하는 능력을 배가시켜 준다"고 한다.

이런 책들은 필사본에 비해, 특히 삽화가 들어간 필사본에 비해 값이 월등히 쌌고, 혹 분실하거나 파손되더라도 똑같은 것으로 대체할 수 있었기 때문에 새로운 독서가들의 눈으로 보면 부의 상징이기보다는 상류 지식층 계급의 상징이었고 공부를 위한 필수 도구들이었다. 고대 로마 시대나 중세 초기에 서적상들과 출판업자들은 거래할 상품으로서 책을 생산했지만 비용이 매우 높고 생산 자체가 극히 드물다 보니 책을 소유한 독서가는 뭔가 독특한 것을 가졌다는 특권 의식을 품었다. 그러던 것이 인류 역사상 처음으로 구텐베르크 이후 수백 명의 독서가들이 똑같은 책을 소유할 수 있게 되었으며

그리포의 이탤릭체가 최초로 사용된 알두스판 '성 카타리나의 편지글 모음집'. 성녀의 한쪽 손에는 펼쳐진 책이, 다른 쪽 손에는 하트가 들려 있다.

(한 사람의 독서가가 책에 사사로운 표시를 하고 개인적인 역사를 불어넣을 때까지는) 마드리드의 어느 누군가에게 읽혀진 책은 몽펠리에의 어느 누군가에게 읽혀지는 책과 똑같은 것이었다.

마누티우스의 사업은 매우 성공적이어서 유럽 전역에 걸쳐 그의 판을 모방한 책이 우후죽순처럼 생겨났다. 프랑스의 경우 리옹에서는 그리피외, 파리에서는 콜린느와 로베르 에스티엔느에 의해, 네덜란드의 경우 안트베르펜에서는 플란틴, 라이덴과 헤이그와 위트레흐트와 암스테르담에서는 엘제비르에 의해 그런 판형이 선보였다. 1515년에 마누티우스가 눈을 감자 장례식에 참석했던 인문주의자들은 그의 관 주위에 마치 학식의 깊이를 지키는 파수꾼이라도 되는 양 그가 출판하고

자 그렇게도 열정적으로 선정했던 책들을 쭉 세워 놓기도 했다.

알두스와 그와 비슷한 다른 사람들이 내놓은 표본은 적어도 1백 년 이상 유럽에서 인쇄의 표준으로 통했다. 그러나 몇 세기 지나지 않아 독서가들의 요구가 다시 변하기 시작했다. 모든 종류의 책에 걸쳐 수많은 판형이 쏟아져 나와 선택의 폭이 지나치게 넓어졌다. 그때까지 좀더 훌륭한 판을 유도하고 일반 대중의 책에 대한 관심을 고양시키는 역할을 맡았던 출판업자들간의 경쟁은 이제 형편없는 품질의 책을 만드는 쪽으로 기울어졌다. 16세기 중반 무렵에는 독자들이 아마 '콘스탄티누스 로마 황제가 A.D. 330년에 콘스탄티노플을 건설한 이래로 유럽의 모든 필사자들이 만들어 낸 것보다도 더 많은' 양인 8백여만 권의 책을 놓고 선택할 수 있었을 것이다. 분명한 것은 이런 변화들이 급작스레 들이닥쳤거나 널리 퍼지지는 않았다는 사실이다. 하지만 16세기 말부터 출판업자와 서적상들은 더 이상 문학 세계를 후원하는 일에는 관심을 보이지 않고 그저 판매가 보장되는 책만을 출판하려 들었다. 돈이 많았던 사람들은 시장이 보장된 책과 그 옛날에 베스트셀러였던 전통적인 종교 서적, 특히 교부들이 냈던 책의 복각본으로 큰 돈을 끌어모았다. 다른 사람들은 학자들의 강의에 대한 해설서와 문법 입문서와 혼북[1]으로 학문 시장을 독점했다.

16세기부터 19세기까지 사용되었던 혼북은 통상 학생들에게 처음으로 주어지는 책이었다. 지금까지 전해지는 혼북은 퍽 드물다. 혼북은 보통 얄따란 오크 나무판으로 만들어지는데 크기는 길이가 9인치 너비가 6인치 정도였으며 판에다가 철자와 간혹 아라비아 숫자 9개와 주기도문을 인쇄한 종이를 붙였다. 혼북에는 또 손잡이가 달려 있었으며 앞면은 더럽혀지지 않도록 동물뼈의 투명한 각질로 덮여 있다. 그리고 나무판자와 각질은 서로 떨어지지 않게 얇은 청

[1] hornbook. 초급 독본.

동틀로 붙여졌다. 영국의 조경사이자 시인이었던 윌리엄 셴스턴[1]은 『여선생』에서 그 책을 이런 시구로 표현하고 있다.

> 학생들의 손에 쥐어진 훌륭한 책들,
> 그 위에 뿔의 투명한 각질을 덮은 뜻은,
> 손가락이 글자를 더럽히지 않도록 함이라.

'기도판(板)'으로도 알려진, 혼북과 유사한 책들이 18, 19세기 나이지리아에서는 코란을 가르치는 데 이용되었다. 그 책들은 광택이 나는 나무로 만들어졌으며 윗부분에는 손잡이가 달려 있고, 글자는 직접 나무판에 붙인 종이에 적었다.

주머니에 쉽게 넣을 수 있는 책, 모양만으로도 친근해 보이는 책, 어느 장소에서나 읽어도 좋겠다는 느낌을 안겨 주는 책, 도서관이나 수도원 바깥에서도 꼴사납다는 평을 듣지 않을 책, 이런 책들이 다양한 형태로 나타났다. 17세기 전반에 행상인들은 자그마한 책자들과 (셰익스피어의 극 『겨울 이야기』에 그려진 것처럼 "남자나 여자에게" 적절한 모든 크기의) 발라드를 팔았는데, 이런 책들은 그 다음 세기에 '챕북'[2]으로 통하게 되었다. 대중적인

왼쪽은 엘리자베스 시대의 '혼북'. 오른쪽은 19세기 나이지리아에서 코란을 가르치는 데 사용된 기도판. 이들이 사용된 시간과 장소는 서로 다르지만 그 모양이 매우 흡사하다.

1) William Shenston, 1714~1763.
2) chapbook. 호객 행상인이 팔고 다니던 값싼 책.

16세기, 돌아다니면서 소책자를 팔았던 행상인의 모습.

책에서 선호되던 크기는 8절판이었다. 한 장의 종이로 16쪽짜리 소책자를 쉽게 만들 수 있다는 이유에서였다. 18세기 들어 독자들이 이야기나 발라드에 등장하는 사건에 대해 더욱 충실한 설명이 덧붙여지기를 원했기 때문에 종이는 12부분으로 접어졌고 따라서 소책자는 24쪽으로 보다 두꺼워졌다. 네덜란드의 엘제비르가 이 판형으로 제작한 클래식 시리즈가 부(富)의 정도가 약간 떨어지는 독자들 사이에 선풍적인 인기를 끌자 속물 근성이 강했던 체스터필드 백작은 "어쩌다가 주머니에 엘제비르 클래식을 넣고 다닌다 해도 절대로 그 책에 대해 이야기하거나 보여 줘서는 안 된다"고까지 말했다.

오늘날 우리가 알고 있는 포켓 페이퍼백은 그러고도 한참 세월이 흐를 때까지 나타나지 않았다. 영국에서 최초로 출판 협회와 서적상 협회, 작가 협회, 그리고 저작권 제도와 한 권에 6실링 하는 소설이 탄생했던 빅토리아 시대에 이르러서야 포켓북 시리즈도 선을 보였다. 그럼에도 불구하고 서가는 계속 커다란 판형의 책들로 채워졌다. 19세기 귀스타브 도레[1]가 그린 삽화를 보면 파리국립도서관에서 어느 불쌍한 서기가 이런 유의 거대한 책을 옮기느라 낑낑대는 장면이 나온다. 그 정도로 당시에는 커다란 판형의 책들이 많이 출판되고 있었다. 제본용 천이 값비싼 가죽을 대신했으며 천에는 인쇄가 가능했기 때문에 곧 표지글도 실리게 되었

1) Gustave Doré, 1833~1883. 프랑스의 미술가. |

유럽에서 커다란 크기의 책이 유행하는 것을 풍자한 귀스타브 도레의 삽화. 어느 불쌍한 서기가
거대한 책을 옮기느라 낑낑대고 있다.

다. 이제 독자들이 손에 쥐고 있는 책은—편리한 8절판 판형에 푸른색
천으로 장정한 대중 소설이든 아니면 과학 입문서든—한 세기 앞서서
모로코 가죽[1]으로 장정한 책들과는 크게 달랐다. 이제 책은 귀족적인
취미가 덜하고 접근이 좀더 쉬워져 숭고함이 덜한 물건이 되어 버렸
다. 이제 책은 독자들에게 경제적이면서도 꽤 즐거움을 주는 중산층의
어떤 세련된 취미가 되었다. 어떤 식이냐 하면, 영국의 가구 디자이너
인 윌리엄 모리스[2]가 대중적이리라는 판단에서 내놓은 유행이 결국에
는 새로운 사치가 되어 버린 것과 같다고나 할까. 모리스의 스타일은
일상의 물건이 지니는 전통적인 아름다움
에 바탕을 둔 것이었다. 19세기 중반 독자
들이 기대했던 새로운 책들의 경우 우수성

1) 가느다란 돌결이 있는 가죽.
2) William Morris, 1834~1896. 수공예에 의한 장식
   미술을 생활 속에 살릴 것을 제창한 영국의 시인이자
   공예가.

의 기준은 희귀성이 아니라 즐거움과 실용성의 적절한 배합이었다. 이제 침실 겸용의 거실과 별채에도 개인용 서재가 등장하게 되었고 서재에 꽂힌 책들은 다른 가구들의 사회적 지위와도 잘 어울렸다.

17, 18세기 유럽에서 책은 개인의 서재나 공공 도서관의 사방 벽 안의 막힌 공간에서만 읽는 것으로 여겨졌다. 그러던 것이 이제는 열려진 공간, 특히 여행을 떠날 때 휴대할 수 있는 책들이 출판되기에 이르렀다. 19세기 영국에서는 부르주아들이 새롭게 여가 시간을 누릴 수 있게 된 데다가 철도망이 확대됨에 따라 갑자기 장거리 여행의 욕구가 강해졌으며, 따라서 문학을 사랑하는 여행객들은 특정 내용이나 크기의 읽을거리가 필요하다는 사실을 깨달았던 것이다(1세기가 더 지나 내 아버지께서는 당신 서재에 초록색 가죽 장정을 한 책들과 '평범한 페이퍼백'을 구분하셨는데, 장정이 초록색 가죽인 책은 신성한 서가에서 아무도 뽑아 갈 수 없었으며 페이퍼백은 테라스의 고리버들 테이블에 올려진 채 누렇게 색이 바래 가도 그냥 방치되었다. 그러면 간혹 내가 길 잃은 고양이를 돌보는 심정으로 그것을 내 방으로 거두어들이곤 했다).

1792년에 헨리 월턴 스미스와 그의 부인 애나는 런던의 리틀 그로스버너 거리에 자그마한 신문 가판대를 하나 열었다. 그리고 56년 뒤, W.H. 스미스 앤드 선(W.H. Smith & Son)이 런던의 유스턴 역에 최초의 철도 서점을 개설했다. 이 책방은 곧바로 루트리지 출판사의 레일웨이 라이브러리, 트래블러스 라이브러리, 런 앤드 리드 라이브러리와 일러스트레이티드 노블스, 그리고 셀리브레이티드 웍스 시리즈 등을 구비해 나갔다. 이런 책들의 판형은 약간씩 다르긴 했지만 주로 8절판이었으며 극소수는(예컨대 디킨스의 『크리스마스 캐럴』과 같은 책) 16절판으로 발행되거나 두꺼운 종이로 제본되기도 했다. 신문 판매점들은 (블랙풀 노스에 있던 W.H. 스미스의 책방을 1896년에 찍은 사진으로 판단하건대) 여행객들에게 좀더 다양한 읽을거리를 선택할 수 있도록 이런 책만이 아니라 잡지와 신문까지 팔았다.

1841년 라이프치히의 크리스티안 베른하르트 타우흐니츠가 페이퍼백 시리즈 중에서 가장 야심적인 시리즈를 내놓기 시작했다. 평균 1주일에 한 종씩 펴내 시리즈 발간 후 1백 년 동안 무려 5천 종 이상을 출간했고 5천만 권 내지 6천만 권을 팔았다. 타이틀 선택은 탁월했지만 책으로 나온 제품은 그 내용에 상응하지 못했다. 책들은 활자가 작고 거의 정사각형에 가까웠으며, 판박이처럼 똑같았던 표지는 독자의 손에도 눈에도 호소력을 갖지 못했다.

17년 뒤, 라이프치히의 레클람 출판사가 셰익스피어 작품을 12권짜리로 번역 출간했다. 즉각 성공을 거두자 레클람 사는 이 셰익스피어

1896년 블랙풀 노스에 있는 W.H. 스미스 철도 서점.

의 희곡을 좀더 세분화하여 25권짜리 책으로 만들었다. 그 책들은 분홍빛 표지로 되었으며, 한 권에 0.1페니히라는 파격적인 가격으로 판매하여 놀랄 만한 센세이션을 불러일으켰다. 1867년에는 죽은 지 30년이 넘은 독일 작가들의 모든 작품이 사회의 공유 재산이 되었기 때문에 레클람은 그 시리즈를 유니버설 비블리오테크라는 이름으로 계속 출판할 수 있었다. 이 출판사는 이어 괴테의 『파우스트』로 시작해 고골리, 푸슈킨, 뵈른손, 입센, 플라톤과 칸트를 출판했다. 영국에서는 이를 모방한 클래식 리프린트 시리즈—넬슨의 뉴센추리 라이브러리, 그랜트 리처드의 월드 클래식스, 콜린의 포켓 클래식스, 덴트의 에브리맨스 라이브러리—가 도전장을 던졌지만 유니버설 비블리오테크의 성공을 가리지는 못했다. 이 시리즈는 그 후에도 몇 년을 더 두고 페이퍼백 시리즈의 전형으로 남았다.

이 시리즈의 성공은 1935년까지 계속되었다. 그 1년 전, 영국의 출판업자 앨런 레인은 여류 추리 소설가인 애거서 크리스티와 그녀의 두 번째 남편과 함께 데번의 그들 집에서 어느 주말을 보내고 런던으로 돌아가기 위해 기차를 기다리던 중 뭔가 읽을 만한 것이 없을까 하고 역 구내의 책방을 살폈다. 대중 잡지나 값비싼 하드 커버, 싸구려 책 중에서는 그의 마음을 끄는 것이 아무것도 없었다. 그 순간 그에게는 값은 싸면서도 질은 우수한 포켓북이 필요하다는 생각이 스치고 지나갔다. 레인은 자신의 두 형제와 함께 일하던 보들리 헤드 사로 돌아와서 자신의 계획을 털어놓았다. 최고 작가들의 작품을 밝은 색깔의 페이퍼백 시리즈로 다시 펴낸다는 생각이었다. 그들의 목표는 단순히 평범한 독자들을 잡는 데 그치지 않았다. 글을 읽을 줄 아는 사람이면 누구나, 지식인이든 교양이 낮은 사람이든 다 유혹하겠다는 것이었다. 책을 서점이나 신문 가판대만이 아니라 찻집이나 문방구점, 담뱃가게에서도 팔 작정이었다.

이 프로젝트에 대해, 그에게 성공한 하드커버에 대한 리프린트[1] 권리를 팔 생각이 전혀 없었던 동료 출판업자들은 물론이고 보들리 헤드사에 있던 레인의 상급자들까지 콧방귀를 뀌었다. 서적상들도 그들의 수익이 줄어들고 책들이 글자 그대로 포켓으로 숨어 버릴 것이기 때문에 그렇게 열렬하게 반응하지 않았다. 그래도 레인은 단념하지 않았다. 결국 레인은 몇몇 타이틀을 리프린트해도 좋다는 허락을 얻어 내기에 이르렀다. 보들리 헤드에서 이미 발행했던 책 2권, 즉 앙드레 모루아의 『아리엘』과 애거서 크리스티의 『스타일즈장(莊)의 살인 사건』, 그리고 어네스트 헤밍웨이와 도로시 L. 세이어스 같은 베스트셀러 작가들의 작품, 수잔 어츠와 E. H. 영과 같이 지금은 덜 알려진 작가들의 작품 몇 점이 그런 타이틀들이었다.

이제 레인에게 필요한 것은 시리즈의 이름이었다. '월드 클래식스' 같이 거창하지 않아야 하며 '에브리맨스' 처럼 선심 쓰는 체하는 이름이어서도 곤란했다. 제일 먼저 떠오른 것은 동물 이름들이었다. 돌핀, 이어서 포퍼스(참돌고래. 이 이름은 이미 파베르 앤드 파베르에 의해 사용되었음), 그리고 마침내 펭귄이 떠올랐다. 맞아, 바로 그 이름이었다.

1935년 7월 30일, 펭귄 시리즈의 첫 열 권이 권당 6펜스에 선을 보였다. 레인은 각 타이틀마다 1만 7천 부만 팔리면 본전을 뽑을 것이라 예상했지만 첫번째 판매는 겨우 7천 부에 지나지 않았다. 그래서 그는 거대한 잡화점 체인인 울워스에서 구매 활동을 벌이던 클리포드 프레스컷이라는 사람을 만나러 갔다. 하지만 반응은 시큰둥했다. 책을 양말 세트나 차통 등과 나란히 놓고 판매한다는 생각은 아무래도 우스꽝스러워 보였던 모양이다. 바로 그 순간 정말로 우연히도 프레스컷 부인이 남편의 사

1) 동일 출판물을 딴 출판사가 판권을 양도받아 그대로 출판하는 일.

처음으로 선보인 펭귄 시리즈 첫 열 권의 모습.

짧은 사랑의 시가 담긴 하트 모양의 책.

무실로 들어섰다. 책을 잡화점에서 판다는 아이디어에 대해 어떻게 생각하느냐는 질문을 받고 그녀는 아주 열정적으로 반응했다. 안 될 이유가 뭐야, 라고 그녀는 반문했다. 책을 양말과 차(茶)처럼 항상 필요로 하고, 또 가까이서 구입할 수 있는 일상 생활용품으로 취급해서는 안 되는 이유가 있을까? 프레스컷 부인 덕택에 그 거래는 성사될 수 있었다.

이런 새로운 책들에 대해, 조지 오웰은 한 사람의 독자로서 또 작가로서 자신의 반응을 이렇게 요약했다. "독자로서 내 개인의 입장을 밝히면 나는 펭귄 북스를 찬양한다. 하지만 작가라는 입장에서는 그것을 이단이라고 선언하고 싶다.……그 결과는 (소설가들을 길러 내는 유모라 할 수 있는) 대출 문고를 절름발이로 만들고 새로운 소설 작품의 창작을 억누르게 될 싸구려 리프린트의 범람을 부를 것이다. 이는 기록물에는 좋은 일이 될 것이지만 장사에는 매우 나쁘게 작용할 것이다." 그의 판단은 틀렸다. 펭귄 북스의 독특한 특징(엄청난 배부량, 저렴한 가격, 우수한 내용과 폭넓은 타이틀) 이상으로 펭귄의 위대한 성취는 상징적인 의미를 지녔다. 그토록 폭넓은 문학들을 거의 모든 사람에 의해, 그리고 튀니스에서 아르헨티나의 티커만까지, 또 쿡 제도에서 레이캬비크까지(이는 영국 팽창주의의 산물이어서 나도 이 모든 곳에서 펭귄을 사서 읽을 수 있었다), 거의 모든 곳에서 구입할 수 있다는 사실을 깨닫는 것은 독자들에게 이 세상 어느 곳에나 책 읽는 사람들이 편재해 있다는 상징으로 와닿았다.

아마도 새로운 모양의 책을 창안하는 작업은 끝이 없을 테지만 특이한 모양의 책이 현세에까지 전해 내려오는 경우는 꽤 드물다. 1475년경 귀족 출신 성직자였던 장 드 몽슈뉘가 사랑의 시와 그림을 그려 넣어 만든 하트 모양의 책, 바르톨로메우스 판 데어 헬스트가 그린 그림의 주인공인 17세기 중반 어

바르톨로메우스 판 데어 헬스트가 그린 17세기 네덜란드의 한 여성. 오른손에 자그마한 소책자를 쥐고 있다.

느 젊은 네덜란드 여성의 오른손에 쥐어진 자그마한 소책자, 이 세상에서 가장 작은 책으로 1673년 네덜란드에서 쓰여졌고 길이가 통상적인 우표보다도 더 작아 가로 세로 0.3인치와 0.5인치에 지나지 않았던 『인클로즈드 플라워-가든』등이 진귀한 책들이다. 1827년에서 1838년 사이에 출간된 존 제임스 오듀본의 2절판 『아메리카의 조류』는 이 책 때문에 저자가 가난에 찌들고 정신 이상까지 일으켜 혼자 외롭게 죽어갔다는 가슴 아픈 사연을 간직하고 있다. 1950년에 뉴욕의 '한정판클럽'을 위해서 브루스 로저스가 디자인한 『걸리버 여행기』의 '릴리퓨션'[1]판과 브롭딩내기언[2]판을 함께 묶은 책도 그런 예이다. 이런 책들은 호기심만 아니었다면 결

1) 『걸리버 여행기』에 나오는 소인국의 명칭.
2) 『걸리버 여행기』에 나오는 대인국의 명칭.

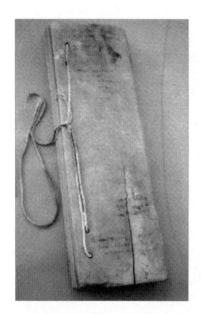

사하라 사막에서 오아시스를 발굴하던 중 발견된
코덱스 형태의 나무 책.

코 지금까지 내려올 수 없었을 것이다. 하지만 본질적인 형태, 즉 독자들에게 지식의 물리적 무게와 커다란 삽화, 아니면 산책을 나가거나 잠자리에 들 때 책을 들고 가는 데 따르는 즐거움을 느끼게 해주는 책 판형은 그대로 남아 있다.

1980년대 중반에 사하라 사막에서 거대한 다크라 오아시스를 발굴하던 북아메리카 고고학자들은 4세기에 지어진 것으로 추정되는 어느 집 단층짜리 부속 건물의 구석에서 완벽한 형태의 책 두 권을 발견했다. 하나는 아테네 철학자인 이소크라테스[1]가 남긴 정치 에세이 3편의 초기 필사본이고, 다른 하나는 어느 지방의 부동산 관리인이 4년에 걸쳐 자금 거래 상황을 기록한 것이었다. 이 회계 장부는 인류에게 코덱스 형태로 완벽하게 남아 있는 것 중에서 가장 오래된 책이며 종이가 아니라 나무로 만들어졌다는 사실만을 빼고는 오늘날의 페이퍼백과 매우 닮았다. 가로 세로 크기가 5~13인치이고, 두께가 16분의 1인치인 나무판에는 왼쪽에 구멍이 4개 뚫려 있으며 8장 단위로 나눠져 끈으로 묶여 있다. 이 회계 장부는 4년이란 기간을 두고 쓰여졌기 때문에 단단하고 옮기기 편해야 했으며 사용하기도 편하고 질겨야 했다. 회계 장부를 기록했던 그 익명의 독서가가 머리에 담고 있었던 책의 조건은 약간의 사소한 변화만 있었을 뿐 지금도 그대로 유효하며 세월이 1600년도 더 지난 지금 나의 것과도 일치한다.

1) Isocrates, 436 B.C.~338 B.C.

위의 왼쪽은『걸리버 여행기』의 1950년판. 대인국판과 소인국판이 그 이름에 걸맞게 서로 다른 크기로 만들어진 것이 매우 익살스럽다. 위의 오른쪽은 1673년 네덜란드에서 나온 세상에서 가장 작은 책. 아래쪽은 제임스 오듀본의『아메리카의 조류』. 오른편에 보이는 사람의 손과 비교해 그 크기를 짐작할 수 있다.

혼자만의 은밀한 독서

차틸런 콜리니의 정원에서 책을 읽고 있는 18세의 콜레트.

여름이다. 생-소붸랑-퓌세라는 잿빛 마을에서, 창문 너머 로스피스 거리의 자갈 위로 짐마차가 덜컹거리는 소리가 간간히 들려오는 가운데, 여덟 살 난 한 소녀가 깃털 베개가 흩어져 있는 폭신한 침대에 몸을 파묻고서 빅토르 위고의 『레 미제라블』을 읽고 있다. 그 소녀는 많은 책을 읽지는 않는다. 그저 같은 책을 몇 번이고 반복해서 읽을 뿐이다. 그녀는 훗날 자신이 '이성적인 열정'이라고 부르게 될 그런 정성으로 『레 미제라블』을 읽는다. 그러면서 그녀는 '보금자리에 웅크리고 있는 개처럼' 자신도 그 책의 책장 속에 둥지를 틀 수 있다고 느낀다. 밤이면 밤마다 그녀는 장발장의 고통스런 여정을 따라서 코세트도 다시 만나고 마리우스도 만나고 심지어 그 무시무시한 자베르까지 만나고 싶은 마음이 간절해진다(사실 그녀의 마음이 끌리지 않는 유일한 등장 인물은 몹시도 용맹스런 가브로슈이다).

나무와 꽃을 심은 화분이 놓여 있는 뒤뜰 정원에서라면 그 소녀는 이탈리아 전투에서 왼쪽 발을 잃은 아버지와 읽을거리를 놓고 경쟁을 벌여야만 한다. 그녀의 아버지는 (자기만의 성역인) 서재로 향하는 길에 신문—『르 탕』—과 잡지—『라 나튀르』—를 집고, 회색 눈썹 밑으로 코사크인 특유의 눈빛을 반짝이며 테이블 위에 놓인 인쇄물이란 인쇄물은 죄다 쓸어 간다. 그렇게 그의 손에 집혀 서재로 들어간 인쇄물은 그 후로는 두 번 다시 햇빛을 볼 수 없게 된다. 경험을 통해 그 소녀는 자신의 책들을 아버지의 손길이 닿지 않는 곳에 두는 게 낫다는 사실을 깨달았다.

그 소녀의 어머니는 소설을 신뢰하지 않는다. "복잡하게 뒤얽힌 구성하며, 그 따위 소설 나부랭이에는 열정적인 사랑도 왜 그다지 많은지"라고 그녀는 딸에게 말한다. "실제 인생살이를 보면 사람들이 마음을 쏟아야 할 것들은 그 외에도 너무나 많아. 너가 증인이잖아. 너는 내가 그 따위 책에 등장하는 인물들처럼 사랑에 대해 하소연을 늘어놓는 꼴을 본 적이 없잖아. 그런데도 나에게 소설에 등장할 권리를 준다면 나는 이렇게 말할걸! 나에게는 남편이 둘이고 아이가 넷이야! 라고." 그녀는 자기 딸이, 머지않아 있을 성찬식을 앞두고 교리 문답집을 읽는 것을 발견해도 금세 발끈했다. "아니, 꼬치꼬치 따져 묻는 구역질 나는 습관을 내가 얼마나 혐오하는데! '하느님은 뭐야?' '이건 뭐야?' '저건 뭐야?' 이런 의문 부호들, 극단적인 탐구, 호기심, 나는 이 모든 것들이 몹시 경솔한 짓이란 걸 잘 알아! 그리고 '내가 너에게 묻고 있잖아!' 라는 식의 그 건방진 태도도 말야. 십계명을 이런 잠꼬대 같은 소리로 번역한 사람은 누굴까? 정말이지, 이런 책이 어린아이의 손에 쥐어져 있는 꼴은 보고 싶지 않아!"

아버지의 도전에 직면한 상황에서, 그리고 어머니의 감시의 눈길을 벗어나기 힘든 현실에서 그 소녀는 자기 방에서, 밤에 자신의 침대에서 유일한 피난처를 찾는다. 어른이 된 후에도 줄곧 콜레트[1]는 이런 식으로 혼자만의 독서 공간을 추구하게 된다. 안뜰이 딸린 아담한 여관이든, 아니면 널찍한 시골 저택에서든, 세를 낸 침실 겸용 거실에서든, 아니면 파리의 넉넉한 아파트에서든, 가족과 함께든 아니면 혼자든 그녀는 자신이 불러들인 사람들에 한해서만 훼방이 용납되는 공간을 (늘 성공했던 것은 아니지만) 따로 두곤 했다. 담요를 포근하게 깐 침대에 쭉 펴고 드러누워서 두 손에 쥐어진 귀중한 책을 자신의 배에 얹고 있으면 그녀는 공간만이 아니라 시간의 단위까지도 자신의 것으로 만들 수 있었다(그녀는 그 사실을 모르고 있었지만 거기에서 3시간도 채 안 되는 거리에 위치한 퐁트브로 대수도원에 가보면 1204년에 죽은 아키텐의 엘레아노르 왕비의 무덤 덮개에 새겨진 조각도 꼭 이런 자세로 책을 잡고 있다).

1) Sidonie Gabrielle Collette, 1873~1954. 프랑스의 여류 소설가.

아키텐의 엘레아노르 왕비 무덤 덮개에 새겨진 조각. 그녀는 사후에도 계속해서 책을 읽고 있다.

나 역시도 침대에서 책을 읽는다. 어린 시절 수많은 밤을 맞았던 침대 속에서, 천장으로 길을 달리는 차량의 불빛이 괴기스럽게 스쳐 지나치는 낯선 호텔방에서, 방안의 냄새와 소리가 내게는 너무도 낯설었던 집에서, 해무(海霧)로 끈쩍거리던 여름날의 작은 별장에서, 아니면 산속의 공기가 하도 건조하여 내가 호흡을 쉽게 할 수 있도록 옆에 유카리나무 수액을 끓인 대야를 둬야만 했던 별장에서, 침대와 책의 결합은 어느 하늘 밑에 있더라도 나에게 매일 밤 고향을 찾은 듯한 안온함을 안겨다 주었다. 그 누구도 나를 불러내 이것 해라 저것 해라 요구하지 않았다. 나의 육체는 그저 침대 시트 밑에 꼼짝 않고 파묻혀 있을 뿐 아무것도 필요로 하지 않았다. 벌어지는 일들은 모조리 책 속에서였고, 나는 그 이야기의 변사가 되었다. 삶의 전개도 내가 책장을 넘기기 때문에 가능했다. 마지막 몇 장을 아끼며 책을 내려놓을 때, 마지막 장면은 적어도 내일까지는 일어나지 못하게 책장을 몇 장 남겨 두고서 세월까지 멎게 했다는 기분으로 베개에 푹 파묻힐 때 밀려오던 그 기쁨보다 더 황홀한 즐거움을 나는 기억하지 못한다.

책이라고 해서 모두가 침대에서 읽기에 적합한 것은 아니란 사실을 나는 알았다. 나에게는 탐정 이야기와 괴기 이야기가 가장 평화로운 잠으로 이끄는 것 같았다. 콜레트에게는 거리와 수풀, 어두컴컴한 하수관이나 바리케이드를 휘휘 나는 장면이 많은 『레 미제라블』이야말로 침실의 고요함에 어울리는 더없이 완벽한 책이었다.

W.H. 오든[1]도 이에 동의했다. 그는 어떤 사람이 읽는 책은 어떤 식으로든 그 책이 읽히는 장소의 지배를 받게 된다는 점을 지적했다. 그는 자신이 "윌트셔 다운스에서는 제프리의 작품들을 읽을 수 없으며 흡연실에서는 5행 희시(戱詩)를 음미할 수 없다"고 불평했다. 이 말은 사실일지 모른다. 책을 읽는 바로 그 순간에 우리를 둘러싸고 있는 세상과 매우 유사한 세계를 그 책에서 더듬게 된다면 불필요한 반복감을 느끼게 될 것이다. 나는 앙드레 지드가 콩고 강을 배로 유람하면서 부알로[2]를 읽는 모습을 상상해 본다. 그러면 무성하게 뒤엉킨 식물들과 정형으로 다듬은 17세기 시구절은 완벽한 대위법(對位法)을 이루며 너무도 잘 어울릴 듯하다.

하지만 콜레트가 발견해 낸 것처럼, 어떤 책의 경우는 단지 내용과 주위 환경간의 대조만을 요구하지 않는다. 일부 책은 책 읽기에 특별한 몸가짐을, 즉 독자의 육체가 특별한 자세를 취할 것을 요구하는 것 같다. 자연히 그런 자세에 적합한 독서 장소도 필요하게 된다(예를 들어 콜레트는 '고양이 중에서 가장 현명한' 팡셰트와 함께 자기 아버지의 안락의자에 웅크리고 앉을 수 있을 때까지는 미슐레[3]의 『프랑스사』를 읽을 수 없었다). 종종 책 읽기에 따르는 즐거움은 독자의 육체적 안락감에 크게 의존하는 경우가 많다.

토마스 아 켐피스는 15세기 초에 "나는 어디에서든 행복을 추구하려고 노력했지만 자그마한 책과 함께하는 좁은 구석을 제외하고는 그 어디에서도 행복을 찾을 수 없었다"고 고백했다. 그렇다면 그 좁은 구석이란 어디를 말하는 것이었을까? 그리고 어떤 자그마한 책이었을까? 우리가 책을 먼저 선택하고 그 책에 어울리는 구석을 선택하든, 아니면 구석을 먼저 확보하고

1) W.H. Auden, 1907~1973. 영국 태생의 미국 시인. 엘리엇 이래의 신시 운동에 대표적인 시인.

2) Nicolas Boileau, 1636~1711. 프랑스의 비평가이자 시인.

3) Jules Michelet, 1798~1874. 프랑스의 역사가.

그곳의 분위기에 어울릴 책을 결정하든, 한 가지 분명한 사실은 시간의 구애를 받는 책 읽기는 필연적으로 공간의 제약을 받게 되며, 이 두 가지 제약 사이의 관계는 떼어 놓기가 불가능하다는 점이다.

나에게는 안락의자에 앉아 읽는 책도 있고, 책상에 앉아 읽는 책도 있다. 또 지하철에서나 전차에서, 또 버스 안에서 읽는 책들도 있다. 그 중에서도 기차 안에서 앉아 읽는 책은 안락의자에서 읽는 책과 비슷한 특징을 보인다는 사실을 나는 알고 있다. 이는 아마 안락의자나 기차에서는 주변으로부터 나 자신을 쉽게 분리할 수 있기 때문이리라. 영국 소설가 앨런 실리토[1]도 "훌륭한 이야기를 읽기에 가장 좋은 시간은 사실 혼자서 기차를 타고 여행할 때이다. 주위에는 온통 낯선 얼굴인 데다가 창으로 낯선 풍경들이 흐르면 책 속에 펼쳐지는 복잡한 삶은 매우 특별하고 강렬한 인상으로 독자의 마음에 각인된다"고 말했던 적이 있다.

공공 도서관에서 읽는 책들은 다락이나 부엌에서 읽는 책과는 결코 맛이 같을 수가 없다. 1374년 에드워드 3세는 '자신의 침실에 보관하기 위해' 연애 소설 한 권에 66파운드 13실링 4펜스나 지불했는데, 이는 그런 책의 경우 꼭 침실에서 읽어야 한다는 판단에서였다. 12세기 작품인『성 그레고리우스의 생애』에는 화장실이 '아무런 방해도 받지 않고 서판(書板)을 읽을 수 있는 은밀한 공간'으로 그려진다. 헨리 밀러도 이에 동의한다. "나의 훌륭한 독서는 화장실에서 이뤄졌다"고 언젠가 고백한 적이 있다. "『율리시즈』에는 문장의 맛을 철저하게 뽑으려면 꼭 화장실에서 읽어야 하는 글들이 있다." 실제로 "보다 특별하고 망측한 목적으로 쓰이게 되어 있는" 그 작은 공간은 마르셀 프루스트에게는 "결코 침범당할 수 없는 고독이 요구되는 모든 일, 즉 독서나 몽상, 울음, 관능적 쾌락을 위한" 장소였다.

1) Alan Sillitoe, 1928~.

에피쿠로스 학파인 오마르 하이얌[1]은 큰 나뭇가지 밑의 탁 트인 공간에서 시를 읽을 것을 권했다. 그리고 몇 세기 뒤에 격식에 까다로웠던 생트뵈브는 스탈 부인[2]의 『회고록』을 '11월의 나무 밑에서' 읽으라고 충고했다. 셸리는 "옷을 홀랑 벗은 채 바위에 걸터앉아 땀이 다 식을 때까지 헤로도토스를 읽는 것이 나의 습관"이라고 쓰고 있다. 그렇지만 모든 사람들이 다 열린 하늘 밑에서 책을 읽을 수 있는 건 아니다. 마그리트 뒤라스는 "나는 좀처럼 해변가나 정원에서 책을 읽지 않는다"고 고백했다. "두 가지 빛, 다시 말해 햇빛과 책이 뿜어내는 빛을 한꺼번에 받으면서 책을 읽을 수는 없다. 언제나 전기불로만, 방안은 어둑하게 하고 책장에만 불을 밝힌 채 책을 읽도록 해야 한다."

책 읽는 행위를 통해 공간 자체를 변형시킬 수도 있다. 여름 휴가철 동안 프루스트는 다른 가족들이 아침 산책에 나서기만 하면 곧바로 살금살금 식당으로 들어가곤 했다. 그럴 때면 그의 주위에는 벽에 걸린 그림 접시와 금방 어제 날짜가 찢겨 나간 달력, 시계와 벽난로 등 '책 읽는 행위를 무척 존경하는' 동료들만 남았으며, 이런 것들은 비록 말을 건다고 할지라도 대답을 기다리지 않을 뿐 아니라 그 웅얼거림도 인간의 말과는 달리 프루스트 자신이 읽고 있는 단어의 의미를 결코 흐리게 하지 않는다는 확신으로 프루스트는 가슴이 부풀어올랐다. 그런 축복의 시간을 두 시간 정도 보낼 때쯤 "'지나치게 일찍' 식탁을 차리려고 요리사가 나타난다. 그럴 때도 요리사가 묵묵히 식탁을 차렸으면 얼마나 좋았을까! 하지만 그녀는 의무감에서 '그렇게 있으면 불편할 텐데, 책상이라도 가져다 드릴까요?' 라고 묻지 않을 수 없는 노릇이었다. 이어서 '아니, 고마워요' 라고 대답해야 할 판이면 누구나 책 읽기는 완전히 끝장이고 그때까지 아득히 묻어 두었던

1) Omar Khayyam, ?-1123?. 페르시아의 시인이자 수학자.
2) Madame de Staël, 1766~1817. 프랑스의 여류 소설가이자 비평가.

자신의 목소리를 불러내야만 한다. 그때까지 그 목소리는 눈으로 읽는 단어들을 매우 빠르게, 소리 없이 반복하고 있었다. 이제 말없이 반복하던 그 목소리도 '아니, 고마워요'라고 그럴듯하게 말하기 위해 열린 공간으로 끌려나와 그때까지 망각하고 있던 대답투의 억양까지 실어야만 한다." 시간이 더 흘러─밤에, 저녁 식사 시간이 끝난 뒤에─앞으로 읽어야 할 페이지가 몇 장 남지 않았을 때는 발각될 경우에 예상되는 벌까지 감수하면서 그는 촛불을 다시 밝혔다가 밤을 하얗게 지새곤 했다. 그 이유는 책을 한 권 다 읽고 나면 그때까지 가슴 졸이며 좇았던 구성과 등장 인물들에 대한 열정에 들떠 잠을 이룰 수가 없었기 때문이다. 그러면 그는 그 이야기가 계속 이어지기를 고대하면서, 아니면 적어도 그 자신이 그렇게나 열병을 앓았던 등장 인물들에 대해 조금이라도 더 알기를 바라면서 방안을 서성이거나 숨을 헐떡거리며 뒹굴곤 했다.

프루스트가 생의 종말에 가까워 천식의 고통을 덜기 위해 벽을 코르크로 바른 방에 갇혀 지내야 했을 때, 그는 푹신한 침대에 배를 깔고 엎드린 자세로 희미한 램프 불빛 아래에서 이런 글을 남겼다. "진정한 책은 밝은 햇살이나 다정한 대화에서 태어나는 것이 아니라 어둠과 침묵에서 탄생해야 한다"라고. 프루스트의 독자인 나도 한밤에 침대에 파묻혀 책장 위로는 어둑한 노란 불빛이 비치는 가운데 그 신비스런 탄생의 순간을 재연하고 있다.

조프리 초서[1]는─아니 그의 작품 『공작 부인의 책』에 등장하는 불면증 환자 부인은─침대 위에서의 독서를 서양 장기보다도 더 훌륭한 오락으로 여겼다.

하지만 침대에서 책을 읽음으로써 얻을 수 있는 것에는 오락 이외의 그 무엇이 있

---

1) Geoffrey Chaucer, 1340?~1400. 영국의 시인. 『켄터베리 이야기』로 유명함.

다. 바로 은밀함이다. 침대에서 책을 읽는 행위는 자기 중심적인 것으로, 절대 흔들림이 없고 세상에 자신을 노출시키지 않으며 일상의 사회 전통에서도 자유로울 수 있다. 또 그런 책 읽기는 욕망과 죄스럽기까지 한 나태의 영역인 침대 시트 안에서 이뤄지기 때문에 금지된 장난을 하는 듯한 스릴이 느껴지기도 한다. 아마 존 딕슨 카[1], 마이클 이니스, 앤터니 길버트의 탐정 소설에—이 작가들의 책을 나는 모두 사춘기 시절 여름 방학 때 읽었는데—이상야릇하게도 호색적인 색채를 불어넣었던 것도 바로 그런 한밤의 독서에 대한 기억 때문이 아닐까싶다. '책을 침대로 가져간다'는 일상적인 문구도 나에게는 언제나 관능적인 기대를 담고 있는 것처럼 보였다.

소설가 요세프 스크보레키는 공산주의 체코슬로바키아에서 보낸 소년 시절의 독서 경험을 이렇게 그리고 있다. "엄격하고 구속적인 규율로 다스려지던 체코에서 불복종은 벤자민 스폭[2] 박사 이전의 엄격한 방식으로 처벌받았다. 그런 규율의 하나를 보자. 침실의 불은 아홉 시 정각에 꺼야만 한다. 소년들은 아침 일곱 시면 기상해야 했고 매일 밤 열 시간을 자야 했다." 그리하여 침대에서의 책 읽기는 금지되었다. 불을 끈 뒤에는, 스크보레키의 표현을 빌리면 "침대에 쪼그리고 앉아 담요를 머리까지 푹 뒤집어쓰고는 매트리스 밑에서 회중전등을 끄집어내어 독서, 독서, 독서의 기쁨에 흠뻑 빠졌다. 그러다가 결국에는 자정도 훨씬 넘겨서 행복에 겨운 채 잠에 빠져들곤 했다"고 한다.

작가 애니 딜러드는 미국에서 어린 시절에 읽었던 책들이 어떤 식으로 자신을 중서부 마을에서 버텨 낼 수 있게 해줬는지를 회상한다. "책을 통해 나는 다른 어딘가에서의 삶을 그려 볼 수 있었다.…… 그래서 나는 침실로 달려가 열에 들떠 책을 읽는다. 그러다 보

1) John Dickson Carr, 1906~1977. 미국의 추리 소설가.
2) Benjamin Spock, 1903~. 어린이 양육에 사랑과 상식을 강조했던 미국의 소아과 의사.

면 창문 밖의 커다란 박달나무를, 지겹던 중서부의 여름을, 그리고 무시무시했던 중서부의 겨울까지 사랑하게 된다." 침대 속에서의 독서는 우리 주변의 세상을 닫기도 하고 열기도 한다.

침대에서 책을 읽는다는 개념은 그리 역사가 깊지 않다. '클리네' 라는 그리스의 침대는 휘었거나 직각, 아니면 동물 모양의 다리 위에 나무로 만든 틀을 고정시키고 귀중한 장식물을 많이 달아 놓아 책 읽기에는 결코 실용적이지 못했다. 사교 모임 동안에는 남자와 고급 창녀만이 침대를 사용할 수 있었다. 머리 받침이 낮고 발을 올려놓을 판도 없었으며 매트리스와 베개뿐이어서 순전히 잠을 자거나 여가 시간에 몸을 기대는 정도로만 사용되었다. 그런 자세로는 왼손으로 두루마리의 한쪽 끝을 잡고 오른손으로는 침대에 몸을 지탱하면서 다른 쪽 끝을 펴가며 두루마리 정도는 읽을 수 있었다. 하지만 그런 식의 독서는 아무래도 거추장스러울 수밖에 없었기 때문에 금방 불편해지고 얼마 지나지 않아 참을 수 없는 지경에 이르게 마련이었다.

로마인들은 책을 읽거나 글을 쓸 때 이용하는 침대를 포함해 다양한 목적의 침대를 가지고 있었다. 그래도 침대의 형태는 크게 다르지 않았다. 침대 다리는 휘어졌으며 대부분이 상감 세공과 청동으로 장식되어 있었다. 로마의 취침용 침대는 침실의 어둠 속에서 간혹 전혀 어울리지 않게 독서용 침대의 역할을 하기도 했다. 밀랍을 흠뻑 먹인 천으로 만든 촛불로 로마인들은 비교적 조용한 환경에서 밤 늦도록 책을 읽고 공부도 하곤 했다. 페트로니우스[1]의 『사티리콘』에 벼락부자로 등장하는 트리말치오는 몇 가지 용도로 만들어진 침대 위에 차곡차곡 포갠 여러 개의 작은 쿠션에 기댄 채 널따란 연회장으로 들려 나온다. 자신은 절대로 배움을 경멸하는 부류가 아니라고 떠벌리면서―그 사람에게는 서재가

1) Gaius Petronius Arbiter, ?~66?. 로마의 풍자 작가. |

한 석관 벽에 조각된 로마 귀족의 모습. 그는 몸을 한쪽으로 기울인 채 두루마리로 된 책을 읽고 있다.

두 개 있었는데 하나는 그리스어 서재였고 다른 하나는 라틴어 서재였
다—그는 즉흥시 몇 구절을 짓겠노라고 제안한 뒤 모여든 손님들 앞
에서 시를 읽는다. 트리말치오의 쓰는 행위와 읽는 행위는 똑같이 그
화려한 침대에 누운 채 이뤄졌다.

　기독교 유럽의 초기는 물론이고 12세기까지도 일상적인 침대는 언
제든지 내다 버릴 수 있는 간단한 물건이어서 전쟁이나 기아로 어쩔
수 없이 물러나야 할 때는 그냥 버리고 나왔다. 부유한 사람만이 정교
한 침대를 소유할 수 있었고 부유하지 않으면 거의 책을 장만할 수 없
었기 때문에 현란한 침대와 서적은 가문의 부를 상징하는 것이 되었
다. 11세기 비잔틴의 귀족인 에우스타티우스 보일라스는 자신의 유언
장에 성경 한 권과 성인전, 역사서 몇 권, 당시 인기 높았던 『알렉산더
대왕의 삶』 한 권과 금박 침대를 유산으로 기록했다.

　수도사들은 자신의 독방에 초라한 간이 침대를 두고서 책을 읽었는
데 그 불편함은 딱딱한 벤치와 책상에 비해 하나도 덜할 것이 없었다.

13세기 프랑스 필사본에 나오는 채식화. 추운 겨울날 밤 한 수도사가 자신의 침대에 앉아 책을 읽고 있다.

13세기에 그려진 어느 그림책 필사본에는 턱수염을 기른 젊은 수도사가 수사복을 입은 그대로 간이 침대 위에서 등에는 하얀 베개를 대고 두 발은 회색 담요로 싸고 있는 모습이 담겨 있다. 그의 침대를 방안의 다른 부분과 분리시키는 커튼은 걷혀 있다. 가대식(架臺式) 테이블에는 책 세 권이 펼쳐져 있고 그의 발 위에도 언제든지 참고할 수 있게 책 세 권이 더 펼쳐져 있다. 그리고 손에는 밀랍을 칠한 서판과 철필까지 들려 있다. 이 사람은 침대에서 추위를 피하고 있는 것이 분명하다. 그림 장식을 한 긴 의자에 부츠가 놓여 있는 데다 보기에도 안온하게 느껴질 만큼 평온하게 독서 삼매경에 빠져 있지 않는가.

14세기로 접어들면서 그때까지 귀족과 성직자들의 전유물이었던 책이 부르주아의 손으로 넘어갔다. 이 당시 신흥 부자들이 넘보는 모델은 귀족 계급이었다. 귀족들이 책을 읽으면 신흥 부자들도 책을 읽었고(책 읽는 기술은 부르주아들이 상인으로 활약하면서 터득했다), 귀족들이 조각을 새긴 나무판 위에서 화려한 휘장을 드리우고 잠을 자면 부르주아들 역시 그렇게 했다. 책과 정교한 침대는 이제 그 사람의 사회적 지위를 상징하는 물건이 되었다. 침실은 부르주아들이 잠을 자고 사랑을 나누는 공간만이 아니라 수집한 물건들 ─책도 포함─을 보관하는 공간으로서의 역할도 했다. 책 외에도 몇 가지 물건들이 진열되었는데, 대부분의 물건들은 벌레나 녹으로 상하지 않게 상자나 함에 넣어 두었기 때문에 눈에 쉽게 띄지는 않았다.

15세기부터 17세기까지 재산을 몰수할 때 가장 큰 횡재는 근사한 침대였다. 책과 침대는 다른 대부분의 물건과는 달리 가족 구성원 각자의 소유가 될 수 있는 매우 값진 재산이었다(널리 알려진 이야기지만 셰익스피어는 '두 번째로 훌륭한 침대'를 부인 앤 해더웨이에게 물려주었다). 여성의 개인 소유가 극히 제한되었던 시절이라, 책을 소유한 여성들은 죽을 때 아들보다는 자기 딸에게 물려주는 경우가 더 많았다. 1432년에 요크셔의 조안나 힐턴이라는 사람은 유언장에 『로망스』『10계명과 함께』『7 현인(賢人)의 삶』과 『장미 이야기』를 각각 한 권씩 자기 딸에게 남겼다. 여기서 제외된 값비싼 기도서와 그림 성경책은 통상 가족에게 세습되는 것이어서 장남의 몫이 되었다.

15세기 말 프랑스에서 쓰여진 그림책인 『플레이페어 기도서』를 들춰 보면 성모 마리아의 탄생을 묘사한 페이지가 있다. 마리아의 어머니인 성 안나가 산파로부터 아기를 받는 장면이다. 여기서 안나는 귀족 부인으로 그려지는데, 아마도 초서가 그린 공작 부인과 다르지 않을 것이다(중세에는 성 안나의 가문이 부자였다는 풍문이 자자했다). 성 안나는 가리개가 달린 침대에 똑바로 앉아 있고 침대는 금박 무늬가 수놓아진 붉은 천으로 덮여 있다. 그녀는 금색 수를 놓은 푸른색 드레스를 입었고 머리와 목에는 하얀 수건이 덮여 있다(11세기에서 15세기까지는 발가벗고 자는 것이 보통이었다. 13세기의 결혼 계약서를 보면 '부인은 남편의 동의 없이 슈미즈 차림으로 잠을 자서는 안 된다'는 조항까지 들어 있다). 라임색의 초록 시트는─초록은 탄생을 상징하는 색이고 봄이

성모 마리아의 탄생을 묘사한 그림. 성 안나가 산파로부터 아기를 받고 있다. 성 안나의 무릎 부분 하얀 시트가 가지런히 접혀 있는 곳에는 작은 책 한 권이 펼쳐져 있다.

겨울을 이기는 승리의 색깔이었다—침대 양쪽 옆으로 드리워져 있다. 하얀 시트는 침대를 덮은 붉은 천 위로 가지런하게 접혀 있다. 이 시트 위 성 안나의 무릎 위에 책 한 권이 펼쳐져 있다. 그러나 그 작은 책(아마도 기도서였으리라)이 암시하는 친밀감에도 불구하고, 그리고 은밀함을 보호해 주는 커튼이 드리워져 있음에도 불구하고 이 방은 그렇게 내밀한 공간처럼 보이지 않는다. 산파는 매우 조용히 걸어 들어온 것처럼 보인다. 그리고 마리아의 탄생과 죽음을 묘사한 다른 그림을 떠올려 보자. 그런 그림에는 어김없이 지지자나 비탄에 빠진 사람, 남자와 여자, 어린이들이 침대를 뼁 둘러싸고 있으며, 심지어 개까지 등장하여 구석에 놓인 대야의 물을 정신없이 핥기도 한다. 탄생, 그리고 앞으로 닥쳐올 죽음을 맞이할 이 방은 성 안나 자신만을 위해 만들어진 공간이 아니다.

유럽에서 16세기와 17세기의 침실은—집의 거의 모든 방처럼—통로처럼 열린 공간이었기 때문에 책 읽기에 적절한 고요와 평화가 보장되지 못했다. 심지어 침대를 커튼으로 가리고 침대에 개인 용품을 집어넣어도 사생활이 보장되지 않았다. 침대는 그 나름의 공간을 필요로 했기 때문이다(14, 15세기의 중국인들 중에서 부유한 사람들은 두 종류의 침대를 소유했는데, 각각의 침대는 그 나름의 공간을 확보하고 있었다. 이동 가능한 침대인 '캉'은 잠을 자는 침상과 테이블, 의자의 역할을 했으며 간혹 바닥 밑으로 관을 깔아 따뜻하게 데우기도 했다. 또 버팀목이 없는 이 침대는 몇 개의 구획으로 나눠졌는데, 그것은 일종의 방안에 있는 또 다른 작은 방이라 볼 수 있었다).

18세기에도 침실은 여전히 방해받지 않는 완벽한 공간이 되지는 못했지만 침대에서 책을 읽는 일은 더 흔해졌다. 1900년 성자의 반열에 오른 프랑스 박애주의자이자 교육가인 라 살의 세례자 요한은 침대에서 책 읽는 행위를 게으른 오락이라며 그 위험성을 경고하기도 했다. 그는 1703년에 출간된 『기독교 문화의 예절 규범』에서 "침대에서 게으르게 잡담을 나누거나 쑥덕공론을 벌이며 헛되이 시간을 보내는 것은 예의에도 어긋날 뿐 아니라 더없이 천박한 일"이라고 썼다. "책 읽기 따위에 빠진 사람은 절대로 본받지 말라. 잠을 잘 때가 아니면 침대에 머물지 말라. 그러면 그대의 미덕은 한결 얻는 것이 많아지리라." 그리고 거의 같은 시기에 조나단 스위프트는 역설적이게도 침대에서 읽혀지는 책들은 공기에 쐬어 주어야 한다고 암시했다. "신선한 공기를 들이려 창문을 열어 둘 때면 책이나 다른 물건들을 창문 곁의 의자에 놓아라. 그러면 그 책들 역시 신선한 공기를 숨쉬게 된다"라고 그는 자신의 침실을 청소하는 시녀에게 충고했다.

18세기 중엽 뉴잉글랜드에서는 제퍼슨에 의해 개량된 아르강 등(燈)이 침대에서 책 읽는 습관을 한층 더 강화할 기세를 보였다. 예전 같았으면 은성했을 파티가 별안간 옛날의 휘황찬란함을 잃고 말았는데, 그 이유는 입담에 출중했던 사람들이 이제는 책을 읽기 위해 각자의 침실에 파묻혀 버렸기 때문이다.

침실에서 누릴 수 있는 완벽한 프라이버시, 심지어 침대에서의 프라이버시는 그래도 여전히 손에 넣기가 쉽지 않았다. 혼자만의 침대와 침실을 가질 수 있을 만큼 가족이 부유했다 하더라도 사회적 전통은 그곳에서 어떤 공동 의식을 치르도록 요구했기 때문이다. 예를 들면 부인들의 경우 자신의 침실에서 정장한 채 등에는 베개 몇 개를 괴고 앉아 손님을 맞이해야 했다. 그러면 방문객은 침대와 칸막이 사이의 좁은 공간에 앉곤 했다. 앙투안 드 쿠르탱은 『프랑스의 성실한 사람들이 실천하는 새로운 예절책』에서 예의 범절을 지키기 위해 침실의 커튼을 꼭 내릴 것을 강력히 권고하면서 "아랫사람이 아닌 사람 앞에서 침대에 벌렁 나자빠지거나 침대에서 대화를 나누는 것은 상스러운 행동"이라고 강조했다. 베르사유궁에서는 왕의 침실까지 들어가 왕의 왼쪽 소매나 오른쪽 소매를 걷어 주거나 왕의 귀에 대고 책을 읽어 주는 데까지 모두 여섯 단계로 귀족이 교대로 관여해야 할 만큼 왕을 깨우는 의식은 매우 정교한 절차였다.

심지어 19세기까지도 침실을 사적인 공간으로 인정하기를 꺼려했다. '한 인간이 삶의 거의 절반을 보내는 잠자는 공간'에 특별한 관심을 기울여야 한다고 주장하면서, 『살림살이의 기술』이라는 유명한 책을 남긴 호이스 부인은 「행복한 사람들을 위한 가정」이라는 장에서 "독신 남자들은—왜 여자는 안 그럴까?—침실을 위장하거나 장식하는데, 그 실상이 어떠했느냐 하면 소파식 침대, 치펜데일 양식[1] 혹은 낡은 프랑스식 세면 용구대, 야자나무과의 수종들과 테이블까지 동원해 침실을 위장하고 장식하기 때문에 그곳에서는 카나리아 외에는 그 어떤 생물도 결코 잠을 자리라는 의심을 받지 않으면서도 훌륭한 통로 역할을 해냈다"고 불평을 털어놓았다. 리 헌트[2]는 1891년에 "우리에게는 한 1백 년 전쯤의 중산층 침실이 가장 잘 어울린다"라고 쓰고 있다. 그런 침실이라면 창문가에 의자가 놓여 있어 푸르른 초원을 내려다볼 수 있을 테고 책이 꽂힌 서가가 두세 개쯤은 놓여 있을 것이다.

귀족풍 소설을 주로 썼던 미국의 여류 소설

1) 18세기 영국의 가구 제조업자 치펜데일이 유행시킨 스타일.
2) Leigh Hunt. 1784~1859. 영국의 수필가이자 시인.

가 에디트 워튼[1]에게는 침실이야말로 19세기 규범에서 벗어나 편안하게 읽고 쓸 수 있었던 유일한 피난처였다. 신시아 오지크[2]는 워튼의 기교를 논의하는 자리에서 "그녀의 침대를 머리 속으로 상상해 보라"고 제안하기도 했다. "그녀는 필기판을 이용했다. 아침 식사는 식모였던 그로스가 날라다 주었는데 그로스야말로 거의 유일하게 워튼의 침실이 지니고 있는 깊숙한 비밀을 엿볼 수 있던 사람이다(비서가 한 사람 있어서 마루에서 원고지를 주워다가 타이프로 옮기는 일을 했다). 그녀의 도덕 규범을 지키자면 침대를 벗어날 경우 언제나 단정하게 옷을 차려입어야 했으므로 차라리 침대에 머무는 게 더 편했으리라. 침대에 파묻히면 그녀의 신체도 자유로웠고, 그녀의 펜도 자유로웠다. 자유롭기는 책 읽기도 마찬가지였다. 이런 은밀한 공간이면 그녀는 자신을 찾아온 방문객들에게 왜 그 책을 선택했는지 아니면 그 책에 대해서 어떻게 생각하는지 설명하지 않아도 좋았다. 이런 공간이 얼마나 중요했는지 워튼은 한때 베를린의 에스플라나데 호텔에서 "호텔방에 침대가 적절하게 놓여 있지 않아 약간의 히스테리 증세를 느꼈고 침대를 창문으로 향하도록 다시 정리하고 나서야 마음을 가라앉히고 베를린이 빼어나게 아름다운 도시란 사실을 깨닫기 시작했다"고까지 한다.

콜레트를 짓눌렀던 사회적 제약은 워튼에게 지워진 그것과는 성격이 달랐지만 워튼의 개인 생활 역시 사회로부터 끊임없이 훼방을 받았다. 워튼은—적어도 부분적으로는—그녀의 사회적 지위에 의해 자신에게 허용된 권위로 글을 쓰는 듯이 보였다. 반면 콜레트는 그보다 훨씬 더 '모욕적이고 대담하고 옹고집'인 인물로 받아들여져 1954년 그녀가 세상을 떠났을 때는 카톨릭 교회에서조차도 그녀에게 종교법에 따른 매장을 거부했다. 생애 말년에 콜레트는 질병 때문에 어쩔 수 없이 그랬기도 했지만 그녀만

1) Edith Wharton, 1862~1937.
2) Cynthia Ozick, 미국의 작가이자 시인.

의 공간을 가지고 싶은 일념에서 자신의 침대에 파묻혀 지냈다. 팔레 루아이알의 3층에 자리잡은 그녀의 아파트에서, 그녀의 불 밝힌 '뗏 목'에서—그녀가 명명한 대로 '뗏목 침대'에서—그녀는 자고 먹으며 친구와 아는 사람들을 맞고 전화를 걸고 글을 쓰고 읽었다. 폴리냐크의 왕자비가 침대 위에 놓을 수 있게 만들어 준 테이블을 그녀는 책상으로 사용했다. 생-소뷔랑-퓌세에서 보냈던 어린 시절처럼 베개 여러 개를 받친 채, 왼쪽 창문으로는 팔레 루아이알의 대칭적인 정원이 펼쳐지고, 오른쪽으로는 그녀가 아끼던 소중한 것들—안경, 서재, 고양이—이 지켜보는 가운데 콜레트는 자신이 '숭고한 고독'이라고 부르기를 즐겼던 그런 분위기에서 자신이 가장 아끼던 옛날 책들을 읽고 또 읽었다.

　콜레트가 죽기 1년 전에 그녀의 여든 번째 생일에 찍은 사진이 한 장 있다. 콜레트는 역시 침대에 앉아 있고 하녀가 방금 두 손으로 콜레트의 테이블—잡지와 카드, 꽃들로 어수선하다—위에 불붙은 듯한 생일 케이크를 내려놓았다. 불꽃이 워낙 높아 케이크 자체가 하나의 촛불 덩어리처럼 보인다. 늙은 여인은 마치 아주 친근한 화로 앞에 앉은 고대의 캠퍼(캠핑하는 사람) 같기도 하다. 케이크는 마치 프루스트가 문학적 창의성을 위해 그렇게도 갈망해 마지않았다는, 암흑으로 던져진 불 붙은

1953년 그녀의 80번째 생일을 축하하고 있는 콜레트.

책 같기도 하다. 마침내 침대도 더없이 은밀하고 사사로운 공간이 되어 이제는 그 자체만으로도 모든 게 가능한 하나의 세계가 되었다.

책 읽기의 은유

뉴저지 캠던의 자기 집에 앉아 있는 월트 휘트먼의 노년의 모습.

1892년 3월 26일, 월트 휘트먼[1]은 구입한 지 10년도 채 안 된 뉴저지 캠던의 자기 집에서 구약 성서에 등장하는 어느 왕처럼, 아니면 고스[2]가 묘사한 대로 '위대한 늙은 앙고라 사나이처럼' 조용히 눈을 감았다. 휘트먼이 죽기 몇 년 전에 필라델피아의 화가인 토머스 에이킨스[3]가 찍은 사진을 보면 말갈기처럼 길고 숱이 많은 허연 머리를 하고서 창가에 앉아 바깥 세상을 유심히 내려다보고 있는데, 이 사진은 휘트먼이 자신의 독자들을 향해 노래했던 것처럼 자신의 시작(詩作)에 대해 해설을 내리는 것 같기도 했다.

내가 언덕을 오르거나 물가로 향하는 이유를 그대가 알고자 한다면,
  그대 가장 가까운 곳의 풀벌레가 그 설명이 되리라, 그리고 물결의 물 한 방울이나
  일렁임은 그 열쇠가 되리니,
  나무망치, 노, 손으로 켜는 톱, 이런 것들은 나의 언어들을 받쳐 주도다.

독자가 응시할 수 있도록 휘트먼은 그곳에 모습을 나타내고 있다. 사실은 두 사람의 휘트먼이라고 할 수 있다. 『풀잎』의 휘트먼, 즉 "월트 휘트먼, 하나의 우주, 맨해튼의 아들"이기도 하면서 다른 모든 곳("나는 애들레이드 출신이다.……나는 마드리드 출신이다.……나는 모스크바 시민이다")에서도 태어난 월트 휘트먼이 하나이고, 롱아일랜드에서 태어나 모험 소설 읽기를 즐겼고 또 그 도시의 젊은이들, 군인들, 버스 운전자들로부터 사랑을 받았던 휘트먼이 다른 하나이다. 그 두 사람의 휘트먼은 늙어서는 '캠던의 현인'을 만나려는 방문객들을 위해 문을 열었던 그 휘트먼이 되었고, 두 사람의 휘트먼은

1) Walt Whitman, 1819~1892. 미국의 시인.
2) Edmund William Gosse, 1849~1928. 영국의 시인이자 전기 작가.
3) Thomas Eakins, 1844~1916. 미국의 화가.

그보다 30여 년 전에 나온 1860년판 『풀잎』을 통해 독자들 앞에 모습을 나타냈다.

동무여, 이건 책이 아닐세,
이걸 건드리는 이는 사람을 건드리는 걸세,
(지금 밤인가? 우리 여기 홀로인가?)
그대가 잡은 것, 그리고 그대를 붙잡은 것은 나일세,
나는 책장에서 그대 두 팔로 튀어 안기네—죽은 것이 나를 불러내는구려.

세월이 흘러 수정과 증보를 거듭했던 『풀잎』의 '임종' 판에서는 이 세상도 그의 시어를 '자극'하지 못하고 원초적인 목소리로 남는다. 휘트먼도 그의 시어도 별로 중요하지 않다. 이 세상 그 자체만으로도 충분했다. 이 세상이야말로 우리 모두가 읽을 수 있도록 펼쳐져 있는 책, 그 이상도 이하도 아니었기 때문이다. 1774년에 (휘트먼도 읽고 존경해 마지않았던) 괴테는 이렇게 노래했다.

자연이 얼마나 생생하게 살아 꿈틀거리는 책인지 보라,
잘못 이해할 수는 있을지언정 우리의 이해 범위를 넘어서지는 않지 않은가.

이제 1892년 죽음을 며칠 앞둔 시점에서 휘트먼도 여기에 동의했다.

모든 대상에는, 산, 나무, 그리고 별—이 모든 생성과
죽음에는,

서로의 의미의 한 부분으로서—서로에서 진화한 존재로—각각의 표면 뒤에는

　　비밀의 신비한 암호가 고스란히 오므린 채 기다리고 있구려.

　　이 시구를 나는 1963년에 싸구려 스페인어 번역본으로 처음 읽었다. 고등학교에 다니던 어느 날, 시인이 되려는 꿈을 품었던 친구 하나가 (그때 우리는 막 열다섯 살이 되었다) 자신이 발견한 책을 들고 나에게 헐레벌떡 달려왔다. 청색 표지로 된 그 책은 오스트레일리아에서 출간된 휘트먼의 시집이었는데, 종이가 거칠고 누랬으며 지금은 이름을 잊어버린 누군가가 번역한 것이었다. 내 친구는 에즈라 파운드에게 근정(謹呈)을 흉내낼 정도로 그의 열렬한 찬미자였다. 독서가들은 일반적으로 학자들이 확립해 놓은 연대기 따위에는 관심이 없기 때문에 내 친구 또한 휘트먼이 파운드를 흉내내는 값싼 시인쯤으로 여기고 있던 터였다. 언젠가 파운드 자신이 휘트먼과 '협정'을 제안하면서 그런 부분을 분명히 짚고 넘어가려고 했던 적이 있다.

　　새 통나무를 깬 사람은 당신이었소,
　　이제 그것을 조각해야 할 때요.
　　우리는 같은 수액과 같은 뿌리를 가졌소—
　　그 정도에서 우리 둘 사이 서로 교류를 합시다.

　　그래도 내 친구는 쉽게 설복당하지 않았다. 우정을 위해 나는 친구의 판단을 받아들였지만 몇 년 지나지 않아 우연히 영어로 쓰여진 『풀잎』을 손에 넣고는 휘트먼이 혹시 나를 위해 그 시집을 쓴 것은 아닐까 하는 착각에 빠지기도 했다.

독자여, 그대의 삶과 자존심과 사랑도 나와 똑같이 박동하네,

그리하여 그대를 위하여 다음의 노래들을 선사하리니.

나는 휘트먼의 전기도 읽었다. 처음 읽었던 전기는 젊은이들을 위한 시리즈에 들어 있던 것이어서 그의 성적 관심에 관한 언급이 전혀 없어 마치 무색 무취한 인간처럼 밋밋하게 그려져 있었다. 그 다음에 읽은 조프리 더턴의 『월트 휘트먼』에서는 그가 교훈적이지만 다소 근엄하다는 인상을 주었다. 그 몇 년 뒤에 접한 필립 캘로우의 전기는 나에게 휘트먼을 더욱 선명하게 전해 주었고, 내가 그전에 품었던 의문 두 가지를 다시 고려하도록 만들었다. 만약 휘트먼이 독자들을 자기 자신처럼 보았다면 휘트먼이 마음에 품고 있던 독자는 과연 어떠한 존재일까, 그리고 휘트먼 자신은 어떤 식으로 독자가 될 수 있을까, 라는 의문이 그것이었다.

휘트먼은 브루클린의 어느 퀘이커교 학교에서 (영국인 퀘이커 교도 조지프 랭커스터의 이름을 따서) 랭커스터식이라 알려진 교육 방식으로 읽기를 배웠다. 거기에서는 교사 한 명이 보조원의 도움을 받아 가며 책상 하나에 열 명씩, 한 반에 1백 명 가량 되는 학생들을 모두 책임지고 가르쳤다. 가장 나이가 어린 학생들은 지하에서, 그보다 나이가 좀 더 많은 소녀들은 1층에서, 남학생들은 그 위층에서 공부를 했다. 휘트먼을 가르쳤던 선생 중 한 분은 휘트먼에게서 "마음이 착한 소년, 외모가 어설프고 꾀죄죄한 것 외에는 달리 주목할 만한 것이 없는 학생"이란 인상을 받았다. 교과서가 몇 권 되지 않았기 때문에 휘트먼은, 세 아들의 이름까지 미합중국의 건설자 이름을 따서 지었을 만큼 열렬한 민주당원이었던 그의 아버지가 집에 가지고 있던 책으로 보충해야만 했다. 그 책들은 주로 톰 페인, 사회주의자 프랜시스 라이트, 18세기

프랑스 철학자 콩스탕탱-프랑수아, 콩트 드 볼니가 쓴 정치 논문이었는데, 거기에는 시집과 소설도 몇 권 들어 있었다. 그의 어머니는 문맹이었지만 휘트먼에 따르면 '뛰어난 이야기꾼' 이었고 '흉내를 내는 데 뛰어난 재능'을 보였다고 한다. 휘트먼이 일찍이 글자를 배운 건 자기 아버지의 서재에서였지만, 글자의 발음을 배운 것은 자신의 어머니가 들려 주는 이야기를 통해서였다.

휘트먼은 11살에 학교를 떠나 제임스 B. 클라크 변호사 사무실로 들어갔다. 클라크 씨의 아들인 에드워드는 그 총명한 소년을 사랑하여 순회 도서관 이용권을 사주었다. 이를 휘트먼은 훗날 "내 인생에서 전기가 될 만한 사건이었다"고 회고한다. 그는 순회 도서관에서 『아라비안 나이트』를 빌려 읽었고 월터 스콧 경과 제임스 페니모어 쿠퍼[1]의 소설도 읽었다. 몇 년 뒤 열여섯 살에 그는 "8절판에 1천 페이지에 달하는 두툼한 책 한 권을……월트 스콧 경의 시 모두를 담은 책 한 권"을 손에 쥐었다. 그 두터운 책을 그는 게걸스럽게 읽었다. "훗날, 이따금 여름과 가을철에 나는 일주일 동안 시골이나 롱아일랜드 해안에서 보내곤 했다. 그곳의 확 트인 공간에서 나는 구약과 신약을 탐독했으며(아마도 나에게는 그 어느 도서관이나 실내 공간보다 유익했는데―어디에서 책을 읽느냐에 따라 책 읽기도 크게 달라질 수 있다), 셰익스피어와 오시안[2], 그리고 호머, 아이스킬로스, 소포클레스 등의 작품 중 번역이 가장 뛰어난 판과 독일어로 된 『니벨룽겐의 노래』고대 인도의 시(詩), 그리고 다른 걸작 한두 편, 특히 단테의 작품에 열중했다. 공교롭게도 이 작품 대부분을 나는 무성한 나무숲에서 읽었다." 그리고 휘트먼은 이렇게 묻는다. "그런 위대한 거장들의 작품을 읽으면서도 왜 진한 감동을 받지 못했는지 의아했다. 그것은 아마 내

1) James Fenimore Coopper, 1789~1851. 미국의 작가.
2) Ossian, 3세기경 켈트족의 전설적인 시인. 스코틀랜드와 아일랜드에서 음유 시인으로 활동함.

가 묘사했던 것처럼 자연이 펼쳐지는 곳에서 책을 읽었기 때문이 아니었을까. 태양 아래에서, 끝없이 펼쳐지는 풍경과 전망, 혹은 해안으로 밀려오는 파도와 함께 책을 읽었으니⋯⋯."

휘트먼이 암시한 대로, 독서의 장소는 텍스트를 읽을 물리적 공간을 제공한다는 이유에서뿐 아니라, 글 속의 배경과 병치함으로써 두 가지 서로 다른 장소가 똑같은 특징을 공유한다는 유혹을 불러일으킨다는 점에서도 중요하다. 휘트먼은 변호사 사무실에 오래 근무하지 않았다. 그해 말에 『롱아일랜드 페트리어트』지의 견습 인쇄공이 되어 그 신문의 편집인과 모든 기자가 지켜보는 가운데 비좁고 옹색한 지하실에서 수동 인쇄기 작동법을 익혔다. 그곳에서 휘트먼은 "다양한 글자꼴과 편집의 오묘한 신비"를 익혔다.

1836년부터 1838년까지 그는 뉴욕주 노리치에서 선생 노릇을 했다. 월급이 형편없는 데다 금액도 정해진 게 아니라 그때 그때 형편에 따라 변하였으며, 아마도 학교 감독관이 시끌벅적했던 그의 수업을 용인하지 않기 때문이었는지, 그는 어쩔 수 없이 2년 동안에 무려 8번이나 학교를 옮겨 다녀야 했다. 학생들을 이런 식으로 가르치는 데야 마음 편하게 여길 상관이 어디 있겠는가.

　이제 더 이상 여러분들은 무엇이든 두 번째 혹은 세 번째 손을 거쳐서 받아들이지 않을 것이며, 죽은 자의 눈으로 사물을 보지도 않을 것이며, 책 속의 유령을 즐기지 않아도 되리라.

아니면 이렇게도 가르쳤다.

열렬한 독서가인 마가렛 풀러의 모습.

내 스타일을 가장 존경하는 이,
그대는 선생을 파멸시키는 것을 배우게 되리.

인쇄 기술을 배우고 읽기를 가르친 뒤, 휘트먼은 신문 편집인이 되면 두 가지 기술을 결합할 수 있다는 사실을 깨달았다. 처음에는 뉴욕 헌팅턴의 『롱아일랜드』지, 그 다음에는 브루클린에서 『데일리 이글』이라는 신문의 편집인이 되었다. 여기서 그는 민주주의 개념에 대해, 그것은 광신이나 정치적 학파에 전혀 때문지 않은 '자유로운 독서가들'의 사회라는 생각을 품기 시작했다. 시인이나 인쇄업자, 교사, 신문 편집인 등 텍스트를 만드는 사람들은 자유로운 독서가들에게 감정 이입으로 봉사해야 한다는 것이 그의 지론이었다. "진정으로 우리는 수많은 주제를 놓고 브루클린의 모든 주민과 대화를 나누고 싶은 욕망을 느낀다"고 그는 1846년 6월 1일자 사설에서 설명한다. "우리가 너무도 간절히원하는 것은 독자들이 내놓는 9펜스가 아니다. 신문 경영자의 마음 속에는 자신이 봉사하는 대중과 호흡을 같이 한다는 일종의 야릇한 공감대가 피어난다.……매일 교류를 하다 보면 독자와 편집인 사이에는 형제애와 자매애가 솟구친다."

바로 그 무렵에 휘트먼은 우연히 마가렛 풀러[1]의 글을 접하게 된다. 마가펫 풀러는 아주 특출하고 재능 있는 인물이었다. 미국 역사상 최초의 전임 서평가였을 뿐만 아니라 여성 최초의 외국 특파원이자 이성적인 페미니스트, 그리고 열정적인 논문인 『19세기의 여성』을 쓴 사람으로도 기록되

1) Margaret Fuller, 1810~1850. 미국의 여류 작가이자 편집자.

고 있다. 에머슨[1]은 "뉴잉글랜드의 모든 예술과 사상, 고상함은 그녀와 상관 있는 것 같다"고까지 생각했다. 그런 한편 『주홍글씨』의 작가 호손은 그녀를 '위대한 사기꾼'이라 불렀으며 오스카 와일드는 그녀에 대해 미(美)의 여신 비너스는 '미를 제외한 모든 것'을, 지혜의 여신 팔라스는 '지혜를 뺀 모든 것'을 그녀에게 내려줬다고 말했다. 책은 절대로 실제의 경험을 대체할 수 없다고 굳게 믿으면서도 풀러는 책들에서 '모든 인간성을 고찰할 수 있는 매개체를, 다시 말해 우리 인간의 천성에 담겨 있는 모든 실질적인 것뿐 아니라 모든 지식과 경험, 과학, 이상들이 모여들 수 있는 자심(磁心)'을 보았다. 휘트먼은 그녀의 시각에 매우 열광적으로 반응했다.

휘트먼이 볼 때 텍스트와 작가, 독자, 그리고 이 세상은 독서 행위에서 서로를 비추는 존재였다. 서로를 비추는 이런 행위의 의미를, 그는 그런 행위들이 벌어지는 우주만이 아니라 인간의 모든 활동까지 정의하는 데 도움이 되도록 끊임없이 확대해 나갔다. 이런 연계선상에서 보면 독자는 작가를 반영하고(그와 나는 하나다), 세상은 한 권의 책(신의 책, 대자연의 책)을 반영하고, 책은 곧 피와 살이며(작가 자신의 살과 피이지만 문학적 변형을 통해 나의 것이 된다), 이 세계는 판독해 내야 할 책이 된다(작가의 시는 나의 세상 읽기가 된다). 휘트먼은 한평생 책 읽는 행위에 대한 정의와 이해에 천착했던 것처럼 보이는데, 독서 행위는 행위 그 자체이기도 하면서 그 행위에 참여하는 요소들의 은유이기도 하다.

우리 시대의 독일 비평가인 한스 블루멘베르크는 "이제 더 이상 은유는 여태 분명하게 정착되지 않은 이론적 개념들을 통치하는 영역을 대표하는 것으로도, 개념 형성으로 향하는 현관으로도, 그리고 채 통합 정리되지 않

<hr>

1) Ralph Waldo Emerson, 1803~1882, 미국의 사상가이자 시인.

은 전문적인 언어의 범주에서 임시변통의 장치로도 통하지 않으며, 오히려 문맥의 전후 관계를 명확하게 이해하는 확실한 수단으로 받아들여지고 있다"고 쓰고 있다. '작가는 독자' 라거나 '독자는 작가' 라고 말하는 것은, 또 책을 인간 존재로 혹은 인간 존재를 책으로 보는 것은, 그리고 세상을 텍스트로 혹은 텍스트를 세상으로 묘사하는 것은 독서가의 기교를 이야기하는 다양한 방식들이다.

그런 은유는 매우 역사가 깊어서 유대-그리스도 사회 초기에까지 뿌리가 닿는다. 독일 비평가인 E.R. 쿠르티우스[1]는 자신의 기념비적인 저서 『유럽 문학과 라틴 중세』에서 책의 상징화를 다룬 장(章)을 통해 책에 대한 은유는 그리스 고전에서 비롯되었다는 점을 시사했다. 그렇지만 그리스 사회에 이어 로마 사회도 책을 일상적인 물건으로 여기지 않았기 때문에 책의 은유는 극히 적은 예만 남아 있을 뿐이라는 설명을 덧붙였다. 유대 사회와 기독교 사회, 그리고 이슬람 사회는 예외 없이 성스러운 책들과 의미 심장한 상징적 관계를 개발해 냈는데, 그들에게 성스러운 책들은 신의 말씀의 상징이 아니라 신의 말씀 그 자체였다. 쿠르티우스에 따르면 "세상과 자연이 책이라는 생각은 카톨릭 교회의 수사학에서 비롯되어 중세 초기의 신비주의 철학자들로 이어졌다가 마침내 보편적인 것이 되었다"고 한다.

16세기 스페인 신비주의자인 후라이 루이스 데 그라나다에게 있어서는 만약 이 세상이 책이라면 이 세상에 존재하는 사물들은 책에 쓰여지는 알파벳이었다. 『신앙 상징 입문서』에서 그는 이렇게 물었다. "저자의 지혜와 섬세함을 그토록 정확하게 나타내는 글자들, 그렇게 아름답고 정교하게 만들어졌으면서도 서로 분명하게 구분되는 글자들, 즉 이 세상의 모든 피조물들은 무엇이 되도록 정해져 있습니까?……그리고 우리도 마찬가지로…… 우

1) Ernst Robert Curtius, 1886~1956. |

주의 피조물을 통해서, 마치 살아 있는 글자들을 통해서처럼, 조물주의 위대하심을 읽도록 우주라는 경이로운 책 앞에 놓였도다."

토머스 브라운 경[1]은『한 의사의 종교』중 후라이 루이스의 은유를 고쳐 쓴 대목에서 "신의 손가락은 자신의 모든 과업에 새김을 남겼는데, 그 새김은 그림이거나 문자로 이뤄진 것이 아니라, 몇 가지 형태와 성질, 성분과 작용 등으로 구성되어 있어 이들을 적절히 결합하면 새김의 본질을 표현하는 하나의 단어가 된다"고 적었다. 여기에다가, 수세기가 흘러 스페인 태생의 미국 철학자인 조지 산타야나[2]는 "이 세상에는 이름 모를 독자가 여백에 갈겨 쓴 각주나 논평들이 텍스트 자체보다 더 흥미로운 책도 있다. 이 세상도 그런 책들 중 하나이다"라고 덧붙였다.

휘트먼이 간파한 것처럼, 우리의 임무는 이 세상을 읽는 것이다. 죽음을 피할 수 없는 인간에게는 세상이라는 방대한 책이야말로 지식의 유일한 원천이기 때문이다(성 아우구스티누스에 따르면 천사들은 이 세상이란 책의 '저자'를 볼 수 있는 데다 '그'로부터 영광의 말씀을 받을 수 있기 때문에 세상이라는 책을 읽을 필요가 없다. 성 아우구스티누스는 자신을 신에게 위탁하면서 "천사들은 천국을 우러러보거나 하느님의 말씀을 읽을 필요가 없다. 그 이유는 천사들이야말로 늘상 하느님의 얼굴을 바라보며 시간의 단절 없이 하느님의 영원 불변의 의지를 읽기 때문이다. 그들은 하느님의 의지를 읽고, 그것을 선택하고, 그것을 사랑한다. 그들은 항상 읽고 있으며, 그들이 읽는 책은 결코 끝이 없다.…… 그들이 읽는 책은 절대로 덮이는 법이 없으며, 두루마리는 절대로 되감기는 일이 없을 것이다. 그 이유는 하느님이야말로 그들의 책이고 영원이기 때문"이라고 곰곰이 생각한다).

신의 형상을 본따 창조된 인간들 또한

[1] Thomas Browne, 1605~1682. 영국의 의사이자 저술가.
[2] George Santayana, 1863~1952.

읽혀져야 하는 책들이다. 바로 이 대목에서 책을 읽는 행위는 우리로 하여금 자기 육체와의 우유부단한 관계를, 그리고 다른 사람의 몸짓과의 조우와 접촉과 의미 파악을 이해하도록 돕는 은유로 작용한다. 펼쳐진 책에서처럼, 우리는 사람의 표정을 읽고 사랑하는 연인의 몸짓을 따른다. 맥베스 부인은 자기 남편에게 "당신의 얼굴은 사람들이 이상야릇한 것들을 읽어 낼 수 있는 책과도 같다"고 말했으며, 대단한 애서가였던 벤자민 프랭클린은 자신이 직접 묘비명을 지었는데 (불행하게도 그의 묘비에는 사용되지 않았지만) 독서가의 이미지를 책으로 그린 묘사가 완벽하다.

> 인쇄업자 B. 프랭클린의 육신,
> 낡은 책의 표지처럼 그 내용물은 찢겨 나가고
> 글자와 금박은 벗겨진 채, 벌레들의 양식으로 여기 누워 있도다.
> 그렇지만 그 업적만은 영원하리라, 왜냐하면 그가 믿던 대로
> 그 책은 다시 한 번
> 저자에 의해 더욱 새롭고 우아한
> 수정 증보판으로 다시 태어날 것이기 때문이니라.

우리가 뭔가를—세상이든 책이든 육체든—읽는다고 말하는 것만으로는 충분하지 않다. 책 읽기의 은유는 또 다른 은유를 부추기고, 또 독서가의 서재 밖의 공간에 존재하면서도 독서가의 육체 내에 내재하는 이미지들로 설명되기를 요구한다. 그리하여 책 읽기의 기능은 다른 근본적인 신체 기능과 밀접하게 연관되어 있다. 우리가 살펴본 것처럼 책 읽기는 은유의 수단으로 작용하지만 책 읽기를 충분히 이해하기 위해서는 그 자체부터 은유로 인식되어야 한다. 작가들이 하나의 이야기

를 지어내고, 텍스트를 놓고 퇴고를 거듭하고, 하나의 줄거리를 위해 설익은 아이디어를 내놓고, 장면에 풍취를 더하고, 논쟁의 뼈다귀에 살을 붙이고, 돈을 노린 대중적인 요소들을 지루한 산문으로 녹여 내고, 삶의 한 단편에다가 독자들이 덥썩 물 만한 암시를 담느라 겪게 되는 고충을 이야기하는 것처럼, 우리 책 읽는 사람들도 책 한 권을 음미하고 있다거나, 책에서 자양분을 섭취하고 있다거나, 또 앉은 자리에서 단숨에 읽어 버렸다거나, 아니면 지루해서 진절머리를 냈다거나, 어느 문장을 몇 차례 반추했다거나, 어느 시인의 시구를 낭랑하게 낭송했다거나, 시에 흠뻑 빠졌다거나, 탐정 이야기를 읽는 재미로 산다는 따위 이야기를 한다. 공부하는 기술에 관한 에세이에서 16세기 영국 학자인 프란시스 베이컨은 "어떤 책은 음미해야 하고 또 어떤 책은 삼켜야 하고 극히 일부는 씹어 소화시켜야 한다"고 공부 방법을 분류했다.

　　매우 다행스럽게도 우리는 이런 진기한 은유가 처음으로 기록되었던 날짜를 안다. B.C. 593년 7월 31일, 칼데아 인들의 영토 내에 있는 그발 강가에서 예언자 에스겔은 불의 환영을 보았는데, 그 안에서 '주님의 배광(背光) 같은 그 어떤 것'이 자신에게 반역적인 이스라엘의 자손들에게 말하라고 명령한다. "입을 열고 내가 주는 것을 먹어라"고 그 환영이 그에게 지시했다.

　　내가 보니 한 손이 나를 향해 펴지고 그 손에 두루마리 책이 있더라.
　　그가 그것을 내 앞에 펴시니 그 안팎에 글이 있는데
　　애가와 애곡, 재앙의 말이 기록되었더라.

　성 요한도 파트모스 섬에서 자신의 예언적인 광경을 기록하던 중에

17세기 러시아의 한 뱃전에 새겨진 성서의 장면.
성 요한이 천사가 넘겨 준 책을 먹으려 하고 있다.

에스겔과 똑같은 계시를 받았다. 그가 겁에 질려 계시를 바라보고 있는데 천사 하나가 책을 펴들고 하늘에서 내려왔고, 이어서 우레 같은 목소리가 그에게 배운 것을 적을 생각은 말고 천사의 손에 쥐어진 책을 받으라고 명령했다.

내가 천사에게 나아가서 작은 책을 달라 한즉 천사가 가로되 갖다 먹어 버리라
네 배에는 쓰나 네 입에는 꿀같이 달리라 하거늘.
내가 천사의 손에서 작은 책을 갖다 먹니
내 입에는 꿀같이 다나
먹은 후에 내 배는 쓰게 되더라.
저가 내게 말하기를 네가 많은 백성과 나라와 방언과 임금에게 다시 예언하여야 하리라 하더라.

마침내 독서가 발전하고 확대됨에 따라 독서를 요리에 빗댄 은유가 보편적인 수사법으로 자리잡게 되었다. 셰익스피어 시대만 해도 그런 수사법은 문학적인 어투에서만 기대되었고 엘리자베스 1세도 자신의 경건한 책 읽기를 묘사하는 데 그런 수사법을 동원했다. "나는 몇 번이고 성경이라는 유쾌한 들판을 산책했다. 그곳에서 나는 아주 아름다운 초록 식물인 문장을 꺾어 그것을 읽음으로써 입에 넣고, 씹음으로써 곰곰 생각하고, 마침내 기억이라는 창고에 오래도록 저장해 둔다.……그렇게 함으로써 나는 이 비참한 인생의 쓴맛을 조금이라도

덜 느끼게 되리라."

1695년경에 이르러 은유가 언어에 어느 정도 깊숙이 파고들었는가 하면, 윌리엄 콩그리브[1]가 『사랑을 위한 사랑』의 서막에서 은유를 패러디할 정도였다. 이 장면에서 학자연하는 발렌타인이 자기 종자(從者)에게 "이놈아, 읽고 또 읽어! 너의 식욕을 고상하게 하란 말야, 가르침을 좇아 사는 법을 배우라고, 너의 마음을 위해 향연을 베풀고 너의 육신을 불멸로 만들란 말야. 읽으면서 눈으로 자양분을 취해. 입은 굳게 다물고 이해의 되새김질을 하라구." 그러자 "주인장 어른이나 이 종이 음식으로 살이나 뛰룩뛰룩 찌우시지요"라고 그 종자가 대답했다.

그리고 한 세기도 채 지나지 않아 존슨 박사[2]는 테이블에 펼친 책을 그와 똑같은 방법으로 읽었다. 존슨 박사의 전기를 쓴 보즈웰[3]은 "그는 마치 책을 삼키려는 듯 게걸스럽게 읽었는데, 어느 모로 보나 그의 공부 방식 그대로였다"고 적고 있다. 보즈웰에 따르면 존슨 박사는 "(저질스런 직유법을 쓴다면) 코앞에 놓인 음식을 먹으면서도 나중에 먹으려고 발로 뼈다귀를 잡고 있는 개를 닮아, 한 가지 오락을 끝내는 시점에 또 다른 오락거리를 늘 준비해 두려는 욕구에서, 저녁 식사 시간에도 책을 식탁보로 덮어 무릎 위에 올려 놓고 있었다"고 한다.

탐욕스러운 독서가 존슨 박사.

하지만 독서가들은 책을 자신의 것으로 만들어 결국에는 책과 독서가가 하나가 된다. 한 권의 책이랄 수 있는 이 세상은 이 세상이라는 텍스트에서 글자 한 자에

1) William Congreve, 1670~1729. 영국의 풍속 희극 작가.
2) Samuel Johnson, 1709~1784. 영국의 시인이자 비평가. 영어 사전의 편찬으로 유명함.
3) James Boswell, 1740~1795. 영국 스코틀랜드의 전기 작가로 새뮤얼 존슨의 전기를 남김.

해당하는 독서가에 의해 게걸스레 먹힌다. 이리하여 독서의 끝없음을 위해서 순환적인 은유가 끊임없이 창조된다. 우리 존재는 읽은 만큼 성장한다. 그 순환이 완성되는 과정은 단순히 지적인 과정만은 아니라고 휘트먼은 주장했다. 다시 말해 표면적으로는 지적으로 읽어 어떤 의미를 파악하고 어떤 사실들을 자각하지만, 그와 동시에 무의식적으로도 텍스트와 독서가는 서로 한데 얽히면서 새로운 차원의 의미를 창조해 낸다는 것이다. 그래서 우리가 텍스트를 섭취하여 텍스트가 가두고 있던 무언가를 풀어 낼 때마다 그 텍스트의 깊은 곳에서는 우리가 아직 파악해 내지 못한 다른 무언가가 새롭게 태어나게 된다. 휘트먼이 자신의 시를 거듭 손질하고 다시 펴내면서 믿었던 것처럼, 어떠한 책 읽기도 결코 완성이 될 수 없는 이유도 바로 그 때문이다.

최초의 시작은 진흙 조각에서

5천 년 전의 수메르인 독서가이자 필사자의 조각상.

걸프전이 발발하기 2년 전인 1989년 여름, 나는 바빌론과 바벨탑의 폐허를 둘러보기 위해 이라크로 향했다. 오래 전부터 꿈꿔 왔던 여행이었다. 1899년부터 1917년 사이에 독일 고고학자 로베르트 콜데바이[1]에 의해 다시 모습을 드러낸 바빌론은 바그다드에서 남쪽으로 40마일 정도 떨어진 곳에 위치해 있다. 한때 이 지구상에서 가장 막강한 도시였던 바빌론은 버터 색깔의 벽들이 거대한 미로를 이루고 있으며, 여행 안내 책자에 따르면 신이 다문화주의로 저주를 내렸다는 그 탑의 잔해로 알려진 흙둔덕 가까운 곳에 자리잡고 있다. 나를 그곳으로 태워다 준 택시 운전사는 자기가 바빌론의 폐허를 잘 아는 이유는 자신이 숙모를 방문하기 위해 한두 번 찾았던 힐라라는 마을과 매우 가까운 곳에 있기 때문이라고 말한다. 그때 나는 펭귄 출판사의 단편집 한 권을 가지고 있었는데, 한 사람의 서양 독서가로서 나는 모든 책의 출발점이었던 폐허를 둘러본 뒤 협죽도 숲 그늘에 앉아 그 책을 읽었다.

벽들, 협죽도 숲, 아스팔트가 깔린 도로, 열린 통로들, 진흙 무더기, 부숴진 탑들…… . 관광객들이 눈으로 확인할 수 있는, 바빌론의 비밀을 감추고 있는 그 편린들은 하나의 도시가 아니라 무수한 세월을 두고 같은 공간에 자리잡았던 수많은 도시가 남긴 것들이다. B.C. 2350년경의 작은 마을이었던 아카드 인 시대의 바빌론이 있다. 또 B.C. 1천년대 어느 날, 노아의 홍수를 이야기한 초기 작품 중 하나인 길가메시 서사시에 처음으로 등장하는 바빌론이 있다. 그런가 하면 B.C. 18세기에 사회 전반의 삶을 성문법화하려는 시도로 유명한 함무라비 왕 시대의 바빌론이 있고, B.C. 689년에 아시리아 인에 의해 파괴된 바빌론도 있다. B.C. 586년경에 예루살렘을 포위하고 솔로몬 사원을 약탈하고 유대인을 포로로 잡았던 네부카드네자르 왕이 재건한 바빌론도 빼놓을 수 없다. 그때 유대인들은 강가에서

1) Robert Koldewey, 1855~1925.

비탄에 빠져 눈물을 뿌렸다고 한다. 그리고 네부카드네자르의 아들인지 손자인지(계보학자들은 아직까지 딱부러지게 밝혀 내지 못하고 있다), 벽에서 신의 손으로 쓰여진 필적을 처음으로 보았다는 벨샤자르 왕의 바빌론도 있다. 또 알렉산더 대왕이 인도 북쪽에서 이집트와 그리스까지 이르는 대제국의 수도로 만들려던 바빌론도 있다. 그 바빌론에서 정복왕은 B.C. 323년에『일리아드』를 손에 꼭 쥔 채 서른셋의 나이로 눈을 감았다. 그것만이 아니다. 성 요한의 마음 속에 '매춘부의 어머니'이자 이 '대지의 추태'로 그려졌던 대(大)바빌론, 즉 모든 국가들을 강간하고 그 국가들에게 분노의 포도주를 마시게 했던 그런 바빌론도 있다. 그리고 나를 태워 준 택시 운전자의 바빌론이 있는데, 그것은 그의 숙모가 사는 힐라라는 마을 근처의 어느 지점이라는 의미 이상을 지니지 못한다.

여기서(아니면 적어도 이곳에서 멀지 않은 어느 곳에선가)부터 책의 선사 시대가 열렸다고 고고학자들은 주장하고 있다. B.C. 3천 년대 중반 근동 지방의 기후가 지금보다 훨씬 시원하고 공기도 더 건조할 때, 메소포타미아 남부의 농경 사회들은 여기저기 흩어진 마을을 포기하고 보다 큰 도시를 중심으로 재편성되었다. 이것이 곧 도시국가로 발전하게 된다. 좀처럼 발견하기 어려웠던 농경지를 지키기 위해 그들은 새로운 관개 기술과 독특한 건축 장비들을 발명했다. 또한 새로운 도시의 거주자들이 늘어나자 점점 복잡해지는 사회를 법과 칙령과 상업 규율로 조직화하기 위해 B.C. 3천 년대 말 즈음 인간 사이의 의사 전달의 본질을 영원히 바꿔 놓을 기술이 개발되었다. 바로 글을 쓰는 기술이다.

십중팔구, 글을 쓰는 기술은 어느 가족에 가축 몇 마리가 있는지, 아니면 어느 지점으로 가축 몇 마리를 옮겼는지 따위를 기억하기 위한 상업적 목적에서 발명되었을 것이다. 쓰여진 기호는 기억력을 높이는 장치의 역할을 했다. 그림 속의 소 한 마리는 소 한 마리를 의미했기 때문에 그것을 읽는 독자에게는 거래가 소로 이뤄졌다는 사실과 몇 마리의 소가 거래되었는지, 아마 소를 산 사람과 판 사람의 이름까지도 알려 줄 수 있었을 것이다. 이런 형태에서 기억은 그런 거래를 기록하는 하나의 서류이기도 했다.

서판을 처음으로 발명한 사람은 그 진흙 조각들이 뇌 속에 기억을 간직하는 데 기여한다는 이점을 깨달았을 것이다. 우선 서판에 저장할 수 있는 정보의 양이 무한했다는 점을 들 수 있다. 뇌의 기억 용량은 유한한 데 반해 서판은 무궁 무진하게 생산해 낼 수 있었다. 두 번째의 강점은 서판의 경우 정보를 뽑아내는 데 있어서 기억을 간직하고 있는 사람의 존재를 꼭 필요로 하지 않는다는 점이었다. 어느 순간 갑자기, 손으로 만질 수 없는 어떤 것들이—숫자, 뉴스, 사고, 순서—메시지를 내놓은 사람이 눈앞에 존재하지 않는데도 쉽게 얻을 수 있는 것으로 바뀌었던 것이다. 이런 것들을 시공을 초월하여 상상할 수 있고, 표현할 수 있고, 또 후대로 전할 수 있다는 사실은 참으로 신비로운 일이 아닐 수 없었다. 선사 문명이 시작된 이래로 인간 사회는 지리적 장애와 죽음의 종국성, 망각의 파괴성을 극복하려고 노력해 왔다. 진흙 서판에 형상을 새겨 넣는 한 가지 행위만으로, 이름을 알 수 없는 인류 최초의 저자는 그때까지 불가능할 것처럼 보였던 이런 위업을 한순간에 달성해 냈다.

하지만 그런 새김에서 얻은 발명은 쓰기만이 아니었다. 그와 동시에 또 다른 창조가 이루어졌다. 뭔가를 쓴다는 행위의 목적은 그 텍스트를 보존하려는 것—다시 말해 읽혀져야 한다는 것—이기 때문에 그런 새김은 동시에 한 사람의 독서가를 창조해 낸 셈이다. 인류 최초의 저자가 진흙 조각에 표시를 새기며 새로운 기술을 꿈꾸는 가운데 또 다른 기술이 은연중에 모습을 드러냈던 것이다. 이 기술이 없다면 진흙 서판의 새김도 완전히 무의미하게 되었을 것이다. 그 저자는 기호의 창조자로서 메시지 메이커였지만 그가 창조해 낸 기호와 메시지들은 그것을 해독하고, 의미를 인식하고, 목소리를 실어 줄 '마술사'를 필요로 했다. 뭔가를 쓰는 것은 읽어 줄 사람을 필요로 했다는 말이다.

저자와 독서가 사이의 최초의 관계는 경이로운 역설을 갖는다. 독서가의 역할을 창조해 냄으로써 저자는 동시에 저자의 죽음을 선포하는데, 그 이유는 텍스트가 완성되기 위해서는 저자가 존재를 멈춰야만 하기 때문이다. 저자가 현존하는 한 그 텍스트는 언제나 미완으로 남는다. 작가가 텍스트에서 손을 뗄 때에만 그 텍스트는 텍스트로서 존재의 영역에 들어오게 된다. 이 시점에서 텍스트는 한 사람의 독서가가 읽어 줄 때까지 조용한 존재로 남는다. 기호를 읽을 줄 아는 눈이 서판에 새겨진 형상 앞에 서는 순간, 그 텍스트는 왕성한 생명력을 얻게 된다. 이렇듯 모든 기록은 독서가의 아량에 크게 의존한다.

작가와 독서가 사이의 이런 묘한 관계에는 나름대로 출발점이 있다. 그런 관계는 메소포타미아의 어느 신비로운 오후에 형성되어 그 후로도 줄곧 유효했다. 죽음의 순간에 생명을 탄생시키는 원시 시대의 창조자와, 그 창조물이 말을 하도록 생명을 불어넣는 후대의 창조자 사이에는(후대의 창조자들이 없다면 모든 기록은 죽은 것이 되는데) 매우 유익하면서도 동시에 시대 착오적인 관계가 성립된다. 바로 시작 단계에서부터 읽기는 쓰기를 신격화해 주는 것이었다.

쓰기는 즉각 막강한 기술로 인식되었고, 필사자도 메소포타미아 사회에서 높은 서열로 급부상했다. 필사자에게는 읽기 기술 또한 필수적이었음이 분명한데도 필사자의 직업에 붙여진 이름이나 필사자의 활동에 대한 사회적 인식 어디에도 읽기 행위를 인정하는 부분은 없고 오로지 기록하는 능력에만 초점을 맞추었다. 필사자에게는 정보를 끄집어내는 것처럼(그렇게 함으로써 정보에 의식을 불어넣는 것처럼) 비치기보다는 공공의 이익을 위해 단순히 정보를 기록하는 사람으로 받아들여지는 것이 훨씬 더 안전했을 것이다. 비록 필사자는 장군, 아니면 심지어 왕의 눈과 혀가 될 수도 있었지만, 그런 정치적 세력에 편승해 거드름피우지 않는 것이 현명했다. 이런 이유로, 메소포타미아의 필사의 여신인 니사바의 상징은 눈앞에 펼쳐진 서판이 아니라 철필이 되었다.

　메소포타미아 사회에서 필사자의 역할의 중요성을 과장해 말하기는 어렵다. 메시지를 보내고, 뉴스를 전달하고, 왕의 명령을 받아 적고, 법률을 기록하고, 역법을 지키는 데 필요한 천문학적 자료를 적고, 필요한 군인이나 일꾼의 수를 산출하고, 보급품이나 가축의 수를 셈하고, 재정적·경제적 거래를 추적하고, 의학적 진단과 처방을 기록하고, 군 원정대를 동행하며 전보를 쓰거나 전쟁 과정을 기록하고, 세금을 산정하고, 계약서를 꾸미고, 성스런 종교 텍스트를 간직하고, 길가메시 서사시를 읽어 줘 국민들을 즐겁게 해주는 일이 필사자의 주요 임무였다. 이런 일 중 어느 것 하나라도 필사자 없이는 이뤄질 수 없었다. 의사 소통 체계를 구축하고 메시지를 판독하는 데 있어 필사자는 바로 손과 눈과 목소리였다. 메소포타미아의 저자들이 글을 쓸 때 직접 필사자들에게 말을 거는 형식을 취하는 것도 이 때문이다. 필사자들이 메시지를 전달할 것이란 사실을 잘 알고 있었던 것이다. "국왕 전하께 이렇게 말해 주오 : 당신의 신하 아무개가 이러이러한 까닭으로 말씀을 올린다고." '말해 주오' 라는 말은 제2의 인물을, 즉 훗날 픽션에 나타나는 '사랑하는 독자들에게' 라는 표현의 조상이라고 할 수 있는 '당신'을 부르는 것이다. 이 글을 읽는 우리 모두는 시대를 가로질러 그 '당신'이 된다.

두 번째 B.C. 2천 년대의 상반기 5백 년 동안 메소포타미아 남쪽 시파르에 있던 샤마쉬 사원의 사제들은 사원의 정비 사업과 왕실 수입을 높이는 문제를 다루느라 사방 12개 면이 새김으로 가득한 기념물을 하나 세웠다. 이들 원시 시대의 정치꾼들은 그 기념물의 날짜를 자기들의 시대로 적지 않고 아카드의 마니쉬투슈 왕의 통치 기간(B.C. 2276~2261년경)으로 올려 적음으로써 사원의 재정적 청구에 역사성을 부여했다. 그 새김은 독자들에게 다음과 같은 약속으로 끝을 맺는다. "이것은 거짓이 아니고 진실이다"라고. 필사자-독서가가 곧 깨닫듯이 필사 기술은 그들에게 역사적 과거를 수정하는 능력까지도 부여했다.

주어진 모든 세력을 행사하며 메소포타미아의 필사자들은 귀족 엘리트가 되었다(수많은 세월이 흘러, 기독교 시대인 7, 8세기에도 아일랜드의 필사자들은 여전히 높은 지위를 얻었다. 아일랜드에서는 필사자를 살해할 경우 주교를 살해했을 때와 같은 형량으로 처벌받았다). 바빌론에서는 특별히 훈련받은 극소수의 시민만이 필사자가 될 수 있었고, 그들은 특수한 기능 때문에 사회의 다른 누구보다도 탁월한 존재가 되었다. 우르에서는 부유한 가정 대부분에서 교과서(학교의 서판들)가 발견되었는데 이런 사실에서도 쓰고 읽는 기술이 당시에는 귀족적인 행위로 여겨졌음을 추론해 낼 수 있다. 필사자가 되도록 선택된 사람들은 아주 어릴 때부터 사설 학교에서 교육을 받았다. 마리의 짐리리무 왕궁전의 진흙 의자가 쭉 늘어서 있는 방은, 비록 고고학자들의 조사에서는 학교 서판이 출토되지 않았지만, 필사자들을 위한 학교의 전형이라 추정된다.

필사자를 양성하는 학교의 소유자, 즉 교장은 사설 학교 관계자 한 사람과 사무원 한 사람의 도움을 받았다. 몇 개의 과목이 가르쳐졌다. 예를 들어 어느 학교에서는 이그밀-신이라는 이름의 교장이 쓰기, 종교, 역사, 수학을 가르쳤다. 규율은 학교 행정 기능을 어느 정도 익힌 나이 많은 학생이 맡았다. 필사자에게는 학교 성적이 매우 중요했기 때문에 아들이 좋은 점수를 얻도록 하기 위해 아버지들이 선생에게 뇌물을 바쳤다는 증거도 있다.

진흙 서판을 다듬고 철필을 사용하는 실용적인 기술을 익히고 나면 학생들은 기본적인 기호를 적고 읽는 법을 배워야만 했을 것이다. B.C. 2천 년경에 이르러 메소포타미아의 글자는 그림문자—단어가 상징하는 물체를 다소나마 생긴 그대로 정확하게 묘사한 문자—로부터 오늘날 우리가 설형문자로 알고 있는, 물체가 아니라 소리를 나타내는 쐐기 모양의 문자로 바뀌었다. 초기의 그림문자(각 물체마다 기호가 달랐기 때문에 2천 개 이상이 있었다)가 이제는 각 물체만이 아니라 그것과 관련된 생각까지 표현할 수 있는 추상적인 무늬로 발전했던 것이다. 발음이 같은 다양한 단어와 음절은 같은 기호로 쓰였다. 보조적인 기호—음성학적 혹은 문법적인 기호—가 있어 텍스트를 더욱 쉽게 이해할 수 있었고 의미의 미묘한 차이까지도 표현이 가능했다. 그런 시스템으로 인해 필사자들은 서사시, 명언집, 해학적인 책, 사랑의 시 등 매우 복잡하고 세련된 문학 작품까지 짧은 시간 내에 기록할 수 있었다. 사실 쐐기문자는 이어 계속된 수메르, 아카디아, 아시리아 제국까지 살아 남아 오늘날 이라크와 서부 이란, 그리고 시리아가 차지하고 있는 지역에 걸쳐 15개 언어의 문학 작품을 기록했다. 오늘날 우리는 초기 기호의 음성학적 가치를 모르기 때문에 그림문자 서판을 하나의 언어로 읽어 내지는 못한다. 단지 염소나 양을 인식할 뿐이다. 하지만 언어학자들은 불확실하게나마 후기 수메르인과 아카드인들의 쐐기문자 텍스트의 발음을 재건해 냈고, 아주 미숙하게나마 수천 년 전에 만들어진 소리를 발음할 수 있게 되었다.

인류 역사의 초기에 쓰고 읽는 기술은 일반적으로 하나의 이름을 만들기 위해 기호를 연결하는 훈련을 통해서 얻어졌다. 이런 초기 단계의 서투름을 보여 주는 것으로, 숙달되지 못한 손으로 기호를 새긴 서판이 무수히 발견되었다. 학생은 어떤 관행에 따라 쓰는 법을 배워야만 했는데, 바로 그런 관행이 있어서 그 학생이 읽을 수도 있었던 것이다. 예컨대 아카드인들의 단어 중에서 영어의 'to'를 뜻하는 'ana'는 언제나 a-na로 써야 되지 ana 혹은 an-a로 쓸 수는 없었다. 그래야만 학생들이 음절에 정확하게 강세를 둘 수 있었을 것이다.

이 단계를 떼고 나면 학생들에게는 다른 종류의 진흙 서판이, 아마도 선생이 직접 짧은 문장이나 격언, 아니면 이름들을 새겨 넣은 둥근 진흙 서판이 주어졌을 것이다. 그러면 학생들은 거기에 새겨진 내용을 공부하고는 서판을 뒤집어 그 글자를 썼으리라. 그렇게 하기 위해 학

수메르에서 발견된 진흙 서판. 선생이 한쪽 면에 글자를 쓰면 학생은 다른 쪽 면에 선생이 쓴 글자를 그대로 베껴 쓴다.

생은 서판의 한쪽 면에 써진 글자를 마음 속에 담았다가 다른 면으로 옮겨야 했을 터이니, 난생 처음으로 메시지 전달자가 되는 셈이다. 선생의 글자를 읽는 독서가의 입장에서 그 자신이 읽은 것을 옮겨 쓰는 저자가 되는 것이다. 그런 자그마한 제스처에서 훗날 독서가-필사자의 기능이 탄생했다. 텍스트를 옮겨 적고, 텍스트에 주석을 달고, 해석을 하고, 번역을 하고, 마침내 텍스트에 변화를 가하는 그런 역할말이다.

나는 메소포타미아 필사자를 이야기하면서 그들 대부분이 남성이었기 때문에 그녀가 아닌 그라는 대명사를 쓴다. 그런 가부장적 사회에서 읽고 쓰는 일은 권력을 쥔 사람들의 전유물이었다. 그러나 간혹 예외도 있었다. 역사상 이름이 가장 먼저 등장하는 작가는 B.C. 2300년경에 아카드 왕 사르곤 1세의 딸로 엔헤두아나 공주였다. 바로 여성이었던 것이다. 그녀는 달의 여신인 나나의 제식을 집행하는 고위 여성 성직자로, 사랑과 전쟁의 여신인 이나나를 기리는 노래들을 작곡하기도 했다. 엔헤두아나는 자신의 서판 말미에 자기 이름을 남겼다. 메소포타미아에서는 그런 서명이 관행이었으며, 우리가 필사자에 대해 알고 있는 지식의 상당수도 그런 사인이나 필사자의 이름과 날짜와 필사 장소가 적힌 간기(刊記)에서 나온다. 이렇게 확인이 가능한 덕분에, 텍스트의 '나'를 특정 인물과 동일시할 수 있고, 그렇게 함으로써 독서가들은 자신과 이야기를 나눌 인물, 즉 '저자'를 창조해 내어 하나의 텍스트를 주어진 목소리로—이나나를 찬송한 노래의 경우에는 엔헤두아나의 목소리로—읽게 되는 것이다. 문학이 탄생한 초기에 확립된 이런 장치는 4천 년이 지난 오늘날에도 그대로 적용된다.

필사자들은 텍스트를 읽는 입장이라는 데 따르는 굉장한 힘을 깨닫고 그런 특권을 열광적으로 지키려 들었음에 틀림없다. 오만 방자하게도, 대부분의 메소포타미아 필사자들은 텍스트 말미를 이런 간기로 장식하곤 했다. "현명한 사람들이 현명한 사람들을 교육하도록 하자, 무식한 사람들은 볼 줄도 모를 테니까"라고. 이집트에서는 B.C. 1300년경인 19대 왕조에 어느 필사자가 자신의 일을 찬양하는 노래를 이렇게 적었다.

> 필사자가 되려무나! 이 말을 그대 가슴에 각인하라
> 그대의 이름을 영원히 남기기 위해서!
> 두루마리는 돌새김보다 훌륭하느니라.
> 사람이 죽으면 육신은 먼지가 되고,
> 그의 사람들도 이 땅에서 사라지고 말 것이니.
> 사람을 기억하게 하는 것은 책이니라
> 그를 읽는 사람의 입을 통해서.

작가는 수많은 어휘의 창고에서 메시지를 가장 잘 표현할 어휘들을 선택해서 다양한 방법으로 텍스트를 구성할 수 있다. 하지만 이 텍스트를 받아들이는 독서가는 하나의 해석에만 얽매이지 않는다. 우리가 이미 말한 대로, 텍스트 읽기는 무한하지는 않지만—상식에 따른 한계나 문법에 의해 제한받는다—그렇다고 엄격히 텍스트 그 자체에 구속받는 것도 아니다. 프랑스 비평가인 자크 데리다는 "글로 써진 텍스트는 어떤 것이든, 심지어 텍스트가 생산된 시기가 돌이킬 수 없을 만큼 멀어져 버렸어도, 또 그 텍스트의 저자가 그것을 쓴 순간에 말하려는 의도가 무엇이었는지 모른다 하더라도, 다시 말해 텍스트를 그 자체의 흐름에 내맡겨야 한다 하더라도 텍스트는 어떤 것이든 읽을 수 있다"고 말한다. 그런 이유로 하나의 의미를 보존하고 강요하고자 하는 저자(작가, 필사자) 또한 독서가가 되어야 한다. 이거야말로 메소포타미아 필사자가 자신에게 허용했던 은밀한 특권이었으며, 나 또한 그 필사자의 서재였을지도 모르는 폐허더미에서 글을 읽으며 그런 특권을 손에 넣어 본다.

어느 유명한 에세이에서 롤랑 바르트는 '작가(ecrivain)'와 '저술가(ecrivant)'를 구분할 것을 제안했다. 전자는 하나의 기능에 충실하고, 후자는 하나의 활동에 충실하다. 작가에게 있어 글쓰기는 목적어 없는 자동사이고, 저술가에게 있어 그 동사는 언제나 목적으로—가르치기, 증언하기, 설명하기, 지식 전하기—연결된다. 아마도 글을 읽는 역할에도 똑같은 구분이 가능할 것이다. 겉으로 드러나지 않은 다른 동기는 없이(심지어 독서 행위 자체에 이미 쾌락의 개념이 담겨 있다는 이유로 오락적인 동기조차 품지 않고서) 독서라는 행위 그 자체만으로 텍스트의 존재를 정당화하려는 독서가가 있는가 하면, 숨은 동기(배운다거나 비평하겠다는 따위)를 가진 독서가가 있는데, 후자에게 있어 텍스트는 또 다른 기능을 향해 나아가는 도구이다. 전자와 같은 독서 행위는 그 텍스트의 본질에 따라 정해지는 시간틀 안에서 이뤄지는 반면, 두 번째의 독서 행위는 독서가가 그 독서의 목적을 위해 할당해 놓은 시간틀 안에서 이뤄진다. 이런 구분은 아마도 성 아우구스티누스의 믿음대로 신이 확립해 놓은 구분일지도 모르겠다. "성경이 말하는 것은 내가 말하는 것이도다." 아우구스티누스는 신이 자신에게 계시하는 것을 듣는다. "허나 성경의 말은 때가 있는 반면에 나의 말은 시간의 구애를 받지 아니하며 그것은 또 영원을 사는 나와 동등하고 같으니라. 너가 성경으로 보는 것들은, 너가 성경으로 말하는 그 말들을 내가 말하는 것과 똑같이, 나도 그것들을 보노라. 그렇지만 너는 그런 것들을 적당한 때가 되어야만 보는 반면에 내가 그것들을 보는 것은 시간의 제약을 받지 않는도다. 그리고 너는 그 말들을 저마다 적절한 시간에만 말할 수 있는 반면에 내가 그것들을 말하는 것은 시간의 구애를 받지 않는도다."

필사자들이 너무도 잘 알고 있었고 또 사회 모두가 깨닫고 있듯이, 문자라는 특출한 발명품은 텍스트를 복구하고 읽어 내는 필사자들의 능력에 크게 의존했다. 그런 능력을 잃게 되는 순간, 텍스트는 다시 한 번 침묵의 기호로 전락하고 만다. 고대 메소포타미아인들은 새를 신성한 창조물로 보았는데, 그 이유는 진흙에 새겨진 새들의 발자국이 쐐기문자를 닮았기 때문이었다. 메소포타미아인들은 새의 발자국이 남긴 기호의 복잡성만 이해하면 신들이 무슨 생각을 하고 있는지 읽을 수 있으리라 믿었던 것이다. 몇 세대를 두고 학자들이 수메르, 아카드, 아스텍, 마야 등 문자 체계를 알길이 없는 서체의 독서가가 되어 보고자 노력했다.

간혹 학자들이 성공할 때도 있었다. 또 간혹 실패할 때도 있어 고대 에트루리아인들의 글자에서와 같이 그 복잡성은 아직도 해독되지 않고 있다. 시인 리처드 윌버[1]는 독자를 잃게 될 경우 문명에 닥칠 비극을 이렇게 요약했다.

에트루리아의 시인들에게

흐르듯 꿈을 꾸렴, 형제들이여, 어렸을 때
그대는 어머니의 젖과 함께 그대의 어머니 나라 말을 배웠소,

그 모국어의 자모로 이 세상과 마음을 하나로 엮어,
그대는 시구 몇 줄을 남기려 애쓰나니

| 1) Richard Wilbur, 1921~ . 미국의 작가.

눈밭 위를 가로지르는 신선한 발자국처럼
모든 것이 녹아 사라질 수 있다는 것은 생각지도 않고서.

책 분류의 역사

『코덱스 세라피니아누스』의 한 페이지.

이집트의 알렉산드리아는 B.C. 331년 알렉산더 대왕에 의해 건설되었다. 클라우디우스 1세 통치하에 살았던 로마의 역사가 퀸투스 쿠르티우스 루푸스는 알렉산드리아가 건설되고 4세기가 더 지나서 쓴 『알렉산드리아의 역사』에서 도시 건설은 알렉산더 대왕이 이집트 신인 암몬의 신전을 방문한 직후부터 시작됐다고 적고 있다. 이 신전의 신관이 알렉산더에게 '주피터의 아들'이라는 이름을 붙여 주었다고 한다. 손에 넣은 지 얼마 되지 않은 은총의 땅에서 알렉산더는 마레오티스 호수와 바다 사이에 펼쳐진 땅을 새로운 도시를 건설할 터로 잡고 국민들에게 새로운 메트로폴리스로 이주할 것을 명령했다. 루푸스는 "알렉산더 대왕이 마케도니아의 관습대로 장차 도시의 성벽이 될 경계선을 따라 보리밥으로 표시하는 의식을 치르고 나자 한무리의 새들이 내려앉아 그 보리를 먹었다는 보고서가 있다. 많은 사람들은 이것을 불길한 전조로 여겼지만 예언자의 판단은 이 도시에 거대한 이민 인구가 흘러 들어오고 장차 이 도시가 수많은 나라에 생계 수단을 제공하리라는 것이었다"고 적고 있다.

정말로 많은 나라의 국민들이 새로운 수도로 몰려들었다. 하지만 약간은 성격이 다른 종류의 이민이었는데, 결과적으로 알렉산드리아는 이런 이민으로 유명해지게 되었다. 알렉산더가 죽던 B.C. 323년에 알렉산드리아는 이미 오늘날 우리가 '다문화 사회'라고 부르는 그런 도시로 번창했으며, 프톨레마이오스 왕조의 주권 아래에서 국적에 따라 몇 개의 자치체로 나누어져 있었다. 이들 국적 중에서 본토인 이집트인들을 제외하고 가장 중요했던 사람은 그리스인들이었는데, 이들에게는 글이야말로 지혜와 힘의 상징으로 통했다. "글을 읽을 줄 아는 사람은 역시 보기도 잘 본다"고 아테네의 시인 메난드로스[1]가 B.C. 4세기에 노래하지

1) Menandros, 342?~292 B.C. 주로 헬레니즘 시대의 아테네 시민 생활을 그린 극작가.

않았던가.

이집트인들도 전통적으로 행정적인 업무의 상당 부분을 기록으로 남기긴 했지만, 알렉산드리아를 대단히 관료적인 체제로 바꿔 놓은 것은 아마도 그리스인들이 아니었을까 싶다. 이들 그리스인들이야말로 사회는 갖가지 거래를 정확 명료하고 체계적인 기록으로 남길 수 있어야 한다고 굳게 믿었으니까. B.C. 3세기 중반 무렵에는 문서 교환 건수가 매우 빈번했다. 영수증, 견적서, 선언서, 허가서 등이 기록 형태로 발급되었다. 하찮은 일이라도 문서로 처리된 경우가 많았다. 돼지를 돌봐 주거나 맥주를 팔 때, 튀긴 콩을 사고 팔 때, 목욕탕을 경영하거나 페인트를 칠할 때도 문서가 오갔다. 기원전 258~257년 사이에 발행된 한 문서를 보면 재정장관 아폴로니오스의 사무실에서는 33일 동안 파피루스 434뭉치를 접수했음을 알 수 있다. 종이에 대한 탐욕이 곧바로 책을 향한 사랑과 동일시되지는 않겠지만, 어쨌든 글과 친숙해짐으로써 알렉산드리아 주민들이 독서 행위에 익숙하게 되었음은 두말 할 필요가 없다.

만약 알렉산드리아를 건설한 인물의 취향이 그대로 반영되었다면 알렉산드리아는 책벌레 도시가 될 운명을 타고났다. 알렉산더의 아버지인 필립포스 왕은 아리스토텔레스를 아들의 개인 교사로 고용했다. 그래서 알렉산더 왕은 아리스토텔레스의 가르침을 받고 '배움과 읽기라면 종류를 불문하고 사랑하는 사람'으로 자라났다. 얼마나 지독한 독서광이었는지 손에서 책을 놓을 때가 거의 없었다. 한번은 북부 아시아 지역을 여행하다가 읽을 만한 책이 바닥나자 자신의 지휘관 한 명에게 책 몇 권을 보내 달라고 명령하기까지 했다. 얼마 지나지 않아 알렉산더는 필리스투스의 『역사』와 에우리피데스, 소포클레스, 아이스킬로스의 희곡 몇 권, 텔레스테스와 필록세누스의 시를 손에 넣을 수 있었다.

알렉산더의 뒤를 이은 프톨레마이오스에게 훗날 알렉산드리아를 유명하게 만든 도서관을 건립하자고 제안했던 사람은 팔레룸의 데메트리오스였으리라 추정된다. 아테네 출신 학자였던 데메트리오스는 이솝 우화를 엮은 장본인이자 호머 비평가였으며, 그 유명한 테오프라스토스(아리스토텔레스의 제자이자 친구)의 학생이기도 했다. 그렇게 세워진 도서관이 얼마나 유명했는지는 도서관이 사라진 150년 후에도 나우크라티스[1]의 아테나이오스가 독자들에게 그 도서관을 묘사하는 것은 불필요한 짓이라고 생각했다는 사실에서도 엿볼 수 있다. "소장된 도서의 수나 도서관의 설립, 그리고 뮤즈의 전당, 그 모든 것이 사람들의 기억 속에 고스란히 담겨 있는데 굳이 이야기할 필요가 있을까?" 이런 태도는 적절치 못했다. 그 때문에 도서관의 정확한 위치가 어디인지, 장서 수가 어느 정도였는지, 어떤 식으로 운영되었고 도서관의 파괴는 또 누구에 의한 짓인지 아직도 만족할 만한 대답을 얻지 못한 채 의문으로 남아 있으니까.

그리스의 지리학자 스트라본[2]은 B.C. 1세기 말경의 어느 글에서 알렉산드리아와 도시 내 박물관에 대해 비교적 소상하게 묘사하면서도 도서관에 대해서만은 전혀 언급하지 않았다. 이탈리아 역사학자 루치아노 칸포라는 도서관이 별도의 공간이나 건물이 아니라 박물관 주랑이나 휴게실에 딸린 공간이라는 단순한 이유 때문에 스트라본이 도서관에 대해 별도로 설명하지 않았다고 주장한다. 그러면서 칸포라는 지붕 덮인 널따란 통로나 좁은 통로를 따라 안쪽으로 쑥 들어간 공간에 서가가 놓여 있었을 것이라고 미루어 짐작했다. 칸포라는 "벽감(壁龕)이나 우묵하게 들어간 공간마다 특정 작가의 책을 꽂아 두고, 책마다 표제를 붙이고 그 작가를 기렸을지도 모른다"고 설명한다. 종국적으로 이런 공간은 전해진 대로 그 도서관이 50만 정도의 두루마리를 보관할 때까지 계속 확장되었다. 그리고도 나머지 4만여 개의 두루마리는 라코티스의 유서 깊은 이집트 지역에 세워진 세라피스 사원에 딸린 다른 건물에 보관되었다. 인쇄술이 발명되기 이전에 기독교 서구 사회에서 소장 도서가 2천 권을 넘었던 도서관이 아비뇽의 교황청 도서관 한 곳뿐이었다는 사실을 고려하면 알렉산드리아 도서관의 중요성은 자명해진다.

도서관의 가장 큰 목적은 인간 지식의 총체를 포용하는 것이었기 때문에 도서관은 책들을 대량으로 수집해야 했다. 아리스토텔레스에게 책을 수집하는 일은 '기록에 꼭 필요한' 것으로, 학자라면 당연히 해야 할 임무의 일부분이었다. 그의 제자 알렉산더 대왕이 세운 알렉산드리아의 도서관도 단지 이런 뜻을 더욱 확대한 것에 지나지 않았다. 말하자면 이 세상의 모든 기억을 모았던 것이다. 스트라본에 따르면, 아리스토텔레스가 수집한 책들은 테오프라스토스에게로, 또다시 그것은 그의 친척이자 학생이었던 넬레우스에게로, 그리고 마지막으로는 알렉산드리아 도서관에 소장할 목적으로 프톨레마이오스 2세에게로 넘어갔다. 프톨레마이오스 3세 통치 때까지 어느 누구도 전체 도서를 모조리 읽었을 수는 없었을 것이다.

왕의 칙령으로, 알렉산드리아에 정박하는 모든 선박들은 싣고 있던 책을 무조건 내놓아야만 했다. 그렇게 내놓은 책들은 복사를 한 뒤, 원본은 원래의 주인에게 돌려주고 복사본은 도서관에 보관했다(간혹 복사본을 돌려주고 원본을 도서관에서 소장할 때도 있었다). 당시 위대한 그리스 극작가들의 유명한 책들은 배우들이 베껴서 연구할 수 있도록 아테네에 소장되었는데, 이런 책들도 프톨레마이오스 왕들의 대사관에서 빌려 매우 조심스럽게 복사되었다. 알렉산드리아 도서관으로 들어오는 책들이 모두 진짜였던 것은 아니다. 프톨레마이오스 왕들이 고전을 열정적으로 수집한다는 사실을 이용해서 위조범들이 왕들에게 가짜 아리스토텔레스 논문을 팔았는데, 그 논문들은 학자들이 몇 세기에 걸쳐 연구한 끝에야 가짜로 판명되었다. 간혹 학자 본인이 가짜를 내놓을 때도 있었다. 크라티푸스라는 학자는 투키디데스와 같은 시대에 살았던 어느 사람의 이름을 빌려 『투키디데스가 말하지 않은 모든 것』이라는 책을 썼다. 이 책에서 크라티푸스는 온갖 허풍을 다 떨고 시대 착오적인 표현까지 마다하지 않았다. 예를 들면 투키디데스가 죽은 지 4백 년 후에 살았던 작가의 글을 인용하기도 했다.

지식의 단순한 축적은 지식이 아니다. 몇 세기 후 갈리아의 시인인 데시무스 마그누스 아우소니우스[1]는 자신의 『소품집』에서 지식의 축적과 진정한 지식을 혼돈하는 것을 조롱했다.

> 당신은 책을 사서 서가를 채웠소,
> 오, 시신(詩神)을 사랑하는 사람이여.
> 그렇다고 지금 당장 그대가 학자가 되었다는 뜻인가?
> 지금 그대가 플렉트럼[2]과 하프를 산다고 해서 내일 음악 분야가 그대의 것이 되겠소?

사람들이 그처럼 엄청난 양의 책을 쉽게 이용하도록 돕기 위해서는 어떤 요령이 필요했다. 어떤 독서가라도 관심 가는 분야의 특정한 책을 손쉽게 찾아낼 수 있는 방법 말이다. 의심할 것도 없이 아리스토텔레스에게도 자기 서재에서 필요한 것을 골라낼 수 있는

---

1) Decimus Magnus Ausonius, 310?~395?.
2) 현악기를 연주할 때 줄을 튀기기 위해 손가락에 끼는 상아 조각.

그만의 은밀한 요령이 있었을 것이다(불행하게도 그 요령이 어떤 것이 었는지 우리로서는 알 길이 없다). 하지만 알렉산드리아 도서관에 꽂힌 책들은 그 숫자가 엄청났기 때문에 어쩌다 운이 좋은 경우를 제외하고는 독서가 일개인이 특정 제목을 발견하기는 불가능했을 것이다. 해결책은—나중에는 또 다른 문제를 야기하지만—풍자 시인이자 학자였던 키레네의 칼리마코스[1]에 의해 사서라는 새로운 형태로 나타났다.

칼리마코스는 B.C. 3세기 초에 북아프리카에서 태어나 대부분의 생을 알렉산드리아에서 살면서 처음에는 교외의 학교에서 학생들을 가르치다가 나중에는 도서관에서 일하게 되었다. 그는 놀랄 만큼 많은 양의 작품을 생산하는 작가이자 비평가, 시인, 백과사전 편집자였다. 그는 오늘날까지도 결론에 도달하지 못하고 있는 논쟁 하나에 불을 지핀 인물이기도 하다. 문학은 간결해야 하며 장식적이어서는 안 된다는 주장을 펼치면서 그는 그때까지도 케케묵은 방식으로 서사시를 쓰던 사람들을 향해 '장황하고 진부한 사람'이라고 비난을 퍼부었다. 그의 적들은 칼리마코스가

16세기에 칼리마코스의 모습을 상상으로 그린 초상화.

장시를 쓸 능력이 없다 보니 짤막한 시 속에서 먼지만큼이나 무미건조하게 살 수밖에 없다고 반박했다(그리고 수 세기 뒤에 그의 견해는 현대로 이어져 고대에 대항하게 되었으며, 그 후로도 낭만파가 고전파에, 웅대한 스케일을 추구하는 미국 소설가들이 미니멀 아트 작가에 대항하는 논쟁의 대상이 되었다).

그의 최대 적은 바로 자신이 근무하던

1) Callimachos, 305?~240 B.C. 고대 그리스의 학자이자 시인.

도서관의 상관이었다. 알렉산드리아 도서관장이었던 로도스의 아폴로니오스[1]가 6천 행으로 쓴 서사시 『아르고의 항해』야말로 칼리마코스가 혐오했던 모든 것을 대표하는 예였다('덩치 큰 책은 권태 덩어리'라고 칼리마코스는 압축적으로 표현했다). 칼리마코스도 아폴로니오스도 현대의 독자들 사이에서는 별다른 호응을 얻지 못했다. 『아르고의 항해』는 그저 기억되고 있을 정도이고, 칼리마코스는 카툴루스[2]의 번역으로 어렴풋이나마 전해지고 있으며, 칼리마코스가 친구 헤라클레이토스[3]의 죽음을 한탄하며 쓴 만가 형식의 풍자시가 윌리엄 코리의 번역으로 전해지는 정도이다. 이 풍자시는 "사람들이 그러더군. 헤라클레이토스, 자네가 죽었다고"로 시작된다.

아폴로니오스의 감시 아래, 칼리마코스는(그가 도서관장에까지 올랐는지는 확실하지 않다) '탐욕스럽게' 도서관의 장서를 분류하는 과업에 착수했다. 책을 분류하는 일은 역사가 깊은 직업이다. 초기 도서관들이 남긴 흔적에는 (수메르 인이 불렀던 것처럼) '우주의 서품자'의 자취가 많다. 예를 들면, B.C. 2000년경에 시작되는 이집트의 어느 '책들의 집'의 도서목록은 목록 몇 개를 나열하는 것으로 시작한다. '사원에서 볼 수 있는 책' '일반 분야의 책' '나무에 새겨진 저작물 목록' '태양과 달의 측량점 관련 책' '지리 및 풍물 관련 책' 등이 그것이다.

칼리마코스가 알렉산드리아 도서관에서 채택한 방식은 도서관 소장품을 순서대로 나열하는 게 아니라 사람들이 이 세상에 대해 이미 품고 있던 계통에 따랐던 것 같다. 어떠한 분류라도 결국에는 임의적일 수밖에 없다. 칼리마코스가 제안한 분류 방식은 그리스인들의 세계관을 물려받은 당대의 지식인과 학자들에 의해 받아들여졌던 사고 체계를 따르고 있어 덜 임의적

1) Apollonios, 295?~225~ B.C. 기원전 3세기의 그리스 서사 시인.
2) Gaius Valerius Catullus, 84?~54? B.C. 로마의 서정 시인.
3) Heracleitos, 540?~480? B.C. 그리스의 철학자.

으로 보인다. 칼리마코스는 도서관을 서가 혹은 테이블로 구분해서 8 개의 주제로 정리했다. 희곡, 웅변, 서정시, 법률, 의학, 역사, 철학, 그리고 시문집이 각각의 주제였다. 그는 분량이 많은 작품은 복사하여 '책'이라 불리는 작은 단위로 나누었는데, 이는 작은 두루마리가 훨씬 수월했기 때문이다.

칼리마코스의 방대한 기획은 당대에 완성되지 못하고 그의 뒤를 이은 사서들에 의해 마무리되었다. 테이블의 공식 타이틀은 '모든 단계의 문화와 그 저작에서 탁월했던 사람들의 테이블'로 붙여졌는데, 크기는 두루마리 1백 20개로 늘어났음에 틀림없다. 칼리마코스로부터 우리는 그 뒤에 평범한 방식으로 자리잡게 될 분류 방식도 배울 수 있었다. 서적들을 알파벳 순서로 정리하는 관습이 그것이다. 그전까지만 해도 사람의 이름을 담고 있던 그리스 새김 몇 점만이 알파벳 순서를 이용한 정도였다. 프랑스 비평가 크리스티앙 자코브에 따르면, 칼리마코스의 도서관이야말로 '텍스트들을 옆에 나란히 펼쳐 놓고 서로 비교할 수 있는 비평의 이상향'으로 평가받을 만한 인류 최초의 예였다. 칼리마코스의 등장으로 도서관이 체계가 잡힌 독서 공간으로 자리잡게 되었다.

내가 알고 있는 모든 도서관은 고대의 그 도서관을 반영하고 있다. 자리에 앉아서 창밖을 내다보면 능소화 나무의 청색 꽃송이가 온통 거리를 뒤덮고 있는 풍경이 시야를 꽉 채우던 부에노스아이레스의 어두컴컴한 '교사용 도서관'도 그렇고, 마치 이탈리아 저택처럼 가지런한 정원으로 둘러싸여 아름답기 그지없는 캘리포니아주 패서디나의 헌팅턴 도서관도 그렇다. 그리고 칼 마르크스가 『자본론』을 집필할 때 앉았다는 의자에 나도 앉아 볼 수 있는 고아(古雅)하기 이를 데 없는 브리티시 도서관, 알제리 쪽 사하라의 자네라는 마을에 있던 서가 3개짜리 도서관. 나는 그곳 아랍어 서적 코너에서 볼테르의 『캉디드』 프랑스 어판을 발견했는데, 이들 도서관 역시 알렉산드리아 도서관의 특징들을 따르고 있었다. 에로틱한 문학 작품이 꽂힌 구역이 '지옥'이라 불리던 파리국립도서관, 책을 읽으면서 경사진 유리창으로 함박눈이 떨어지는 모습을 볼 수 있는 저 유명한 메트로 토론토 레퍼런스 라이브러리, 이 모든 도서관들도 다양한 변형이 있었다뿐이지 칼리마코스의 체계적인 비전을 옮긴 것에 지나지 않는다.

알렉산드리아 도서관과 그 분류 목록은 처음에는 로마 황제의 도서관들, 그 뒤로는 동로마제국에 이어 전체 기독교 유럽 도서관들의 모델이 되었다. 성 아우구스티누스는 387년에 개종한 직후 아직도 신플라톤주의의 영향하에 있던 시기에 쓴 『기독교 교의에 대하여』에서 그리스 로마의 고전 중 일부는 기독교의 가르침과 양립할 수 있다는 주장을 펼쳤다. 그 이유는 아리스토텔레스와 베르길리우스 같은 작가의 경우 (플로티노스[1]가 '영혼'이라고 불렀고, 예수 그리스도가 '말씀' 혹은 '로고스'라고 불렀던) 그 '진실을 소유했기 때문'이었다. 그와 똑같은 절충주의적 정신에서, 다마수스 1세 로마 교황이 380년대에 성 로렌초 교회에 설립한 로마 교회 최초의 도서관은 기독교 성서와 해석서, 그리스 변증론 학자들의 작품뿐만 아니라 그리스 로마 고전까지 포함했다(그렇지만 고전 작가의 수용은 여전히 차별적이었다. 5세기 중반 아폴리나리스 시도니우스는 어느 친구의 서재에 대해 논평하면서 이교도 작가들이 기독교 작가들과는 별도로 분리돼 있다고 불만을 토로했다. 이교도 작가는 신사용 좌석에 가깝고 기독교 작가는 숙녀용 좌석에 가깝게 배치되었다는 것이다).

그렇다면 그처럼 다양한 저작물들은 어떤 식으로 분류되었을까? 초기 기독교 도

1) Plotinos, 205?~270?, 이집트 태생의 로마 철학자. |

서관의 운영을 맡았던 사람들은 도서관의 책들을 기록으로 남기기 위해 서가 목록을 만들었다. 성경이 가장 먼저였고, 그 다음이 해설서, 초기 기독교 저술가(성 아우구스티누스가 단연 선두 자리를 차지했다)의 저작물, 철학, 법률 그리고 문법 순이었다. 간혹 의학서가 맨 마지막을 차지할 때도 있었다. 대부분의 책들이 제목을 따로 달고 있지 않았기 때문에 책의 특징을 말해 주는 타이틀을 붙이거나 텍스트의 첫 문장의 단어가 제목으로 이용되기도 했다. 간혹 알파벳이 책을 찾아내는 데 결정적인 역할을 하기도 했다. 예컨대 10세기 페르시아의 수상이었던 압둘 카셈 이스마엘은 여행을 할 때도 11만 7천 권에 달하는 책들과 헤어지기 싫어서 4백 마리나 되는 낙타들에게 알파벳 순서로 걷도록 특별 훈련을 시켜서 책을 몽땅 싣게 했다고 한다.

　아마도 중세 유럽에서 주제별로 분류한 최초의 예는 11세기 르 퓌 성당 도서관이지만 그 후 한참 동안 이런 형태의 분류는 전형으로 자리잡지는 못했다. 많은 경우 책의 분류는 단순히 실용적인 이유에서 행해졌다. 1200년대 캔터베리 대주교 도서관의 책들은 책을 가장 빈번하게 이용하는 학부에 따라서 목록이 정해졌다. 1120년에는 생 빅토르의 위고가 각 책의 내용을 간략하게 요약(현대의 적요처럼)해서 교양 과정의 3분야에 따라 이론, 실용, 기계의 3개 카테고리 중 하나에 보관하자는 분류 체계를 내놓았다.

　1250년에 이르러, 앞서 내가 읽기와 기억에 관한 이론을 소개하는 대목에서 거론한 적이 있는 리샤르 드 푸르니발은 원예 모델에 바탕을 둔 분류 시스템을 상상하기도 했다. 그는

리샤르 드 푸르니발이 그의 여주인과 대화를 나누고 있는 장면이 그려진 13세기 필사본 채식화.

자신의 서재를 '동료 시민들이 지식의 열매를 수확할 수 있는' 정원에 비교하면서 이 정원을 세 개의 꽃밭, 즉 철학과 '돈벌이가 되는 학문', 그리고 신학으로 구분했다. 그리고 각 꽃밭을 더욱 작은 구획으로 나눠 각 구획마다 한 가지 주제를 부여했다.

예를 들면 철학이라는 꽃밭은 세개의 구획으로 나눠진다.

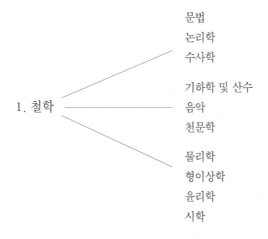

두 번째 꽃밭인 '돈벌이가 되는 학문'에는 오로지 두 가지 구획, 즉 의학과 법률뿐이었다. 세 번째 꽃밭은 신학만을 위해 따로 떼어놓은 것이었다.

3. 신학

하나의 구획에는 그 안에 보관되어 있는 책들의 수만큼 글자를 할당하고 각 서적의 표지마다 그 글자 중 하나를 적었다. 같은 글자를 여러 책에 적는 데서 야기될 혼란을 피하기 위해 드 푸르니발은 각 글자의 색과 모양을 다양하게 사용했다. 예를 들어 문법책 하나에 장밋빛 붉은 색깔의 대문자 A를 적었다면 다른 책에는 A를 팬짓빛 붉은 색깔의 언셜자체로 적었다.

비록 드 푸르니발의 서재는 세 개의 '꽃밭'으로 나누어졌지만 그 안의 서가는 중요도의 정도가 아니라 자신이 소장하고 있던 책의 양에 따라 구분되었다. 예를 들어 논리학은 서가 하나가 몽땅 주어졌는데 그 이유는 그 주제의 책이 12권 넘게 있었기 때문이다. 기하학과 산수가 같은 서가에 꽂혔던 것은 이 분야의 책들이 각각 6권밖에 없었기 때문이었다.

드 푸르니발의 정원은 전통적인 중세 교육 제도의 교양 과정이 문법, 수사학, 논리학, 산수, 기하학, 천문학, 음악 등 7개 분야로 나누어진 점을 볼 때 적어도 후대에 영향을 끼치는 전례가 되었다고도 할 수 있다. 5세기 초 마르티아누스 카펠라에 의해 확립된 이들 7개 주제는 인간 지혜의 모든 영역을 다 형상화한 것이라 믿어졌다.

드 푸르니발이 자신의 제도를 제안하기 1세기 전쯤, 교회법의 아버지인 그라티아누스[1] 로마 황제나 신학자 롬바르두스[2]와 같은 책벌레들은 '존재의 우주적 위계제'를 강조했던 아리스토텔레스의 가르침에 깊은 감명을 받고 그에 대한 재평가를 바탕으로 인간 지식의 새로운 구분을 제안했다. 그러나 그들의 제안은 오랜 동안 받아들여지지 않았다. 그러다가 13세기 중반에 이르러 유럽에서 봇물처럼 쏟아지기 시작한 아리스토텔레스의 저작물들(처음 그리스어에서 아

1) Flavius Gratianus, 375~383.
2) Petrus Lombardus, 1100?~1164? 이탈리아의 철학지. 파리에서 사제직을 맡기도 함.

랍어로 번역한 것을 마이클 스콧과 헤르마누스 알레마누스 같은 지식인들이 다시 라틴어로 옮겼다)로 인해 학자들은 드 푸르니발의 구분을 지극히 자연스러운 것으로 받아들였다. 1251년부터 파리 대학에서도 아리스토텔레스의 저작물을 공식 교과 과정에 포함시켰다. 알렉산드리아의 사서들이 그랬던 것처럼 유럽의 사서들도 아리스토텔레스의 저작물을 발굴하느라 혈안이었다. 유럽의 사서들은 아베로에스[1]와 아비센나[2] 같은 회교도 학자들, 그리고 동과 서의 아리스토텔레스 지지자들이 지나칠 정도로 꼼꼼하게 편집 해설해 놓은 책을 통해 아리스토텔레스를 발견했다.

13세기 이슬람의 한 도서관. 한 무리의 독서가들이 신중하게 분류된 책들 중 하나를 펼쳐 보고 있다. 그 뒤로는 서가에 정연하게 정리된 책들이 보인다.

아랍인들의 아리스토텔레스 수용은 꿈에서 비롯된다. 9세기 어느 날 밤, 거의 전설적인 하룬 알 라시드의 아들이었던 알 마문 칼리프는 꿈 속에서 누군가와 대화를 나누었다. 칼리프에게 질문을 던진 사람은 넓은 이마에 눈이 푸르고 얼굴이 창백한 남자였으며 미간을 찌푸린 채 제왕 같은 풍채로 왕좌에 앉아 있었다. (우리 모두가 꿈속에서 그런 경험을 하듯 칼리프가 확실히 알아봤던) 그 사람은 바로 아리스토텔레스였다. 그들 사이에 오고간 은밀한 대화로 인해 영감을 받은 칼리프는 그날 밤 이

1) Averroës, 1126?~1198. 이슬람의 철학자이자 의학자.
2) Avicenna, 980~1037.

후로 바그다드 아카데미의 학자들에게 그 그리스 철학자의 저작물을 번역하는 일에 모든 정성을 쏟도록 명령했다.

아리스토텔레스의 저작 및 다른 그리스 고전을 수집했던 도시는 바그다드만이 아니었다. 카이로에서도 1175년 수니파[1]의 숙청이 있기 전 파티미드 도서관에 이런 책들이 110만 권 이상이나 주제별로 분류되어 있었다(십자군들은 질투심 섞인 허풍을 떨면서 이교도들의 요새에는 3백만 권 이상의 책이 있었다고 보고했다). 알렉산드리아 도서관의 예를 따라 파티미드 도서관도 박물관과 문서 보관소, 연구소를 갖추고 있었다. 몇몇 기독교 학자들은 가치를 메기기 어려운 귀중한 자료들을 이용하기 위해 남쪽으로 여행하기도 했다. 회교의 영향권 내에 있었던 스페인에도 역시 중요한 도서관들이 여럿 있었다. 안달루시아에만도 70여 개가 있었고, 그 중에서 코르도바의 칼리프 도서관에는 알하캄 2세 통치하에서만 40만 권의 장서를 자랑했다.

로저 베이컨[2]은 13세기 초반에 쓴 어느 글에서 아랍어의 중역을 바탕으로 한 분류 시스템을 혹평하면서 이슬람의 가르침이 아리스토텔레스의 텍스트를 오염시켰다고 주장했다. 실험적인 과학자로 파리에서 수학과 천문학과 연금술을 연구했던 베이컨은 화약 제조술(그 다음 세기까지는 총에 사용되지 않았다)을 소상하게 묘사한 최초의 유럽인이었으며, 일찍부터 태양에너지를 잘 이용한다면 언젠가는 노 없는 보트, 말 없는 마차, 날 수 있는 기계까지도 나오게 되리라고 예견한 인물이었다. 그는 알베르투스 마그누스와 토

16세기에 그려진 로저 베이컨의 초상화.

1) 이슬람교의 2대 분파의 하나.
2) Roger Bacon, 1220?~1292. 영국의 철학자이자 과학자.

마스 아퀴나스 같은 학자들이 그리스어에 무지하면서도 아리스토텔레스를 읽는 척한다고 비난했으며, 그 자신도 아랍권의 해설자들로부터 '무언가' 를 얻을 수도 있음을 시인하면서도 (예를 들어 그는 아비센나를 높이 인정했으며 우리가 알다시피 알하이삼의 작품을 열렬히 연구했다) 독서가들이 자신의 의견을 내놓을 때는 원전을 근거로 하는 것이 원칙이라고 생각했다.

샤르트르 대성당 서쪽 출입구에 새겨진 조각. 한 필사자가 열심히 자신의 작업에 몰두하고 있다.

베이컨 시대에 이들 7개의 교양 과정은 프랑스 북부의 샤르트르 대성당 서쪽 출입구 위의 팀퍼넘[1]에 묘사된 것처럼 비유적으로 성모 마리아의 보호 아래 놓여 있었다. 이 같은 신학적 변형을 성취하려는 진정한 학자라면—베이컨에 따르면—과학과 언어에 통달해야 했다. 과학에서는 수학 공부가 필수였고, 언어에는 문법 공부를 빼놓을 수 없었다. 베이컨의 지식 분류 체계에서(베이컨은 결코 끝나지 않은, 거대한 백과사전식의 오리지널 저작으로 지식을 나열하려 했는데) 자연과학은 신의 과학의 하위 범주에 속한다. 이런 확신으로 무장한 베이컨은 과학의 가르침을 대학 교과 과목의 일부로 채택시키기 위해 몇 년 동안 투쟁을 벌였다. 그러나 1268년 그의 뜻에 동조적이었던 교황 클레멘스 4세마저 죽게 되자 그 계획은 무산되고 말았다. 그 후 베이컨은 죽을 때까지 동료 지식인들 사이에 인기 없는 인물로 남았다. 그의 과학적 이론 몇 개가 1277년 파리에서 유죄로 선고되는 바람에 그는 1292년까지 수감 생활을 해야만 했다. 교도소에서 풀려난

1) 문의 위쪽 아치 밑의 반원형 벽부분.

후 그는 미래의 역사가들이 자신에게 '경탄할 만한 선생'이라는 존칭을 붙여 주리란 사실도 모른 채 죽어 간 것 같다. 그가 보기에 책은 어떤 것이든 그 나름의 역할을 지닌 것 같았으며, 인간 지식의 모든 가능한 양상은 학문적으로 어느 한 범주에 속하는 것처럼 보였다.

어느 독서가가 책 읽기를 하면서 떠올리게 되는 범주와 그 책 읽기 자체가 놓이는 범주들은—학문적으로 얻어지는 사회적·정치적 범주들과 하나의 서재가 나누어지는 물리적 범주들—오랜 세월 약간은 임의적이거나 상상적인 방식으로 서로를 끊임없이 수정한다. 어느 도서관이든 특별히 우위에 두는 분야가 있게 마련이고, 각 도서관이 선택한 분야에도 배제된 책이 있을 수 있다. 1773년 예수회가 해체된 뒤 브뤼셀의 예수회에 소장되었던 책들은 몽땅 벨기에 왕립도서관으로 보내졌다. 하지만 그 책들을 수용할 공간은 전혀 없었다. 그래서 그 책들은 비어 있던 어느 예수회 교회에 보관되었다. 그 교회에 쥐가 들끓자 사서들은 책을 보호할 방책을 짜내야 했다. 벨기에 문학 협회의 사무국장이 가장 훌륭하고 가장 쓸 만한 책들을 선별하는 작업을 맡았다. 그렇게 선정된 책들은 교회당 중앙의 선반에 놓여졌고 나머지는 마룻바닥에 그대로 방치되었다. 쥐들이 모서리를 돌면서 갉아먹더라도 가운데 부분의 중요한 책만은 온전하리라는 판단에서였다.

심지어 도서목록의 분류가 현실과 일치하지 않는 도서관도 있다. 프랑스령 식민지에서 행정관으로 일했던 프랑스 작가 폴 마송은 파리국립도서관에 15세기의 라틴 및 이탈리아 서적이 턱없이 부족하다는 사실을 깨닫고 '목록의 위엄을 지켜 줄' 어떤 새로운 분류 아래 적절한 책의 목록을 만들어 그 같은 결함을 해결하기로 결정했다. 그러나 결국 이 분류항에도 자신이 생각해 낸 타이틀밖에 포함시킬 수 없었다.

오랜 친구였던 콜레트가 도서관에 있지도 않는 책이 무슨 소용이냐고 꼬집자 마송의 대답은 분개 그 자체였다. "그렇다면 나란 인간은 모든 것을 상상할 수 있다는 상상조차도 못한단 말인가!"

도서관처럼 인위적인 분류들로 나누어진 공간은 그 안에 들어 있는 모든 것이 그 나름의 위치를 차지하고 또 그 위치에 의해 정의되는 하나의 논리적인 우주를 암시한다. 어느 탁월한 작품에서 보르헤스는 하나의 도서관을 우주만큼이나 드넓은 공간으로 상상하며 베이컨의 추론을 정점으로 끌어올렸다. 이 도서관(실제로는 보르헤스가 눈먼 관장으로 일했던, 카예 메히코에 있는 낡은 부에노스아이레스 국립 도서관을 무한의 공간으로 상상한 것임)에서는 똑같은 책은 한 권도 없다. 이 도서관의 서가는 모든 가능한 알파벳 조합을 수용할 수 있어 해독 불가능한 횡설수설까지도 다 진열할 수 있기 때문에 실존하는 책만이 아니라 상상 속의 책까지도 모두 담을 수 있다. "미래 역사의 자세한 사항까지, 대천사(大天使)의 자서전, 도서관의 충실한 카탈로그, 수십만 개의 가짜 카탈로그, 이런 카탈로그의 허위성 입증, 진짜 카탈로그의 허위성 입증, 바실리데스의 그노시스파의 복음, 그 복음에 대한 해설, 그 복음에 대한 해설에 대한 해설, 당신의 죽음에 대한 진정한 설명, 모든 책을 모든 언어로 번역한 책, 다른 책 속에 인용되고 있는 어느 책의 구절, 영국의 수도사 비드[1]가 영국의 신화에 대해 썼을 수도 있는 (결코 쓰지는 않았지만) 논문, 잃어버린 타키투스의 책들." 결국 보르헤스의 작품 속 내레이터(그 또한 사서임)는 자신의 심신을 지치게 만드는 복도를 이리저리 방황하면서 그 도서관도 결국 도서관이라는 또 다른 압도적인 분류의 한 부분에 지나지 않을 뿐 아니라, 책들을 거의 무한정 수집하는 일은 말 그대로 영겁의 세월을 두고 정기적으로 되풀이된다고 상상한다. 이 주인공은 "이 우아한 희망으로 인

1) Bede, 673?~735. |

해 나의 고독함도 희망을 얻도다"라고 결론을 짓는다.

열람실, 복도, 서가, 책장, 색인 카드, 컴퓨터로 처리된 도서목록 등은 우리의 사고가 머무는 주제들을 실존하는 실체로 가정하며, 이런 가정을 통해 책들은 나름대로의 독특한 목소리와 가치를 얻게 되는지도 모른다. 조나단 스위프트의 『걸리버 여행기』는 '픽션'으로 분류되면 유머가 넘치는 모험 소설이 되고, 사회학 밑으로 들어가면 18세기 영국의 풍자 연구서가 된다. 또 어린이 문학 쪽으로 분류하면 난쟁이와 거인, 그리고 말을 하는 말(馬)이 등장하는 아주 재미있는 우화가 되고, 환타지로 분류하면 과학 소설의 선구적 작품이 되고, 여행서로 나누면 상상 속의 여행이 되며, 고전으로 분류하면 서구 문학 전범의 한 부분을 차지하게 된다. 카테고리는 배타적이지만 책 읽기는 그렇지 않을 뿐 아니라 또 그렇게 되어서도 안 된다. 어떤 분류 체계를 선택하든 도서관은 예외 없이 책 읽기 행위를 지배하게 되며 그리하여 독서가들—호기심 많은 독서가, 예리한 독서가—로 하여금 각 범주의 울타리에서 책을 구출해 내도록 요구하고 있는 것이다.

책 읽기와 미래 예언

기독교 제국 최초의 황제가 된 콘스탄티누스 대제.

독서량이 풍부했던 학자 뱅상 드 보베는 1256년에 락탄티우스[1]와 성 아우구스티누스 같은 고전 작가들의 견해를 취합하고 그들의 저작물을 바탕으로 해서 고대 10대 여자 예언자의 출생지를 파악하여 자신이 펴 낸 방대한 분량의 세계대백과사전『스페쿨룸 마유스Speculum majus』에 수록했다. 큐메[2], 사임, 델포이[3], 에리트리아, 헬레스폰트[4], 리비아[5], 페르시아, 프리기아[6], 사모스 섬과 티부르[7]가 그 지역들이다. 드 보베의 설명에 따르면, 여자 예언자들이란 수수께끼 같은 말로—인간들이 해독하도록 운명지어진, 신의 영감이 들어 있는 언어로—신탁을 받은 것처럼 단호한 어조로 말했던 여자들이었다. 10세기 아이슬란드에서는,『볼루스파Voluspa』로 알려진 장시(長詩)를 보면, 여자 예언자가 호기심 많은 독자들에게 반복구처럼 "그런데, 이해했어? 그렇지 않다면?"이라는 식으로 퉁명스러운 말을 내뱉고 있었다.

이런 여자 예언자들은 죽지 않고 거의 영구하다. 어떤 여자 예언자는 노아의 대홍수가 있고 난 후 6세대 만에 신의 목소리를 말하기 시작했다고 선언했으며, 또 다른 여자 예언자는 노아의 대홍수보다 자신이 앞선다고 고집하기도 했다. 그렇지만 여자 예언자들도 나이는 먹었다. '머리를 산발하고 광적인 열정에 사로잡힌 큐메의 여자 예언자는 아이네이아스(그리스 신화에서 로마 건국의 시조가 되었다고 전해진다)를 저승으로 이끌고 가 그곳에서 허공에 매달린 병 속에 몇 세기를 살다가는 어린이들이 자기에게 뭘 원하느냐고 물으면 "이제는 죽고 싶어"라고 대답하곤 했다고 한다.

그 '무녀'들의 예언들은—그 중 많은 부분은 여자 예언자들이 예언한 사건 이후에 태어난 인간 시인에 의해 창작된 것이

1) Caecilius Firminaus Lactantius, 240?~320? 아프리카 태생의 수사학자.
2) 이탈리아 서남부.
3) 그리스 중부.
4) 다다넬즈 해협의 고대명.
5) 고대 이집트 서쪽의 아프리카 북부 지역.
6) 소아시아의 중부에서 서북부에 걸쳐 있던 고대 국가.
7) 이탈리아 중부 티볼리의 옛 이름.

분명한데—그리스, 로마, 팔레스타인과 기독교 유럽에서는 진실로 받아들여졌다. 그 예언들은 큐메의 여자 예언자에 의해 손수 아홉 권의 책으로 묶여 고대 로마의 7번째이자 마지막 왕이었던 타르퀴니우스 수페르부스 앞에 제시되었다. 타르퀴니우스가 돈을 지불하려 하지 않자 그 여자 예언자는 그 책 중 3권을 불태웠다. 또다시 그가 거절하자 그녀는 또 다른 3권에 불을 질렀다. 결국 왕은 원래의 9권 값을 다 치르고 남은 3권을 구입했는데, 그 책들은 B.C. 83년에 화재로 소실될 때까지 주피터 사원 밑 돌로 만든 지하실의 상자 안에 보관되었다. 몇 세기가 흘러 비잔티움에서 여자 예언자들의 작품으로 추정되는 텍스트 12건이 발견되었다. 이것은 곧 한 권의 필사본으로 묶였다가 1545년에 엉성한 번역본으로 출간되었다.

여자 예언자 중에서도 가장 오래되고 높이 숭앙받았던 예언자는 트로이 전쟁을 예언했던 헤로필레였다. 아폴로는 그녀에게 원하는 선물이 무엇이냐고 물으며 원하는 것은 무엇이든 다 내놓겠다고 제안했다. 그러자 그녀는 아폴로에게 자신의 손에 잡힌 모래 수만큼이나 많은 세월을 달라고 요구했다. 그런데 티토노스처럼 유감스럽게도 그녀는 아폴로 신에게 절대로 늙지 않는 젊음을 요구하는 것을 잊고 말았다.

헤로필레는 에리트리아 예언자로 알려졌는데 그녀의 출생지라고 주장하는 마을이 적어도 두 군데는 넘었다. 오늘날 터키의 카나칼 지방에 있는 마르페소스가 그 하나이고(에리트리아는 '붉은 흙'이라는 뜻인데 마르페소스의 흙이 붉은색이다), 다른 하나는 그보다 더 남쪽의 이오니아에 있는 지역으로 오늘날 대충 이즈미르 지방에 속하는 에리트리아였다. 162년 파르티아 전쟁이 발발하던 무렵, 마르쿠스 아우렐리우스와 8년 동안이나 로마 제국의 왕좌를 함께 나누었던 루키우스 아우렐리우스 베루스가 그 문제를 해결한 것 같다. 그는 마르페소스 주민들의 요구를 무시하고 이오니아의 에리트리아에 있던, 소위 '여자 예언자'의 동굴로 불리던 곳에 헤로필레와 그녀의 어머니의 조각상을 세우고 바위에 시구까지 새겼다. "그 어느 곳도 내 고향은 아니리니, 오로지 에리트리아일 뿐"이라고. 이리하여 에리트리아 여자 예언자의 권위가 확고히 서게 되었다.

　서기 330년, 훗날 콘스탄티누스 대제로 기억될 플라비우스 발레리우스 콘스탄티누스는 6년 전에 라이벌 황제였던 리키니우스의 군대를 패퇴시킨 데 이어 테베레 강가에 위치했던 수도를 보스포러스 해협의 비잔티움으로 옮김으로써 세계에서 가장 넓은 제국의 우두머리로서 지위를 확고히 굳혔다. 강가에서 바닷가로 천도한 의미를 강조하기 위해 그는 그 도시를 신로마로 고쳐 불렀다. 이 황제의 허영과 신하들의 아첨이 어우러지면서 그 도시의 이름은 콘스탄티누스의 도시라는 뜻으로 다시 한 번 콘스탄티노플로 바뀌게 되었다.

　그 도시를 황제가 거주하기에 어울릴 만한 장소로 만들기 위해 콘스탄티누스는 옛날의 비잔티움을 물리적으로, 또 정신적으로 확장시켜 나갔다. 도시의 언어는 그리스어였고 정치 조직은 로마의 구조를 본딴 것이었다. 또 종교로는―콘스탄티누스의 어머니인 성 헬레나의 영향을 받아―기독교를 채택했다. 로마 제국 동부 니코메디아[1]에 세워진 디오클레티아누스[2]의 궁정에서 성장한 콘스탄티누스는 라틴 고전 문학과 친숙하게 되었다. 그리스어에는 별로 익숙하지 않았던 탓에 그는 인생 후반기에 국민들에게 그리스어로 연설을 해야 할 때는 미리 라틴어로 연설문을 쓴 뒤에 교육받은 노예들을 시켜 그리스어로 옮기게 했다.

　원래 소아시아 출신이었던 콘스탄티누

1) 오늘날 터키 북서부 코자엘리주의 주도.
2) Gaius Aurelius Valerius Diocletianus, ?~313. 로마의 황제.

스의 가족은 태양을 아폴로 신, 즉 274년 아우렐리아누스 황제가 로마 최고의 신으로 소개했던 바로 그 무적의 신으로 숭배했다. 콘스탄티누스가 리키니우스와 전투를 벌이기 전에 "이것으로 그대는 승리를 얻으리라"라는 경구가 새겨진 십자가의 환상을 받았던 것도 태양으로부터였다. 콘스탄티누스의 새로운 도시를 대표하는 상징은 그의 어머니가 갈보리 언덕 가까운 곳에서 발굴했다는, 진짜 십자가에 박혔던 못으로 만든 햇살 무늬 왕관이었다. 그 태양신의 광휘가 얼마나 막강했던지 콘스탄티누스가 죽고 17년도 채 지나지 않아 예수 탄생일—크리스마스—이 태양의 탄생일인 동지에 가까운 날로 옮겨지기에 이르렀다.

313년에 콘스탄티누스와 리키니우스는(콘스탄티누스는 리키니우스와 제국의 정권을 나눠 가졌다가 결국에는 그를 배신하고 만다) '왕국의 안녕과 안전'을 논의하기 위해 밀라노에서 만나 그 유명한 칙령을 통해 "모든 인류에게 유익한 것 중에서 신을 숭배하는 일이야말로 가장 우선적으로, 그리고 가장 세심한 주의를 기울여야 할 일이다. 기독교인들뿐만 아니라 다른 모든 사람들도 각자가 좋아하는 종교를 따를 자유를 누리는 게 옳다"라고 선언했다. 이 밀라노 칙령으로 콘스탄티누스는 로마 제국 내에서 자행되던 기독교인 박해에 공식적인 종지부를 찍었다. 그때까지 기독교도들은 범법자와 배신자로 여겨졌고 그에 상응하는 처벌을 받았었다.

그러나 박해받던 사람들이 박해자로 돌변하고 말았다. 새로운 국가 종교의 권위를 주장하기 위해 몇몇 기독교 지도자들이 과거 자신의 적들이 활용했던 방법을 채택했던 것이다. 예컨대, 전설적 인물 카타리나가 막센티우스 황제에 의해 나무 바퀴에 못박힌 채 순교했던 알렉산드리아에서는 361년 주교 자신이 직접 나서서 페르시아 신인 미트라의 사원을 공격하기도 했는데, 이 신은 당시 군인들 사이에 매우 인기가 높아서 예수 그리스도의 종교에 심각한 타격을 줄 경쟁 상대였다. 또 391년에는 사교(司敎)였던 테오필루스가 다산(多産)의 신 디오니소스를 모시는 의식이 은밀히 치러지던 디오니소스의 사원을 약탈하고, 기독교인 무리들에게 이집트 신인 세라피스의 거대한 조각상을 파괴하도록 부추겼다. 이어서 415년에는 키릴루스 사교가 젊은 기독교도들에게 이교도 철학자이자 수학자였던 히파티아의 집으로 쳐들어가 그녀를 길거리로 끌어내 갈가리 찢어 죽이고 시체는 광장에서 불태우도록 명령했다. 여기서 키릴루스 사제 자신도 그렇게 사랑받던 존재가 아니었음을 밝혀야만 한다. 444년에 그가 죽자, 알렉산드리아의 어느 주교는 다음과 같은 추도문을 읽었다. "마침내 이 역겨운 인간도 죽었도다. 그의 떠남은 그를 버텨 낸 사람들을 즐겁게 하겠지만 죽은 사람들을 낙담시키게 될지어다. 어쩌면 언젠가는 죽은 사람들이 그에게 질려 그를 다시 우리에게로 돌려보낼지도 모르겠다. 그러므로 그의 무덤에는 엄청 무거운 돌을 올려놓아야 하리라. 그래야만 우리는 그를, 심지어 귀신으로라도 다시 보게 될 위험을 감수하지 않아도 좋을 테니."

　이집트의 막강한 여신인 이시스나 페르시아의 미트라 신앙처럼 이제 기독교도 상류 사회에서 애호되는 종교가 되었으며, 로마의 산 피에트로에 이어 두 번째로 그 크기를 자랑했던 콘스탄티노플의 기독교 교회에서는 신앙심 깊은 부자들이 가난한 신자들 사이를 오가며 비단과 보석 치장을 뽐내는 바람에 그 교회의 총 대사교였던 성 크리소스텀까지 계단에 서서 부자들에게 책망의 눈빛을 던지곤 했다. 부유한 사람들이 불평을 했지만 아무 소용 없었다. 성 크리소스텀은 설교단에 서서 그들을 째려보며 과도한 사치를 무차별 비난하기 시작했다. 귀족한 사람이 집을 열 채나 스무 채를 소유하고 노예를 2천 명까지 거느리면서 상아로 문을 새기고 번들거리는 모자이크로 바닥을 장식하고 값비싼 돌로 치장한 가구를 소유하는 것은 상스러운 짓이라고, 그는 우레 같은 소리로 설득력 있게 꾸짖었다(크리소스텀이라는 이름은 '황금혀'라는 뜻이다).

그래도 기독교가 세속적으로 튼튼한 정치 세력이 되기까지는 아직도 요원했다. 사산 왕조의 페르시아가 위험스런 존재였는데, 파르티아인들로 구성된 이 나라는 한때 약체였으나 맹렬한 기세로 팽창하여 결국 3세기 후에는 동로마제국의 거의 전부를 점령하기에 이른다. 이교도들도 여전히 위험스런 존재였다. 예컨대 마니교도들은 이 우주가 전능하신 유일신에 의해 지배되는 것이 아니라 두 개의 적대되는 힘의 지배를 받는다고 믿었으며, 기독교도들과 마찬가지로 선교사도 두고 경전도 가지고 있어 멀리 투르키스탄과 중국에서까지 열렬한 신자들을 얻고 있었다.

또한 정치적 알력의 위험도 도사리고 있었다. 콘스탄티누스의 아버지인 콘스탄티우스는 로마 제국의 동쪽 지역만을 지배할 수 있을 뿐이었으며, 제국 변방의 행정관들은 점차 로마 본국에 대한 충성심을 잃고 그들 자신의 영토에만 관심을 쏟기 시작했다. 높은 인플레이션도 문제였다. 이 문제는 콘스탄티누스가 이교도 사원에서 몰수한 금을 시장에 쏟아내 놓음에 따라 더욱 심각한 양상을 띠었다. 또 나름대로 책들을 가지고 종교적 논쟁을 일삼는 유대인들도 있었다. 이교도들도 문제였음은 두말 할 필요가 없다. 콘스탄티누스가 필요로 했던 것은 그 자신이 선포한 밀라노 칙령에서 강조한 관대함이 아니라 넓은 지역까지 엄격하게 적용되고, 권력에 맹종하는 그리스도교였다. 과거에 깊이 뿌리박고 미래를 향한 명백한 약속을 전하는, 그리고 황제와 신의 보다 큰 영광을 위하여 세속 권력과 법과 관습을 통해 확립된 그런 그리스도교 말이다.

325년 5월 콘스탄티누스는 니케아에서 '대외적인 일을 담당하는 주교'의 자격으로 주교들 앞에 모습을 나타내고 리키니우스를 공격한 군사 행동을 '부정한 이교도주의에 맞서는 전쟁'이라고 선언했다. 그때부터 콘스탄티누스는 성스런 '권위'로부터 재가를 받은 지도자로, 즉 신의 사자로 비치게 된다(337년 세상을 떠났을 때 그는 콘스탄티노플에 있던 12사도의 기념비 바로 옆에 묻힌다. 이는 그가 죽어서 13번째 사도가 되었음을 암시한다. 사후 그가 교회 그림에 나타날 때는 일반적으로 신의 손으로부터 제국의 왕관을 넘겨받는 장면으로 그려진다).

콘스탄티누스는 자신이 제국을 위해 선택한 종교에 대해서는 배타성을 확립하는 일이 시급하다는 사실을 깨달았다. 이를 위해 그는 이교도들에게는 그들의 영웅을 앞잡이로 내세우기로 결정했다. 같은 해인 325년 성 금요일, 안티오크[1]에서 콘스탄티누스 황제는 주교와 신학자들을 포함하여 그리스도교도들이 운집한 가운데 연설을 하면서 그 자신이 '그리스도교의 영원한 진리'라고 불렀던 것에 대해 열변을 토했다. 그 집회에서—그 집회를 그는 '성자들의 집회'라고 불렀다—그는 "내가 바라는 것은,"이라고 운을 뗀 뒤 열변을 이어 나갔다. "외국의 기록들에서도 예수 그리스도의 신성한 본질을 입증하는 증거를 찾아내는 일이다. 그런 증거 앞에서라면 예수 그리스도의 이름을 모독하는 사람들까지도 어쩔 수 없이 그리스도가 신이자 신의 아들이라는 점을 인정해야 하기 때문이다. 만약 그 사람들이 자신의 정서와 꼭 일치하는 것들을 권위로 받아들이기만 한다면 말이다." 이를 입증해 보이기 위해 콘스탄티누스는 에리트리아의 여자 예언가에게 호소하며 영감을 빌었다.

콘스탄티누스는 청중을 향해 오래 전의 그 여자 예언자가 '자기 부모의 우둔함'으로 인해 어떤 식으로 아폴로

1) 고대 시리아 왕국의 수도.

신을 섬기게 되었는지를 이야기하면서, 그녀가 '자신의 공허한 미신의 성소(聖所)에서' 아폴로 신 추종자들의 질문에 어떤 식으로 대답했는지를 들려 주었다. "한번은 그 여자 예언자가 정말로 천상으로부터 받은 영감에 충만하여 예언적 시구로 신의 장래 계획을 말한 적이 있는데, 각 구절의 첫 글자를 나열하면 어떤 문장이 이뤄졌다. 다시 말해 예수 그리스도(Jesus Christ), 신의 아들(Son of God), 구세주(Saviour), 십자가(Cross)와 같이 명백하게 예수의 강림을 의미하는 유희시였다"고 그는 설명했다. 이어서 콘스탄티누스는 그 예언자의 시를 낭랑하게 낭독하기 시작했다.

매우 신기하게도 '최후의 심판! 이 대지의 곳곳에서 물이 뿜어져 나오는 날이 바로 그날이도다'로 시작하는 그 시는 정말로 각 행의 머리 글자를 따서 나열하면 성스러운 단어들을 담고 있다. 미래에 있을지도 모르는 회의론을 반박하기 위해 콘스탄티누스는 즉각 명백한 설명까지 덧붙였다. "이 시의 지은이는 분명 우리의 신앙을 말하면서도 시적 기교에도 서툴지 않은 그 누군가였을 것이다"라고. 하지만 이런 가능성마저 그는 즉각 일축해 버렸다. "그렇지만 이 경우에 진실은 명백해진다. 우리 동포들이 성실하여 시대를 산정하는 데도 매우 신중했기 때문에 이 시가 예수 그리스도의 강림과 그에 대한 비난 이후에 창작되었다고 의심할 이유는 전혀 없다"라고. 그는 더 나아가 "키케로도 이 시와 친숙한 나머지 라틴어로 옮겨서 자신의 작품 속에 살며시 차용했다"고까지 말했다. 불행하게도 키

1473년 에리트리아 여자 예언자의 모습을 그린 목판화.

케로가 여자 예언자—에리트리아가 아니고 큐메의 예언자임—를 설명한 문장에는 눈을 씻고 봐도 이런 시구나 머리글자 맞추는 유희시(遊戱詩)에 대한 언급은 없고, 그 문장들도 사실은 예언을 반박하는 내용이다.

그럼에도 불구하고 이처럼 말 같지도 않은 이야기가 얼마나 그럴싸하게 들렸던지 그 후에도 몇 세기 동안 그리스도교 세계는 여자 예언자를 그들의 선조로 받아들였다. 성 아우구스티누스는 자신이 쓴 『신국론(神國論)』에서 여자 예언자를 복자(福者)의 반열에 올려놓기까지 했다. 12세기 말경 랑 성당의 건축가들은 정면에 에리트리아 여자 예언자를 조각했는데, 그녀의 손에 쥔 신탁(神託)의 서책은 모세의 그것과 비슷하고 그녀의 발 아래에는 경외성서 시의 둘째 행이 새겨 있다. 그리고 4백 년이 더 지나 미켈란젤로도 구약에 등장하는 4명의 예언자를 완성케 하는 4명의 다른 여자 예언자 중 한 사람으로 그녀를 시스틴 성당의 천장에 올려놓기까지 했다.

이교도 '무녀'에 지나지 않았던 그 여자 예언자를 콘스탄티누스는 예수 그리스도의 이름으로까지 말하도록 했다. 이제 콘스탄티누스는 관심을 이교도 시로 돌리면서 '라틴 시인의 왕자' 베르길리우스 또한 그 자신은 알지 못했을 수도 있는 어떤 구세주의 영감을 받았다고 선언하기에 이르렀다. 베르길리우스는 자신의 후견인이자 로마 최초의 공공 도서관을 설립하기도 했던 가이우스 아시니우스 폴리오를 찬양하는 목가를 지었는데, 이 목가는 남자 아기의 탄생에 빗대어 새로운 황금 시대의 도래를 노래한 것이었다.

시작하려무나, 귀여운 소년이여! 그대의 어머니가 아는 그 웃음으로,
열 달 긴 세월을 너를 배에 품고도

그대의 어머니는 교통을 참았느니라.

죽음을 면할 수 없는 이 세상의 부모들,

그 누구도 그대의 탄생에 웃음짓지 않았도다.

이 땅에는 결혼의 환희도, 축제도 없었느니라.

전통적으로 예언은 절대로 오류가 있어서는 안 되는 것으로 받아들여졌기 때문에 예언의 내용을 바꾸기보다는 역사적 상황을 바꾸는 것이 오히려 더 쉬웠다. 이보다 1세기 앞서 사산 왕조 최초의 왕이었던 아르다시르의 경우 그는 어느 조로아스터교의 예언을 자신의 왕국에 유익하게 이용하기 위해 역사의 연대순을 조작하기도 했다. 조로아스터는 페르시아 제국과 종교가 1천 년 후에는 파멸할 것이라고 예언했었다. 조로아스터가 살았던 시기는 알렉산더 대제보다 250년 정도 앞섰고 알렉산더 대제는 아르다시르의 통치보다 549년 앞서서 죽었다. 그래서 자신의 왕조에 2세기를 더하기 위해 아르다시르는 알렉산더가 죽고 260년이 지나서 자신의 통치가 시작되었다고 선언하기에 이르렀다. 콘스탄티누스는 역사를 조작하려고도, 예언의 내용을 조작하려고도 하지 않았다. 그 대신 그는 베르길리우스의 시를 그리스어로 옮길 때 융통성을 부림으로써 자신의 정치적 목적을 달성하는 쪽을 택했다.

콘스탄티누스는 그리스어로 번역된 베리길리우스의 시구를 청중들에게 큰 소리로 읽어 주었다. 성서가 담고 있는 모든 것들이 베르길리우스의 고대어로 나타났던 것이다. 성모 마리아, 오랫동안 기다려 온 구세주, 하느님의 선택을 받은 선민, 성령 등. 콘스탄티누스는 베르길리우스가 아폴로와 판[1], 사투르누스[2] 등 이교도 신들을 설명한 구절에 대해서는 교묘하게 눈감아 버리기로 했다. 그래도 배제할 수 없었던 고대의 주인공들은 예수 그리스

1) 고대 그리스의 숲과 들과 목양의 신.
2) 고대 로마의 농경 신.

도 강림의 은유가 되었다. "다른 하나의 헬레네는 전쟁들의 불씨가 될 것이고 위대한 아킬레스는 트로이의 운명을 재촉하도다"라고 베르길리우스는 적고 있다. 콘스탄티누스의 설명에 따르면, 이 대목은 '트로이를 통해 이 세상 자체를 이해하게 된 예수 그리스도가 트로이를 상대로 전쟁에 나서는 장면'이 되었다. 또 다른 예를 들며 콘스탄티누스는 베르길리우스가 이교도에 대해 언급한 것은 로마 당국을 속이기 위해 만들어 낸 장치에 지나지 않는다고 외쳤다. "내 짐작에는 베르길리우스도 그 당시에, 옛부터 내려오던 종교적 관행의 신뢰성에 의문을 제기했던 사람들에게 항상 치명적으로 덮쳐 왔던 위험의 구속을 받았던 것 같다. 그래서 그는 조심스럽게, 그리고 가능한 한 안전하게 그런 적들을 이해할 수 있는 사람들에게 진실을 드러내 보이고 있다"고 그는 말했다(이 대목에서 우리는 베르길리우스의 시를 큰 소리로 낭송하던 콘스탄티누스가 갑자기 목소리를 낮추는 모습을 상상할 수 있다).

'이해할 수 있는 사람들'이라고……. 이제 그 텍스트는 적절한 '능력'을 소유한 몇몇 소수만이 읽을 수 있는, 암호로 적은 메시지로 변해 버렸다. 마침내 그 텍스트는 수없이 많은 해석이 불가능하게 되었다. 콘스탄티누스에게는 오로지 한 가지 독서법만이 진실이었고, 그런 독서의 열쇠도 그와 그의 신봉자들에게 달려 있었다. 밀라노 칙령이 모든 로마 시민들에게 신앙의 자유를 부여했다면, 니케아 공의회는 그런 자유를 콘스탄티누스의 신조를 따르는 사람으로 국한시켜 버렸다. 밀라노에서 각자 좋아하는 방식대로, 그리고 각자 읽고 싶은 것을 읽을 수 있는 권리를 인정받았던 사람들은 채 12년도 지나지 않아 한번은 안티오크에서, 또 한번은 니케아에서 오로지 한 가지 독서만이 진실하다는 명령의 소리를 들었다. 종교 텍스트에 대해 한 가지 독서법을 요구하는 일은 만장일치 제국이라는 콘스탄티누스의 개념에서는 지극히 당연한 것이었다. '원본에 보다 가깝게, 포용성은 보다 덜하게', 이거야말로 당시에 베르길리우스의 시 같은 세속적인 텍스트를 읽는 데 유일하게 허용됐던 정통적인 독서 개념이었다.

  콘스탄티누스만큼 억지스럽지 않다 뿐이지 독서가라면 누구나 특정한 책에는 나름대로의 특정한 독서법을 부여한다. 살만 루시디처럼 『오즈의 마법사』에서 망명의 비유를 보는 것은 베르길리우스에서 예수 그리스도 강림의 예언을 읽는 것하고는 사뭇 다르다. 그런데도 이 두 가지 책 읽기에는 교묘한 기교와 신념 표현의 일부가 똑같이 일어난다. 즉 독서가들에게 설복까지는 아니더라도 적어도 이해한 것처럼 표정을 지을 수 있게 만드는 무엇인가가 담겨 있는 것이다.

  열세 살인가 열네 살이었을 때 나는 한동안 런던을 향한 문학적 갈망이 대단해 열병을 앓았던 적이 있었다. 그 당시 셜록 홈즈의 작품을 읽으면서 나는, 끽연용 터키 슬리퍼와 더러운 화학 물질이 묻은 테이블 등으로 인해 베이커 가의 연기 자욱한 방이 언젠가 내가 아르카디아에 머문다면 묵게 될 그 하숙집을 쏙 빼닮았을 것이라는 굽힐 수 없는 확신으로 들뜨곤 했다. 앨리스가 거울의 다른 면에서 발견했던 구역질나는 생물체들은 참을성이 없고 위압적이고 끊임없이 잔소리만 퍼붓는 존재들이어서 나의 청춘 시절 접하게 될 어른들의 모습을 미리 알게 해주었다. 그리고 로빈슨 크루소가 지었다는 오두막, 즉 '커다란 바위의 한쪽 면 아래에 단단한 말뚝과 케이블로 둘러쳐진 텐트'는, 어느 여름날 푼타 델 에스테의 바닷가에서 내 자신이 짓게 될 그 오두막을 묘사한 것이라고 생각했다. 소설가 아니타 데사이, 어린 시절 인도에서 살 때 가족들 사이에 책벌레로 통했던 그녀는 언제 어떻게 해서 아홉 살의 나이에『폭풍의 언덕』을 발견했는지를 선명하게 기억하고 있다. "올드 델리 어느 방갈로에서의 나만의 세계, 베란다와 회벽과 천장 선풍기, 날카로운 울음소리를 내는 잉꼬가 가득 숨어 있는 파파야와 구아바 나무 정원, 누군가가 넘겨 주기를 기다리며 모래 섞인 먼지를 뒤집어쓰고 있는 책장, 이 모든 것들이 내게서 멀어져 갔다. 이제 현실이 된 것은, 말하자면 에밀리 브론테의 펜이 갖는 힘과 마술을 통해 눈부실 만큼 현란한 현실로 자리잡은 것은, 요크셔의 황무지와 폭풍이 휘몰아치는 광야, 비와 진눈깨비 속에서도 그곳을 떠돌아다녀야 하는 주민들의 고통, 서로의 피맺힌 가슴 깊은 곳으로부터 아픔을 토해 내는데도 돌아오는 것은 유령들의 대답뿐인 그런 고통이었다." 1847년에 에밀리 브론테가 영국의 어린 소녀를 묘사한 단어들이 1946년 인도에서 살던 어린 소녀의 마음을 밝게 비추었던 셈이다.

책 속의 글귀를 무작위로 짚어 어느 사람의 미래를 점치는 행위는 서구에서 꽤 전통이 깊어 아마 베르길리우스의 책은 콘스탄티누스보다 훨씬 앞선 시기부터 제국 내 이교도들의 예언에 즐겨 이용되었을 것이다. 운명의 여신에게 봉납된 사원 몇 군데에서는 예언을 위해 베르길리우스의 시집 몇 권을 비치해 놓기까지 했다. 이런 관습에 관한 최초의 언급은 아엘리우스 스파르티아누스가 하드리아누스 로마 황제의 삶을 묘사한 부분에 나타난다. 젊은 하드리아누스는 황제 트라야누스가 자신을 어떻게 생각하는지 알기 위해 베르길리우스의 『아이네이스』를 무작위로 펼쳤는데, 그 부분이 마침 아이네이아스가 '로마를 새롭게 일으킬 로마 왕'을 알현하는 대목이었다. 이에 하드리아누스는 크게 만족하였으며, 그 뒤에 실제로 트라야누스가 그를 양자로 맞아들였고, 하드리아누스는 로마의 새로운 황제가 되었다.

이런 관습의 새로운 형태를 장려하면서 콘스탄티누스도 당대의 경향을 따르고 있었다. 4세기 말경에는 구두 신탁과 예언자에게 쏠렸던 위엄이 글로, 베르길리우스뿐만 아니라 성경으로도 옮아갔고 '복음주의 사위점'으로 알려진 새로운 형태의 예언이 개발되었다. 그로부터 4백 년 뒤, 한때 예언자들의 시대에는 '주님에 대한 증오'로까지 금지되었던 예언 행위가 너무나 인기를 끌어 829년 파리 공의회에서는 그런 행위를 공식적으로 비난하기에 이르렀다. 그래도 별 소용이 없었다. 학자인 가스퍼 퓌서는 1434년에 프랑스어로 번역 출판되었던 자신의 회고록을 라틴어로 쓰면서 어린 시절에 "종이로 책을 만들어 그 안에 베르길리우스의 주요한 예견적인 시구를 적어 놓고는 베르길리우스의 시구를 보다 생생하게 내 마음 속에 각인시키기 위해 관심을 끄는 것이면 무엇이든, 왕자들의 삶과 죽음, 아니면 나의 모험이나 다른 것들을 놓고서 책장을 넘기며 미래의 일을 추측하곤 했다"라고 고백했다. 퓌서는 그런 놀이야말로 기억 증진의 효과를 지녔을 뿐 예언적인 취미는 아니었다고 고집하지만 전후 관계를 따져 볼 때 그의 항변을 받아들이기는 어렵다.

16세기 들어서도 예언 놀이가 여전히 성행하여 라블레는 팡타그뤼엘이 파뉘르주에게 결혼할 것인가 말 것인가에 대해 충고하는 대목에서 이 관습을 차용한다. 팡타그뤼엘은 파뉘르주에게 베르길리우스 예언점에 의존해야 한다고 추천한다. 그에 따르면 올바른 방법은 이렇다. 책을 아무렇게나 펼치면 페이지가 나온다. 이어서 주사위 3개를 던지는데 3개를 합한 숫자는 그 페이지의 행을 가리킨다. 그런 방식으로 예언을 할 때도 팡타그뤼엘과 파뉘르주는 같은 구절을 놓고 서로 상반되는 해석을 내리게 된다.

아르헨티나인인 마누엘 무히카 라이네스가 이탈리아 르네상스를 그린 방대한 분량의 소설 『보마르소』는 17세기 사회가 베르길리우스를 통해 예언에 얼마나 익숙하게 되었는지에 대해 이렇게 암시한다. "나는 베르길리우스 점법을 이용하여 오르시니보다 상위인 다른 신들의 결정에 내 운명을 맡기곤 했다. 보마르소에서 우리는 널리 통용되던 이런 예언 형태를 즐겼는데, 이는 어렵거나 시시한 문제들의 해결을 어떤 책의 우연한 신탁에 맡겨 버리는 것이었다. 베르길리우스의 혈관에 마법사의 피가 흐르기라도 한단 말인가? 우리는 단테가 주는 매력 때문에 베르길리우스를 마법사나 예언가로 생각하는 것은 아닌가? 나는 이 문제들을 모두『아이네이스』에서 정한 대로 맡기겠노라."

그런 예언 중에서도 가장 유명한 예는 아마도 1642년 말인가 1643년 초 영국 내전 중에 옥스퍼드의 어느 도서관을 방문했던 찰스 1세의 경우일 것이다. 그를 즐겁게 해주려고 포클랜드 백작이 왕에게 '몇 세대 전까지 길흉화복을 점치는 방법으로 널리 쓰였던 베르길리우스 점법으로 왕의 운명을 점쳐 보면 어떨까' 하는 제안을 내놓았다. 그러자 왕은『아이네이스』의 제4권을 들추고서 읽었다. "아마 그는 전쟁중에 호기로운 종족에게 괴롭힘을 당하다가 고국을 등지고 망명길에 올라야 할지도 모르노라." 1649년 1월 30일 화요일, 찰스 1세는 국민들에게 배신자로 몰려 화이트홀 궁전에서 참수형당했다. 그리고도 약 70년 뒤에 로빈슨 크루소는 불편하기 짝이 없는 섬에서 여전히 그와 유사한 방법을 이용하고 있었다. 그는 이렇게 쓰고 있다. "어느 날 아침, 나는 너무나 기가 막혀 성서를 펼쳤다. '절대로 그대를 그냥 두지 않으리라, 내다버리지도 않으리라.' 그때 내가 읽은 구절은 바로 이 문장이었다. 즉각 이런 생각이 스치고 지나갔다. '그 말씀들은 나를 향한 거야. 그렇지 않다면 내가 신과 인간의 버림을 받은 존재로서 내 신세를 한탄하고 있는 바로 이 순간에 어찌 그 말씀들이 나에게 제시될 수 있겠는가?' 라고." 그리고 정확히 150년 후 토머스 하디의 소설『광란의 무리를 떠나서』에서 밧세바는 볼드우드 씨와 결혼을 해야 하는지를 알아보기 위해 여전히 성경을 펼쳤다.

　로버트 루이스 스티븐슨은 베르길리우스 같은 작가의 예언적 재능이 초자연적인 재능과 관련이 있다기보다는 시가 가지는 모방적인 특징과 관계가 깊다는 사실을 날카롭게 지적했다. 이런 특징 때문에 시구는 시대를 초월하여 독자들에게 거리낌없이, 그리고 매우 강력하게 하나의 신호로 다가온다는 설명이다. 『썰물』에서 스티븐슨이 내세운 주인공은 외딴 섬에서 길을 잃고서는 너덜너덜해진 베르길리우스 책에서 자신의 운명을 알아 보려 노력하지만 시인 베르길리우스는 책장 속에서 '확고하거나 용기를 북돋워 줄 목소리라고는 전혀 담기지 않은' 투로 대답하면서 주인공의 고향에 대한 환상만을 불러일으킨다. 스티븐슨은 이렇게 쓰고 있다. "억압받던 유명한 고전 작가들은 우리와는 학교를 통해 가끔은 고통스럽게 익숙해지기도 하는데, 그들은 점진적으로 우리 각자의 피 속으로 흘러 들어와 기억 속에 같은 민족처럼 자리잡는 것이 보통이다. 그래서 베르길리우스의 시구는 만토바[1]나 아우구스티누스를 노래하고 있다기보다는 영국의 어느 장소나 독자의 되돌릴 수 없는 젊음을 이야기하는 것처럼 느껴지게 된다."

　콘스탄티누스야말로 베르길리우스에게서 기독교의 예언적 의미를 처음으로 읽어 낸 인물이었으며, 그의 독서법을 통해 베르길리우스는 모든 예언적 작가 중에서 가장 고명한 시인이 되었다. 제국의 시인에서 기독교적 공상가로 탈바꿈하면서 베르길리우스는 기독교 신화에서 매우 중요한 역할을 담당하게 되었으며, 콘스탄티누스의 공식 찬사가 있고 10세기가 더 흘러서도 단테를 지옥과 연옥으로 안내할 수 있었다. 베르길리우스의 위엄은 심지어 거꾸로 흐르기까지 했다. 중세의 라틴어 미사의 한 절에 담긴 이야기는 성 바울 자신이 그 고대 시인의 묘지에서 눈물을

| 1) 이탈리아 북부에 있는 베르길리우스의 출생지.

흘리려고 나폴리로 여행했음을 말해 주고 있다.

아득한 옛날 성 금요일에 콘스탄티누스가 발견한 것은 한 텍스트가 갖는 의미는 독서가의 능력과 욕망에 따라 확대될 수도 있다는 사실이다. 하나의 텍스트를 대할 때 독자는 그 텍스트의 단어를 자신에게 유리하도록, 역사적으로 그 텍스트나 저자와는 전혀 관계 없는 의문을 풀어 주는 메시지로 바꿔 버릴 수 있다. 이런 식의 의미 변질은 텍스트 자체를 확장시키거나 퇴보시킬 수 있다. 그러다 보면 어쩔 수 없이 텍스트에 독서가 자신의 환경이 스며들기 때문이다. 무지, 맹신, 지성, 기만, 교활함, 그리고 계몽을 통해 책 읽는 사람은 원전과 똑같은 단어로 그 텍스트를 다시 쓰면서도 원본과는 다른 이름으로, 다시 말해 그것을 재창조해 내는 것이다.

상징적인 독서가

본 양로원의 침대에 앉아 책을 읽고 있는 한 노파, 헝가리의 사진 작가
안드레 케르테츠가 찍은 사진.

1929년 프랑스의 본 양로원. 오스트리아-헝가리 제국 군대에 복무하며 독학으로 촬영 기술을 터득했던 헝가리 사진 작가 안드레 케르테츠는 이 양로원에서 침대에 앉아 책을 읽고 있는 어느 할머니를 찍었다. 구도가 완벽한 작품이다. 검정 숄을 걸치고 머리에 검정색 나이트 캡을 둘렀지만 뒷머리는 그대로 드러내 보이고 있는 깡마른 할머니가 한가운데를 차지하고 있다. 하얀색 베개 몇 개가 등을 받치고 있고 그녀의 발에도 흰색 침대보가 덮여 있다. 그녀의 뒤와 옆으로는 흰색 주름 커튼이 고딕풍 침대의 검정색 나무 기둥 사이로 드리워져 있다. 조금 더 세심하게 살펴보면 침대 꼭대기 나무틀에는 19라는 번호가 적힌 작은 장식판이 붙어 있고, 침대 천정에는 꼰 밧줄 같은 것이 매달려 있으며(도움을 청하기 위한 것일까? 아니면 앞쪽의 커튼을 내리기 위한 것일까?) 옆에는 상자 하나와 주전자, 컵이 각각 한 개씩 놓여 있는 테이블이 눈에 들어온다.

테이블 아래 마룻바닥에는 주석 대야가 놓여 있다.

이제 다 본 것인가? 그렇지 않다. 이 할머니는 책을 멀찍이 펼쳐 들고서 아직도 예리할 것이 분명한 시선으로 그것을 읽고 있다. 그녀가 읽고 있는 책은 어떤 것일까? 늙은 여인이고, 침대에 있는 데다, 그곳이 카톨릭 전통이 강한 부르고뉴 지방인 본의 양로원 숙소인 점을 감안하면 우리는 그녀가 읽고 있는 책의 성질을 짐작할 수 있다. 기도서, 아니면 설교집? 만약 그런 책이라면—여기서는 확대경을 끼고 더 자세히 살펴봐도 더 이상 말해 주는 것이 없다— 책은 그것을 읽는 사람의 심경을 정확히 이야기해 주고 그녀의 침대를 매우 조용한 공간으로 확인시켜 줘, 어쨌든 이미지는 완벽한 조화를 이루게 된다.

그러나 할머니가 들고 있는 책이 그 외의 다른 것이라면 어떻게 되겠는가? 예컨대 그녀가 라신이나 코르네유[1]를 읽고 있다면—매우 교양 있는 독서가가 될 것이고—아니면 더욱 놀랍게도 볼테르를 읽고 있다면 어떻게 될 것인가? 아니면 그 책이 케르테츠가 사진을 찍은 그해에 출판된 책으로 부르주아의 삶을 그려 큰 반향을 불러일으켰던 콕토의 『무서운 아이들』로 확인된다면 어떻게 될까? 그 순간 평범하게 보였던 그 할머니는 더 이상 평범하지 않게 된다. 손에 그런 책 한 권을 쥐었다는 사실 하나만으로도 그녀는 전혀 다른, 아직도 호기심으로 이글거리는 정신을 지닌 도전자가 된다.

토론토의 지하철에서 어느 여인이 내 건너편에 앉아 펭귄판으로 나온 보르헤스의 『미로』를 읽고 있다. 불현듯 나는 그녀를 불러 손을 흔들고 나 역시도 그런 믿음을 가지고 있다는 신호를 보내고 싶어진다. 이미 얼굴도 잊어버렸고 어떤 옷을 입었는지 아슴프레하고 늙었는지 젊었는지조차 말할 수 없지만, 그녀는 바로 그 책을 손에 들고 있었다는 한 가지 이유만으로도 내가 일상에서 접하는 다른 많은 사람들보다 더 친근하게 느껴진다. 부에노스아이레스 출신인 내 사촌도 책들이 친밀감의 기호나 증표로 작용한다는 사실을 깊이 깨닫고 있었다. 사촌은 여행을 떠날 때 가져갈 책을 고를 때도 핸드백을 고를 때만큼이나 세심하게 신경을 쏟는다. 그 여사촌이 로맹 롤랑[2]의 소설을 가지고 여행을 떠나는 적은 결코 없을 것이다. 그 이유는 그녀의 판단으로 볼 때 롤랑의 책이 지나치게 과시적으로 비칠 수 있기 때문이며, 애거서 크리스티의 책 역시 가져가지 않는데 그 책 또한 지나치게 통속적으로 보일 수 있다는 이유에서이다. 단거리 여행에는 카뮈의 작품이 어울리고, 긴 여행에는 크로닌[3]이 적당하다. 시골에서 주말을 보내는 데는 베라 캐스패리나 엘러리 퀸의 탐정 소설이 그럴듯하고, 배나 비행기로 여행할 때는 그레이엄 그린

1) Pierre Corneille, 1606~1684. 프랑스의 극작가이자 시인.
2) Romain Rolland, 1866~1944. 프랑스의 소설가이자 극작가.
3) Archibald Joseph Cronine, 1896~1981. 영국 스코틀랜드의 소설가.

의 소설이 어울린다.

책과 그것을 읽는 독서가를 연관시키는 것은 다른 대상물과 그것의 사용자를 연관시키는 것과는 사뭇 다르다. 연장, 가구, 의상, 이 모든 것들도 상징적인 기능을 지니지만 책의 경우는 간단한 도구의 상징적 의미보다 훨씬 복잡한 상징적 의미를 독서가에게 부여한다. 단순히 책을 소유했다는 사실 하나만으로도 사회적 지위와 지적 풍성함을 얻을 수 있다. 18세기 러시아에서는 에카테리나 대제의 통치 기간에 클로스테르만이란 사나이가 폐지로 채운 장정 껍데기를 팔아 한재산 톡톡히 챙겼는데, 이것은 책을 유난히도 좋아했던 여제의 호의를 얻으려는 궁정의 신하들에게 거짓 서재를 갖게 했기 때문이었다. 오늘날에도 실내장식가들은 방에 '세련된' 분위기를 연출하기 위해 벽의 상당 부분을 책으로 채우거나 서재의 환상을 불러일으킬 벽지를 내놓고 있으며, TV 토크쇼의 프로듀서들도 배경에 서가를 두면 세트장에 지적인 분위기를 더한다고 굳게 믿고 있다. 이런 경우 책의 일반적인 개념은 붉은 벨벳 가구가 감각적인 쾌락을 암시하는 것과 마찬가지로 고상함의 추구를 표현하기에 충분하다. 책이 있느냐 없느냐에 따라 시청자들의 눈에는 지적인 힘을 지닌 요소가 있나 없나로 비쳐질 만큼 책의 상징은 매우 중요하다.

1333년에 화가인 시모네 마르티니[1]는 시에나 성당 제단 뒤의 벽장식 한가운데에 성수태고지 그림을 완성했다. 이 제단은 성수태고지를 주제로 한 것 중에서는 서구에서 가장 오래된 작품이다. 그 장면은 고딕 아치 3개 안에 새겨져 있는데, 가운데 높다란 아치에는 성령을 비둘기 모양으로 에워싸고 있는 천사들의 형상을 짙은 금색으로 묘사한 그림이 그려져 있으며, 양옆으로 보다 작은 아치가 붙어 있다. 아치 밑으로 왼쪽에는 수

1) Simone Martini, 1284?~1344. 이탈리아의 화가. |

놓은 옷을 걸친 천사가 무릎을 꿇고 앉아 있는데 왼손에는 올리브 가지가 들려 있다. 이 천사는 고대 그리스 로마의 조각상에서 흔히 나타나는 수사적 제스처로 침묵을 암시하기 위해 오른손 집게손가락을 올려 보이고 있다. 오른편 아치 밑으로는 상아로 장식한 금박 옥좌에, 가장자리가 금으로 장식된 자주색 망토를 걸친 성모 마리아가 앉아 있다. 그녀 옆 벽 한가운데에는 백합 화병이 놓여 있다. 그 순결한 흰 꽃은 수술 없이 무성생식을 한다는 특성으로 인해 성모 마리아를 나타내는 완벽한 표상으로 자주 인용되는데, 마리아

플로렌스 시에나 성당의 제단 뒤에 그려진 벽장식. 서구에서 가장 오랜된 성수태고지 그림이다.

의 순결함을 성 베르나르[1]는 '범접할 수 없는 백합의 순결함'에 비교하기도 했다.

백합은 또한 피렌체의 상징이기도 해서 중세 말경에 피렌체파[2]의 성수태고지에서는 천사가 의지하는 전령의 지팡이를 이 꽃이 대신하게 된다. 피렌체파와는 앙숙지간이었던 시에나의 화가들은 성모 마리아를 묘사하는 그림에서 전통적으로 내려오던 백합을 철저히 배제할 수도 없는 노릇이었지만, 그렇다고 천사가 피렌체의 꽃을 들게 함으로써 피렌체를 영광스럽게 만들 수도 없었다.

그리하여 마르티니의 천사는 시에나의 상징적인 식물이었던 올리브 가지를 들게 된

1) Bernard, 1090~1153. 프랑스의 수도사이자 설교자.
2) 13세기 후반에서 15세기에 걸쳐 피렌체에서 발달한 예술 양식.

것이다.

마르티니의 시대에 그 그림을 보았던 사람들에게는 그 그림의 모든 대상과 색깔이 나름대로 특별한 의미를 지니는 것이었다. 비록 훗날에 성모 마리아의 색깔(천상의 사랑을 나타내는 색깔, 구름이 걷힌 뒤에 보이는 진실의 색깔)로 청색이 자리잡게 되었지만, 권위와 고통과 인내의 색깔이었던 자줏빛이야말로 마르티니의 시대에는 곧 닥쳐올 마리아의 슬픔을 떠올려 주는 색으로 통하고 있었다.

경외성서로 2세기에 나왔던 야고보의 『원형 복음서』(중세 내내 독보적인 베스트셀러의 자리를 차지했던 책으로 마르티니 시대의 대중들도 매우 친숙했을 것이다)가 마리아의 초기 삶을 그린 대목을 보면, 사제들의 회의에서 어느 사원에 새 베일이 필요하다고 결정한 것으로 쓰여 있다. 그래서 다윗 종족 중에서 순결한 처녀 7명을 고른 뒤 새 베일에 필요한 일곱 색깔을 누가 짤 것인가를 놓고 제비뽑기를 했다. 자줏빛이 성모 마리아에게 할당되었다. 실 잣기를 시작하기 전에 그녀는 물을 길러 우물로 갔는데, 그곳에서 그녀에게 '그대의 일을 은총으로 맞이하거라, 주는 그대와 함께하리니. 그대의 작업은 여자들의 축복이니라' 라고 이르는 목소리가 들려왔다. 마리아는 좌우를 둘러보았지만 아무도 보이지 않았다. 그녀는 벌벌 떨면서 자기 집으로 들어가 자줏빛 모직을 짜려고 자리에 앉았다. "자, 보라, 주의 천사가 그녀 곁에 서서 말하였다. 두려워 마라, 마리아여, 그대는 하느님이 보는 앞에서 은혜를 확인하지 않았는가." 이리하여 마르티니 시대 전에 전령 천사와 자줏빛 옷과 백합은—차례로 신의 말씀을 받고 고통과 순수한 동정을 받았음을 상징하면서—그리스도 교회가 마리아에게 영광을 돌리려 했던 그 특질들을 나타내기에 이르렀다. 게다가 1333년에 마르티니는 마리아의 손에 책까지 한 권 들려 주었다.

그리스도교 성상 그림에서 전통적으로 책이나 두루마리는 하느님 아버지나 훌륭하신 예수 그리스도, 그리고 새롭게 태어난 아담처럼 그 야말로 하느님의 말씀이 육화된 이들 남성 신위(神位)에 속하는 것이었다. 책이란 하느님의 법을 담은 것이어서 로마령 아프리카의 총독이 그리스도교 수인(囚人)들 무리에게 변호를 위해 법정에 뭘 가져왔느냐고 물을 때도 죄수들의 대답은 "정의의 사도, 바울의 책이요"라고 대답하기도 했다. 책은 또한 지적인 권위와 비교되었고 아주 초기부터 예수 그리스도는 종종 선생이나 해설자, 학자, 독서가의 율법학자적 기능을 실천하는 것으로 묘사되었다. 한편 여자들에게는 어머니로서의 역할을 강조하면서 어린이들을 책임지는 일이 주어졌다.

이 대목에 모두가 다 동의하는 것은 아니었다. 마르티니보다 2세기 앞서 파리 노트르담의 참사회원으로 있었으며 자신의 제자인 엘로이즈를 유혹했다는 죄목으로 거세당했던 피에르 아벨라르[1]는 이제 파라클레트의 수녀원장이 된 옛 연인과 훗날 유명하게 될 편지를 서로 나누기 시작했다. 상스와 수아송 공의회에서 거듭 비난받았고 교황 이노켄티우스 2세에 의해 가르치는 것도 쓰는 것도 금지당했던 아벨라르는 이들 편지에서 사실상 어떤 남자들보다도 여자야말로 예수 그리스도에 더 가깝다는 생각을 내비쳤다. 전쟁, 폭력, 명예, 그리고 권력에 집착하는 남자들에게 맞서 아벨라르는 '돈독한 우정의 차원에서 영혼의 내적 왕국에서 성령과 대화할 수 있는 능력을 지닌', 영혼과 지성을 갖춘 여성의 고상함으로 균형을 추구하려 하였다. 아벨라르와 동시대인인 수녀원장 힐데가르트도 당시 위대한 지식인으로 꼽혔던 인물이었는데, 그녀도 교회의 허약함은 곧 남성적 허약함이라고 설파하면서 여성들에게 지금 같은 여성의 시대에 여성의 힘을 이용할 것을 촉구했다.

1) Pierre Abélard, 1079~1142. 프랑스의 스콜라 철학자이자 신학자.

하지만 여성들을 향한 완강한 적대감은 쉽게 극복될 수 없었다. 창세기 제3장 16절에 나타나는 이브에 대한 하느님의 경고는 여성다운 유순함과 온화함의 미덕을 설교할 때 거듭 인용된다. "그대는 남편을 사모하고 남편은 그대를 다스릴 것이니라" "여자는 남자의 원조자로 창조되었다"라고 토마스 아퀴나스도 부연 설명했다. 마르티니의 시대에도, 아마 그 시대 가장 인기 높았던 설교자 시에나의 성 베르나르딘은 마르티니의 마리아에서 성령에 충만한 마리아가 아니라 복종적이고 양순한 마리아를 보았을 것이다. 그는 그 그림에 대해 이렇게 평했다. "성수태고지 그림 중에서 가장 아름답고, 경의에 넘치고, 가장 겸손한 자세로 보인다. 이 그림의 마리아는 천사를 응시하지 않으면서 거의 놀란 듯한 포즈로 앉아 있다. 그것이 천사라는 사실을 잘 알고 있었을 텐데 그녀가 그렇게 괴로워하는 이유는 뭘까? 그게 만약 남자였다면 그녀는 과연 어떤 행동을 취했을까? 소녀들이여, 어떤 행동을 해야 하는지 그녀의 본을 받아라. 그대의 아버지나 어머니가 없는 자리에서는 절대로 남자에게 말을 걸어서는 안 되느니라."

이러한 전후 맥락에서 볼 때 마리아와 지적인 힘을 결합시키는 것은 좀 무리다. 아벨라르는 파리의 자기 학생들을 위해 쓴 어느 교과서의 서문에서 지적 호기심의 가치에 대해 명확하게 밝혔다. "회의를 품게 되면 질문을 하게 되고, 질문을 함으로써 우리는 진실을 배운다." 지적인 힘은 호기심에서 비롯되지만 아벨라르를 비방하는 사람들에게는—여자를 혐오하는 그들의 목소리는 성 베르나르딘에게서도 찾아볼 수 있다—특히 여자들 마음에 이는 호기심은 이브로 하여금 지식이라는 금지된 과일을 맛보게 만든 죄악이었다. 여자들의 때묻지 않은 순결성이야말로 어떤 대가를 치르더라도 꼭 지켜야만 하는 것이었다.

성 베르나르딘의 시각으로 보면 교육은 호기심의 위험스런 결과일 뿐 아니라 더 많은 호기심을 유발하는 것이었다. 살펴본 것처럼, 14세기를 통틀어—아니 중세 시대 대부분의 기간에—여성들은 남자의 가정에 유익한 경우에만 교육을 받을 수 있었다. 마르티니와 친숙했던 소녀들은 각자 사회적 지위에 따라 약간의 지적 가르침을 받거나, 그렇지 않으면 전혀 교육받지 않았을 수도 있었다. 만약 귀족 가문에서 성장한 소녀라면 궁녀로서의 역할을 훈련받거나 소유지를 관리하는 일을 배웠을 것이다. 그 정도의 역할이라면 읽기와 쓰기의 기초적인 가르침만 있으면 될 테지만 어쨌든 문학에 조예가 깊었던 여자들도 많이 나왔다. 상인 계급에 속하는 여자라면 상술을 어느 정도 익히게 되는데, 그것도 약간의 읽기와 쓰기, 수학 정도에 그쳤다. 상인들과 장인들은 종종 딸들에게 장래 돈을 지불하지 않아도 좋은 보조원이 되리라는 기대에서 기술을 가르치곤 했다. 농민의 자녀들은 아들이든 딸이든 일반적으로 전혀 교육을 받지 않았다. 종교적인 집단에서는 여자들도 간혹 지적 활동을 추구했지만 그럴 때도 종교상의 남성 상급자의 끊임없는 검열 아래에 놓여 있었다. 대부분의 학교와 대학들이 여자들에게 문을 닫고 있었기 때문에 12세기 말부터 14세기에 이르는 예술적, 학문적 개화는 주로 남자들을 중심으로 일어났다. 그 당시 두드러진 업적을 남긴 여성들, 이를테면 빙겐의 힐데가르트, 노리치의 줄리언, 피사의 크리스틴느, 프랑스의 마리[1] 등은 거의 불가능에 가까운 확률을 뚫고 성공한 인물들이다.

이렇게 볼 때 마르티니의 마리아는 조금 더 면밀한 관찰을 요구한다. 그녀는 거북한 자세로 앉아 있다. 오른손은 턱밑의 망토를 꼭 잡고 있고, 몸은 낯선 존재로부터 거리를 두고 있으며, 두 눈은 천사의 눈이 아니라 (성 베르나

| 1) 영국에서 살았던 12세기 프랑스의 여류 시인.

르딘의 편파적인 묘사와는 정반대로) 천사의 입술에 고정되어 있다. 천사가 내뱉는 말은 그의 입에서 마리아의 눈길로 흐르며 커다란 황금 글자로 되살아난다. 마리아는 성수태고지를 귀로 들을 뿐만 아니라 눈으로 보기도 한다. 그녀의 왼손에는 방금 전까지 읽고 있던 책이 들려 있고 엄지손가락을 끼워 읽던 부분을 표시해 두고 있다. 그것은 상당히 큰 책인데 아마도 표지가 붉은 8절판인 것 같다.

그렇다면 그것은 어떤 책일까?

마르티니의 그림이 완성되기 20년 전에 지오토는 파도바의 아레나 예배당에 그린 프레스코 벽화 중 하나인 성수태고지 그림에서 마리아에게 자그마한 푸른색 기도서를 들려 주었다. 13세기부터 줄곧 기도서(8세기 아니안의 베네딕트가 교회 기도실에 비치할 부록으로 개발한 것이

분명하다)는 부자들 사이에 널리 통용되었으며 그 인기는 15, 16세기까지도 지속되었다. 이를 반영하듯 성수태고지를 그린 수많은 그림에서 성모 마리아는 다른 왕족이나 귀족 부인만큼 자주 기도서를 읽고 있는 모습으로 묘사된다. 부유한 가정에서는 이 기도서가 유일한 책이었기 때문에 어머니들과 보모들은 아이들에게 읽기를 가르칠 때 이 책을 이용하곤 했다.

마르티니의 마리아에 대해서는 그저 기도서를 읽고 있다는 풀이도 가능하다. 하지만 다른 책일 가능성도 있다. 구약의 예언이 신약에서 이뤄지는 것으로 보는—마르티니의 시대에는 그런 믿음이 팽배했다

파도바의 아레나 예배당에 그려진 프레스코 벽화. 마리아의 손에 작은 푸른색 기도서가 들려 있다.

—전통에 따르면, 성수태고지 이후 마리아는 자신과 자기 아들이 맞게 될 삶의 사건들이 이미 이사야편과 소위 '성경의 지혜서'라 불리는 책들, 즉 잠언, 욥기와 전도서, 그리고 경외전서의 두 책인 『예수의 지혜』와 『시라크의 아들』, 그리고 『솔로몬의 지혜』 등에 예견되어 있다는 점을 잘 알고 있었다. 중세 대중을 열광케 했던 문학적 대비를 고려하면 마르티니의 마리아는 천사가 도착하기 직전에 이사야편 중에서도 바로 그녀 자신의 운명을 선언한 장을 읽고 있었을지도 모를 일이다. "보라, 처녀가 수태해 사내아이를 갖게 되고 그의 이름을 임마누엘이라고 부를 것이니라."

그렇지만 마르티니의 마리아가 지혜의 서를 읽고 있었다고 미루어 짐작하는 것이 보다 계시적이다.

잠언서 9장을 보면 지혜는 '그녀의 집을 짓고 기둥 7개를 잘라 냈던' 여자로 그려지고 있다. "여종을 내보내어 성중 높은 곳에서 불러 이르기를, 무릇 어리석은 자는 이리로 돌이키라. 또 지혜 없는 자에게 이르기를, 너는 와서 내 빵을 먹으며 내가 혼합한 포도주를 마시고⋯⋯." 그리고 잠언서의 또 다른 두 부분에서 지혜의 여인은 하느님으로부터 비롯되는 것으로 묘사되고 있다. 그녀를 통해 만물이 시작될 때 "여호와께서는 땅을 세우셨으며"(3장 19절) "만세전부터, 상고부터, 땅이 생기기 전부터 내가 세움을 입었나니"(8장 23절)로 되어 있다. 몇 세기 후 루블린의 랍비는 지혜가 '어머니'로 불린다고 설명했는데, 그 이유는 이렇다. "한 남자가 고백을 하고 회개할 때 그의 가슴이 '이해'를 받고 그것으로 인해 심성이 바뀌면 그 사람은 새롭게 태어나는 어린이와 같아, 그가 하느님에 귀의하는 것은 어머니의 품으로 돌아가는 것과 같기 때문이다."

지혜의 여인은 15세기에 가장 인기를 끌었던 책 중의 하나로 로렌

앙리 쉬소의 작품인 『지혜의 모래시계』의 삽화. 여기서
마리아는 지혜의 속성을 지닌 여인으로 나타난다.

출신의 프란체스코 수도사였던 앙리
쉬소가 1389년에 프랑스어로 쓴(아니
면 번역된) 『지혜의 모래시계』에 주인
공으로 등장한다. 1455년부터 1460년
사이, 우리에게 '장 롤랭의 거장'으로
알려진 한 예술가는 지혜의 여인을 위
해 훌륭한 삽화를 창조해 냈다. 그 세
밀화 중 하나를 보면 지혜의 여인이 진
홍색 천사들이 엮어 내는 꽃장식에 둘
러싸인 채 옥좌에 앉아 왼팔에는 황금
보주(寶珠)를 껴안고 오른손에는 책을
펼쳐들고 있는 모습이다. 그녀의 위쪽으로는 천사들이 별이 반짝이는
하늘에서 무릎을 꿇고 있고, 아래쪽 그녀의 오른손 쪽으로는 학문서 2
권을 펼쳐 놓고 수도사 5명이 토론을 벌이고 있다. 또 그녀의 왼손 쪽
으로는 머리에 관을 쓰고 와서 지혜의 여인에게 재산을 기증하는 사람
이 휘장이 덮힌 설교단 위에 책을 펼쳐 놓고 그녀에게 기도를 올리고
있다. 지혜의 여인의 위치는 다른 수많은 삽화에서 황금빛 옥좌에 앉
아 있는 것으로 그려지는 하느님 아버지의 그것과 일치한다. 흔히 예
수가 십자가에 못박혀 죽는 그림과 짝을 이루는 이런 그림에서 하느님
아버지는 왼손에 보주를, 오른손에는 책을 들고 있고 주변에는 서로
닮은 천사들이 에워싸고 있다.

칼 융은 마리아를 동방 그리스도교의 소피아, 혹은 지혜의 개념과
결합시키면서 소피아-마리아는 "남자들에게 자신을 다정한 조력자로
드러내 보이고 또한 자신의 신적인 밝은 면과 정당하고 우호적인 관점
을 보여 준다"고 암시했다. 잠언과 쉬소의 『지혜의 모래시계』에 나오

는 지혜의 여인 소피아는 어머니 여신의 고대 전통에 뿌리를 두고 있는데, 그 여신의 조각, 소위 비너스 같은 입상(立像)들은 유럽과 북부 아프리카 전역에 걸쳐 발견되며 그 시기도 B.C. 25000～B.C. 15000년까지 거슬러 올라간다. 그 뒤에 제작된 것은 전세계에 걸쳐서 발견된다. 스페인인과 포르투갈인들이 칼과 십자가를 가지고 신천지에 도착함에 따라 (많은 원주민 중에서도) 아스텍인들과 잉카인들은 토난친과 파차마마 같은 어머니 대지의 여신에 대한 믿음을 남녀 양성적인 예수 그리스도로 바꾸었는데, 라틴 아메리카에서는 오늘날까지도 그런 영향이 분명하게 남아 있다.

500년경 프랑크족 황제인 클로비스는 그리스도교로 개종한 뒤 교회의 역할을 강화하면서 디아나, 이시스, 아테나 등 다양한 모습으로 나타나던 지혜의 여신에 대한 숭배를 금지시킴과 동시에 그녀의 사원을 하나도 남기지 않고 모두 폐쇄시켜 버렸다. 클로비스의 결정은 성 바울이 예수 그리스도만이 "하느님의 지혜"(고린도서 1장 24절)라고 선언한 편지에 따른 조치였다. 이제 여신에게서 강탈한 지혜의 속성은 책을 소지한 예수 그리스도를 그린, 고대의 거대한 성화에 나타나게 되었다.

클로비스가 죽고 약 25년 후, 유스티니아누스 황제는 콘스탄티노플에 새로 지은 하기아 소피아(성스러운 지혜)—인간이 만든 고대 건축물 중에서 가장 웅장한 것 가운데 하나로 꼽힌다—성당의 봉헌식에 참석했다. 전하는 말에 의하면, 그곳에서 그는 "솔로몬이여, 내가 그대를 능가했도다!"라고 외쳤다고 전해진다. 하기아 소피아의 그 유명한 모자이크 중 어느 것 하나도—심지어 867년에 제작된 것으로 위풍당당하게 옥좌에 앉아 있는 마리아의 모습에서도—마리아에게는 책 한 권을 허용하지 않았다. 그녀 자신의 사원에서조차도 지혜는 보조적인 위치로 남았다.

이런 역사적 배경을 무시하고 마르티니가 마리아를 성스러운 지혜
의 후계자—아마 화신—로 그린 것은 모르긴 해도 여자 신에게 거부
된 지적인 힘을 회복시키려는 의도에서였을 것이다. 마르티니의 그림
에서 마리아가 들고 있는 책은, 내용도 알 수 없고 제목조차도 짐작만
할 뿐인데, 아마도 그 자체가 폐위당한 여신이, 역사보다도 더 오래된
여신이 신의 모습을 남자로 만들기로 작정한 사회에 의해 침묵을 강
요당한 데 대한 마지막 외침을 암시할지도 모른다. 이런 점에서 마르
티니의 성수태고지는 일순간 반항적인 작품으로 돌변해 버린다.

마르티니의 인생에 대해서는 알려진 게 거의 없다. 그는 시에나파의
아버지로 불리는 두치오 디 부오닌세냐[1]의 제자였던 것 같다. 제작 일
자가 밝혀진 작품 중에서 마르티니의 첫 작품이라 인정되는 1315년의
「마에스타」는 두치오의 작품을 모델로 한 것이었다. 그는 시에나는 물
론이고 피사, 아시시에서 활약하다가 1340년에는 아비뇽으로 옮겨 마
침내 교황궁에서 일하게 되는데, 그곳 성당의 입구 문에 폐허가 되다
시피 한 프레스코화 두 점이 지금까지 전해오는 그의 작품 전부이다.
우리는 그의 교육에 대해서도, 그의 지적 영향에 대해서도, 그리고 그
가 여성과 권력과 신의 어머니와 지혜의 여인을 놓고 벌였을 법한 논
의에 대해서도 아는 것이 전혀 없다. 그렇지만 그가 시에나 성당을 위
해 1333년 어느 때인가 그린 붉은색 표지의 그 책은 아마도 그런 질문
에 대한 열쇠, 아니 진술서가 될 것이다.

마르티니의 '성수태고지'는 적어도 일곱 번 이상 복사되었다. 기술
적으로 보면 이 작품은 파도바에 그려진 지오토의 '성수태고지'가 발
전시킨 엄숙한 사실주의에 대한 대안을 많
은 화가들에게 제시한 셈이었다. 철학적으

---

1) Duccio di Buoninsegna, 1255?~1315. 이탈리아의
화가. 시에나파의 창시자임.

로는 마리아의 책 읽기의 범주를 지오토의 기도서 수준에서 여신의 지혜를 믿는 초기 믿음에 뿌리를 둔 전체 신학 목록으로까지 크게 확대했다. 훗날 마리아를 묘사한 그림에서는 마리아가 읽고 있는 책장을 아기 예수가 구기거나 찢음으로써 아기 예수의 지적 우수성을 나타내기도 했다. 아기 예수의 몸짓은 예수 그리스도가 가져온 신약 성서가 구약 성서를 대신함을 뜻하지만, 마리아와 '지혜의 서'들과의 관계가 여전히 생생하게 남아 있던 중세 말의 시민들에게 그런 그림은 바울의 여자 혐오를 상기시켜 주었다.

누군가 책을 읽고 있는 모습을 보면 나는 마음 속으로 그 독서가의 신분의 색깔이 그 책과 독서가 이뤄지고 있는 분위기에 크게 좌우되는 듯한 야릇한 경험을 하게 된다. 호머에 나오는 영웅들과 여러 면에서 일맥상통하는 알

성모 마리아의 품안에서 구약 성서의 페이지를 찢고 있는 아기 예수. 이것은 신약이 도래했음을 나타내고 있다.

렉산더 대제가 늘상 『일리아드』와 『오디세이』를 지니고 다녔다는 것은 그럴듯해 보인다. 셰익스피어의 명작 『햄릿』에서 폴로니어스가 "각하, 무엇을 읽고 계십니까?"라고 묻자 햄릿이 "말, 말, 말"이라는 대답으로 일축했을 때, 그의 손에 쥐어진 책이 무엇이었는지 나는 너무도 궁금하다. 손에 잡힐 듯도 한 그 책의 제목이야말로 울적한 왕자의 기분을 조금이라도 더 이해하게 해줄지도 모른다. 머리가 돌 정도로 어지러운 돈키호테의 서재를 불사르기 위해 쌓아 올린 장작더미에서 요왕

마르토렐의 소설을 구해 낸 그 사제는 미래 세대를 위해 출중한 기사
도 소설을 구조해 낸 것이었다. 돈키호테가 어떤 책을 읽었는지 정확
히 앎으로써 우리는 비탄에 빠진 기사를 그렇게 사로잡았던 세계가 어
떤 것이었는지 조금이라도 이해할 수 있게 된다. 그런 독서를 통해 우
리 또한 한순간이나마 돈키호테가 될 수 있지 않을까.

　간혹 이런 과정이 거꾸로 일어날 때도 있다. 독자가 누구인지 미리
아는 것도 책에 대한 우리의 판단에 영향을 미친다. 아돌프 히틀러는
"나는 촛불 밑에서, 아니면 달빛 아래서 커다란 확대경의 도움을 받아
그의 책을 읽곤 했다"고 모험 소설가 카를 마이를 높이 평가함으로써
『실버 레이크의 보물』 같은 서부 소설을 쓴 작가들을 비하했다. 바그
너의 음악도 히틀러가 칭송했다는 이유로 이스라엘에서 몇 년 동안 공
식적인 자리에서는 연주되지 않았다.

살만 루시디의 『악마의 시』를 불태우고 있는 이슬람 정통주의자들.

살만 루시디를 비난하는 '파트와'[1]가 발표되던 초기 몇 달 사이, 작가가 소설을 썼다는 이유만으로 살해 위협을 받는다는 것이 누구나 다 아는 뉴스가 되었을 때 미국의 TV 리포터인 존 인스는 어떤 주제에 대해서든 논평을 할 때면 꼭 자기 책상 위에 루시디의 『악마의 시』를 놓아 두었다. 그 책에 대해서, 루시디에 대해서, 아니면 아야톨라[2]에 대해서는 한 마디도 언급하지 않았지만 그의 팔꿈치 밑에 그 소설을 놓아 두는 것만으로도 그 책과 그 책의 저자의 운명을 향한 한 독자의 연대감을 암시하고 있었던 것이다.

1) fatwa. 이슬람교의 교직자가 내리는 신학적 견해.
2) 시아파 회교에서 신앙심과 학식이 뛰어난 사람에게 바치는 칭호.

갇힌 공간에서의 책 읽기

일본의 중세 궁정 여인들의 삶을 볼 수 있는 1681년 풍속화.

부에노스아이레스의 나의 집 가까운 길모퉁이에는 어린이용 책을 제법 잘 갖춘 문구점이 있었다. 그때 나는 노트(아르헨티나에서는 노트의 표지에 국가 영웅이 한 명씩 그려져 있는 것이 보통이었으며, 간혹 아르헨티나의 역사나 전투 장면을 묘사한 스티커를 붙여 놓고 그 페이지만을 별도로 뗄 수 있도록 만든 노트도 있었다)에 대한 소유욕이 대단해서 자주 그 가게를 맴돌곤 했다. 문방구류는 앞쪽에 있었고 책은 뒤편에 몇 줄로 진열되어 있었다. 서적 코너에는 콘스탄시오 C. 비힐(죽은 뒤 라틴 아메리카에서 가장 많은 포르노 문학 작품을 수집했던 것으로 확인되었다)이 어린이들을 위해 쓴 커다란 그림책이 있었다. 이 책은 글씨가 크고 그림이 밝은 것이 특징이었다. 그 문구점에는 또 노란 표지의 로빈 후드 시리즈도 있었다. 또 표지가 두꺼운 포켓판 책들이 두 줄로 자리잡고 있었는데, 어떤 것은 표지가 초록색이었고 어떤 것은 분홍색이었다. 초록색 시리즈에는 아서왕의 모험을 그린 책과 번역이 형편없는 저스트 윌리엄의 스페인어판 책, 『삼총사』, 호라시오 키로가[1]의 동물 이야기들이 들어 있었다. 분홍색 시리즈는 루이자 메이 올콧의 소설들과 『엉클 톰스 캐빈』, 세귀르 백작 부인의 이야기, 하이디 전집 등으로 구성되어 있었다.

내 여사촌 중에는 책 읽기를 무척 좋아한 아이가 하나 있었는데(그뒤 어느 여름날 나는 그녀로부터 존 딕슨 카[2]의 『흉칙한 광경』을 빌린 후로는 평생을 탐정 소설에 빠지게 되었다), 우리 둘은 노란 표지로 된 살가리의 해적 모험을 즐겨 읽었다. 간혹 그녀도 나에게서 표지가 초록색이었던 저스트 윌리엄의 책을 빌려 가곤 했다. 그렇지만 표지가 분홍빛이었던 시리즈는 그녀 입장에서는 아무런 죄책감 없이 읽을 수 있었지만 나에게는 금지된 것이었다(나이가 열 살이었는데도 나는 그것을 분명히 알았

---

1) Horacio Quiroga. 1878~1937. 우루과이의 소설가.
2) John Dickson Carr. 1906~1977. 미국의 추리 작가.

다). 그 시리즈의 표지는 어엿한 소년이면 절대로 읽어서는 안 되는 책이라는 것을, 무대 위의 그 어느 각광보다도 더 강렬하게 비추는 경고였다. 이런 책들은 어디까지나 소녀들을 위한 것이었다.

어떤 책의 경우 특정 집단에만 읽히도록 정해져 있다는 관념은 문학 그 자체만큼이나 역사가 깊다. 일부 학자들은 그리스 서사시와 연극이 남성 청중을 대상으로 하였듯이 초기 그리스의 소설들은 대부분 여성들을 겨냥한 것이라는 학설을 펴기도 한다.

비록 플라톤이 자신의 이상적인 공화국에서는 소년 소녀 할 것 없이 모두에게 강제로 교육을 시키게 될 것이라고 썼지만 그의 제자 중 하나인 테오프라스토스는 여자들에게는 가정을 꾸리는 데 필요한 만큼만 가르쳐야 한다고 주장했다. 그 이유는 교육을 많이 시킬 경우 여자들이 말다툼을 하거나 쓰잘데없는 쑥덕공론을 벌이게 된다는 것이었다. 그리스 여성 중에는 교육받은 사람들이 적었기 때문에 (비록 고급 창녀들은 '완벽하게 교육받은' 것으로 추정되지만) 교육받은 노예들이 여성들에게 큰 소리로 소설들을 읽어 주곤 했다. 당시 작가들의 언어 구사 능력이 세련되었던 데 비해 전해오는 작품이 상대적으로 적다는 사실을 근거로, 역사학자 윌리엄 V. 해리스는 이런 소설들이 대단한 인기를 누렸던 것이 아니라 어느 정도 교육 수준을 갖춘 일부 여성들 사이에서 가볍게 읽혔을 것이라는 주장을 편다.

주제는 사랑과 모험이었다. 남녀 주인공은 항상 젊고 예쁘며 가문이 좋았고, 그들에게도 불운이 닥치지만 결말은 언제나 해피 엔딩이었다. 신에 대한 믿음이 필수였을 뿐 아니라 (적어도 여자 주인공에게는) 처녀성이나 고상함까지도 요구되었다. 가장 초기의 소설부터 독자들에게 내용을 먼저 분명하게 밝혀 두는 것이 관례였다. 완벽한 상태로 남아 있는 초기 그리스 소설의 작가는 그리스도 시대가 시작될 쯤에 살

았던 인물인데, 작가 자신과 자기가 다룰 주제에 대해 첫 두 줄에 소개
했다. "나는 아프로디시아스[1]의 채링턴이며, 변호사 아테나고라스의
서기로 일하고 있다. 앞으로 나는 여러분에게 시라쿠사에서 일어난 러
브 스토리를 이야기할 것이다." '러브 스토리' 라고 아예 맨 첫 줄부터
밝히고 있다. 여성에게 읽히게 되어 있던 그 책들은 훗날 낭만적인 사
랑으로 불리게 될 사랑과 결부되어 있었다.

이렇게 허용된 픽션을 읽으면서, 1세기 그리스의 가부장적 사회에서
부터 내리 12세기 비잔티움까지(이런 유의 소설이 마지막으로 쓰여진
때), 여자들은 쓰잘데없는 이야기에서 어떤 형태의 지적 자극을 발견
했음에 분명하다. 사랑하는 연인들
의 고민과 위험과 진통을 통해 여성
들은 간혹 뜻밖에도 사고하는 데 필
요한 자양분을 발견할 수 있었다. 그
로부터 몇 세기 뒤 성녀 테레사는 어
린 시절에 기사도 소설을 읽으면서
(간혹 그리스 연애 소설에 고무받아)
훗날 자신이 신앙심 깊은 글을 쓸 때
발휘할 문학적 표현의 상당 부분을
섭취했다. "나도 그런 책들을 읽는
데 익숙해졌는데 그 하찮은 행위는
다른 일을 하고픈 나의 욕망과 의지
를 식혀 주었다. 그리고 나는 아버지
몰래 이런 헛된 짓을 하느라 밤낮으
로 많은 시간을 보내면서도 아무렇

오귀스트 툴무슈의 『금단의 열매』, 1865년 작.

지 않게 생각했다. 그런 짓에서 느끼는 환희가 얼마나 컸던

1) 소아시아의 어느 마을.

지 나는 만약 읽을 책이 없었다면 절대로 행복해질 수 없을 것 같은 느낌이 들었다."

그런 짓거리가 헛되어 보였을지는 몰라도, 마르그리트 드 나바르의 이야기들과 라 파예트 부인이 쓴 『클레브 공작 부인』, 브론테 자매와 제인 오스틴의 소설들은 연애 소설을 읽는 이러한 풍조 덕분에 상당한 인기를 누렸다. 영국의 비평가인 케이트 플린트의 지적처럼, 이런 소설류를 읽는 건 여성 독서가들에게 "픽션이라는 아편이 유발하는 무저항 속으로 침잠하는 수단을 공급해 주는 것에 그치는 게 아니다. 더욱 감동적이게도 자아감까지 심어 줘 무저항에 빠지는 사람이 자기 혼자만이 아니라는 사실을 일깨워 준다." 초기부터 여성 독서가들은 사회가 자신들의 서가에 놓아 주는 것들을 뒤엎어 버리는 방법을 발견했다.

어떤 종류의 책이나 장르를 특정 독서가 그룹의 전유물로 구분하는 행위는 (그것이 그리스 소설이든 아니면 내 어린 시절의 분홍빛 표지로 된 시리즈물이든) 폐쇄된 문학 공간을 형성할 뿐 아니라, 그 외 다른 사람은 그 공간에 범접하지 못하게 하는 결과를 낳는다. 나도 표지가 분홍색인 책의 경우, 그것들은 대체로 소녀들을 위한 것이기 때문에 그것을 손에 들고 있다가 다른 사람 눈에 띄기라도 하면 영락없이 나약한 아이로 낙인찍힌다는 말을 들었다. 언젠가 내가 분홍색 표지의 책을 한 권 살 때 부에노스아이레스의 그 문구점 주인의 얼굴에 스쳐 지나가던 책망의 눈빛을 나는 지금도 기억하고 있다. 재빨리 어느 소녀에게 줄 선물이라고 둘러대야 했을 정도였으니까(훗날에도 우연히 그와 비슷한 편견을 경험하게 되었는데, 언젠가 남자 동성애 소설집의 공동 편집을 끝내고 돌아서자 '동성애자가 아닌' 친구들이 나에게 자기들이라면 사람들이 보는 앞에서 그런 책을 들고 나가지 않겠다고 말하는 게 아닌

가. 동성 연애자로 비칠지 모른다는 염려에서였다). '주어진 특권이 적거
나 인정받는 정도가 적은' 그룹을 위해 사회가 별도로 떼어 놓은 문학
장르로 뚫고 들어가는 행위는 그런 관계로 인해 오명을 입을 위험까지
감수하는 것이다. 그렇지만 초록색 시리즈를 읽는다 하더라도 자기 어
머니에게 '별 이상한 취미도 다 본다' 는 식의 면박만 들으면 그만인
내 여사촌에게는 나만큼 신중함이 필요하지 않았다.

그러나 간혹 격리된 그룹이 읽는 책들은 교묘하게도 그룹 내부의 독
서가 자신들에 의해 창조되기도 한다. 그런 창조는 11세기 어느 때인
가 일본 궁정의 여인들 사이에서 일어났다.

894년에—지금의 교토(京都) 지방에 헤이안쿄(平安京)라는 새로운
수도를 세우고 나서 1백 년 뒤—일본 정부는 중국에 공식 사절을 보내
는 것을 중단하기로 결정했다. 그에 앞서 3세기 동안에는 일본의 외교
사절들이 이웃의 거대한 국가인 중국으로부터 예술과 지식을 들여왔
기 때문에 일본의 유행은 언제나 중국 관습의 지배를 받아 왔다. 이제
중국의 영향을 차단함으로써 일본은 독자적인 생활 스타일을 개발하
기 시작했으며 그 같은 노력은 15세기 말 후지와라 노 미치나가(藤原
道長)의 섭정하에서 정점을 이루었다.

다른 귀족적인 구조의 사회와 마찬가지로, 일본에서도 이런 부흥의
결실을 즐겼던 사람들은 극소수에 불과했다. 궁정의 여자들은 비록 하
층 계급의 여자들에 비해 엄청난 특권을 누리고 있었지만 이들도 상당
히 많은 규칙과 제약의 지배를 받아야만 했다. 대부분 외부 세계로부
터 폐쇄된 채 단조로운 일상을 반복하도록 강요받았으며, 언어 자체의
제약까지 받았던(극히 예외적인 경우를 제외하고 여자들은 역사나 법률,
철학, 그리고 '학문의 또 다른 많은 분야' 의 어휘를 전혀 교육받지 못한 데

다 그들의 의사 교환은 대화보다는 문자로 이뤄지는 것이 정상적이었다)
여성들은—많은 한계에도 불구하고—그들의 사방 벽 너머의 세계뿐
아니라 그들 자신이 살고 있는 세계를 탐험하고 읽을 수 있는 현명한
방법들을 나름대로 개발해야 했다. 무라사키 부인이 쓴 『겐지 이야기
源氏物語』를 보면 주인공 겐지 왕자가 어느 젊은 공주에 대해 언급하는
대목에서 "그녀의 교육에 대해서 지나치게 걱정할 필요는 없다고 생각
한다. 여자들도 다양한 주제에 걸쳐 전반적인 지식을 갖춰야 하지만
특정 분야에 매달리고 있다는 사실을 드러내 보이면 나쁜 인상을 준
다. 나는 그 여자가 어떤 분야에든 철저히 무식하게 내버려두지는 않
을 것이다. 중요한 건, 그녀로서는 자신이 가장 심각하게 받아들이는
주제에 대해서조차도 무관심한 척 꾸며야 한다는 점이다"라고 관찰하
고 있다.

　무엇보다 겉모양이 중요했으며, 지식에 철저히 무관심한 척하고 철
저한 무식을 가장할 수 있는 한에서 궁정의 여성들도 자신들의 처지에
서 도피할 길을 찾을 수 있었다. 그런 상황에서 여성들은 그 시대 가장
뛰어난 문학작품을 창작하려고 노력했고, 그 과정에서 일부 장르를 창
안해 낼 수 있었다는 사실은 참으로 놀라운 일이 아닐 수 없다. 문학의
창조자가 됨과 동시에 즐기는 입장이 되는 것은—말하자면, 문학을
생산하고 소비하는 폐쇄된 동아리를, 그것도 복종을 강요하는 사회 구
조 아래서 그런 동아리를 형성한다는 것은—매우 용감한 행동으로 받
아들여야 한다.

　궁정에서 여성들은 대부분 한가함의 고통 ('여가로 인한 고통'은 빈
번하게 등장하는 표현이다) 속에서 '허공을 응시하며' 나날을 보냈는
데, 그것은 유럽의 멜랑콜리와 어느 정도 일맥 상통하는 것이었다. 비
단 벽걸이와 병풍이 놓인 텅빈 큰 방은 거의 언제나 어둠 속에 잠겨 있

『겐지 이야기』에 들어간 삽화. 궁정에 갇혀 지내는 여성들이 관음증 사나이들의 염탐을 받고 있다.

었다. 그렇다고 프라이버시가 보장되었던 것도 아니었다. 얇은 벽과 격자 문은 소리가 쉽게 빠져나갔으며, 여성들의 움직임을 몰래 훔쳐보는 관음증 사나이들을 그린 그림도 수백 점에 이른다.

극히 드물게 사찰을 방문할 때나 명절 때를 제외하고 여자들이 어쩔 수 없이 보내게 되는 기나긴 여가 시간은 그들로 하여금 음악과 서예를 익히도록 이끌었다. 하지만 무엇보다도 그 여가 시간에 그들은 자신이 직접 큰 소리로 글을 읽거나 다른 사람에게 글을 읽도록 했다. 그렇다고 모든 책들이 다 허용된 것은 아니었다. 헤이안 시대의 일본 여성들은 고대 그리스나 이슬람, 베다 이후의 인도, 그리고 다른 많은 사회에서와 마찬가지로 '심각한' 문학으로 여겨지던 것들을 읽는 데서는 철저히 배제되었다. 여자들은 유교학자들이 눈살을 찌푸렸던 진부하고 보잘것없는 오락물에 국한해서 책을 선택해야 했으며, '남성용' (이런 유의 주제는 영웅적이고 철학적이며 그 목소리도 공개적이었다) 문학과 언어, 그리고 '여성용' (시시하고 가정적이고 정감어린 것이었다)의 그것 사이에는 명확한 구분이 존재했다. 이런 구분은 다른 많은 분야로 확산되었다. 예를 들면, 중국식에 대한 숭앙이 계속되었기 때문에 중국 회화는 '남성적' 이라고 불린 반면, 가벼운 일본 회화들은 '여성적' 이라 불렸다.

비록 중국과 일본 문학의 세계가 여자들에게도 열려 있긴 했어도 헤이안 시대의 여성들은 그 시대 대부분의 책들에서는 자신들의 목소리를 발견할 수 없었을 것이다. 그리하여 한편으로는 읽을거리를 늘리기 위해, 그리고 다른 한편으로는 그들만의 독특한 취향에 상응하는 읽을거리를 손에 넣기 위해 여성들은 그들만의 고유한 문학을 창조해 냈다. 그 문학을 기록하기 위해 여성들은 그들에게 허용된 언어를 음성으로 옮긴 가나분카쿠(かな文学)를 개발하기에 이르렀는데, 이 언어는 한자 구조가 거의 배제된 것이 특징이다. 이 문어는 여성들에게만 국한되어 쓰이면서 '여성들의 글자' 로 알려지게 되었으며, 여자들을 지배했던 남자들의 눈에는 매우 에로틱하게 비쳤다. 헤이안 시대의 여자들은 매력적으로 보이기 위해 육체적 매력만이 아니라 필체도 우아하게 가꿔야 할 필요가 있었으며 시를 짓고 읊고 풀이할 수도 있어야 했

다. 하지만 이런 기예도 남자 예술가들과 학자들의 그것에는 결코 비교할 수 없었다.

발터 벤야민은 "책을 획득하는 방법 중에서도 책을 직접 쓰는 것이야말로 가장 칭송할 만한 방법으로 평가받을 수 있다"고 논평했던 적이 있다. 헤이안 시대의 여자들도 깨달았듯이 어떤 경우에는 책을 직접 쓰는 방법만이 유일한 길일 수가 있다. 헤이안 시대의 여자들은 그들만의 새로운 언어로 일본 문학사에서, 아마도 전시대를 통틀어 가장 중요한 작품 몇 편을 남겼다. 이런 작품 중에서 가장 유명한 것이 무라사키 부인이 쓴 기념비적 작품 『겐지 이야기』인데, 영국 학자이자 번역가인 아서 웨일리[1]는 아마도 1001년에 시작해서 1010년 이전에 끝냈을 이 작품을 두고 세계 최초의 진정한 소설이라고 격찬했다. 다른 하나는 『겐지 이야기』와 비슷한 시기의 것으로, 작가 세이 쇼나곤(淸少納言)의 침실에서 창작되어 그녀의 목침 서랍에 보관됐다고 해서 '베개책' 이란 의미를 갖는 『마쿠라노소시 枕草子』라 불리는 책이다.

『겐지 이야기』와 『마쿠라노소시』 같은 책에서는 남자와 여자의 문화적 · 사회적 삶이 소상하게 나타나지만 그 당시 궁정의 남자 관리들이 대부분의 시간을 할애했던 정치적 술책에 대해서는 거의 관심을 보이지 않는다. 웨일리는 "이런 책들에서 여성들이 지극히 남성적인 행위에 대해서는 매우 애매하게 반응하고 있다는 사실은 당혹스럽기까지 하다"고 말했다. 언어와 정치 현장으로부터 유리되어 있었기 때문에 세이 쇼나곤과 무라사키 부인조차도 이런 활동에 대해서는 풍문 이상으로 묘사할 수 없었기 때문이다. 어떤 예이든 이런 여성들은 근본적으로 그들 자신을 위해 글을 쓰고 있었다. 다시 말해 그들 자신의 삶을 향해 거울을 받쳐 들고 있었던 셈이다. 문학을 통해 그들이 추구한 것은 남자 작가들이 관심을 갖고 심취했던

1) Arthur Waley, 1889~1966.

관념이 아니라, 세월의 흐름이 느리고 대화도 드물고 풍경마저도 계절이 몰고 오는 것을 제외하고는 전혀 변화가 없는 그런 세계의 영상이었다. 『겐지 이야기』는 동시대 삶의 거대한 캔버스를 펼쳐 보이고 있지만 주된 목적은 작가 자신과 같은 여성들에게 읽히는 것이었다. 다시 말해 심리적인 문제에서 그녀만한 지능과 예리한 안목을 갖춘 여성들이 그 독자층이었다.

세이 쇼나곤의 『마쿠라노소시』는 인상과 묘사, 뜬소문, 유쾌하거나 불쾌한 일들—상하 계급의 개념에 철저히 지배당한 나머지 편견에 사로잡히고 왜곡된 의견들로 가득하다—을 형식에 구애받지 않고 기록한 것 같다. 그녀의 논평 중에서 (그녀의 말을 그대로 믿어야 할지는 잘 모르겠지만) "나는 이 기록들을 나 아닌 다른 사람이 읽을 것이라고는 상상도 하지 않기 때문에 내 머리 속에 떠오르는 것이면 무엇이든, 그것이 제아무리 이상하고 불쾌할지라도 모조리 다 담았다"는 대목을 보면 솔직한 분위기가 느껴진다. 그녀가 풍기는 매력의 상당 부분은 바로 그런 담박함에서 기인한다. 여기서 '몹시 유쾌한 것' 두 가지만 예로 들어 본다.

아직 한번도 읽어 보지 못한 이야기를 무더기로 발견하는 것.
아니면 아주 즐겁게 읽었던 책의 두 번째 권을 손에 넣는 것.
그렇지만 가끔 실망스럽기도 하다.

편지는 이제 진부할 정도가 되었다고 하지만 그 얼마나 멋진가! 누군가가 먼 지방에 떨어져 있어 그 사람의 안부를 걱정하고 있는데 갑자기 편지가 날아든다면 마치 그 사람을 직접 대하는 것만 같다. 그리고 자신의 감정을 편지에 쏟아넣었다는 사실은 더없는 위안이 된다. 비록 그 편지가 아직 도착하지 않았다는 사실을 잘 알고 있을 때조차도.

『겐지 이야기』처럼, 왕권을 경모하면서도 남성 우위의 태도는 비난하는 모순을 안고 있는 『마쿠라노소시』는 강요된 여가에 나름의 가치를 부여하고 여성들의 갇힌 삶을 남자들의 '서사시적' 삶에 버금가는 문학적 수준으로 올려놓는다. 그렇지만 여성들의 이야기를 하찮은 것으로 사방 종이벽 안에 가둘 게 아니라 남성들의 서사시적 틀 속으로 끌어들일 필요를 느꼈던 무라사키 부인에게 세이 쇼나곤의 필체는 '결점투성이'였다. "그녀는 재능을 갖추고 있음에는 틀림없다. 하지만 너무나 부적절한 상황에서조차 자기 정서의 고삐를 풀어 버린다면, 그리고 순간 순간 떠오르는 흥미로운 것을 모조리 다 맛본다면 그 사람은 변덕스런 인물로 받아들여지게 된다. 어떻게 그런 여자에게 일이 순조롭게 풀리겠는가?"

격리된 그룹 내에서는 적어도 두 가지 이상의 책 읽기가 일어나는 것 같다. 먼저 첫번째 독서법부터 살펴보자. 이 경우 독서가들은 상상력이 풍부한 고고학자들처럼 공인된 문학의 행간을 파헤치면서, 클리타임네스트라[1]와 거트루드[2], 그리고 발자크의 창녀 이야기에서는 자신들을 투영할 거울들을, 말하자면 자신들처럼 버림받은 인물들의 흔적을 잡아 내려고 노력한다. 두 번째 부류의 독서법에서는 독서가들 본인이 부엌이나 바느질방, 그리고 아이들의 방에서 지내야 하는 소외된 일상의 이야기를 미주알고주알 기록으로 남기기 위해 스스로 작가가 된다.

이들 부류의 독서법 사이 어딘가에 아마도 제 3 의 부류가 있을지도 모르겠다. 세

[1] 아가멤논의 아내로, 남편이 트로이 원정을 떠나 있는 동안 아이기스토스와 밀통하여 귀국한 남편을 살해하였음.
[2] 햄릿의 어머니.

이 쇼나곤과 무라사키 부인이 활동하던 시대로부터 수 세기가 지난 시기에 바다 건너 영국의 여류 소설가 조지 엘리엇은 당시의 문학을 논하면서 자신이 '여성 소설가들에 의해 쓰여진 어리석은 소설들'이라고 부른 작품들에 대해 이렇게 묘사했다. "동식물 분류로 바꿔 생각한다면 수많은 종(種)을 가진 속(屬)과 같은데, 그 속의 특징은 종들이 모두 어리석음의 특질들—실속 없고, 단조롭고, 위선적이거나 현학적임—을 가지고 있다. 하지만 우리가 '정신의 여성용 장식'이라는 종으로 구분할 그런 소설들을 생산하는 것은 이런 특질들의 혼합, 즉 여성다운 어리석음을 적절히 결합하는 것이다.……특별한 자질을 갖고 있지 않으면서 작가가 되는 여성들은 사회가 그들에게 다른 분야의 직업을 허용하지 않기 때문이라고 판에 박힌 변명을 늘어놓는다. 사회는 비난받을 만하고, 또 질 나쁜 오이절임에서부터 질 나쁜 시(詩)까지 수많은 불건전한 생산품의 제조에 대해서도 변명을 해야만 한다. 그러나 물건처럼 사회와 정부, 그리고 다른 고귀한 추상적 관념은 과도한 칭송뿐만 아니라 과도한 책망에 대해서도 일정 몫의 책임을 진다." 그녀는 이렇게 결론을 내렸다. "모든 노동에는 벌이가 따른다. 그렇지만 터무니없는 여자들의 소설은 노동의 산물이라기보다는 '빈틈없는' 게으름의 결과라고 상상된다." 조지 엘리엇이 말하는 소설은 소외된 그룹 내에서 쓰여졌으면서도 애초부터 바로 그 소외 그룹의 탄생을 불렀던 사회의 틀에 박힌 방식이나 편견을 그대로 반영하는 데 그치는 작품들이다.

어리석음은 또한 무라사키 부인이 독자의 입장에 서서 세이 쇼나곤의 글에서 보았던 바로 그 결점이었다. 그러나 세이 쇼나곤이 무라사키 부인과 명백히 다른 점은 독자들에게 남성들에 의해 멍청한 존재로 정형화된 여성의 이미지를 제시하지 않았다는 사실이다. 무라사키 부인이 변덕스럽다고 생각한 것은 세이 쇼나곤이 다루고 있는 주제 바로 그 자체였다. 세이 쇼나곤 자신이 몸담고 있는 일상의 세계도 시시했고, 그녀가 자신의 사소한 일들을 마치 겐지 왕자의 금빛 찬란한 세계나 되는 양 정성을 다해 기록한 사실도 그랬다. 무라사키 부인의 비평에도 불구하고 세이 쇼나곤의 작품처럼 개인적이면서도 보기에 따라서는 진부하기 짝이 없는 문학풍이 그 시대 여성 독자들 사이에는 크게 인기를 누렸다. 이 시대의 작품으로 가장 오래된 것은 미치쓰나의 어머니라고만 알려진 헤이안 궁정 부인의 『가게로 일기蜻蛉日記』다. 이 일기에서 저자는 그녀의 존재 현실을 가능한 한 충실하게 연대기로 남기려고 노력했다. 자신에 대해 3인칭으로 이야기하면서 그녀는 이렇게 적고 있다. "하루하루 단조롭게 흘러감에 따라 그녀는 낡은 소설들을 읽고는 작품 대부분이 저속한 창작이라는 점을 깨달았다. 아마 그녀는 자신에게 말했으리라, 그녀 자신의 지루한 존재 이야기도 일기의 형식으로 쓰여진다면 약간의 관심을 불러일으킬지도 모른다고. 그녀는 아마 이런 질문에도 대답할 수 있을 것 같았다. 이런 삶이 유복한 가문에 태어난 부인으로서 적절한 인생인가, 라는 물음 말이다."

무라사키의 비난에도 불구하고, 고삐 풀린 여성의 감정을 종이에 옮기는 독백 형태가 헤이안 시대 여성들 사이에 왜 그렇게 인기 있는 읽을거리가 되었는지 이해하기는 쉽다. 『겐지 이야기』에서는 왕자를 둘러싼 인물들을 통해 여성들의 삶의 단면이 드러나지만 『마쿠라노소시』는 여성 독서가들에게 그들 스스로 역사가가 되도록 허용했던 것이다.

"한 여성의 삶을 기록하는 데는 네 가지 방법이 있다"고 미국의 비평가 캐롤린 G. 하일브런은 주장한다. "여성 본인이 삶을 이야기할 수 있는데, 이때는 자서전이라 불리는 형식을 선택하는 것이다. 픽션이라고 부르는 방법으로 삶을 이야기할 수도 있고, 어느 전기 작가가 그 여성의 삶을 쓸 수도 있는데 이 형태는 전기가 된다. 아니면 그 여성이 직접 자신의 삶을 살기에 앞서 미리 무의식적으로 그 삶의 과정을 전혀 인식하지 않으면서 적을 수도 있을 것이다.

캐롤린 G. 하일브런의 조심스런 형태 구분은 또한 헤이안 시대의 여류 작가들이 생산해 낸 문학의 변천—모노가타리(이야기), 마쿠라노 소시, 그리고 기타 등등—과도 상통한다. 그런 텍스트에서 독자들은 자신과 비슷한 삶을 살고 있는 사람이 있는지 없는지, 자신의 삶이 이상적인 것인지 아니면 형편없는 것인지 깨닫게 된다. 일반적으로 격리된 독서가들에게는 이런 점들이 그대로 적용된다. 그들이 필요로 하는 문학은 고백적이고 자전적이고 심지어 교훈적이기까지 한데, 그것은 자신의 정체성을 거부당한 독서가들의 경우 그들 자신이 생산해 내는 문학이 아니고는 자신들의 이야기를 발견할 곳이 달리 없기 때문이다. 남성 동성 연애자들의 책 읽기에 관한 논의에서—여성의 책 읽기, 더 나아가 권력의 영역에서 배제된 모든 그룹의 책 읽기에도 충분히 적용할 수 있다—미국 작가인 에드먼드 화이트는 누구든지 자신이 다른 사람들과 다르다는 사실을 깨닫는 순간부터 왜 다른지 이유를 설명해야 하는데, 이때의 설명은 '침실이나 술집 아니면 정신병원 침대에서 거듭 되풀이되는 구두(口頭) 이야기로' 일종의 원시적인 픽션이 된다. 서로가 서로에게, 아니면 자신을 둘러싸고 있는 적대적인 세계를 향해 자신의 삶을 이야기하면서 그들은 과거를 보고하는 데서 그치지 않고, 그들의 정체성까지 만들어 냄으로써 미래를 다듬기도 한다. 무라사키 부인에서와 마찬가지로 세이 쇼나곤에서도 오늘날 우리가 읽고 있는 여성 문학의 전조가 담겨 있는 것이다.

조지 엘리엇보다 한 세대 뒤인 빅토리아 시대, 영국의 오스카 와일드는 자신의 작품 『진지함의 중요성』에서 그웬들린이라는 인물이 자신은 일기를 휴대하지 않고 여행을 떠난 적이 한번도 없다고 말하고 있다. 그 이유는 '누구나 여행을 할 때는 기차 안에서 읽을 무엇인가를 가져야 하기 때문'이라는 것인데, 그것은 결코 과장된 말이 아니었다. 그녀의 상대인 세실리도 일기를 '단순히 나이 어린 소녀가 자신의 생각과 인상을 기록하는 것이지만 종국적으로는 세상에 발표하고 싶은 희망을 담고 있는 것'이라고 정의했다. 발표, 즉 원고를 복사하거나 큰 소리로 읽어 주거나 아니면 인쇄로 텍스트를 재생산해 내는 행위로 인해 여성들은 자신들과 유사한 목소리를 발견했고, 그들이 처한 처지도 그들만의 것이 아니라는 사실을 깨닫게 되었으며, 그런 경험을 확인함으로써 장래 자신들의 진정한 이미지를 구축할 탄탄한 바탕을 발견하게 되었다. 이런 진실은 조지 엘리엇에게도 통했던 만큼 헤이안 시대 여성들에게도 그대로 적용되었다.

내 어린 시절의 문구점과는 달리 오늘날의 서점에는 여성들 그룹 외부에서 상업적 이익을 노려 여성용으로 시장에 내놓는 책들뿐만 아니라 그룹 내부에서 쓰여진 책들도 진열돼 있다. 앞의 부류가 주로 여성들이 읽는 책들이라면, 뒤의 부류는 공인된 텍스트에는 없는 것을 여성들 스스로가 쓴 것들이다. 이 대목에서 독서가의 책무가 시작되는데, 헤이안 시대의 작가들도 이런 책무를 이미 알고 있었을지도 모른다. 서재의 벽을 타고 올라가 마음에 끌리는 책 한 권을 집어서, 색깔로 구분된 책표지를 벗겨 내고, 지금까지 읽은 감상에 따라 침대 곁 서가에 분류해 꽂아 둔 책들 사이에 그 책을 한번 놓아 보도록 하자.

책 훔치기

소유욕이 강한 독서가 구글리엘모 리브리 백작.

나는 다시 한 번 집을 옮길 작정이다. 내 주위로는, 가구가 빠져 나온 구석의 은밀한 먼지 속에 쓰러질 듯 쌓인 책더미들이 마치 사막 한 가운데의 풍화에 깎인 바위 모양으로 불안하게 서 있다. 눈에 익은 책들을(어떤 책은 색깔로 알아보고, 어떤 책들은 모양으로도 무슨 책인지 알고, 대다수는 표지에 쓰인 세부 사항을 읽어야 알지만 이런 책들은 거꾸로 놓였거나 비뚤게 놓여 있기 십상이어서 제목을 읽으려면 거꾸로 혹은 기묘한 각도로 봐야 한다) 한 권 한 권 쌓아올리면서 나는, 지금까지 늘 그래 왔던 것처럼 다시는 읽지 않을 것이 뻔한데도 그렇게 많은 책을 간직하려는 이유는 대체 뭘까 궁금해한다. 책 한 권을 뽑아 버리고 싶다는 생각이 들 때마다 나는 혼자서 이렇게 말한다. 며칠 후면 그 책을 찾게 될지도 모른다고. 또 어느 책이든 지금까지 나의 관심을 전혀 끌지 못했던 책은 한 권도 없었다고. 그리고 이 많은 책들을 집으로 가져온 데는 그만한 이유가 있었을 테고, 그 이유란 것이 장래 어느 날 다시 한 번 유효할 수도 있을 것이라고. 나는 철저함과 희귀함, 그리고 얄팍한 학식을 구실로 내세운다. 그러나 나는 안다, 계속 늘어만 가는 이 책 무리들을 계속 움켜쥐고 있는 가장 큰 이유는 일종의 관능적인 탐욕이라는 사실을.

나는 책으로 흘러 넘치는 서가를, 다소 익숙한 이름이 꽂혀 있는 그런 서가를 보기를 즐긴다. 그리고 어떻게 보면 내 인생의 목록이랄 수 있는 것들이 나를 둘러싸고 나에게 넌지시 미래를 암시하고 있다는 사실을 확인하는 데서 기쁨을 느끼기도 한다. 나는 또 거의 잊혀진 책 속에서 한때 그 책의 독자였던 나의 흔적을—갈겨쓴 글자나 끼워 놓은 버스표, 이상한 이름과 숫자가 적힌 종이 쪽지, 책의 앞뒤 여백에 적힌 날짜나 어떤 장소, 이런 것들은 아주 오랜 옛날 어느 여름날의 머나먼 호텔방이나 어느 카페로 나를 데려다 주는데—발견하기를 좋아한다.

책을 꼭 포기해야 했다면 그렇게 했을 테고 또다시 어느 책을 시작으로 책을 모을 수 있었을 것이다. 실제로 예전에 몇 차례 필요에 의해 책을 포기했던 적이 있었다. 그런 때는 견디기 힘든 상실감을 느껴야 했다. 책을 포기할 때는 무엇인가가 죽어 가고 있다는 기분을 피할 수 없었고, 나의 기억은 슬픈 향수처럼 끊임없이 그 책으로 되돌아가곤 했다는 사실을 나는 잘 안다. 세월이 흘러 기억력도 쇠잔해지고 과거를 떠올리는 힘도 점점 약해지는 마당에 그 책들은 이제 약탈당한 도서관처럼 느껴진다. 많은 열람실은 굳게 닫혀 버렸고, 아직 들락거릴 수 있도록 개방된 열람실의 서가에는 거대한 구멍이 뻥 뚫려 있다. 나는 남아 있는 책 중에서 한 권을 끄집어내고는 책장 몇 장이 파괴자에 의해 찢겨 나간 사실을 눈으로 확인한다. 기억이 희미해지면 희미해질수록 내가 읽었던 책들의 창고를, 텍스트와 목소리와 향기가 함께 어우러지는 이 수집품들을 보호하고 싶은 마음 더욱 간절해진다. 이제 이 책들을 소유하는 것이야말로 나에게는 더없이 중요한 일이 되었는데, 그것은 아마도 과거에 대한 질투 때문이 아닌가 싶다.

프랑스 혁명은 역사가 어느 한 계층의 전유물이라는 개념을 깨뜨리려고 시도했다. 적어도 한 가지 관점에서는 성공을 거두었다. 고대의 물건을 수집하는 것이 귀족의 오락에서 부르주아들의 취미로 바뀌었던 것이다. 처음에는 고대 로마의 장식을 지극히 사랑했던 나폴레옹 통치하에서, 그리고 뒤에는 공화정 체제에서 그랬다. 19세기 초 유럽에서는 곰팡내 나는 골동품이나 옛날 거장의 그림, 초창기 고서적을 전시하는 취미가 유행처럼 번졌다. 골동품 가게들이 번창했다. 고미술품 판매상들은 신흥 재벌의 개인 박물관에 전시되어 있던 혁명 전의 보물들을 무더기로 끌어모았다. 발터 벤야민은 "수집가들은 자신들이 아득히 먼 곳이나 아득한 과거 속에 살고 있다는 꿈을 꿈과 동시에, 다른 사람들이 일상의 생활 필수품조차 제대로 손에 넣지 못해 허덕이는 마당에 자신들은 당장의 필요성에는 초연하며 좀더 나은 세상에 살고 있다는 환상을 품고 있다"고 쓰고 있다.

1792년에 루브르궁은 인민을 위한 박물관으로 탈바꿈했다. 소설가 프랑수아 르네 드 샤토브리앙[1]은 '인간 누구나 공유하는 과거'라는 개념에 발끈한 나머지 이런 식으로 수집된 예술 작품은 "상상이나 정신에 더 이상 이야깃거리를 제공하지 못한다"고 강력히 항의했다. 몇 년 뒤 예술가이자 골동품 수집가인 알렉상드르 르누아르가 혁명의 와중에 약탈당한 궁전과 교회, 수도원과 대저택의 석조 건축과 조각상을 보존하기 위해 프랑스 기념물 박물관을 설립하자 샤토브리앙은 그 박물관을 두고 '프티-오귀스탱의 회랑에 아무런 생각 없이 모든 시대의 묘지와 폐허를 끌어모아 놓은 콜렉션'에 지나지 않는다고 혹평했다. 과거의 폐허를 수집하는 사람들에게는, 공적 세계에서든 사적 세계에서든, 샤토브리앙의 비난이 전혀 귀에 들리지 않았다.

책도 혁명이 남긴 잔해 중에서 흔하게 접할 수 있었던 것 중의 하나였다. 18세기 프랑스 귀족들 사이에는 개인 서재야말로 대를 이어 더욱 넓혀야 하는 가보(家寶)로 통했다. 서재에 꽂힌 책들은 화려한 의상과 품행 못지않게 주인의 사회적 지위를 나타내는 표상이었다. 우리는 18세기 상반기에 가장 유명했던 애서가의 한 사람이었던 호임 백작(그는 1736년에 마흔 살을 일기로 사망했다)이 책으로 가득한 서가 하나에서 키케로의 『웅변집』한 권을 뽑는 모습을 쉽게 상상할 수 있다. 아마도 그는 그 책이 수많은 도서관에 흩어져 있는 수백 권 혹은 수천 권의 똑같은 책 중 하나로 생각하지 않고 자신의 뜻에 따라 제본되고 자신의 손으로 해

1) François-René de Chateaubriand, 1768~1848. 프랑스의 작가이자 정치가.

설도 적고 가문의 문장까지 금박으로 새긴 자기만의 책으로 간주했을 것이다.

대충 12세기 말부터 책들도 교역 물품으로 인식되기에 이르렀다. 유럽에서는 대금업자들이 담보로 잡아 줄 만큼 책의 상업적 가치가 확고해졌다. 그런 거래를 기록한 흔적은 중세의 수많은 책에서 발견되었는데, 특히 학생들 소유의 책에서 흔하게 나타났다. 15세기경에는 책들도 프랑크푸르트와 뇌르들링겐의 무역 박람회에서 판매되는 상품이 될 정도로 교역 대상으로서의 충분한 가치를 확보하게 되었다.

물론 일부 책들은 그 희소성 때문에 더없이 소중하게 여겨져 터무니없이 높은 가격이 매겨지기도 했다(1524년에 제작된 페트루스 델피누스의 『서간집』 희귀본은 1719년에 1천 리브르[1]에 팔렸는데, 오늘날의 가치로 따지면 약 3만 달러에 해당하는 가격이다). 그렇지만 대부분의 책들은 은밀한 가치를 지녔다. 가문의 세습 재산이라서 특정인이나 그들 자손만이 영원토록 만질 수 있는 그런 대상으로서의 가치였다. 서재가 혁명의 명백한 표적이 된 것도 바로 그런 이유에서였다.

'공화정의 적'을 상징했던 성직자와 귀족들로부터 약탈한 장서들은 몇몇 프랑스 도시의 거대한 저장고에 모아졌다. 파리, 리옹, 디종 등으로 보내진 책들은 혁명 당국이 운명을 결정해 주기를 기다리는 사이에 습기와 먼지와 해충의 공격을 받기도 했다. 그렇게 많은 양의 책을 보관하는 문제가 너무나 심각했던 나머지 당국은 약탈품에서 책을 제외시키려고 책 판매를 궁리하기 시작했다. 그렇지만 대부분의 프랑스 애서가들(죽지 않았거나 망명을 떠나지 않은 사람들)은 1800년 사설 기관으로 프랑스 은행이 설립되기 전까지는 너무나 가난하여 책을 구입할 수 없었다. 영국인과 독일인을 비롯하여 외국인들만이 그런 상황에서 수익을 챙길 수 있었다. 이런 외국인 고객을

| 1) 옛날 프랑스의 화폐 단위.

만족시키기 위해 프랑스 각 지방의 서점들은 염탐꾼과 대리인의 역할까지 맡고 나섰다. 1816년 파리에서 있었던 마지막 싹쓸이 판매에서 서적상이자 출판업인 자크-시몽 메를랭은 책을 보관할 목적으로 특별히 구입한 5층짜리 주택 두 채를 지하실부터 다락방까지 가득 채우고도 남을 만큼 책을 구입하기도 했다. 이 책들 가운데는 귀중하고 희귀한 것들도 많았는데 종이 무게로 계산해서 팔렸다. 이때도 여전히 새 책은 매우 비쌌다. 예를 들면, 19세기 초 10년 동안에 출간된 신간 소설의 경우 그 가격이 프랑스 농장 근로자들의 한 달 임금의 1/3에 달했던 반면, 1651년도에 나온 폴 스카롱[1]의 『로망 코미크』는 그 금액의 1/10만으로도 구입할 수 있었다.

혁명으로 인해 징발된 것 중에서 파괴되지도 않고 외국으로 팔리지도 않은 책들은 결국 공공 참고 도서관으로 분배되었지만 그것을 이용할 수 있는 독자는 극히 일부였다. 19세기 전반 50년 동안에는 이런 공공 도서관에 접근할 수 있는 시간도 엄격하게 제한되었고 복장 규정까지 적용되었기 때문에, 소중한 책들은 다시 한 번 사람들의 기억에서 망각된 채 읽히지 못하고 서가에서 먼지를 뒤집어써야 했다.

그러나 그런 상태도 그리 오래 가지는 않았다.

구글리엘모 브루토 이칠리오 티모레오네, 콘테 리브리-카루치 델라 솜마이아는 1803년 피렌체에서 토스카나의 한 뼈대 있는 귀족 집안의 아들로 태어났다. 그는 법률과 수학을 공부했는데, 특히 수학 분야에서 남들보다 뛰어나 스무 살의 어린 나이에 피사 대학 수학부의 교수직을 맡아 달라는 제안을 받기도 했다. 1830년에 그는 민족주의 결사단체로 보이는 카르보나리로부터 위협을 받고 파리로 몸을 피해야만 했다. 파리로

1) Paul Scarron, 1610~1660. 프랑스의 풍자 해학 시인이자 소설가.

이주한 직후 그는 프랑스 시민이 되었다. 원래 매우 길었던 이름도 이제는 리브리 백작이라는 짧은 명칭으로 줄어들었다. 프랑스 학계로부터 대대적인 환영을 받았던 그는 프랑스 학사원의 회원으로 선출되었고 파리 대학 과학 교수가 되었다. 학자적 신임을 지켜 그는 레지옹 도뇌르 훈장을 받는 영광을 누리기도 했다. 그러나 리브리가 관심을 가졌던 분야는 학문만이 아니었다. 책에 대한 열정 또한 대단해서 1840년경에는 이미 놀랄 만큼 많은 도서 수집품을 확보하고 있었고 희귀한 인쇄본과 필사본을 거래하고 있었다. 그는 왕립 도서관에 자리를 얻으려고 두 차례나 노력했지만 성공하지 못했다. 마침내 그는 1841년 '고대어나 현대어로 쓰여진, 현존하는 모든 부서의 공공 도서관에 소장되어 있는 필사본 전부의 공식 카탈로그'를 감독하던 어느 위원회의 서기관으로 임명되기에 이르렀다.

당시 대영 박물관의 필사본 담당 부서 책임자였던 프레더릭 매든 경은 1846년 5월 6일 파리에서 리브리를 처음 만났던 순간을 이렇게 묘사했다. "외모를 보면 그는 비누나 물칠은 물론이고 솔질도 한번 하지 않은 것처럼 보였다. 우리가 인사를 나눈 방은 너비가 16피트나 될까, 그런데 서가는 천장까지 필사본으로 가득했다. 창문에는 새시가 이중으로 되어 있었고 화로 속 받침대 위에는 석탄과 코크스가 타고 있었다. 그 화로에서 올라오는 열기에 밸럼더미에서 풍겨 나오는 냄새가 뒤섞여 나는 숨도 제대로 쉴 수 없었다. 그러자 리브리는 내가 불편하게 여긴다는 걸 깨닫고 창문 하나를 열었다. 바깥 공기가 반대로 그를 불편하게 만든다는 사실을 깨닫기는 그리 어렵지 않았다. 바깥 바람을 느끼는 것조차 싫다는 듯이 그는 두 귀에다가 솜까지 쑤셔박는 것이 아닌가! 리브리는 유머 감각이 풍부하고 약간 비대한 듯했지만 풍채는 괜찮은 편이었다." 프레더릭 경이 몰랐던 것은 리브리 백작이 인류 역사를 통틀어 가장 노련한 책도둑 중 한 사람이란 사실이었다.

　17세기의 떠벌이 탈르망 데 로에 따르면 책을 훔치는 행위는 그 책을 다른 누군가에게 팔지 않는 한 범죄가 아니라 한다. 희귀한 책을 손에 넣고 자신의 허가 없이는 그 누구도 범접하지 못할 책장을 넘길 때의 그 희열이 리브리를 어느 정도 자극했었을 것이다. 그렇지만 그토록 많은 아름다운 책들이 돌연히 그 학식 있는 애서가를 유혹했는지, 아니면 책에 대한 탐욕이 그런 일자리를 추구하도록 부추겼는지, 우리는 알 길이 없다. 공식적인 신임장으로 무장하고, '보물'을 숨겨 나올 커다란 망토를 걸치고서 리브리는 프랑스 전역의 도서관에 수시로 드나들 권한을 얻어 냈는데, 그런 도서관에서 그는 전문 지식을 바탕으로 그때까지 꼭꼭 숨어 있던 보물까지 찾아 냈다. 카르펜트라, 디종, 그르노블, 리옹, 몽펠리에, 오를레앙, 푸아티에, 그리고 투르에서 그는 전질을 훔치기도 하고 책 한 쪽을 쭉 찢어 나와 진열했다가 간혹 되팔기도 했다. 오로지 오세르에서만 약탈 행위를 실행에 옮기지 못했다. 그 이유는 신문에서 비서관님 아니면 감사관님으로 요란하게 떠받들던 공무원의 비위를 맞추려고 알랑거리던 사서가 리브리에게 밤에도 도서관에서 일을 하도록 기꺼이 허용하면서 옆에서 돌봐 줄 안내인을 한 사람 붙여 주었기 때문이었다.

　리브리에 대한 최초의 고발은 1846년부터 시작되었지만—아마도 고발이 너무도 터무니없이 들렸던 탓이었는지—그 고발들은 하나같이 묵살되었다. 리브리는 도서관 약탈을 계속했다. 그는 더 나아가 훔친 책의 일부를 내다 파는 거래를 체계화하기 시작했으며 이를 위해 아주 세밀하고 훌륭한 카탈로그까지 작성했다. 그토록 열정적인 애서가가 크나큰 위험을 감수하면서까지 훔친 책을 팔았던 이유는 무엇이었을까? 아마도 그는 『잃어버린 시간들』의 작가 프루스트처럼 "욕망은 모든 것을 번성하게 만들지만 소유는 모든 것을 시들게 만든다"는 말을 믿었던 건 아닐까. 그는 아마도 자신의 약탈물 중에서 희귀한 진주로 평가할 만한 값진 책 몇 권만을 필요로 했을지도 모른다. 그가 단순히 탐욕 때문에 책들을 팔았을 수도 있었겠지만 그러한 가정은 너무 싱겁다. 이유야 어떻든, 훔친 책을 팔았다는 사실은 더 이상 묵과할 수 없는 일이었다. 그에 대한 고발이 갈수록 늘어만 가자 1년 뒤에 검찰관이 마지못해 수사에 착수했지만, 그런 조사도 당시 리브리의 친구이자 각료회의 의장으로 그의 결혼식에 증인까지 서 주었던 기조[1]에 의해 무마되었다. 만약 1848년에 혁명만 일어나지 않았어도 그 문제는 더 이상 악화되지 않았을지도 모른다. 그러나 7월 왕정을 종식시키고 제2공화정을 선언했던 혁명의 소용돌이 속에서 기조의 책상에 숨겨져 있던 리브리의 서류가 발견되고 말았다. 이러한 소식은 즉각 리브리에게 전해졌고 리브리와 그의 부인은 영국으로 달아났다. 그런 급박한 상황에도 2만 5천 프랑의 값어치가 나가는 책 열여덟 박스를 가지고 가는 것은 잊지 않았다. 이 당시 숙련 노동자의 하루 일당이 4프랑에 지나지 않으니 그 책들의 값어치는 어마어마하다고 할 수 있었다.

일단의 정치가들과 예술가, 작가들이 리브리를 옹호하기 위해 모였지만 별 효과가 없었다. 어떤 사람은 그의 계략에서 이익을 챙겼기 때문에 그 스캔들에 연루되기를 꺼려했고, 또 다른 사람들은 그를 존경할 만한 학자로 여기면서도 자신이 다른 사람들의 눈에 얼간이로 비칠지도 모른다는 생각에 감히 앞에 나서서 도와 줄 수 없었다.

그 중에서 작가 프로스페르 메리메[2]는 리브리를 매우 열성적으로 옹호했다. 리브리는 어느 친구의 아파트에서 메리메에게 7세기에 제작된 유명한 삽화 책인 『모세 5경』을 보여 주었다고 한다.

1) François Pierre Guillaume Guizot, 1787~1874. 프랑스의 정치가이자 역사가.
2) Prosper Mérimée, 1803~1870. 프랑스의 소설가.

메리메도 프랑스 전역을 구석구석 돌아다니며 수많은 도서관을 방문했던 터라 투르에서 그『모세 5경』을 보았다고 한 마디 했다. 그러자 리브리는 화들짝 놀라며 메리메가 본 것은 리브리 자신이 이탈리아에서 구입한 그 원본을 복사한 것에 지나지 않는다고 설명했다. 물론 메리메는 리브리의 말을 믿었다. 1848년 6월 5일 에두아르 들레세르에게 쓴 글에서 메리메는 "수집에 대한 열정이 간혹 사람들을 범죄로 이끈다고 말해 왔던 나에게는 리브리야말로 가장 정직한 수집가이다. 그리고 다른 사람이 훔친 책을 도서관으로 돌려주는 사람을 리브리 외에는 결코 알지 못한다"고 주장했다. 마침내 리브리가 유죄 선고를 받고 2년의 세월이 흐를 때까지도 메리메는『두 세계의 잡지La Revue des Deux Mondes』에서 자신의 친구를 얼마나 강력하게 옹호했던지 법원이 그에게 법정 모독 혐의로 법정에 서라는 명령을 내리기도 할 정도였다.

궐석으로 진행된 재판에서 리브리는 징역 10년을 선고받고 모든 공적 지위를 박탈당했다. 서적상 조제프 바루아의 중개로 리브리로부터 또 다른 희귀한 삽화책『모세 5경』(이 책은 리브리가 리옹의 공공 도서관에서 훔친 것이었다)을 구입했던 애쉬버넘 경은 그 책을 리브리의 유죄를 증명하는 증거로 인정하고 런던의 프랑스 대사에게 돌려주었다.『모세 5경』은 애쉬버넘 경이 돌려준 유일한 책이다. "그렇게 책을 불쑥 내놓을 수 있었던 그에게 사방에서 쏟아진 찬사도 그의 서재에 보관된 다른 필사본에도 똑같은 경험을 되풀이하도록 자극하지는 못했다"고 1888년에 리브리의 약탈품 명세서를 취합하던 레오폴드 델리슬은 논평했다.

그러나 그 무렵 리브리는 자신이 마지막으로 훔친 책의 마지막 페이지를 막 넘긴 뒤였다. 그는 영국을 출발하여 이탈리아로 향했으며 피에졸레에 정착했다가 그곳에서 명예도 회복하지 못한 채 빈곤 속에서 1869년 9월 28일 눈을 감았다. 그러면서도 그는 자신을 고발한 사람에게 마지막으로 복수하는 것을 잊지 않았다. 리브리가 죽던 해, 프랑스 학사원의 리브리 자리를 대신하도록 선출된 수학자 미셸 샬은 자신에게 명예와 부러움을 안겨다 주리란 확신에서 저자의 육필 콜렉션을 대량으로 구입했다. 그 중에는 줄이어스 카이사르, 피타고라스, 네로, 클레오파트라, 흐릿한 막달라 마리아의 편지까지 포함돼 있었는데, 이 모든 것들이 가짜로 드러났던 것이다. 유명한 위조범인 브랭-루카스의 손재주에 의한 '작품'이었는데, 루카스에게 리브리는 자신의 후임자를 한번 방문해 달라고 요청했다고 한다.

책 절도가 리브리 시대에 처음 있었던 일은 아니다. 로렌스 S. 톰슨은 "서유럽에서 책도둑의 역사는 도서관의 역사로까지 거슬러 올라가고, 더 나아가 그리스와 동양의 도서관 역사로까지 되밟아 올라간다"고 적고 있다. 초기 로마의 도서관들도 로마인들이 그리스에서 약탈해 온 그리스 책들로 채워졌다. 왕립 마케도니아 도서관, 폰토스[1]의 미트리다테스 도서관, 테오스의 아펠리콘 도서관(훗날 키케로가 이용)들도 모두 로마인들에게 약탈당해 로마 영토 내로 옮겨졌다. 3세기 초반 몇십 년 동안 이집트 타베니시에 있던 자신의 수도원에 도서관을 세웠던 콥트인[2] 수도사 파코미우스[3]는 책이 다 회수되었는지 확인하느라 매일 밤 도서 목록을 체크해야 했다. 바이킹족들도 앵글로 색슨족을 공격하는 과정에서 장정에 들어 있는 금을 약탈하기 위해 수도사들의 삽화 필사본을 훔쳤을 것이다. 이런 책 중의 한 권인 『코덱스 아우레우스』는 11세기 어느 시점에 도난당했으나 다시 원 주인에게 돌아왔

1) 흑해에 면했던 소아시아 동북부의 고대 국가.
2) 고대의 토착 이집트인.
3) Pachomius, 290?~346.

다. 도둑들이 어디에서도 그 책을 팔 만한 시장을 찾을 수 없었기 때문이었다.

책 절도는 중세와 르네상스 시대에도 만연했다. 그래서 1752년에는 교황 베네딕투스 14세가 책도둑을 파문할 수 있다는 교서를 선포하기도 했다.

르네상스 시대의 어느 귀중한 책에 새겨진 충고가 말해 주듯이 책 절도에 대한 협박은 매우 속되었을 것이다.

> 당신 머리 위로 내 주인의 이름이 보고 있노라,
> 그러니 나를 훔쳐 가지 않도록 조심하게나.
> 만약 나를 훔쳐 가면, 가차없이
> 그대의 목이, 나를 대신하여 빚을 갚아야 하리니.
> 아래를 보게나, 보이지 않는가
> 교수대의 그림이.
> 그러니 일찌감치 조심하게나
> 교수대에 매달려 끌려 올라가지 않도록!

아니면 이런 위협은 어떤가. 바르셀로나에 있는 산 페드로 수도원의 도서관에 적힌 것이다.

책을 훔치거나 빌려 가서 돌려주지 않는 사람에게는 손안에 든 책을 뱀이 되게 하여 그 사람을 갈기갈기 찢게 하여라. 그 사람의 전신을 마비시키고 육신을 시들게 하여라. 자비를 구하며 큰 소리로 울부짖게 하고, 죽을 때까지 절대로 고통을 멎게 하지 말라. 절대로 죽지 않는 버러지라는 증거로, 책벌레들로 하여 그의 내장을 갉아먹도록 하라. 마침내 그가 마지막 처벌장으로 향하면 지옥의 불길이 그를 영원히 삼키게 되리라.

그렇지만 열정적인 연인 사이처럼, 그 어떤 저주의 말도 특정 책을 자기 것으로 만들겠다고 마음먹은 독서가들을 망설이게 하지는 못했던 듯하다. 어떤 책을 소유하고 싶은 욕망, 그래서 그 책의 유일한 소유자가 되겠다는 욕망은 다른 욕망과는 달리 탐욕스런 면을 지니고 있다. 리브리의 동시대인인 찰스 램[1]도 "한 권의 책은 그것이 나의 소유가 될 때, 그리고 얼룩이 어디에 묻어 있는지 또 어느 책장이 접혀 있는지를 잘 알게 될 때, 그래서 그런 얼룩을 보면서 버터를 바른 머핀을 앞에 놓고 차를 마시던 그 어느 날을 추억할 수 있을 만큼 익숙해질 때 더 잘 읽힌다"고 고백했다.

독서 행위는 신체의 모든 감각이 개입하여 친밀한 육체 관계를 구축한다. 두 눈은 책장에서 단어를 끌어내고, 두 귀는 읽는 소리를 듣고, 코는 종이와 잉크, 접착제, 판지나 가죽 냄새를 맡고, 손으로는 거칠거나 부드러운 책장, 아니면 부드럽거나 딱딱한 표지를 어루만진다. 심지어 독서가의 손가락이 혓바닥에 닿을 때에는 간혹 미각까지도 독서 행위에 동참하기도 한다(움베르토 에코의『장미의 이름』에서 살인자가 사람들을 독살하는 것도 이런 방식이다). 이 모든 것들을 독서가들은 다른 사람들과 나눠 가지려 하지 않는다. 그리고 자신이 읽고 싶은 책이 다른 사람의 소유로 되어 있을 경우, 소유권법은 사랑에서의 정절만큼이나 지키기 어려운 것이 된다.

또 물리적 소유는 때때로 지적 이해와 동의어가 된다. 우리는 자신이 소유한 책은 이미 내용을 알고 있다는 느낌을 갖는 경향이 강하다. 법정에서와 마찬가지로 서재에서도 마치 가진 사람이 임자인 것처럼 느껴진다. 우

[1] Charles Lamb. 1775~1834. 영국의 수필가이자 비평가.

리가 자신의 것이라고 부르는 책의 등짝을, 그것도 방의 사방 벽을 따라서 나를 지키려는 듯 얌전하게 쭉 서서 책장을 넘겨 주기만을 기다리고 있는 그 책의 등을 흘끗 바라보는 것만으로도 우리 입에서는 이런 말이 쉽게 튀어나온다. "이 모든 책이 나의 것이로구나." 그럴 때면 내용을 들추며 머리를 싸매지 않아도 책에 담긴 지혜가 우리를 충만하게 만드는 것 같다.

　이 대목에서 나는 리브리 백작 못지않은 죄를 짓고 있다. 심지어 오늘날까지도 같은 제목으로 똑같이 찍히는 책이 수천 부에 이르고 판도 수십 개가 될 텐데도 나는 내 손에 쥐어진 책만이, 다른 어느 책도 아니고 바로 그 책만이 '책'이라 믿고 있다. 주석(註釋), 얼룩, 이런저런 표시, 어떤 특정한 순간과 장소, 이런 것들이 그 책에 값으로 매기기 어려운 가치, 필사본과 같은 성격을 부여한다. 우리는 리브리의 도둑질을 정당화하고 싶지는 않을지 모른다. 하지만 그런 행위의 밑바닥에 깔린 갈망, 이를테면 한순간이나마 한 권의 책을 '나만의 것'이라 부를 수 있는 존재가 되고 싶다는 충동은 일반적인 인식과는 달리 정직한 남성이나 여성에게도 흔하게 나타난다.

독서가로서의 작가

코모 성당 정면에 조각된 소(小)플리니우스의 모습.

A.D. 1세기 말의 어느 날 저녁, 가이우스 플리니우스 카에실리우스 세쿤두스(미래의 독서가들에게는 A.D. 79년 베수비오 화산의 폭발로 사망한 그의 박학한 삼촌 대[大]플리니우스와 구분하기 위해 소[小]플리니우스로 알려졌다)는 의분을 느끼면서 로마에 있는 어느 친구의 집을 나섰다. 자신의 서재에 도착하자마자 플리니우스는 자리에 앉아 생각을 가다듬으려고(아마도 그가 훗날 책으로 묶게 될 편지 뭉치에 시선을 고정시키고) 변호사인 클라우디우스 레스티투트스에게 그날 일어난 사건들을 글로 써서 보냈다. "방금 내 친구 집에서 화나는 일이 있어 책 읽기를 그만두었다네. 그 문제에 대해 자네에게 직접 말할 수 없어 당장 편지를 써야 한다는 생각이 들었네. 그때 읽고 있던 텍스트는 어느 모로 보나 매우 세련된 것이었네. 그런데도 재치 있는 사람 두세 명이 벙어리처럼 듣고만 있는 것이 아닌가. 그 사람들은 입을 여는 법도 없었고 손을 움직이지도 않았으며 앉은 자세를 바꾸려고 다리를 뻗는 일도 없었네. 그런 근엄한 표정을 짓고 학자연하려는 것은 무엇 때문인가? 게으름과 자만, 재치와 양식(良識)의 결핍으로 얻는 게 도대체 뭐란 말인가? 하루종일 시간을 쏟아부은 나에게 비애만 안겨 주고, 가장 절친한 친구가 되고자 했던 사람을 적으로 만들어 버리니 말야!"

그로부터 스무 번의 세기가 흐른 지금의 우리로서는 플리니우스의 절망을 완벽하게 이해하지는 못한다. 그의 시대에는 작가들의 낭독이 꽤나 유행했던 행사였으며, 다른 의식에서와 마찬가지로 낭독에도 작가와 청중 모두에게 엄중한 에티켓이 요구되었다. 청중들에게는 비평적인 반응을 보일 것이 기대되었고, 그것을 바탕으로 작가는 텍스트를 수정하곤 했다. 미동도 않던 청중이 플리니우스를 그렇게 분개시킨 것도 그런 이유에서였다. 플리니우스는 간혹 연설문을 작성할 때도 먼저 친구들에게 초안을 읽어 준 뒤 그 반응에 따라 연설문을 고쳐 나갔다.

게다가 자신이 읽고 있는 글의 어느 한 부분도 소홀히 다루고 싶지 않아서 연설문이 아무리 길더라도 친구들에게 끝까지 지켜봐 달라고 부탁했다. 그런 낭독 행위를 단순히 사교적 오락거리로만 이용하는 사람들은 플리니우스에게는 한낱 악당으로밖에 보이지 않았다. 그는 또 다른 한 친구에게 "그들 대부분은 거실에 둘러앉아 주의를 기울이기는커녕 시간만 죽이며 하인들에게 낭독자가 도착했는지, 그리고 서문을 다 끝냈는지, 아니면 마지막 부분까지 도달했는지 수시로 알려 달라고 주문했다. 그리고서 그들은 마지못한 듯 내게로 다가왔다. 오래 머무는 것도 아니었다. 낭독을 다 끝내기도 전에 떠났고 어떤 사람은 눈치채지 않게 살짝 빠져 나가려 애썼고 또 어떤 사람은 수치심도 느끼지 않는지 당당하게 걸어 나갔다.……칭송과 존경은, 글쓰기와 책 읽기에 대한 사랑이 너무나 지극하여 그따위 청중의 나쁜 매너와 오만함에도 전혀 흔들림이 없는 그런 청중들에게로 돌려져야 한다"고 털어놓았다.

작가 역시도 낭독이 성공하려면 특정 규율을 따라야 했기 때문에 극복해야 할 장애물들이 여러 가지 있었다. 무엇보다도 먼저, 적절한 낭독 공간을 확보해야만 했다. 부유한 남자들은 자신을 시인이라 착각하고 널찍한 저택에 그런 목적으로 특별히 만든 오디토리움이라는 방에 친한 사람들을 여럿 모아 놓고 자신의 작품을 암송했다. 이런 부유한 시인들 중 일부는 티티니우스 카피토처럼 마음이 관대하여 다른 사람들이 시낭송을 할 때 그 공간을 빌려 주긴 했으나 대부분은 이런 리사이틀 공간을 전용으로 사용했다. 약속 장소에 친구들이 모여들면 작가는 새 토가[1]를 걸치고 반지란 반지는 모두 드러내 보이면서 높은 단 위의 의자에 앉아 친구들을 정면으로 바라보아야 했다. 플리니우스에 따르면 이런 관습은 그를 이중으로 괴롭혔다고 한다. "일어선 자세로 그의 작품에 대해 이런

| 1) 고대 로마 시민이 나들이 때 입은 헐렁한 웃옷.

저런 이야기를 늘어놓는 사람들보다 그가 재능에서 결코 뒤질 것이 없는데도 낮은 자세로 앉아야 한다는 사실 하나만으로도 그는 대단한 열등감을 느꼈으며, 독서 행위의 훌륭한 두 보조자인 손과 눈을 텍스트를 잡는 데 다 빼앗겼다는 사실에 괴로워했다." 웅변 기술이야말로 필수적이었다. 어느 독서가의 연기를 칭송하면서 플리니우스는 이렇게 묘사했다. "그는 목소리를 자유자재로 낮추고 높였으며, 고상한 주제에서 저급한 주제로, 단순한 주제에서 복잡한 주제로, 혹은 가벼운 주제에서 심각한 주제로 넘어가는 일에도 능수능란했다. 유쾌한 목소리는 또 다른 매력으로 작용했으며, 낭독에 매력을 더하는 겸손함과 얼굴의 홍조와 예민함으로 인해 그 목소리는 더욱 도드라졌다. 나도 이유는 잘 모르지만, 확신에 찬 모습보다는 어딘지 약간 쑥스러워하는 모습이 작가에게는 더 잘 어울린다."

낭독 기교에 자신감을 갖지 못했던 이들도 나름대로 독특한 전략에 기댈 수 있었다. 플리니우스도 연설에는 자신을 가졌지만 시낭송에는 자신이 없었던 것 같다. 그는 자신의 시를 읽는 어느 날 밤에 이런 묘안을 떠올린다. 그는 『12황제 열전』의 저자인 가이우스 수에토니우스에게 "친구 몇 명을 불러 놓고 비공식 낭독회를 가지려는데 나의 노예를 이용하면 어떨까 싶다. 내가 선택한 노예도 훌륭한 독서가가 아니어서 친구들에게 예의가 아닌 줄은 아네만 그 사람이 지나치게 긴장하지 않는 이상 나보다는 나을 것이라 생각하네.……그 노예가 책을 읽는 동안 나는 뭘 할 것인가, 그게 문제일 것 같네. 방관자처럼 말없이 앉아 있어야만 하나, 아니면 다른 사람들이 그 노예의 말을 따라하는 것처럼 나도 눈과 몸짓과 입술로 그의 말을 따르는 것처럼 꾸며야 하나?" 그날 밤 플리니우스가 인류 역사상 최초로 립싱크를 했었는지는 지금 우리는 알 수 없다.

이런 식으로 진행된 낭독회는 틀림없이 지루하게 느껴졌을 것이다. 플리니우스의 경우, 그는 사흘이나 계속되는 낭독회에 참석하기도 했다(이 특별한 낭독이 그를 괴롭혔던 것 같지는 않는데, 그것은 아마도 책을 읽는 사람이 청중을 향해 "내가 플리니우스를 알고 있는 마당에 옛날의 시인들에게 흥미를 느껴야 할 이유가 뭔가?"라고 선언했기 때문이 아닐까 싶다). 짧게는 몇 시간 길게는 반 주일, 실로 다양했던 공개 낭독회는 작가로 명성을 날리려는 사람에게는 피할 수 없는 과정이었다. 이런 현상에 대해 호라티우스는 교육받은 독서가들이 시인의 실제 작품에는 더 이상 관심을 기울이지 않고 "모든 즐거움을 귀에서 눈의 공허한 환희로 옮겨 버린 것 같다"고 불만을 토로했다. 마르티알리스 같은 인물은 작품을 큰 소리로 낭독하고 싶어 안달인 삼류 시인들이 얼마나 성가셨던지 이런 불만까지 터뜨렸다.

　　그대에게 묻노니, 누가 이런 시련을 견뎌 낼 수 있을까?
　　내가 서 있을 때도 그대는 나에게 글을 읽어 주고,
　　내가 앉아 있을 때도 그대는 나에게 글을 읽어 주고,
　　내가 달릴 때도 그대는 나에게 글을 읽어 주고,
　　내가 볼일을 볼 때도 그대는 나에게 글을 읽고 있으니.

　하지만 플리니우스는 저자들의 낭독회를 높이 평가하면서 이런 모임으로 인해 새로운 문학의 황금 시대가 도래할 것이라 보았다. "4월 내내 누군가 공개 낭독회를 열지 않았던 날은 거의 하루도 없었다"고 그는 매우 고무된 기분으로 쓰고 있다. "나는 문학이 번창하고 재능이 꽃피는 것을 목격하게 되어 참으로 기쁘다." 그러나 후대의 사람들은 이런 플리니우스의 견해에 동의하지 않고 이런 연기파 시인들 대부분의 이름을 망각하는 쪽을 택했다.

그렇지만 오로지 명성에만 운명을 건 작가라면 그 사람은 공개석상의 낭독회 덕에 죽은 뒤에까지 명성을 기다리지 않아도 좋았다. 플리니우스는 자기 친구인 발레리우스 파울리니우스에게 "의견이 다를 수는 있겠지만, 내 생각엔 진정으로 행복한 사나이란 바로 사후에 명성이 보장되리란 확신을 품고 그 명성이 곧 닥치리라는 예감을 즐기는 사람일 것 같군"이라고 쓰고 있다. 눈앞의 명성이 그에게는 중요했다. 그런 명성을 이야기하는 자리에서 누군가가 자기를 (그가 존경해 마지 않았던) 역사가 타키투스와 견줄 때면 플리니우스는 무척이나 기뻐했다. "아티카의 늙은 여성이 데모스테네스[1]를 알아보면서 '저 사람이 데모스테네스야!' 라고 외칠 때 데모스테네스에게 기뻐할 명분이 주어지듯이, 나도 내 이름이 널리 알려지면 분명히 기뻐할 테지. 솔직히 말해 지금 나는 즐거워. 그 사실을 인정하네." 그의 작품은 책으로 출판되어 루그두눔[2]의 황무지에서까지 널리 읽혔다. 그는 또 다른 친구에게 "루그두눔에 서적상이 있으리라고는 상상도 못 했기에 자네의 편지를 통해 내 피땀의 결실이 그곳에서도 팔리고 있다는 소식을 전해 듣고는 너무도 반가웠네. 나의 책들이 로마에서 누리는 인기를 외국에서도 누리고 있다니 정말 기뻐. 그리고 그렇게 지역이 다양한데도 대중의 의견이 일치한다는 사실을 생각하면, 나의 작품은 정말 훌륭함에 틀림없는 것 같군"이라고 적고 있다. 그러나 그는 말없는 익명의 독자들에게 인정받기보다는 귀기울여 들어 주는 청중들의 포상을 더 좋아했다.

플리니우스는 대중들 앞에서의 낭독이 왜 유익한지 그 이유를 몇 가지로 들고 있다. 두말 할 필요 없이 명성이 가장 중요한

---

1) Demosthenes, 384~322 B.C. 아테네의 정치가이자 웅변가.
2) 현재의 리옹.

요인이었지만 작가 본인의 목소리를 듣는다는 즐거움 또한 빼놓을 수 없었다. 텍스트를 듣다 보면 청중들도 책으로 묶인 작품을 사고 싶다는 마음이 동할 것이고, 그러다 보면 작가나 서적상, 출판업자 모두를 만족시킬 만한 수요가 창출된다는 말로 그는 이 같은 자아 몰입적인 행위를 정당화시켰다. 그의 관점에서는 대중들 앞에서 텍스트를 읽는 행위야말로 그 자체가 출판의 첫 단계였던 셈이다.

플리니우스가 정확하게 언급했듯이, 대중 앞에서의 낭독은 다른 사람들이 쉽게 이해할 수 있도록 온몸으로 열연하는 일종의 연기였다. 대중 앞에서 자신의 작품을 읽는 작가는―지금과 마찬가지로 그때도 ―단어에 독특한 목소리를 실을 뿐 아니라 그에 걸맞는 몸짓으로 단어를 살아 꿈틀거리게 만든다. 이런 연기야말로 작가가 그 텍스트를 잉태했던 바로 그 순간 마음에 담고 있던 풍경을 드러낸다. 그리하여 낭독을 듣는 사람들은 그 작가의 의중에 한층 더 가까이 다가가 있다는 느낌을 받고, 또 텍스트가 진짜라는 확신을 얻기도 한다. 하지만 그와 동시에 작가의 낭독은 해석을 통해 텍스트를 더욱 발전시키거나 망가뜨림으로써 텍스트를 왜곡시키기도 한다. 캐나다 소설가인 로버트슨 데이비스 같은 경우에는 자신의 낭독회에서 성격 묘사를 여러 형태로 하기 때문에 픽션을 읽는다기보다는 실연을 해보인다는 표현이 더어울렸다. 프랑스 소설가 나탈리 사로트[1]는 이와는 달리 자신의 서정적인 텍스트와는 전혀 어울리지 않게 모노톤으로 그저 담담하게 읽어 내려가기만 했다. 딜런 토머스는 종을 치듯이 힘을 주어 강조하다가 한참 쉬는 방법으로 자신의 시를 노래하듯 읊었다. T.S. 엘리엇은 마치 주변에 몰려든 신도들을 저주하는 불만투성이의 사제처럼 자신의 작품을 중얼거렸다.

청중들 앞에서 큰 소리로 읽혀질 때 그

1) Nathalie Sarraute, 1902~ . 러시아 태생의 프랑스 여류 작가.

텍스트는 글에 내재하는 특징과, 그리고 늘 변하면서 독단적으로 움직이는 대중의 특징과의 상호 관계에 의해 전적으로 결정되지는 않는다. 그 이유는 청중들의 경우 더 이상 텍스트의 앞부분으로 되돌아가거나, 다시 읽거나, 그 텍스트에 자신만의 함축적인 억양을 실을 자유를 갖지 못하기 때문이다. 그 대신 낭독회에 발표되는 텍스트는 독자들을 대표하여 독자의 역할까지 떠맡은 '작가-연기자'에만 의존하게 된다. 이리하여 작가들의 낭독회는 철저히 독선으로 흐르게 마련이다.

대중 앞에서의 낭독회는 로마에서만 있었던 건 아니었다. 그리스인들도 대중 앞에서 책을 읽곤 했다. 예컨대 플리니우스보다 5세기 앞선 헤로도토스도 도시 이곳저곳을 여행해야 하는 수고를 덜기 위해 올림픽 축제장에 무대를 마련해 놓고 그리스 전역에서 몰려든 청중들이 열광하며 지켜보는 가운데 자신의 작품을 읽었다. 그러나 6세기에 이르러서는 '교육받은 청중'이 더 이상 존재하지 않는 것 같았기 때문에 낭독회도 사실상 종말을 고했다. 대중 낭독회에 로마인 청중이 모였다는 대목이 나오는 기록물 중에서 가장 오래된 것은 그리스도교 시인인 아폴리나리스 시도니우스가 5세기 후반에 쓴 서한이다.

그 당시 라틴어는 시도니우스가 편지에서 한탄한 것처럼 전문적인 언어, 외국어, 예배 언어, 법관의 언어, 소수 학자들의 언어였다. 역설적이게도, '모든 지역의 모든 사람들'에게 복음을 전파하기 위해 라틴어를 채택했던 그리스도 교회는 이제 그 언어가 대다수 교도들에게는 이해할 수 없는 것이 되었다는 사실을 깨닫게 되었다. 라틴어조차도 이제 교회가 지닌 '신비'의 한 부분이 되었고, 11세기에 이르러서는 라틴어를 모국어로 사용하지 않는 학생들이나 초심자들을 위해 라틴어 사전까지 등장했다.

그래도 작가들은 즉흥적으로 쏟아지는 대중의 격려를 얻으려고 계속 노력했다. 13세기 말 단테는 '일반 대중의 언어', 즉 지방 고유의 말이야말로 라틴어보다 훨씬 더 고귀하다면서 그 이유를 3가지로 설명했다. 첫번째는 에덴 동산의 아담이 사용했던 최초의 언어라는 점이었고, 두 번째는 라틴어의 경우 학교에서 배워야만 하기 때문에 '인공적'인 반면 지방의 고유 언어는 자연스럽다는 점, 마지막으로 극소수만 말하는 라틴어와는 달리 지방 언어는 모든 사람에 의해 두루 쓰여지기 때문에 보편적이라는 설명이었다. 단테는 비록 지방 고유 언어에 대한 글을 역설적이게도 라틴어로 쓰긴 했지만 말년에 라벤나[1]에 있는 구이도 노벨로 다 폴렌타의 저택에서 자신의 『신곡』 몇 구절들을 자신이 그토록 옹호했던 '지방 언어'로 크게 소리내어 읽었다.

확실한 것은 14, 15세기에 작가들의 낭독회가 또 한 차례 보편화되었다는 사실이다. 세속적인 문학이나 종교적인 문학에서 그런 예들은 수없이 많다. 1309년, 장 드 주앵빌[2]은 『루이 성왕의 일대기』를 '당신과 당신의 형제들, 그리고 이 책의 낭독을 들을 다른 사람들'에게 바친다고 적고 있다. 14세기 말 프랑스인 프루아사르[3]도 겨울철에 불면증에 시달리던 블루아 백작에게 자신의 전기 소설인 『멜리아도르』를 읽어주기 위해 6주 동안이나 한밤중에 폭풍을 헤쳐 다녔다고 한다. 왕자이자 시인이었던 샤를 도를레앙은 1415년에 아쟁쿠르[4]에서 영국군에게 잡힌 뒤 오랜 포로 생활을 하면서 수많은 시를 써두었다가 1440년 석방된 뒤 블루아의 저택에서 프랑수아 비용과 같은 시인들이 초대된 문학의 밤 행사에서 그 시들을 읽었다. 페르난도 데 로하스[5]가 쓴 『라 셀레스티나』는 1499년도 서문에서 장문의 희곡(아니면 희곡 형태의 소설)은 '한 10명이 모이면' 큰 소리로 읽기 위해 창작되었다는 사실을 분

1) 이탈리아 동북부의 도시.
2) Jean de Joinvill, 1224?~1317. 프랑스의 연대기 작가.
3) Froissart, 1337?~1410?. 프랑스의 연대기 작가.
4) 프랑스 북부의 마을.
5) Fernado de Rojas, 1465?~1541. 스페인의 극작가.

명히 밝히고 있는데, (우리가 아는 바로는 개종한 유대인이라는 사실과 자신의 작품이 종교 재판에 걸리지 않게 노심 초사했다는 사실 외에는 별로 알려진 게 없는) 그 작가는 희곡을 자신의 친구들 앞에서 읽으려고 노력했던 것 같다. 1507년 1월에는 아리오스토[1]가 병을 앓고 난 이사벨라 곤자가에게 그때까지 채 마무리짓지 못했던 자신의 작품『광란의 오를란도』를 읽어 주면서 "이틀 동안 지루하기는커녕 매우 즐겁기만 한 시간을 보냈다"고 한다. 그리고 조프리 초서의 작품을 보면 문학 작품을 큰 소리로 읽어 주는 대목이 눈에 많이 띄는데 그도 자신의 작품을 청중들에게 읽어 주었음에 틀림없다.

유복한 포도주 상인의 아들이었던 초서는 아마도 런던에서 교육을 받던 중에 오비디우스와 베르길리우스와 프랑스 시인들의 작품을 발견했던 것 같다. 대부분의 부유한 가정의 자녀들과 마찬가지로 그도 귀족 집안의 보살핌을 받았다. 에드워드 3세의 둘째아들과 결혼한 얼스터의 여백작이었던 엘리자베스의 집안이 초서를 돌보았다. 전통대로 그의 첫번째 시 중 한 편도 귀족 부인이었던 랭커스터 집안의 블랜취(그녀를 애도하여 그는 훗날『공작 부인의 책』을 썼다)의 요청에 따라 동정녀 마리아를 찬양한 내용이었는데, 이 시를 그는 그녀와 그녀의 종자들에게 큰 소리로 낭송했다. 처음에는 안절부절못하다가 점점 자신의 임무에 익숙해져 가는 그 젊은 시인을 누구나 쉽게 상상할 수 있다. 약간 더듬거리면서 자신의 시를 큰 소리로 외우던 초서의 모습은 아마도 오늘날 학생들이 급우들 앞에서 에세이를 읽는 것과 비슷했으리라. 그 뒤에도 그의 시를 읽는 낭독회가 계속된 것으로 보아 초서는 그 힘든 일을 잘 버텨 냈던 것 같다. 현재 케임브리지의 코퍼스크리스티 칼리지에

1) Ludovico Ariosto, 1474~1533. 이탈리아의 르네상스기 시인.

소장되어 있는 초서의 서사시 『트로일러스와 크리세이데Troilus and Criseyde』의 필사본을 보면 어느 남자가 야외 설교단에 서서 앞에 책을 펼쳐 놓고 남녀 귀족으로 이루어진 청중 앞에서 연설을 하는 모습이 그려져 있다. 그 남자가 바로 초서이고, 그 옆에 있는 사람들이 바로 리처드 2세와 앤 왕비이다.

15세기 『트로일러스와 크리세이데』의 필사본에 그려진 삽화. 초서가 리처드 2세 앞에서 책을 읽어 주고 있다.

초서의 문체는 고전적인 웅변가들의 기교에 구어체적인 표현과 음유 시인 특유의 표현을 가미한 것이어서 초서와는 끝없는 세월의 강을 사이에 둔 오늘날의 독자도 그의 작품을 읽다 보면 텍스트를 눈으로 보는 데서 그치지 않고 아득한 세월의 강을 훌쩍 뛰어넘어 그의 음성이 마치 귓가에 들리는 듯한 착각을 일으키게 된다. 초서의 청중들은 각자 귀를 통해 그의 시를 '읽게' 되어 있었기 때문에 압운(押韻), 가락, 반복, 그리고 등장 인물의 다양한 목소리 같은 장치들이 그의 시적 구성에서는 빠져서는 안 될 중요한 요소가 되었다. 큰 소리로 낭송하면서 그는 청중들의 반응에 따라 기교를 바꿔 나갈 수도 있었을 것이다. 그 텍스트를 문자 형태로 확정지을 때는, 그 작품을 다른 누군가가 낭독을 하든 아니면 소리 없이 눈으로 읽든, 이런 청각적 기교를 고스란히 담는 일이 무엇보다도 중요했다. 바로 그런 이유로 특정 구두점이 묵독을 통해서 발전한 것처럼 큰 소리로 읽는 데 도움이 되는 실용적인 기호들이 개발되었다. 예를 들면, diple—필사자가 텍스트의 특정 요소에 관심을 갖도록 유도하기 위해 책장 여백에 표시했던 수평 방향의 화살표—은 오늘날 우리가 직접 인용과 연설 문장을 나타내기 위해 사용하는 따옴표가 되었다. 마찬가지로, 14세기 말 엘즈미어 필사본에 초서의 『켄터베리 이야기』를 옮겨 쓴 필사자는 큰 소리로 읽혀질 시구의 리듬을 표시하기 위해 칼로 벤 흔적 같은 빗금에 의존했다.

In Southwerk/at the Tabard/as I lay
Redy/to wenden on my pilgrimage

그러나 초서와 동시대 인물로, 당시에 인기가 대단했던 라틴어 서사시 『폴리크로니콘』을 영어로 번역중이었던 존 트레비사는 1387년에 운문보다는 산문 형식을 택했다. 대중 앞에서 낭독할 때 운문보다 적절하지 않은 산문 형식을 택한 이유는 이제 청중들도 더 이상 암송을 기대하지 않고 십중팔구 책을 스스로 읽기를 원하리라는 판단에서였다. 일반적으로 작가의 '죽음'이야말로 독자들이 그 텍스트와 좀더 자유로운 교류를 하도록 허용한다는 인식이 자리잡기에 이르렀다.

그럼에도 불구하고 텍스트의 신비스런 창조자인 작가는 계속 마술적인 명성을 누렸다. 독자들의 흥미를 끄는 것은 창조자들과의 만남, 이를테면 파우스트 박사와 톰 존스, 캉디드 같은 인물을 구상해 낼 수 있었던 정신이 깃든 육신들과의 만남이었다. 그리고 작가들 입장에서도 마술과 유사한 행위가 있었다. 문학적 창조의 원천이 되는 대중들, '사랑하는 독자들', 즉 플리니우스에게는 품행이 좋든 나빴든 눈과 귀를 지닌 사람들이었지만 수 세기가 흐른 지금에는 책장을 놓고 직접 대면하지는 못하고 한갓 희망이 되어 버린 그런 사람들을 만나는 것이 그것이었다. 토머스 러브 피콕[1]이 19세기 초기에 발표한 소설 『몽마사원夢摩寺院』의 주인공은 "일곱 부가 팔렸다. 7은 마법의 숫자이니 행운의 전조가 아닌가. 나의 책 일곱 부를 구입한 일곱 사람을 찾아보고 싶다. 그들은 아마도 내가 이 세상을 밝힐 일곱 개의 황금 촛대일 것이다"라고 회고하고 있다. 책을 나눠 가진 일곱 명을 (운이 좋을 경우에는 일곱 곱하기 일곱을) 만나기 위해 작가들은 다시 한 번 자신의 작품을 대중 앞에서 낭독하기 시작했다.

플리니우스의 설명처럼, 작가들이 대중 앞에서 자신의 글을 낭독하는 것은 텍스트를 대중 앞에 내놓음과 동시에 자신에게로 되돌려받는 것이기도 했다. 의심의 여지 없이 초서도 대중 앞에서 낭독한 뒤에 『캔터베리 이야기』의 텍스트를 수정했을 것이다(아마도 그는 대중―초서의 압운이 과시적이라는 점을 발견한 법률가 같은―으로부터 들은 불평 일부를 순례자들의 입을 빌려 소화시켰을 것이다). 그 후 3세기 뒤, 프랑스의 희곡 작가 몰리에르도 버릇처럼 자신의 희곡을 하녀에게 큰 소리로 읽어 주었다. 영국의 소설가 새뮤얼 버틀러도 자신의 『비망록』에서 이렇게 논평했다. "몰리에르가 자기 작품을 하녀에게 읽어 주었다면 그 이유는 큰 소리로 읽는 행위만으로도 자신의 작품을 자기 앞에 새로운 각도로 드러낼 수 있었기 때문이었다. 자신의 관심을 작품 한 행한 행에 집중시킴으로써 작품에 대한 판단을 좀더 엄격하게 할 수 있었던 것이다. 나 또한 내가 쓴 글을 누군가에게 큰 소리로 읽어 주곤 한다. 그 낭독을 들을 상대방으로는 아무라도 좋겠지만 내가 신경써야 할 만큼 영리한 인물이어서는 곤란하다. 나 혼자 읽을 때는 아무 결점이 보이지 않던 문장도 큰 소리로 읽으면 허점이 군데군데 눈에 띈다."

간혹 작가들이 대중 앞에서 낭독하는 이유가 자기 도야를 위해서가 아니라 검열을

1) Thomas Love Peacock, 1785~1866, 영국의 시인이자 소설가.

위해서일 때도 종종 있었다. 장 자크 루소는 프랑스 당국으로부터 자신의 『고백록』을 출판 금지 당하자 1768년 기나긴 겨울 내내 파리의 귀족 집안들을 드나들며 자신의 작품을 읽어 주었다. 어느 낭독회는 아침 9시부터 오후 3시까지 계속되기도 했다. 그의 낭독을 들었던 어느 인물의 전언에 따르면, 루소가 자기 아이들을 포기한 이유를 묘사하는 대목에 이르자 처음에는 당혹해했던 청중들도 비탄의 눈물을 터뜨렸다고 한다.

　유럽 전역에 걸쳐 19세기는 작가 낭독회의 황금기였다. 영국의 스타는 찰스 디킨스였다. 항상 아마추어 연출에 관심을 잃지 않았던 디킨스(실제로 여러 차례 무대에 섰으며 특히 1857년에는 윌키 콜린스와 공동으로 쓴 『프로즌 디프』를 무대에 올리기도 했다)는 자신의 작품을 낭독하는 데도 배우적인 소질을 유감없이 발휘했다. 플리니우스의 경우처

찰스 디킨스가 친구들 앞에서 그의 두 번째 작품 『종소리』를 들려 주고 있는 장면.

럼 디킨스의 낭독도 두 가지로 나눌 수 있었다. 첫번째는 자신의 초고를 퇴고하고 자신의 픽션이 대중에게 미칠 영향 등을 측정하기 위해 자기 친구들에게 읽어 주는 것이었고, 두 번째는 말년에 디킨스를 유명하게 만들었던 연기, 즉 글자 그대로 대중 낭독회가 그것이었다.

크리스마스 이야기를 쓴 그의 두 번째 작품 『종소리』의 낭독회를 열고 난 뒤 디킨스는 부인인 캐서린에게 쓴 편지에서 "만약 당신이 지난 밤 마크레디(디킨스의 친구)를 보았다면, 내가 작품을 읽어 내려갈 때 그 친구가 소파에 앉아 부끄러움도 모르고 어깨를 들먹이며 흐느껴 우는 모습을 보았다면, 당신도 내가 느꼈던 것처럼 힘을 가진다는 것이 도대체 어떤 것인지 느끼게 되었을 거요"라며 몹시 기뻐했다. 그의 전기 작가 중 한 사람은 "다른 사람들을 짓누를 힘. 감동을 안겨 주고 동요시킬 수 있는 힘. 그의 작품들의 힘. 그의 목소리의 힘"이라고 덧붙였다. 블레싱턴 후작 부인에게 『종소리』의 낭독회에 대해 "당신까지도 몹시 흐느끼게 만들 수 있다는 희망에 저는 한껏 들떠 있어요"라고 적고 있다.

그와 비슷한 시기에 앨프레드 테니슨[1]도 자신의 가장 유명한 시인 『모드』의 낭송회를 가지러 런던 시내의 응접실들을 찾아다니기 시작했다. 테니슨은 낭송회에서 디킨스와는 달리 힘을 추구했던 것이 아니라 지속적인 갈채를, 자신의 작품이 정말로 청중을 확보하고 있다는 사실을 확인했다. 그는 1865년 어느 친구에게 "앨링엄, 내가 『모드』를 읽는다면 자네에게 혐오감을 안겨다 줄까? 아니면 한숨을 내쉬게 할까?"라고 물었다. 어느 파티장에서 사람들에게 『모드』를 좋아하는지 물으면서 『모드』를 큰 소리로 읽던 그날 테니슨의 모습을 제인 칼라일은 "모드, 모드, 모드라고 떠벌리면서 파티에 참석한 사람들이 마치 자신의 명성에 오점이

1) Alfred Tennyson, 1809~1892. 영국의 시인.

라도 남기지나 않을까 불안에 휩싸여 사람들의 비평에 민감했다"라고 회고했다. 그녀는 인내심이 강한 청취자였다. 첼시에 있던 칼라일 집에서 테니슨은 그녀에게 그 시를 연거푸 세 차례나 읽어 주면서 거의 강제로 시의 작품성을 인정하게 만들었다. 또 다른 목격자인 단테 가브리엘 로세티[1]에 따르면 테니슨은 자신이 청중들에게 바랐던 감정과 똑같은 감정을 실어서 자기 작품을 읽었는데, 어떤 때는 눈물을 뿌렸고 격한 감정을 이기지 못해 자기도 모르게 커다란 비단 쿠션을 두 손으로 잡아 비틀어대곤 했다고 한다. 에머슨[2]이 테니슨의 시를 크게 소리내어 읽을 때 놓치고 있었던 것은 바로 그런 치열함이었다. 에머슨은 자신의 비망록에 "모든 시와 마찬가지로 발라드 형식의 시도 큰 소리로 읽으면 아주 감칠맛난다. 심지어 테니슨의 시에서도 목소리가 점점 엄숙해지고 나른해진다"라고 털어놓았다.

디킨스는 훨씬 더 전문가다운 연기인이었다. 그가 자신만의 독특한 시각으로 텍스트를 해석하면— 말투, 강조, 심지어 이야기를 낭독하기 적합하게 삭제하거나 수정한 것까지도— 누구나 그 변형된 텍스트를 유일한 해석으로 받아들였다. 그가 벌였던 그 유명한 낭독회 여행을 보면 이런 점이 더욱 명백해진다. 클리프턴에서 시작하여 브라이턴에서 끝난 최초의 장거리 여행은 40여 개 도시에서 80여 차례 낭독회를 갖는 것으로 꾸며졌다. 그는 '창고, 무도회장, 서점, 사무실, 공회당, 호텔과 펌프실에서' 글을 낭독했다. 처음에는 높은 책상 앞에서, 나중에는 관중들이 자신의 몸짓을 더 명확히 볼 수 있게 좀더 낮은 책상 앞에서 낭독을 했다. 그는 자신의 이야기 한 편을 듣기 위해 모인 청중들도 자기 친구들이 그 작품에서 받았던 인상을 그대로 받았으면 하는 간절한 바람을 갖고 있었다. 청중들은 디킨스가 바라던

1) Dante Gabriel Rossetti, 1828~1882. 영국의 시인이자 화가.
2) Ralph Waldo Emerson, 1803~1882. 미국의 시인이자 수필가.

대로 반응했다. 어느 남자는 부끄러운 줄도 모르고 흐느끼다가 나중에는 두 손으로 얼굴을 감싼 채 자기 앞에 놓인 의자의 등받이 위로 쓰러져 격한 감정에 몸을 맡겼다. 디킨스가 다른 주인공이 다시 등장할 때가 되었다고 느낄 때면 이제는 다른 사람이 웃음을 거두고 두 눈을 닦다가 그 인물이 등장하자마자 도저히 참지 못하겠다는 듯이 울음을 터뜨렸다. 그러니 그의 낭독에 대해서는 아마 플리니우스도 고개를 끄덕였으리라.

　이런 결과는 고된 훈련 끝에 얻어진 것이었다. 디킨스는 한 작품의 낭독과 몸짓을 연습하느라 적어도 2개월 이상의 시간을 들였다. 그는 글을 낭독할 때 자신이 어떤 반응을 비쳐야 하는지도 궁리하고 있었다. 낭독용 책—이런 여행을 위해 그 자신이 편집한 작품 사본—의 여백에는 자신이 내야 할 목소리를 기억하기 위해 "쾌활하게……엄숙하게……애조띤 목소리로……신비감 넘치게……재빨리"라고 써놓았으며, 몸짓을 위해서도 "아래로 손짓을…… 가리킨다……몸을 전율한다……공포에 휩싸인다……" 따위로 적어 두었다. 그렇지만 그의 어느 전기 작가가 꼬집은 것처럼, "그는 장면을 지시대로 연기하지 않고 그런 장면을 암시하고 환기시키고 넌지시 비쳤을 뿐이었다. 달리 표현하면 그는 한 사람의 독서가로 남았을 뿐 배우가 된 것은 아니었다. 매너리즘도 없었고 계략적인 장치도 없었다. 그런데도 어찌된 일인지 그는 자신에게만 고유한 '수단의 경제'로 놀랄 만한 효과를 창출해 냈다. 그 결과 소설들은 마치 그를 통해 말하는 것처럼 느껴지게 되었다." 낭독회가 끝나면 뜨거운 찬사가 쏟아졌는데, 디킨스는 이런 찬사에 대해 한번도 감사의 마음을 표했던 적이 없었다. 청중들에게 고개를 한번 까딱이고는 무대를 떠나 땀에 흠뻑 젖은 옷을 갈아입는 것이 고작이었다.

이런 것들이야말로 어떻게 보면 디킨스가 자신의 청중들을 그의 주변으로 끌 수 있는 중요한 동기였으며 오늘날 대중 낭독회에 청중들이 모여드는 주된 요인이기도 하다. 즉 작가가 배우가 아닌 작가로서 연기하는 것, 어떤 등장 인물이 창조될 당시 작가의 마음에 담겨 있던 그 목소리를 듣는 것, 작가의 목소리와 작품을 대조해 보는 바로 그런 것.

일부 독자들은 미신적인 마음에 끌려 낭독회를 찾기도 한다. 그런 사람들은 도대체 작가란 인간들은 어떻게 생겼는지 알고 싶어한다. 그런 사람들에게 글을 쓴다는 것은 마술 같은 행위로 비쳐지기 때문이다. 그들에게 있어 소설이나 시를 창작할 줄 아는 누군가의 얼굴을 본다는 것은 작은 우주의 창조자 아니면 작은 신의 얼굴을 보는 것 같은 기분에 젖게 한다. 그런 사람들은 "폴로니우스에게 행운이 깃들기를. 저자 혜존(蕙存)" 식의 헌사(獻辭)라도 받을 희망에 저자의 코밑으로 책을 밀어넣으며 서명을 요구한다. 이런 사람들의 극성에 떼밀려 윌리엄 골딩은(1989년 토론토에서 열린 문학 축제에서) "언젠가는, 나의 소설 중에서 윌리엄 골딩이라는 사인이 들어 있지 않은 것을 발견하는 것이 큰 횡재가 될 날이 올지도 모르겠다"는 말까지 하기에 이르렀다.

이런 독자들의 호기심은 꼭두각시 극장의 무대 뒤편을 들여다보고 싶어하거나 곧잘 시계를 분해하는 어린이들의 그것과 비슷하다. 그들은 『율리시스』를 쓴 그 손에, 심지어 조이스가 언급했듯이 "그 손은 다른 일도 많이 했는데도" 굳이 그 손에 입을 맞추고 싶어한다. 스페인 작가인 다마소 알론소[1]는 대중 낭독회에 별다른 감명을 받지 못했다. 그는 대중 낭독회를 "속물 같은 위선과 우리 시대의 치유 불가능한 천박함을 드러내는 것" 정도로 여겼다. 홀로 소리내지 않고 읽으면서 서서히 책의 진가를 발견하는 것과, 군중이 꽉 들어찬 원형 극장에서 순식간에 어떤 작가의 얼굴을 익히게 되는 경우

1) Damaso Alonso, 1898~

를 구분하면서, 알론소는 후자에 대해 "우리의 무의식 속에 숨어 있는 조급증의 결과이다. 다시 말해 우리의 야만의 결과이다. 왜냐하면 문화는 점진적인 것이기 때문이다"라고 풀이했다.

토론토, 에든버러, 멜버른 아니면 살라망카에서 열리는 작가들을 위한 축제에서 저자들의 낭독회에 참여하는 독자들은 자신들도 예술 활동의 한 부분이 되리라는 기대를 갖는다. 전혀 예기치 않았고 전혀 연습도 없이, 그러면서도 결코 잊을 수 없는 이벤트가 그들의 눈앞에 펼쳐져 자신들까지 창조의 순간을 목격한 존재로 만들어 주기를 그들은 희망한다. 아담에게조차도 거부되었던 그 창조의 환희를 말이다. 그래서 먼 훗날 수다떨기를 좋아하는 늙은이가 되었을 때 누군가가 로버트 브라우닝[1]이 언젠가 빈정대는 투로 물었던 것처럼, "당신은 셸리를 정말로 보았나요?"라고 물으면 그 대답은 "그럼요"가 될 것이다.

판다의 위기에 관한 에세이에서 생물학자인 스티븐 제이 굴드는 "동물원은 포획과 진열의 기관에서 보호와 번식의 기관으로 바뀌고 있다"라고 쓰고 있다. 가장 훌륭한 문학 축제를 통해, 가장 성공적인 대중 낭독회를 통해 작가들은 보호되고 번식된다. 보호된다는 뜻은 (플리니우스가 고백했듯이) 작가들에게 자신들의 작품에 중요성을 부여하는 청중이 많다는 느낌을 갖게 한다는 의미에서이고, 또 잔인한 표현일지는 모르지만 (플리니우스와는 달리) 노동에 대한 대가를 받는다는 뜻에서 보호된다고 할 수도 있다. 그리고 번식된다는 뜻은 작가들이 독자들을 낳고, 또다시 독자들이 작가를 낳기 때문이다. 낭독회가 끝나고 책을 사는 관중들은 그 낭독회를 증식시키는 것이고, 작가 입장에서는 백지장을 채워 나가는 그 행위가 텅빈 벽을 향해 공허하게 떠들어대는 꼴은 아니라는 사실을 확인함으로써
고무를 받아 더 많은 글을 쓰게 되는 것이다.

| 1) Robert Browning. 1812~1889. 영국의 시인.

독서가로서의 번역가

파리 바이런 호텔에 앉아 있는 릴케의 모습.

파리의 로댕 박물관에서 그리 멀지 않은 카페에 앉아, 나는 라이너 마리아 릴케가 독일어로 옮긴 자그마한 페이퍼백 시집으로 리옹 출신의 16세기 시인인 루이스 라베의 소네트를 차근차근 읽고 있다. 릴케는 몇 년 동안 로댕의 비서로 일하다가 나중에 그 늙은 조각가의 손재주에 대해 경탄할 만한 에세이를 쓴 뒤 그와 절친한 친구가 되었다. 한동안 릴케는 훗날 로댕 박물관이 된 그 건물에 살면서 소조물로 장식된 햇살 가득한 방에서 나무가 무성한 프랑스 정원을 내려다보며 언제나 자신의 생각의 그물망을 벗어나기만 하던 그 무언가를 안타까워했으리라. 그것은 아마 그 후 몇 세대에 걸쳐 독자들이 릴케의 작품에서 찾으리라 굳게 믿었던 그 어떤 시적 진리가 아니었을까. 그 방은 릴케가 이 호텔에서 저 호텔로, 호화로운 성 이곳 저곳을 전전하던 때 거쳤던 수많은 주거 공간 중 하나일 뿐이었다. 그는 로댕의 집에서, 자신이 지나온 방들만큼이나 덧없이 흘려 보냈던 어느 연인에게 "절대 잊지 마오, 고독은 나의 운명이란 사실을"이라는 편지를 썼다. "내가 고독을 사랑하는 것까지 사랑해 줄 사람들을 나는 간절히 원하고 있소."

그 카페의 테이블에 앉아 나는 릴케가 내려다보곤 했던 그 고독한 창문을 볼 수 있다. 오늘 그곳에 만약 릴케가 있다면, 그는 아래로 나를 내려다볼 수 있을 것이다. 밤새워 지켜볼 릴케 혼령의 눈초리 밑에서 나는 소네트 13번의 마지막 연을 되풀이 읽는다.

Er küßte mich, es mundete mein Geist
auf seine Lippen ; und der Tod war sicher
noch süßer als das dasein, seliglicher.

그가 입맞춤하자, 나의 영혼 자체가 변해 버리네

그의 입술 위에서 ; 그리고 죽음은 확실히

삶보다 더 달콤했고, 더 축복받는 것이네.

나는 마지막 단어 'seliglicher'에서 한참 눈길을 멈추었다. 'Seele'은 '영혼'이란 뜻이고, 'selig'에는 '축복받은'이라는 의미 외에 '몹시 기쁜' '더없이 행복한'이란 뜻도 담겨 있다. 확대사(擴大辭)인 '-icher'는 감정이 깃든 이 단어가 끝을 맺기 전에 네 차례 혓바닥을 튀게 한다. 마치 연인의 입맞춤이 안겨 주는 그 환희를 확대하는 것 같다. 이 확대사는 마치 입맞춤처럼 '-er'이 입술로 튀어나올 때까지 입 안에 남는다. 세 개의 행에 들어 있는 다른 모든 단어들은 일현금(一弦琴)처럼 하나하나 울려 나온다. 'seliglicher'만 튀어나오기 싫다는 듯이 조금 더 긴 시간 목소리를 잡아 둔다.

나는 또 다른 페이퍼백에서 그 소네트의 원작을 찾아본다. 이번에는 출판이라는 기적을 통해 나의 카페 테이블 위에서만은 릴케와 동시대인이 된 루이스 라베의 시집이다. 그녀의 시는 이렇게 되어 있다.

Lors que souef plus il me baiserait,

Et mon esprit sur ses lèvres fuirait,

Bien je mourrais, plus que vivante, heureuse.

그가 부드럽게 나에게 입맞춤하자,

내 영혼은 그의 입술로 달아나 버리고,

나는 죽으리라, 확실히, 살아 있을 때보다 더 행복하게.

루이스 라베의 초상화.

'baiserait'라는 단어의 현대적 함축(라베의 시대에는 입맞춤만을 의미했지만 그 후 성교라는 의미까지 얻었다)을 무시하면 프랑스어로 쓰여진 원 작품이 비록 직접적이긴 하지만 틀에 박힌 듯한 인상을 준다. 비참한 삶보다는 사랑의 격정 속에서 죽어 가는 것이 더 행복하다는 표현은 가장 고루한 시적 표현의 하나이다. 입맞춤으로 영혼이 빨려 나간다는 표현 또한 진부하고 케케묵은 것이다. 라베의 시에서 릴케는 도대체 무엇을 발견했길래 평범한 단어인 'heureuse'(행복한)를 'seliglicher' (축복받은)라는 인상적인 단어로 바꾸었을까? 또 라베 시의 어떤 점 때문에, 그렇지 않았다면 라베의 시를 대충 훑어보는 것으로 만족했을 나에게 릴케는 그렇게 복합적이고 혼란스런 책 읽기를 제시했는가? 릴케처럼 탁월한 번역가들의 책 읽기는 오리지널 작품에 대한 우리의 지식에 어느 정도 영향을 미치는 것일까? 그리고 이런 경우 작가의 권위에 대한 독자의 신뢰는 어떻게 되는가? 이런 질문에 대한 해답의 한 단면을 나는 어느 겨울날 파리를 찾았던 릴케의 마음에서 엿볼 수 있었다.

야콥 부르크하르트―『이탈리아 르네상스의 문화』를 남긴 그 유명한 저자가 아니라 그보다 젊고 지명도가 떨어지는 스위스 역사학자를 말함―는 프랑스에서 공부하려고 고향 바젤을 떠나 1920년 초에 파리국립도서관에서 일하고 있었다. 어느 날 아침 그는 마들렌 근처의 이발소에 들러 머리를 감아 달라고 주문했다. 눈을 지그시 감은 채 거울 앞에 앉아 있는데 뒤쪽에서 말다툼하는 소리가 들려 왔다.

"선생님, 누구나 그런 식으로 변명을 한다구요!"
어느 여인의 목소리가 새된 소리로 높아졌다.
"도저히 믿을 수 없어! 저 사람은 우비강 로션까지 요구했잖아!"
"선생님, 우리는 선생님을 몰라요. 한번도 본 적이 없는 분이라구요. 이런 일은 처음이에요!"
그러자 여리고 하소연하는 듯한 세 번째 목소리가 슬라브인의 액센트에다 거칠기까지 해서 마치 다른 세상에서 들려오는 듯한 분위기로 사정을 설명하려고 애쓰고 있었다.
"하지만 당신들은 나를 이해해 줘야 합니다. 지갑을 두고 왔어요. 호텔로 가서 가져오기만 하면 돼요."
그때 부르크하르트는 비눗물이 눈으로 들어가는 것도 아랑곳하지 않고 주변을 둘러보았다. 이발사 세 명이 험악한 표정으로 온갖 몸짓과 손짓을 하고 있었다. 데스크 뒤에는 출납 담당 여직원이 몹시 분개한 표정으로 자줏빛 입술을 앙다물고 말다툼을 지켜보고 있었다. 그리고 그들 앞에는 자그마한 체구에 이마가 넓고 수염을 길게 기른 한 남자가 머뭇거리는 자세로 애원하고 있었다.
"당신들에게 약속하겠어요. 지금 당장 호텔로 전화해서 확인할 수도 있구요. 저는……저는……시인 라이너 마리아 릴케입니다."
"물론 누구나 그런 식으로 말하죠." 그래도 이발사는 계속 투덜댔다.
"당신은 우리가 모르는 사람입니다."
바로 그때 부르크하르트가 머리에서 물을 뚝뚝 떨어뜨리며 의자를 박차고 일어났다. 그리고는 주머니에 손을 찔러 넣으며 큰 소리로 외쳤다.
"내가 지불하겠소!"

그 사건이 있기 전에도 부르크하르트는 언젠가 한번 릴케를 만났던 적이 있었다. 그러나 그는 그 당시 그 유명한 시인이 파리에 머물고 있다는 사실을 까맣게 모르고 있었다. 한동안 릴케는 자신을 구해 준 구세주를 알아보지 못했다. 마침내 구세주를 알아보게 되었을 때 릴케는 웃음을 터뜨리며 부르크하르트에게 머리 손질이 끝나는 대로 함께 강 건너로 산책을 가자고 제안했다. 부르크하르트도 이에 동의했다. 잠시 후 피곤해진 릴케는 점심을 먹기에는 너무 이른 시각이었으므로 로데옹 광장에서 그리 멀지 않은 헌책방을 들러 보자고 제안했다. 두 사람이 책방에 들어서자 늙은 주인이 자리에서 벌떡 일어나 자신이 읽고 있던 가죽 장정의 작은 책을 흔들어 보이면서 그들을 맞이했다. "신사 양반들, 이건 1867년에 나온 블랑슈맹판 피에르 드 롱사르[1]의 책입니다." 그러자 릴케는 유쾌한 목소리로 자신도 롱사르의 시들을 좋아한다고 대답했다. 화제는 이 시인에 이어 또 다른 작가로 넘어갔고, 마침내 책방 주인은 자신의 견해로는 성경의 시편 36절을 문학적으로 읊은 것으로 판단되는 라신의 시구를 인용하기까지 했다. "맞아요"라고 릴케도 동의했다. "그 작품들은 똑같은 인간의 언어이고, 똑같은 개념이고, 똑같은 경험이고 직관이지요." 이어서 갑작스레 깨달았다는 듯이 그는 "번역이야말로 시적 기교를 이해할 수 있는 가장 순수한 작업이지요"라고 덧붙였다.

릴케에게 있어 그 당시의 파리 체재는 마지막 체류가 될 운명이었다. 그는 2년 뒤인 1926년 12월 29일, 마흔한 살의 나이에, 그 자신이 가장 절친한 친구에게도 털어놓기를 꺼려했던 아주 희귀한 병인 백혈병으로 생을 마감하게 된다(시적 파격이었는지, 그는 말년에 친구들에게 자신이 장미 가시에 찔려 죽어 가고 있다고 생각하도록 유도했다). 이 동경의 도시에 정착하리라는 뜻을 품고 파리를 처음 찾았던 1902년에만 해도 그는 거의 알려지지 않은 가난한 젊은이였을 따름이었다. 그런 그가 이제는 유럽에서 가장 널리 알려지고 작품성도 높이 인정받는 유명 시인이 되었다 (비록 이발사들 사이에서는 아직 그런 존재가 되지 못했지만). 그 사이에도 그는 "말로 형언할 수 없는 진실을 새로이 추구하기 위해" 여러 차례 파리로 돌아왔다. "이곳에서의 시작은 언제나 사색"이라고 한 그는 자신의 표현을 빌리면 자신의 창작의 수액(樹液)을 고갈시킨 소설 『말테의 수기』를 탈고한 직후 어느 친구에게 보낸 편지에서 파리에 대한 인상을 적고 있다. 자신의 글쓰기를 재개하려는 시도로 그는 몇 건의 번역에 착수하기로 작정했다. 모리스 드 게랭[1]의 낭만적인 단편 소설 한 편과 막달라 마리아의 사랑에 관해 쓴 작자 미상의 설교 한 편, 그리고 파리를 방황하다가 우연히 발견하게 된 루이스 라베의 소네트들이었다.

그 소네트들은 16세기 프랑스 문화의 중심 자리를 놓고 파리와 자웅을 겨뤘던 도시 리옹에서 쓰여진 것이었다. 루이스(Louise) 라베—릴케는 옛날식 철자인 루이즈(Louize)를 더 좋아했다—는 이런 인물이었다. "그녀는 빼어난 미모뿐만 아니라 활동으로도 리옹 전역에 알려졌다. 군사 훈련이나 게임에서도 그녀는 남자 형제들 못지않게 뛰어났으며 말을 탈 때도 너무나 대담해서 그녀의 친구들은 농담과 경의가 섞인 의미로 그녀를 '로이즈 장군'이라고 불렀다. 그녀는 그 어려운 악기인 류트의 연주로도 이름을 날렸으며 노래 솜씨 또한 유명했다. 그녀는 또 1555년 희곡 한 편, 비가 세 편, 소네트 스물네 편, 그리고 그녀의 동시대인이었던 뛰어난 남자 몇 명이 그녀에게 바친 시들과 헌정서한 한 장이 장 드 투르느에 의해 전집으로 묶였을 만큼 문학적 재능도 탁월했다.

| 1) Maurice de Guerin, 1810~1839, 프랑스의 시인.

그녀의 서재에서는 틀림없이 스페인어, 이탈리아어, 그리고 라틴어와 프랑스어로 된 책들도 찾을 수 있었을 것이다."

열여섯의 나이에 그녀는 어느 군인과 사랑에 빠져 페르피냥 포위 때는 도팽의 군대 편에 서서 그 군인과 나란히 전투를 벌이겠다며 말을 달리기도 했다. 그 사랑으로부터 (비록 시인에게 영감을 불어넣은 원천을 꼬집어 낸다는 건 지극히 위험한 일이긴 하지만) 후세에 그녀의 이름을 길이 남기게 될 소네트 스물네 편이 솟아나왔다는 이야기가 전설처럼 내려온다. 또 다른 리옹의 여류 문학가였던 마드무아젤 클레망스 드 부르주에게 선물한 그 전집에는 아주 계몽적인 헌사가 담겨 있다. 라베는 그 책에서 이렇게 적고 있다. "과거는 우리에게 즐거움을 주고 현재보다 더 도움이 되지요. 하지만 우리가 한때 느꼈던 환희는 흐릿해져만 가고 결코 되돌아오지 않아요. 그 추억은 그런 일이 벌어졌던 그 당시에 유쾌했던 것만큼이나 괴로운 것이지요. 눈앞의 다른 쾌락적인 감각들이 너무도 강한 나머지 어떤 추억이라도 예전에 경험했던 기분을 되살려 내지 못합니다. 우리가 마음에 새기는 이미지가 제아무리 강렬하다 해도 그것들은 우리를 악용하고 속이려 드는 과거의 흔적에 지나지 않는다는 사실을 잘 알고 있어요. 하지만 어쩌다가 생각하는 바를 글로 남기게 되면 훗날 우리는 너무도 쉽게 그 영원 같은 사건들 속으로, 여전히 살아 꿈틀거리는 그 사건들을 헤집고 돌아다닐 수 있게 됩니다. 그래서 수많은 세월이 흘러 글씨가 적힌 종잇장을 들게 되면 우리는 옛날과 똑같은 장소로, 우리들 자신이 한때 빠졌던 그 기분으로 되돌아갈 수 있어요." 루이스 라베가 볼 때 독자의 능력은 과거를 재창조해 내는 것이었다.

하지만 그것은 누구의 과거란 말인가? 릴케는 책 읽기를 통해 자신에게 끊임없이 과거를 회상시키는 그런 시인이었다. 비참하기 짝이 없던 어린 시절, 자신을 강압적으로 군사 학교에 밀어넣었던 폭군 같은 아버지, 딸을 갖지 못한 것을 항상 아쉬워하며 그에게 여자 옷을 입혔던 어머니, 우아한 사회의 유혹과 은둔자적 삶 사이에서 번민하며 연애 관계도 제대로 유지할 수 없었던 무능함 등이 줄곧 그의 머리를 떠나지 않았던 것이다. 그가 라베의 글을 읽기 시작한 것도 제1차 세계 대전이 발발하기 3년 전, 곧 닥쳐올 고독감과 공포를 인식한 듯한 자신의 작품에 당혹감을 느끼고 있을 때였다.

어느 편지에서 그는 "나는 일을 생각하지 않는다. 오로지 읽고 또 읽고 반추함으로써 점진적으로 나의 건강을 회복하는 것만을 생각한다"라고 쓰고 있다. 그것은 여러 요소가 한데 뒤섞인 행위였다.

라베의 소네트를 독일어로 옮기면서 릴케는 한꺼번에 여러 형태의 책 읽기에 몰두한 셈이었다. 그는—라베가 암시한 대로—과거를 다시 끌어냈는데, 그 과거는 그가 전혀 알 길이 없는 라베의 것이 아니라 바로 그 자신의 것이었다. "똑같은 인간의 단어로, 똑같은 개념으로, 똑같은 경험과 직관으로" 그는 라베가 결코 불러일으키지 않았던 것들까지 읽을 수 있었다.

자신의 모국어가 아니면서도, 바로 그 언어로 시까지 창작할 수 있을 만큼 유창했던 외국어로 씌어진 텍스트를 해독하면서, 그는 감각까지 읽고 있었다. 감각은 종종 사용된 언어의 지배를 받는다. 뭔가 표현한다는 것은, 작가가 특정 방식으로 단어를 선택하는 것이 아니고 해당 언어로 특정 감각을 살리는 데 필요한 단어의 조합을 따르는 것이다. 그래서 어떤 음악은 듣기 좋게 평가되는가 하면 어떤 결합은 불협화음으로 여겨져 피해야 할 대상으로 꼽히거나 이중적인 감각을 지닌 것으로 통해 사용되지 못하고 사장되는 것처럼 보이기도 한다. 모든 언어의 장식에는 언제나 다른 어떤 단어의 결합보다 더 선호되는 결합이 있게 마련이다.

릴케는 또 의미를 탐구하기 위해 책을 읽었다. 번역은 이해의 최고 경지에서 이뤄지는 행위이다. 릴케는 번역을 목적으로 책을 읽는 독자야말로 가장 파악하기 어려운 문학적 의미까지도 캐내는, 질문과 대답의 '가장 순수한 행위'에 몰두하는 사람으로 보았다. 문학적 의미는 캐내지긴 하지만 절대로 명쾌하게 모습을 드러내지는 않는데, 그 이유는 이러한 책 읽기의 연금술에서는 의미는 즉각 또 다른 텍스트로 변해 버리기 때문이다. 그리고 시인이 의도한 의미는 한 언어에서 다른 언어로 변신하면서 단어에서 단어로 옮아간다.

릴케는 아울러 자신이 읽던 책의 수많은 조상들을 읽고 있었다. 그 이유는 우리가 읽는 책들은 다른 수많은 사람들이 읽었던 것이기 때문이다. 단지 한때 다른 독서가가 소유했었던 책을 손에 들고 있다는 즐거움만을 말하는 건 아니다. 즉 책장 여백에 갈겨 쓴 단어 몇 개나 책 앞뒤 백지에 휘갈긴 사인, 책갈피에 꽂힌 나뭇잎, 사연이 담겼을 포도주 자국들이 내뱉는 속삭임을 통해 다른 누군가의 영혼을 떠올리는 즐거움을 말하는 것이 아니다. 진정으로 내가 말하고자 하는 건 모든 책들이 수많은 다른 책들의 연속선상에서 태어난다는 사실이다. 비록 선조격인 그런 책들의 표지를 한번도 보지 못했고 그 책들의 저자 또한 알지 못한다 할지라도 당신이 지금 손에 잡고 있는 책에서는 그런 책들의 목소리가 메아리를 이루고 있다. 라베의 자랑할 만한 서재에 거만한 자세로 꽂혀 있던 책들은 어떤 것들이었을까? 우리로선 정확히 알 수 없지만 짐작은 할 수 있다. 예를 들면 이탈리아 소네트를 유럽 전역에 전파한 시인 가르실라소 데 라 베가[1]의 스페인어판은 리옹에서도 그의 작품이 번역되고 있었기 때문에 그녀에게도 틀림없이 알려졌을 것이다. 그

1) Garcilaso de la Vega, 1539?~1616. 스페인에서 활동한 페루의 저술가.

리고 그녀의 출판업자인 장 드 투르느가 리옹의 다른 시인 몇 명의 작품뿐만 아니라 헤시오도스[1]와 이솝의 프랑스어판을 출판했고 단테와 페트라르카를 이탈리아어로 펴냈기 때문에 그녀도 그로부터 이런 책 몇 권을 받았을 수도 있다. 릴케는 또한 라베의 소네트에서, 자신이 어느 겨울날 오후 파리 로데옹의 책방 주인과 토론을 벌이게 되는, 라베와 같은 시대의 거장인 롱사르와 페트라르카, 가르실라소에 대한 그녀의 책 읽기도 읽고 있었던 셈이다.

　모든 독서가들과 마찬가지로 릴케도 자신의 경험을 바탕으로 책을 읽고 있었다. 우리가 읽는 텍스트는 문학적 감각과 문학적 의미를 넘어 우리 자신의 경험을 투영한다. 말하자면 우리 자신의 존재의 모습들을 살려 내는 것이다. 라베에게 정열적인 시를 낳도록 영감을 불어넣었을 그녀의 군인은, 물론 라베 본인도 그렇지만, 4세기의 세월이 흐른 시점에서 그녀를 읽고 있는 릴케에게는 허구적인 인물이다. 그녀의 열정에 대해 그 군인은 아무것도 몰랐을 것이다. 그녀가 잠 못 이루고 하얗게 밝힌 수많은 밤들, 행복한 척 꾸며 보이며 문간을 지켰던 부질없는 기다림, 그녀의 숨을 헉헉 막히게 했던 그의 이름을 외치는 소리, 말을 타고 그녀의 창문을 지나는 그의 모습에 충격을 받았다가 거의 동시에 그 인물이 그가 아니고 그의 모습을 빼닮은 다른 사람이었다는 사실을 깨달았을 때의 안타까움, 이 모든 것들은 릴케가 침대 테이블에 두고 있는 그 책에 담겨 있지는 않다. 몇 년 후에—그녀가 중년의 밧줄 제조업자인 엔느몽드 페랭과 행복한 결혼식을 올리고 그녀를 달뜨게 만들었던 군인은 이제 약간 당혹스런 추억에 지나지 않게 되었을 때—라베가 펜으로 옮긴 단어에서 릴케가 캐낼 수 있었던 것이라곤 그 자신의 고독이 전부였다. 물론 나르키소스처럼 우리 독서가들은 자신이 눈길을 주

| 1) Hesiodos. 기원전 8세기경의 그리스 시인.

고 있는 텍스트가 우리의 초상을 담고 있다고 믿고 싶어하기 때문에 그것만으로도 충분했다. 심지어 번역을 통해 그 텍스트를 완전히 소유하겠다고 각오하기 전에도 이미 릴케는 라베의 작품에 나오는 1인칭 단수는 자신인 것처럼 그녀의 시를 읽었을 것이다.

릴케가 라베의 작품을 번역한 것에 대한 평에서 게오르게 슈타이너는 번역의 우수함 때문에 오히려 릴케를 책망했다. 존슨 박사와 똑같은 입장을 보였던 것이다. 존슨은 이렇게 쓰고 있다. "번역가는 저자의 뜻을 있는 그대로 옮겨야 한다. 저자를 넘어서는 것은 번역가의 본분이 아니다." 여기에다 슈타이너는 이렇게 덧붙였다. "번역가가 저자를 앞지르는 곳에서 원본은 미묘하게 상처를 입는다. 그리고 독자는 적절한 시각을 강탈당하게 된다." 슈타이너의 비평에 대한 열쇠는 '적절한'이라는 형용사에 숨어 있다. 오늘날 루이스 라베를 읽는 행위는—라베의 시대와 장소를 크게 벗어나 프랑스어 원서로 그녀를 읽는 것은—필연적으로 그 텍스트에 독서가의 시각을 담게 마련이다. 어원학, 사회학, 패션학과 미술사—이 모든 것들은 한 텍스트에 대한 독자의 이해를 더욱 풍요롭게 하긴 하지만 궁극적으로 보면 이들 상당 부분은 이제 고고학에 속하지 않는가. "Luth, compagnon de ma calamite"(류트, 내 불행의 동반자)로 시작하는 루이스 라베의 12번 소네트는 두 번째 연에서 류트를 이런 언어로 노래하고 있다.

> Et tant le pleur piteux t'a molesté
> Que, commençant quelque son délectable,
> Tu le rendais tout soundain lamentable,
> Feignant le ton que plein avais chanté.

이를 단어의 의미를 그대로 좇아 옮기면 이렇게 된다.

> 비통한 흐느낌이 그대를 너무도 당황하게 만들어
> 내가 유쾌한 소리를 (연주하기) 시작하자
> 별안간 그대는 그 소리를 비참한 소리로 바꿔 버렸네,
> 내가 장조로 노래하기 시작한 음조를 (단조로 연주하는) 척 꾸미면서.

이 대목에서 라베는 뛰어난 류트 연주자로서 자신이 너무도 잘 알고 있었을 어려운 음악 용어를 동원하고 있다. 그렇지만 이 용어는 음악 용어를 집대성한 사전 없이는 우리에게 절대로 이해될 수 없는 것이다. 'plein ton'은 16세기에는 'ton feint'—마이너 키(단조)—과 반대되는 것으로 메이저 키(장조)를 의미했다. 'feint'이란 단어는 '그릇된, 가장하는'을 의미했다. 이 단어들이 들어 있는 행은 시인이 장조로 노래 부르고 있는 것을 류트는 단조로 연주하고 있음을 암시한다. 이를 이해하기 위해 현대의 독자들은 라베에게 지극히 평범한 것으로 통했던 전문 지식을 갖춰야 하며, 단순히 당시의 그녀를 따라잡기 위해서도 라베보다 더 많은 것을 알아야만 한다. 물론 이런 노력도 라베의 청중이 되려는 것이 목적이라면 아무런 성과를 얻을 수 없다. 왜냐하면 우리는 제아무리 노력한다 해도 그녀의 시가 의도했던 그런 독자는 결코 될 수 없기 때문이다.

그렇지만 릴케는 읽는다.

> (...) Ich riß
> dich so hinein in diesen Gang der Klagen,
> drin ich befangen bin, daß, wo ich je

seligen Ton versuchend angeschlagen,

da unterschlugst du ihn und tontest weg.

내가 빠진 그 슬픔의 길로 그대도
너무나 깊이 빠져들어, 내가
더없이 행복한 소리를 켜려고 노력하는 곳마다,
그대는 그곳에서 그 소리가 잦아들 때까지 품어 안아 죽어 버리네.

　여기서는 전문적인 독일어 용어에 대한 지식이 필요하지 않은 수준
인데도 루이스 라베의 소네트에 담긴 음악적 은유를 충실히 담아 내고
있다. 그러면서도 독일어는 더 깊은 탐구까지 허용한다. 이 연을 릴케
는 라베가 프랑스어로 시를 쓰며 인지할 수 있었던 것보다 훨씬 더 복
잡한 읽기로 채우고 있다. 'anschlagen'과 'unterschlagen'에 담긴 동음
(同音)은 릴케에게 애정어린 두 태도를 비교하게 한다. 즉 '행복에 겨
운 소리를 켜려고' 애를 쓰는 슬픈 연인인 라베의 태도와 그녀의 충실
한 동반자이자 그녀의 진짜 감정의 목격자인 류트가 라베에게 '정직하
지 못하고' '거짓된' 소리를 허용하지 않으려는 뜻에서, 차라리 라베가
침묵으로 남도록 하기 위해 마침내는 역설적으로 '그 소리를 빼앗고'
'그 소리를 숨기려는' 그런 태도를 비교하고 있다. 릴케는(그리고 여기
서 독자의 경험이 재빨리 텍스트에 접근한다) 라베의 소네트에서 여행이
나, 세상에서 격리된 슬픔, 거짓된 감정 표현보다는 오히려 더 권장할
만한 침묵, 그리고 행복을 흉내내는 것과 같은 사교적 우아함을 압도
하는 시적 장치 등의 이미지를 읽는다. 이런 것들이야말로 릴케 자신
의 삶의 특징들이 아닌가.
　라베의 배경은 헤이안 시대 일본에 있었던 그녀의 먼 자매들의 배경

과 마찬가지로 방에 국한되었다. 그녀는 자신의 사랑을 슬퍼하던 고독한 여인이었다. 릴케의 시대에 이르러서는 르네상스 시대에 보편적이었던 그런 이미지가 더 이상 사람들에게 감동을 일으키지 못했고, 그녀가 어쩌다 그런 슬픔의 '덫'에 걸리게 되었는지에 대해서는 설명까지 필요할 정도가 되었다. 릴케의 번역은 루이스 라베의 단순성(감히 진부함이라고도 표현할 수 있을까?)에는 어느 정도 손상을 입혔지만 깊이와 비극적 감정 면에서는 그 정도를 더하고 있다. 그렇다고 릴케의 책 읽기가 그녀의 시대 이후에 있었던 그 어느 독서보다도 더 심각하게 라베의 시를 왜곡했다는 뜻은 아니다. 그의 라베 읽기는 우리 대부분의 능력을 벗어나는 것이고, 그로 인해 우리의 라베 읽기도 가능하게 된다. 그 이유는 그 어떤 다른 라베 읽기도 세월의 강 이편에 서 있는 우리에게는 각자의 얄팍한 지적 수준에 머물 수밖에 없기 때문이다.

20세기 시인들이 하고 많은데도 왜 하필이면 릴케의 난해한 시들이 서구에서 가장 많은 인기를 누렸을까. 이런 의문을 제기하면서 파울드 만은 "릴케를 읽으며 많은 사람들은 마치 릴케가 독자들로서는 좀처럼 생각해 보지 않았던 심오함을 드러내 보이거나 아니면 독자 각자가 겪고 있는 시련을 릴케도 공유하고 있다고 착각하는데, 그렇게 함으로써 독자들은 릴케가 독자 자신들의 자아 중에서도 가장 깊숙이 은폐된 부분을 노래하고 있는 것처럼 생각하기 때문"이라는 의견을 내놓았다. 라베의 단순성을 더욱 복잡하게 만들었다는 점에서 릴케의 라베 읽기는 '해결'한 것이 아무것도 없다. 그렇지만 그의 작업은 그녀의 시적 사고를 원 시보다 더욱 확대함으로써, 다시 말해 라베의 어휘에서 라베 자신이 보았던 것보다 더 많은 것을 봄으로써 그 깊이를 더욱 깊게 한 것 같다.

라베의 시대로 거슬러 올라가면 텍스트가 지니는 권위에 대한 존중은 오랫동안 시들해져 있었다. 사람들은 자신이 비판받을까 두려워 자신의 의견을 다른 사람들에게, 다시 말해 아리스토텔레스나 아랍인들에게로 돌리는 경우가 있는데, 12세기의 피에르 아벨라르[1]는 이런 습관을 맹렬히 비난했다. 이런 행태—아벨라르가 비유하기를 짐승을 묶어 맹목적으로 끌고 다니는 데 쓰는 쇠고리라고 한 '권위의 증명'—는 고전 텍스트와 그 텍스트의 유명 저자는 결코 오류를 범하지 않으리라는 독자들의 선입견에 의해 가능하다. 그리고 만약 선택한 책 읽기가 절대적으로 확실하다면 그런 곳에 해석의 여지가 있을 수 있을까?

심지어 모든 책 가운데 가장 오류가 적다고 인정되는 텍스트—하느님의 말씀 그 자체인 성경—조차도 오랫동안 독자들의 손을 거치면서 변화를 겪어 왔다. A.D. 2세기에 랍비 아키바 벤 요셉에 의해 확립된 구약 성서에서부터 14세기 존 위클리프[2]의 영어 번역본까지, 성경이라 불려 왔던 그 책은 그 동안 B.C. 3세기의 그리스어 성서 셉투어진트(70명이 번역했다고 전해짐), 소위 라틴어 성서 불가타(4세기 말 성 히에로니무스가 번역), 그리고 그 뒤 중세 때 나온 성서들, 고트어, 슬라브어, 아르메니아어, 옛영어, 웨스트 색슨 방언, 앵글로-노르만어, 프랑스어, 프리지아어, 독일어, 아일랜드어, 네덜란드어, 중부 이탈리아어, 프로방스어, 스페인어, 카탈루냐어, 폴란드어, 웨일스어, 체코어, 헝가리어로 나왔다. 똑같은 성경이었지만 이 모든 책들은 서로 다른 책 읽기를 허용했다. 이러한 성경의 다양성에서 어떤 사람들은 인문주의자들의 꿈이 실현되고 있음을 보았다. 에라스무스는 이렇게 쓰고 있다. "나는 가장 연약한 여자까지도 복음을, 바울의 사도행전을 꼭 읽기를 바란다. 그리고 나는 스코틀랜드인이나 아일랜드인만이 아니라 터키인과 사라센인에 의해서도 읽힐 수 있도록 성경이 모든 언어로 옮겨지기를 희망한다.…… 나는 농부가 쟁기를 따라가면서 복음을 노래하고, 베 짜는 사람이 베틀 소리에 맞춰 콧노래로 복음 전하기를 희망한다." 드디어 그런 기회가 온 것이다.

이와 같은 다양한 독서법이 시도되자 당국은 그 텍스트에 대한 통제권을 계속 유지할 방법을 모색하기 시작했다. 당국은 신의 말씀을 신이 의도한 그대로 담은, 유일하게 신의 권위를 지니는 책을 필요로 했다. 1604년 1월 15일, 햄프턴 궁에서는 국왕 제임스 1세가 지켜보는 가운데 청교도 존 레이놀즈가 "헨리 8세와 에드워드 6세 치하에서 허용된 성경들은 부패하여 원본의 진실과 일치하지 않기 때문에 성경을 새롭게 번역해야 한다"고 주장해 국왕의 마음을 사로잡았다. 이에 대해 런던의 주교는 "모든 사람의 비위에 맞추려면 성경 번역은 끝이 없을 것"이라고 답변했다.

주교의 현명한 경고에도 불구하고 제임스 1세는 레이놀즈의 주장을 받아들여 웨스트민스터의 주임 사제와 케임브리지와 옥스퍼드 대학의 흠정(欽定) 헤브루어 교수들에게 그런 과업을 맡을 수 있는 학자들의 명단을 제출하라고 지시했다. 처음 제출된 명단에 든 몇 명이 전혀 성직 경험을 해보지 않았거나 아주 낮은 직위를 가졌다는 이유로 제임스 1세는 이 명단에 만족하지 않고 캔터베리 대주교에게 동료 주교들 중에서 이 작업에 참여할 만한 사람들을 추가로 추천하라고 했다. 당시 그 어느 명단에도 오르지 않았던 이름이 하나 있었다. 이미 성경의 새로운 번역을 끝낸 유명한 헤브루어 학자였지만 급한 성격 탓에 친구를 쉽게 사귀지 못했던 휴 브루턴이었다. 하지만 브루턴에게는 초대장 따위는 필요하지 않았기 때문에 스스로 왕에게 그런 위대한 사업에 필요한 추천 사항을 적어 보냈다.

브루턴의 입장에서 볼 때 텍스트의 정확성은 사막 양치기들의 역사에 신의 말씀을 적어 넣었던 바로 그 사람이 사용했던 단어를 정확히 찾아내 그 어휘를 현대화해야만 확보될 수 있었다. 브루턴은 그 텍스트에 정확한 용어를 구축하기 위해서는 전문적인 용어의 선택을 도와줄 장인(匠人)들까지 불러들여야 한다고 암시했다. "아론의 에파드[1]를 위해서는 자수 전문가, 솔로몬과 에스겔의 사원에 대해서는 기하학자와 목수와 석공이 필요하고, 에스겔이 키우는 나무의 모든 줄기와 가지를 위해서는 정원사가 필요하다"라는 식이었다(1세기 하고도 반세기가 더 지나서 디드로[2]와 달랑베르[3]는 그 유명한 『백과전서』를 편찬하면서 기술적 세부 사항을 정확히 얻어내기 위해 이와 똑같은 방법을 택했다).

(이미 설명한 대로 그 자신이 성경을 번역해 놓았던) 브루턴은 감각과 의미상의 끝없는 문제를 해결하는 데는 다양한 정신들이 필요하면서도 동시에 전반적으로 일관성을 지킬 수 있어야 한다고 강조했다. 이를 확보하기 위해 그는 왕에게 "한 부분을 여러 사람에게 번역하도록 해서 영어의 훌륭한 문체와 정확한 감각을 도출해 낸 뒤 그것을 또 다른 사람들의 손에 맡겨 원본의 단어가 똑같은데도 영어가 다양하게 사용되지 않도록 통일성을 확보해야 한다"고 조언했다. 아마도 여기서 '슈퍼' 독자 한 사람이 출판하기 전에 텍스트를 수정하는 앵글로 색슨인들의 편집 전통이 시작된 것은 아닐까.

학자 위원회에 참여한 주교 가운데 한 사람인 밴크로프트 주교는 번역자들을 위해 15가지 규칙을 만들었다. 번역가들에게는 1568년에 출판된 비숍 성서(소위 그레이트 바이블의 수정판이었는데 그레이트 바이블은 마일스 커버데일[4]이 최초로 영어로 완역한 성서의 초판과 윌리엄

---

1) 유대교에서 제사장이 입는 법의(法衣). 두 가닥의 어깨띠와 허리띠가 달렸다.
2) Denis Diderot, 1713~1784. 프랑스의 철학자이자 문학가.
3) Jean Le Rond d'Alembert, 1717~1783. 프랑스의 수학자이자 물리학자, 철학자.
4) Miles Coverdale, 1488~1568. 영국의 성직자.

틴들[1]의 미완성 번역 성경을 조합한 마태 성서를 개정한 것임)에 가능한 한 근접하도록 애쓰라는 주문이 떨어졌다.

번역자들은 각자 앞에 놓인 비숍 성서를 바탕으로 다른 영어 번역본은 물론이고 영어 이외의 언어로 나온 다양한 성서를 끊임없이 참조하면서 앞서 나왔던 모든 독서를 자신의 것으로 융합했다.

수정을 거듭해 보강한 틴들의 성서는 당시 번역자들에게 공인된 자료들을 많이 제공했다. 학자이자 인쇄업자였던 윌리엄 틴들은 헨리 8세에 의해 이단으로 몰려 유죄 선고를 받았다(그보다 앞서 그는 왕이 아라곤의 캐서린과 이혼한다고 비난했다가 왕의 노여움을 샀다). 틴들은 1536년에 교수형에 처해졌다가 또다시 그 시체가 성경을 헤브루어와 그리스어를 원전으로 해서 번역했다는 죄목으로 화형용 기둥에 매달려 불태워졌다. 성경 번역에 착수하기 전 틴들은 "경험에 비춰 볼 때 보통 사람들의 경우에는 그들의 언어로 씌어진 경전을 눈앞에 펼쳐 주지 않고는 그 사람들을 진실의 세계로 인도하기가 사실상 불가능하다는 것을 충분히 인식했기 때문"이라고 성서를 번역하게 된 배경을 설명했다. 이런 목적으로 그는 고대 언어를 간결하고 아름답게 다듬은 언어로 바꾸어 나갔다. 영어 어휘에 '유월절'(passover) '조정자'(peacemaker) '참을성'(long-suffering) 그리고 (내가 형언할 수 없는 감동을 느끼는) '아름다운'(beautiful) 등의 단어를 처음으로 만든 이도 그였다. 그는 또 영어 성경에 '여호와'(Jehovah)를 처음 등장시킨 인물이기도 했다.

마일스 커버데일이 이를 더욱 보충하여 1535년에 최초의 완역판 영어 성경을 출판함으로써 틴들의 작업은 결실을 보게 되었다. 케임브리지 학자이자 아우구스티누스 수도회 수사로서 일부 학자들에 따르면 틴들의 번역

1) William Tyndale, ?~1536. 영국의 성서 번역가이자 신학자.

작업을 부분적으로 도운 것으로 전해지는 커버데일은 영국의 주교 총대리였던 토머스 크롬웰이 후원하던 영어 성경 번역 작업을 맡았다. 그는 헤브루어나 그리스어 원전을 기초로 하지 않고 다른 번역본을 바탕으로 했다. 그의 성경은 간혹 예레미야서 8장 22절에 "길르앗¹⁾ 그곳에는 유향이 있지 않는가"라는 부분을 '유향'이 아닌 '묘약'으로 옮겼다고 해서 '묘약 성경'으로 불리거나 시편 91편의 다섯째 행을 "너는 밤에 놀람을 두려워 아니 하리로다"라고 옮겨야 할 것을 '놀람'이 아닌 '유령'으로 했다고 해서 '유령 성경'으로도 불렸다. 새로운 번역자들이 "죽음의 음침한 골짜기"(시편 제23편)라는 표현을 살릴 수 있었던 것은 커버데일 덕택이었다.

하지만 제임스 왕의 번역자들은 옛날의 독서를 복사하는 것 이상의 일을 해냈다. 밴크로프트 주교는 사람 이름과 성직 이름의 촌스러운 형태를 그대로 지켜야 한다고 강조했다. 비록 오리지널에 충실한 것이 더 정확한 번역이라 할지라도 전통적인 쓰임새가 정확성보다 앞선다는 것이었다. 다시 말해 밴크로프트는 확고히 확립된 읽기가 저자의 읽기를 앞선다는 것을 시인했던 것이다. 현명하게도 그는 오리지널의 이름을 복원해 낼 경우 오리지널에는 담겨 있지 않은 신비감을 소개하는 꼴이 된다는 사실을 이해하고 있었다. 이와 똑같은 이유로 그는 방주(傍註)도 배제하고 그 대신 방주를 텍스트 안에 '간단하고 적절하게' 녹이도록 추천했다.

제임스 왕의 번역자들은 6개 그룹으로 나뉘어 작업했다. 웨스트민스터에 두 그룹, 케임브리지와 옥스퍼드에 각각 두 그룹이 있었다. 처음에 이들 마흔아홉 명의 번역자들은 각자 해석을 내놓고 공동으로 혼합하는 방법을 통해 놀랄 만한 정확성과 전통적인 표현에 대한 존중, 그리고 전혀 새로운 작품이 아니라 오랫동안

1) 요단강 동쪽에 있는 지방.

존재해 온 작품처럼 읽히게 하는 독특한 스타일을 확보했다. 그들이 일궈 낸 결과물은 대단한 것이었다. 몇 세기 후 제임스 왕의 성경이 영국 산문의 걸작 중 하나로 자리잡았을 때 루디여드 키플링[1]은 셰익스피어와 벤 존슨[2]까지도 그 위대한 프로젝트를 위해 이사야서 몇 줄을 번역하는 데 협력하지 않았을까 상상하기도 했다. 분명한 건 제임스 왕의 성경이 단순히 감각을 불어넣는 데 그치지 않고 그 텍스트를 확대하는 시적 깊이를 지니고 있다는 점이다. 정확하지만 무미 건조한 책 읽기와 공명을 불러일으키는 책 읽기 사이의 차이점은 예컨대 비숍 성경에 나타나는 그 유명한 시편 23편과 제임스 왕 성경의 그것을 비교해 보면 쉽사리 판단할 수 있다. 비숍 성경의 시편 23편은 이렇다.

God is my shepherd, therefore I can lose nothing;

he will cause me to repose myself in pastures full of grass,

and he will lead me unto calm waters.

하느님은 나의 목자시니 나는 잃을 게 없노라;

그가 나를 풀이 가득한 초원에 눕게 하시고,

조용한 물가로 나를 안내하시는도다.

제임스 왕의 번역자들은 이 표현을 이렇게 바꾸었다.

The Lord is my shepherd; I shall not want.

He maketh me to lie down in green pastures:

he leadeth me beside the still waters.

여호와는 나의 목자시니 내게 부족함이 없으리로다.

그가 나를 푸른 초원에 누이시며

쉴 만한 물가로 인도하시는도다.

　제임스 왕의 번역자들은 공식적으로는 의미를 명확히 복원해 내도록 되어 있었다. 하지만 그 어떤 성공적인 번역도 반드시 원본과 다를 수밖에 없는데, 그 이유는 원본 텍스트가 이미 철저히 소화되어 애매한 부분은 조금도 없는 것으로 간주되기 때문이다. 맨 처음 책 읽기를 통해 걷혀졌던 순결이 또 다른 모습으로 복원되는 것은 이런 번역을 통해서이다. 왜냐하면 독서가가 새로 번역된 텍스트를 대하면서 거기에 담긴 애매함에 직면하기 때문이다. 바로 이 점이 번역이 끝내 벗어날 수 없는 역설이자 번역만이 지니는 풍성함이기도 하다.

　제임스 왕과 그의 번역자들이 그처럼 방대한 사업을 벌인 목적은 솔직히 말하자면 정치적인 데 있었다. 시민 누구나 혼자 힘으로 읽을 수 있는 성경을 만드는 것이었는 데다가 무엇보다도 그 성경은 누구나 갖게 될 공통의 텍스트였기 때문이다. 인쇄술은 왕과 번역자들에게 똑같은 책을 무한정 생산해 낼 수 있다는 환상을 심어 주었고, 그런 환상을 정점으로 끌어올려 놓은 것이 번역 행위였다. 그들에게 번역은 다양한 텍스트를 공식적으로 인정받고, 전국적으로 통용되고, 또 종교적으로 받아들일 만한 단 하나의 텍스트로 대체해 줄 것처럼 보였다. 4년에 걸친 힘든 작업 끝에 1611년에 출판된 제임스 왕 성경은 '정식으로 인가받은' 번역본으로, 영어로 된 '만인의 성경'이 되었다. 오늘날 영어권 국가를 여행하다 보면 호텔 방 침대 옆에서 종종 이 성경책을 발견할 수 있는데, 이것은 통일된 텍스트를 통해 독서가들의 연합체를 구축하려는 노력으로 탄생된 것이다.

'독자들에게 보내는 서문'에서 제임스 왕의 번역자들은 이렇게 적고 있다. "번역, 그것은 창문을 열어젖히고 빛을 들이는 것이요, 껍질을 깨고 알맹이를 먹게 하는 일이요, 장막을 걷고 가장 성스런 곳을 들여다보게 하는 것이요, 우물 뚜껑을 열고 물을 얻게 하는 일이다." 이는 '성경의 빛'을 두려워하지 않고 독자들에게 계시의 가능성을 안겨 주겠다는 뜻이다. 그 텍스트를 초기 상태로 복원하기 위해 고고학적으로 접근하는 것이 아니라 그 텍스트를 시간과 공간의 제약에서 해방시키겠다는 뜻이며, 표면적인 설명을

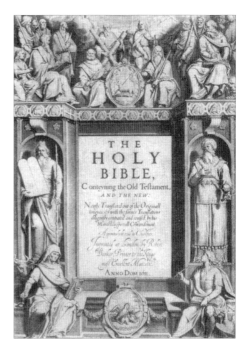

제임스 왕이 제작한 성서의 초판 표지.

위해 단순화하기보다는 의미의 깊이가 분명히 드러나도록 하겠다는 뜻이며, 또 학자적 태도로 텍스트에 주석을 다는 것이 아니라 전혀 새로우면서도 원전과 똑같은 텍스트를 구축했다는 것이다. "하느님의 왕국이 단어나 음절로 될 수 있단 말인가?"라고 번역자들은 반문했다. "만약 우리가……자유로울 수 있다면 왜 그런 단어나 음절의 노예가 되어야 하는가?" 이 질문은 수 세기가 흐른 지금까지도 끊임없이 던져지고 있다.

부르크하르트가 침묵을 지키는 가운데 릴케와 로데옹의 책방 주인

사이에 문학에 얽힌 대화가 한층 무르익어 갈 무렵, 단골 손님임에 분명한 어느 영감님이 서점으로 들어서다가 대화의 주제가 책에 관한 것임을 알고 흔히 독서가들이 그렇듯이 불쑥 대화에 끼여들었다. 얼마 지나지 않아 그들의 대화는 릴케도 감탄해 마지않았던 『우화시집』을 남긴 장 드 라 퐁텐[1]의 시적 매력에 이어서 그 책방 주인이 다소간 라 퐁텐의 '어린 동생'쯤으로 여겼던 알자스의 작가 요한 페터 헤벨[2]로 넘어갔다. "헤벨을 프랑스어 번역으로 읽을 수 있어요?"라고 릴케가 엉큼하게 물어 보았다. 그러자 그 늙은이는 시인의 손에 들린 책을 잡아당겼다. "헤벨 번역판이라고!" 그가 외쳤다. "프랑스어판! 당신은 독일 텍스트를 프랑스어로 옮긴 것 중에서 읽어 줄 만하다고 느꼈던 게 있던가요? 그 두 언어는 정반대거든. 헤벨을 옮길 수 있었을 법한 유일한 프랑스인이 있다면, 아마 그 사람이 독일어를 안다고 가정한다면 라 퐁텐 정도였을걸."

"천국에서는……"이라고 그때까지 입을 꾹 다물고 있던 책방 주인이 말을 가로막고 나섰다. "우리가 망각해 버린 그 어떤 언어로 서로 이야기할 게 틀림없어." 이 말에 그 늙은이는 화를 내면서 투덜거렸다. "아니, 무슨 썩어빠질 천국이람!"

그렇지만 릴케는 책방 주인의 말에 동의했다. 제임스 왕의 번역자들은 창세기 11장에서 하느님이 바벨탑의 건설을 막으려고 인간의 언어들을 혼란시키기 전까지는 "온 땅의 언어는 하나요, 구어도 하나였더라"라고 옮겼다. 카발라 학자들이 천국의 언어로 믿는 이 원시 언어에 대한 탐색은 인류 역사를 내려오면서 줄곧 계속되었지만 언제나 실패로 끝나고 말았다.

1836년 독일 학자 알렉산더 폰 홈볼트[3]

---

1) Jean de La Fontaine, 1621~1695. 프랑스의 시인이자 우화 작가.
2) Johann Peter Hebel, 1760~1826. 독일의 소설가이자 시인.
3) Alexander von Humboldt, 1769~1859. 독일의 자연 과학자.

는 모든 언어에는 그 언어를 사용하는 민족 특유의 우주를 표현하는 '영적 세계의 언어적 형상'이 담겨 있다고 지적했다. 이는 곧 어떤 언어에서든 다른 언어권의 특정 단어와 꼭 맞아떨어지는 단어는 있을 수 없음을 내비치는 것으로, 그렇다면 번역은 바람(風)의 얼굴을 다듬거나 모래로 실을 꼬는 것만큼이나 불가능한 일이 된다. 번역은 단지 번역자의 언어를 통해 원본에 꼭꼭 숨어 있는 것들을 이해하려는, 거칠고 비공식적인 행위로만 존재할 수 있다.

우리가 각자의 언어로 텍스트를 읽을 때는 텍스트 자체가 한계가 된다. 우리는 그 텍스트의 단어가 허용하는 범위까지만 그 단어의 가능한 모든 정의를 포용하면서 파고들 수 있다. 거울로 만든 홀 안에서처럼 우리는 그 텍스트의 깊은 뜻을 파악하고 비춰 내기 위해 다른 텍스트를 끌어들일 수도 있다. 우리는 또 현재 읽고 있는 텍스트를 더욱 확장시키거나 더욱 명료하게 밝혀 낼 수 있는 새로운 비평적인 텍스트를 만들어 낼 수도 있다. 아무리 그렇다 하더라도 그 텍스트의 언어가 우리의 우주의 한계라는 사실은 결코 변함이 없다. 이와 마찬가지로 번역도 같은 성질의 또 하나의 우주를, 다시 말해 그 텍스트가 또 다른 가능한 의미를 드러낼 수 있는 공간과 시간을 제안하는 것이다. 그렇지만 이런 의미들을 정확히 꼬집어 나타낼 수 있는 표현은 결코 없다. 왜냐하면 이런 의미들은 원본의 언어와 번역자의 언어 사이에 놓인, 인간의 손길이 닿지 않는 직관적인 공간에 존재하기 때문이다.

파울 드 만에 따르면, 릴케의 시도 시인 자신이 결국에는 거짓에 지나지 않는다고 고백해야 할 어떤 진실을 약속하는 것에 지나지 않는다. 드 만은 "릴케의 시는 이런 약속의 절박함과 함께 그가 우리에게 그런 약속을 제시하려던 바로 그 순간에 그 약속을 거둬들이려는 시적 필요성까지 우리가 깨달았을 때에만 이해가 가능하다"고 말한다. 릴케가 라베의 시를 끌어들이는 그 애매한 지점에서 시구들은(라베의 것이든 릴케의 것이든 이제 더 이상 작가는 중요하지 않다) 너무도 찬연하게 빛을 발하여 더 이상의 번역을 불가능하게 만든다. 독서가는(카페의 테이블에 앉아 프랑스어로 된 시와 독일어로 된 시를 앞에 놓고 있는 나도 그런 독서가이다) 그런 어휘들을 속마음으로 이해해야만 한다. 더 이상 설명적인 언어로 이해할 것이 아니라, 책장을 통해서 더 나아가 책장을 초월하는 의미로 이 세상을 재창조하고 재정의하는 '무언의' 경험으로 이해해야 한다는 뜻이다. 이런 것을 니체는 텍스트 안에 내재하는 '스타일의 전개'(movement of style)라고 불렀다. 번역은 불가능한 작업이고, 배반이고, 기만이고, 날조이고, 희망 있는 거짓말일 수 있다. 하지만 그 과정에서 번역은 독자들을 좀더 현명하고 훌륭한 청취자로 바꿔 놓는다. 고집은 조금 누그러지고 감수성은 훨씬 더 민감해지는 'seliglicher'의 존재로 발전한다는 말이다.

금지된 책 읽기

남캐롤라이나 에이킨에서 1856년에 찍은 사진. 당시에는 흑인 노예가 책을 읽는 모습은 매우 드문 것이었다.

1660년 베르길리우스의 신탁을 물었다가 큰 불행을 당했던 그 영국 왕의 아들인 찰스 2세는 해외 식민지 위원회가 기독교적 가르침에 따라 영국 식민지의 원주민들과 하인들, 노예들에게도 교육을 시켜야 한다는 칙령을 선포했다. 신하들 사이에 그는 본연의 임무를 팽개치고 쾌락을 추구한다고 해서 '메리 왕'으로 통했던 인물이었다. 그 다음 세기 좀더 너그러운 시각으로 찰스 2세를 존경했던 존슨 박사의 표현을 빌리면 "찰스 2세는 자신이 판단하기에 신하들의 영혼을 구제하는 일이라면 무엇이든 하려는 열의를 대제국을 잃을 때까지 간직하고 있었다"고 한다. 2세기의 세월을 건너뛴 시점에서 그를 존경하지 않았던 역사학자 토머스 매콜리[1]는 찰스 2세에게는 "하느님에 대한 사랑도, 국가에 대한 사랑도, 가족에 대한 사랑도, 친구에 대한 사랑도 모두가 똑같은 종류의 사랑을 뜻하는 표현이었다. 즉 자신에 대한 사랑을 뜻하는 편리한 동의어에 지나지 않았다"고 주장했다.

찰스가 왜 자신의 즉위 원년에 그런 칙령을 선포했는지는 분명하지 않지만 그 길이 의회에서 반대하던 종교적 관용의 새로운 초석을 마련할 것으로 상상했던 것만은 틀림없다. 친카톨릭적인 성향에도 불구하고 프로테스탄트 신앙에 충실할 것을 선언했던 찰스는 루터의 가르침대로 영혼의 구제는 하느님의 말씀을 헤아릴 줄 아는 각자의 능력에 달려 있다고 믿었다. 그렇지만 영국의 노예 소유자들은 찰스의 의견에 동의하지 않았다. 그들은 책에서 위험 천만한 혁명적인 아이디어를 발견할 수도 있는, '글을 읽을 줄 아는 흑인 인구'를 생각하는 것만으로도 몸서리가 쳐졌다. 그들은 성경에 국한시켜 글을 읽게 할 경우 사회의 유대를 더욱 공고히 할 것이라는 주장도 믿으려 하지 않았다. 그들의 시각에서 볼 때 노예들이 글을 읽을 수 있게 되면 노예 제도 폐지론자들의 팸플릿

1) Thomas Babington Macaulay, 1800~1859. 영국의 역사가이자 정치가.

도 읽을 것이 분명했고, 심지어 성경을 통해서도 반항과 자유라는 위험 천만한 개념을 깨칠 수 있을 것 같았다.

찰스의 칙령에 대한 반대는 미국에서 가장 강력했고 그 중에서도 사우스 캐롤라이나주가 특히 더 심했다. 이곳에서는 1세기 뒤에 모든 흑인들에게는 노예의 신분이든 자유인이든 글을 가르쳐서는 안 된다는 엄격한 법이 선포되기까지 했다. 실제로 이런 법들은 19세기 중반까지 유효했다.

수 세기 동안 미국 내 아프리카 출신 흑인 노예들은 극도의 위험을 무릅쓰고, 어떤 경우에는 몇 년이나 걸려 목숨까지 내걸고 글 읽기를 배웠다. 그들이 글을 배우며 겪은 무용담은 참으로 많으며 그 내용들은 영웅적이기까지 하다. 아흔 살인 벨 마이어스 캐로터스는—1930년대에 특히 노예 출신들의 개인적인 비화를 녹음하기 위해 조직된 연방작가 프로젝트의 인터뷰에 응하면서—자신은 알파벳 블록을 가지고 놀던 플랜테이션 주인의 아기를 돌보면서 글자를 익혔다고 회고했다. 그녀가 글을 익히는 모습을 보자 주인은 구둣발로 마구 찼다고 한다. 그래도 마이어스는 굴하지 않고 그 아기가 가지고 놀던 글자를 익히면서 어쩌다가 발견했던 철자 교과서에서 단어 몇 개를 익혔다. 어느 날의 경험을 그녀는 이렇게 털어놓았다. "나는 찬송가 책을 발견하고 거기에 적힌 문장을 또박또박 정확히 읽어 냈다. 나도 글을 읽을 수 있다는 사실을 확인했을 때의 그 기쁨이란······너무도 행복해서 이리저리 돌면서 다른 노예들에게 떠들어댔다." 레너드 블랙이라는 노예의 주인은 언젠가 그녀가 책을 가지고 있는 걸 보고는 얼마나 심하게 채찍을 휘둘렀던지 "그 주인이 지식을 향한 나의 갈증을 싹 가시게 만들어 버렸고 주인 몰래 도망칠 때까지 지식 얻기를 포기했다"고 전했다. 독 데니얼 다우디는 "글을 읽거나 쓰다가 걸리기라도 하면 처음에는 소가죽

채찍이지만 두 번째에는 끝에 매듭을 단 아홉 가닥 줄의 채찍이 떨어졌고 세 번째는 집게손가락 첫 마디를 잘랐다"고 회고했다. 남부 전역에서 노예가 다른 노예에게 글을 쓰는 것을 가르치려다 들키면 플랜테이션 소유자들에게 교수형을 당하는 게 보통이었다.

이런 환경에서 글을 배우고자 하는 노예들은 다른 노예나 아니면 동정심 많은 백인 선생에게서 배워야 했고, 그것도 아니면 들키지 않고 배울 수 있는 장치를 스스로 발명하든지 기발한 공부 방법을 찾아내야만 했다. 미국 작가 프레더릭 더글러스[1]는 노예의 몸으로 태어나 당대의 가장 열렬한 노예 해방 운동가의 한 사람이 되어 정치 잡지 몇 개를 창간하기도 했는데, 그는 자서전에서 이런 글을 남기고 있다. "나의 여주인이 성경을 큰 소리로 읽는 것을 자주 듣다 보니……글 읽는 행위의 신비로움에 대한 존경심이 솟는 한편 은근히 호기심도 발동했다. 내 마음 속에서도 배우고 싶다는 욕망이 꿈틀거렸다. 그때까지 나는 그런 경의로운 기술에 대해 아는 것이라곤 아무것도 없었고, 글을 배운다는 것이 나에게 어떤 운명으로 다가올지에 대해서도 몰랐다. 그런데다 여주인에 대한 신뢰감이 작용한 나머지 나는 대담하게도 여주인에게 글을 가르쳐 달라고 부탁하기에 이르렀다.……여주인은 친절히 나를 도와 주었고 나는 정말 믿을 수 없을 만큼 짧은 시간에 철자를 떼고 서너 글자로 이루어진 단어들을 쓸 수 있게 되었다.……(나의 주인은) 부인에게 더 이상 글을 가르치지 말라고 명령했다.……(하지만) 주인이 부인에게 나를 무식한 채로 내버려둬야 한다고 말할 때 그 결의에 찬 표정은 오히려 나에게 지식을 추구해야겠다는 강한 의지를 심어 주었을 뿐이었다. 그래서 나는 글 읽기를 배울 때 다정다감한 여주인의 친절한 지원 못지않게 내 주인의 억압에도 신세를 지지 않았다고 자신 있게 말할 수 없다."

노예 출신으로 훗날 영국에서 유명한 선교사로 변신한 토머스 존슨은 자신이 훔친 성경의 글자를 공부함으로써 글 읽기를 배웠다고 설명했다. 그의 주인이 매일 밤 성경의 한 구절을 큰 소리로 읽었기 때문에 존슨은 그 부분을 다 외워 자신이 가진 성경에서 그 대목을 찾을 수 있게 될 때까지 매일 밤 주인에게 같은 구절을 반복하여 읽도록 구슬렸다. 아울러 주인의 아들이 공부할 때도 그 소년이 공부하는 대목을 큰 소리로 읽도록 부추기곤 했다. "'주께서 나를 다스리시고.' 그 부분을 다시 한 번 읽어 봐"라고 존슨이 추켜세우면 그 소년은 존슨이 자신의 책 읽는 모습에 경탄하는 걸로 착각하고 종종 노예의 주문에 응해 주었다. 그렇게 반복한 결과 남북 전쟁이 발발할 시점에는 그도 신문을 읽을 수 있을 만큼 글을 배웠고 훗날에는 다른 사람들에게 글을 가르칠 학교까지 세우기도 했다.

　노예에게 있어 글 읽기를 배우는 것은 자유를 얻는 패스포트가 아니라 압제자들이 그들을 짓누르는 막강한 도구인 책에 접근하는 방법이었다. 노예 소유자들은 (독재자들, 전제군주들, 그리고 다른 불법적인 권력 소유자들처럼) 문자의 힘을 절대적으로 맹신하는 사람들이다. 그들은 글 읽기야말로 처음 몇 단어만 알면 금방 맞서기 어려운 힘이 된다는 사실을 그 어느 독서가들보다도 잘 알고 있었다. 문장 하나만 읽을 줄 알게 되면 누구든지 금방 모든 문장을 알 수 있게 된다. 더욱 중요한 점은 독서가는 그 문장을 반추하고 그 문장에 따라서 행동하고 그 문장에 의미를 부여할 능력을 지닌다는 것이다. 오스트리아의 극작가인 페터 한트케는 "문장 하나만으로도 묵묵히 유희를 즐길 수 있다"고 말했다. "먼저 그 문장을 가지고 다른 문장에 반대되도록 주장을 펼쳐 보라. 그 과정에서 당신을 가로막는 것들이 있으면 모조리 이름을 붙이고 그것을 뽑아 내어 보라. 그 모든 대상물과 친숙해지도록 노력해 보라. 그 문장에 지금까지 등장한 모든 대상물을 녹여서 새로운 문장을 만들어 보라. 그러면 모든 대상물을 당신의 문장에 다 담을 수 있을 것이다. 이 문장을 통해 모든 대상물은 당신에게 속한다. 이 문장으로 인해 그 모든 대상은 당신의 것이 되는 것이다." 바로 이런 이유로 독서는 금지되어야만 했던 것이다.

　수 세기에 걸쳐 수많은 독재자들이 잘 알고 있었다시피 대중은 문맹일 때 가장 다스리기 쉬운 집단으로 남는다. 책 읽기 기술의 경우 한번 익혔다 하면 절대로 원위치로 되돌릴 수 없기 때문에 차선책은 읽기의 범위를 제한하는 것이다. 그렇기 때문에 인류가 창조한 다른 어떤 물건들과는 달리 책은 독재에 맹독(猛毒)으로 작용해 왔다. 절대 권력은 모든 독서를 공식적인 독서로 제한할 필요성을 느낀다. 다양한 의견이 담긴 도서관 대신 독재자의 말만으로도 충분해야 했다. 볼테르는『가공할 만한 독서의 위험에 관하여』라는 제목의 풍자적인 소책자에서 "책은 무지와 잘 정비된 경찰 국가의 감시인과 호위를 사라지게 만든다"고 적고 있다. 그러므로 어떤 형태로든 검열은 모든 권력의 필연적인 귀결이고, 독서의 역사는 초기의 파피루스 두루마리에서부터 우리 당대의 책까지 끝없이 이어지는 검열관의 불길로

진시황 시대의 분서갱유를 묘사한 목판화.

점철되어 왔다.

프로타고라스의 저작물들은 B.C. 411년에 아테네에서 불태워져 한 줌의 재가 되었다. B.C. 213년에는 중국의 진시황이 자신의 왕국 내 모든 책들을 불태움으로써 책 읽기에 종지부를 찍으려 했다. 또 B.C. 168년에는 예루살렘에 있던 유대인 도서관이 마카바이오스 전쟁[1]의 와중에 교묘하게 파괴되었다. A.D. 1세기에는 아우구스투스가 시인 코르넬리우스 갈루스와 오비디우스를 망명 보내고 그들의 저작물을 금지시켰다. 칼리굴라 황제도 호머, 베르길리우스, 리비우스의 모든 책들을 불태우도록 명령했지만, 그의 칙령은 실행에 옮겨지지 않았다. 303년 디오클레티아누스 황제도 그리스도교 책들을 몽땅 불태우도록 명령했다. 이런 사건들도 단지 시작에 불과했다. 젊은 시절 괴테는 프랑크푸르트에서 책을 태우는 장면을 목격하고는 마치 처형장을 지켜보는 듯한 기분을 느꼈다. "무생물이 처벌받는 현장을 보는 것은 그 자체만으로도 끔찍한 일"이라고 그는 쓰고 있다.

책을 불태우는 사람들은 그렇게 함으로써 역사를 지우고 과거를 파기할 수 있다는 환상을 품는다. 1933년 5월 10일 베를린, 카메라가 돌아가는 가운데 서적 2만여 권이 불태워지는 동안 선전 부장이던 파울 요셉 괴벨스[2]가 환성을 지르는 10만여 명의 군중 앞에서 일장 연설을 하고 있었다. "오늘 밤 여러분들이 과거로부터 내려온 이 왜설스런 것들을 불길로 집어던지는 건 너무도 당연합니다. 이거야말로 전세계를 향해 낡은 정신은 죽었다고 선포하는 막강하고 상징적인 행위가 될 것입니다. 이 잿더미 속에서 새로운 정신의 불사조가 일어날 것입니다."

당시 열두 살 소년으로 훗날 런던의 유대학을 위한 레오 백 연구소 소장이 된 한스 파우커도 그 현장을 지켜보았으며 화염

1) 시리아의 지배하에 있던 유대인의 독립 전쟁.
2) Joseph Goebbels. 1897~1945. 독일의 정치가. 나치스의 신전 부장으로 활동함.

1933년 5월 10일 베를린에서 나치스가 책들을 불태우고 있다.

속으로 책을 집어던질 때는 엄숙함을 더하기 위해 이런저런 연설이 이어졌다고 그때를 회고하고 있다. 프로이트의 책들을 던지기 전에는 검열관 중 한 사람이 이렇게 비난을 퍼부었다. "정신의 파괴적 분석에 기초를 둔 무의식적 충동이라는 허풍에 맞서서, 나는 지그문트 프로이트의 저작들을 기꺼이 불길에 맡기겠노라." 스타인벡, 마르크스, 졸라, 헤밍웨이, 아인슈타인, 프루스트, H.G. 웰스, 하인리히 만과 토마스 만, 잭 런던, 베르톨트 브레히트를 포함한 수백 명의 저자들이 이와 비슷한 묘비명으로 경의를 받았다.

1872년, 찰스 2세의 낙관적인 칙령이 있고 두 세기가 약간 더 흐른 시점에서 앤터니 캄스톡—흑인 노예들에 대한 교육을 강화하라던 영국의 요구에 반대했던 식민주의자의 후손임— 은 미국 역사상 최초로 '사회악 추방 협회'라는 검열 단체를 뉴욕에 설립했다. 모든 사항을 고려해 볼 때 캄스톡이란 인간은 차라리 읽기가 발명되지 않았더라면 더 행복했을 그런 인물이지만(그는 한때 "우리 조상인 아담은 낙원에서 글을 읽지 못했다"고 단언하기도 했다), 그는 일단 읽기가 창조된 이상 읽기의 이용만이라도 제한해야겠다고 다짐했다. 캄스톡은 스스로를 평가하기를 어떤 문학이 훌륭한 것인지, 그리고 어떤 문학이 해로운 것인지를 훤히 아는, 그래서 자신의 관점을 다른 사람들에게 강요하기 위해 모든 권력을 휘둘러도 좋은 독서가 중의 독서가로 보았다. 협회를 발족하기 1년 전 자신의 일기장에서 그는 "나로 말할 것 같으면, 하느님의 권능으로 다른 사람들의 견해에 맞서 양보하지 않을 결의가 되어 있다. 내가 옳다고 믿는 일이라면 완강하게 버틸 것이다. 예수 그리스도는 아무리 고난스럽더라도 대중의 여론에 밀려 의무의 길에서 비켜 선 적이 없지 않았던가. 나라고 해서 비켜야 할 이유가 뭔가?"라고 각오를 다졌다.

앤터니 캄스톡은 1844년 3월 7일 코네티컷 주의 뉴캐넌에서 태어났다. 힘이 대단히 셌던 그는 검열 활동을 벌이다가 반대파들을 물리력으로 누르는 데 자신의 덩치를 이용하기도 했다. 그의 동시대 인물 중 어떤 사람은 그를 이렇게 묘사했다. "5피트 체구에 구두를 신은 그의 모습을 보면 210파운드나 되는 근육과 뼈대를 얼마나 날렵하게 움직였던지 몸무게

자칭 검열관이라는 앤터니 캄스톡의 캐리커처.

가 180파운드를 넘지 않을 것처럼 보인다. 둘레가 어마어마했던 그의 두 어깨는 그 위의 황소 같은 목에 짓눌려, 이두 박근과 비정상적일 만큼 굵고 강철같이 단단했던 장딴지와 일직선을 이룬다. 그의 두 다리는 짤막하여 나무 둥치를 떠올리게 한다."

캄스톡이 주머니에 달랑 3달러 45센트를 지니고 뉴욕에 도착한 것은 20대 때였다. 그는 직물류 세일즈맨의 일자리를 얻은 뒤 얼마 지나지 않아 브루클린에 자그마한 주택을 마련할 수 있는 5백 달러를 저축했다. 그리고 1년 뒤 그는 장로파 교회 목사의 딸을 만나 자기보다 10년 위인 그 여자와 결혼했다. 캄스톡은 뉴욕에서 지내면서 자신의 기준에 비춰 볼 때 미풍 양속을 해치리라 판단되는 것들을 수없이 목격했다. 1868년 어느 친구로부터 어떤 책이(그처럼 막강한 영향력을 행사한 작품의 이름은 우리에게 전해지지 않는다) 자신을 '방황과 타락과 질병'으로 이끌었다는 이야기를 듣고 캄스톡은 가게에 가서 그 책 한 권을 구입한 뒤 경찰관을 대동하여 가게 주인을 체포하게 하고 재고로 남았던 책까지 모조리 압수하게 했다. 첫번째 수색이 성공하자 이에 힘을 얻어 그는 검열 활동을 계속하기로 작정하고 독자의 말초 신경을 건드리는 책들을 펴내는 소규모 출판업자와 인쇄업자를 체포하는 일에 나섰다.

자신에게 8천 5백 달러를 제공한 YMCA의 친구 도움으로 캄스톡은 뒷날 그를 유명하게 만들었던 '사회악 추방 협회'를 조직할 수 있었다. 죽기 2년 전 뉴욕에서 있었던 인터뷰에서 그는 "이곳에서 지낸 41년 동안 나는 61량짜리 여객 열차를 가득 채울 만큼 많은 사람의 유죄를 입증했소. 차량 60개에 각각 60명씩 태우고 나머지 61번째 객실도 거의 다 채울 수 있을 거요. 내가 파괴한 외설 문학만도 160톤이나 되오"라고 밝혔다.

캄스톡의 열정에 시달리다 못해 자살한 사람도 15명이 넘었다. 그가 전직 아일랜드 외과 의사였던 윌리엄 헤인즈를 '음탕한 문학을 165종 출간한 혐의로' 교도소에 수감하게 하자 헤인즈는 자살의 길을 택했다. 그 직후 '어느 정보원'이 헤인즈의 집을 덮치라고 제보했을 때 캄스톡은 막 브루클린행 연락선을 타려던 참이었다. 그가 헤인즈의 집에 도착했을 때는 혼자된 헤인즈 부인이 화물 배달차에서 금서들의 인쇄 원판을 내리던 중이었다. 그 순간 아주 민첩한 몸놀림으로 캄스톡은 짐차의 운전석으로 뛰어 올라가 그대로 YMCA로 내달려 그곳에서 원판을 파기했다.

그렇다면 캄스톡이 읽은 책은 대체 어떤 것이었을까? 그는 오스카 와일드가 장난삼아 던진 충고를 고지식하게 따르던 그런 인물이었다. "나는 서평을 해야 할 책은 절대로 읽지 않는다. 그 이유는 편견을 안겨다 주기 때문이다." 그렇지만 간혹 캄스톡도 책들을 파기하기에 앞서 잠깐 들여다보기는 했으며 그럴 때면 자신이 읽은 내용에 아연실색

「출판의 영향」이라는 제목이 붙은 19세기 미국의 연재 만화. 검열 제도를 옹호하는 내용이다.

했다. 프랑스와 이탈리아 문학에 대한 그의 시각은 이런 식이었다. "성욕에 굶주린 나라에서 일어난 갈봇집과 매춘의 이야기군. 비열하기 짝이 없는 이들 작품에는 사랑스럽고 교양 있고 돈 많고 또 모든 면에서 매력적인 여주인들이 결혼한 남자를 연인으로 두거나, 아니면 결혼한 뒤에도 남자들이 매력적인 유부녀의 주변으로 몰려들어 그녀의 남편에게만 주어졌던 특권을 즐기는 장면이 얼마나 자주 등장하는가!" 심지어 고전 작품까지도 경멸의 대상에서 벗어나지 못했다. 그는 자신이 쓴 『젊은이들을 노리는 덫』이라는 책에서 "예를 들어 보카치오가 쓴 저 유명한 책을 한번 보자"라고 쓰면서 저명한 고전 작가의 작품까지도 들먹이고 있다. 그 책이 그에게는 얼마나 상스럽게 느껴졌던지 "이 책이 이 나라 젊은이들을 야수처럼 파괴하고 탈선시키지 못하게 하는 일이라면" 무엇이든 하겠노라고 장담했다. 발자크, 라블레, 월트 휘트먼, 버나드 쇼, 톨스토이도 그의 희생자 리스트에 포함되었다. 캄스톡의 일상 독서는 그의 말을 빌리면 성경이 전부였다.

캄스톡의 검열 방법은 야만적이긴 했지만 피상적인 구석이 많았다. 하나의 텍스트에 숨겨진 메시지를 찾느라 주의를 기울이는 보다 전문적인 검열관들이 갖췄던 인지력과 인내를 그는 갖추지 못했다. 예를 들면 1981년에 피노체트 장군이 이끄는 군사 정권은 칠레에서 『돈키호테』를 금지시켰는데, 그 이유는 이 작품에 개인의 자유에 대한 호소와 전통적인 권위에 대한 공격이 담겨 있다는 판단에서였다(피노체트의 판단은 꽤 정확했다).

캄스톡의 검열은 혐의가 짙은 작품을 단순히 저주받은 책 목록에 올려놓는 것에 지나지 않았다. 책에 대한 그의 접근 또한 제한적이었다. 그는 책들이 대중 앞에 모습을 나타내고 나서야 비로소 추적할 수 있을 뿐이었다. 그때는 이미 많은 책들이 탐욕스런 독서가들의 손으로 들어간 뒤였다. 카톨릭 교회의 경우는 그보다 훨씬 세련되었다. 1559년에 로마 종교 재판의 성회(聖會)는 로마 카톨릭 교리와 윤리에 위험스런 것으로 여겨지는 책들을 모아서 최초의 금서 색인을 발간했다. 이미 출판된 것 중에서 비도덕적으로 판단된 책뿐만 아니라 출판되기도 전에 검열한 책까지 포함하고 있는 이 색인은 교회가 금지하는 모든 책을 정리하는 카탈로그로 만들 의도는 전혀 없었다. 그렇지만 1966년 6월 카톨릭측이 마침내 이 색인을 포기했을 때 신학적인 저작물 수백 편 중에는 볼테르, 디드로, 콜레트, 그레이엄 그린 등 세속 작가의 작품도 상당수 들어 있었다. 두말

INDEX LIBRORUM
PROHIBITORUM

SS.MI D. N. PII PP. XII

IUSSU EDITUS

ANNO MDCCCCXLVIII

TYPIS POLYGLOTTIS VATICANIS
MDCCCCXLVIII

1948년 첫 출간된 후 1966년 절판될 때까지 여러 차례 개정된 카톨릭 교회의 금서 목록.

할 필요 없이 캄스톡이 이 색인을 보았다면 아주 유용하게 이용했을 것이다.

"예술은 도덕보다 상위의 개념이 아니다. 도덕이 무엇보다 우선적이다"라고 캄스톡은 쓰고 있다. "그 다음 자리는 공공 도덕의 수호자인 법률이 차지한다. 예술은 그 경향이 외설스럽거나 음탕하거나 천박할 경우에는 법과 충돌하게 마련이다." 이 표현으로 『뉴욕월드』지는 한 사설에서 "예술은 옷을 입지 않으면 전혀 건전할 수 없다는 뜻인가?"라는 질문을 던진다. 그렇다고 캄스톡이 비도덕적인 예술에 대해 명확한 정의를 내리는 것도 아니다. 그는 검열관과 마찬가지로 결국에는 논점을 교묘히 피한다. 캄스톡은 1915년에 사망했다. 2년 뒤 미국의

에세이스트인 H.L. 멘켄[1]은 캄스톡의 활동을 '새로운 청교도주의'로 정의했다. "금욕적이지는 않지만 호전적인 청교도주의였다. 그 운동의 목적은 성인(聖人)들을 육성하는 것이 아니라 죄인들을 때려잡는 것이었다."

캄스톡이 내세운 주장은 그 자신이 '비도덕적인 문학'이라고 부르는 것들이 보다 높은 정신적 가치를 추구하는 데 정성을 쏟아야 할 젊은 이들의 마음을 타락시킨다는 것이었다. 이런 관심은 역사가 오래되었고 또한 서구에만 국한되는 것도 아니었다. 15세기 중국에서도『고금소설古今小說』로 알려진 명나라 시대 이야기 모음집이 워낙 인기가 높아서 젊은 학자들이 유교 공부를 게을리할지도 모른다는 생각에 이 책을 중국판 금서 색인에 포함시켜야 했다.

서구에서는 적어도 시인을 이상적인 공화국에서 금지시켰던 플라톤 시대 이후로 이런 강박 관념은 약간 가벼운 형태이긴 하지만 픽션에 대한 두려움으로 표출되었다. 영국 작가인 에드먼드 고스[2]의 어머니는 종교적이든 세속적이든 어떤 종류의 소설도 자기 집에 들여놓는 것을 허락하지 않았다. 1800년대 초기 고스의 어머니가 아주 어렸을 때, 그녀는 이미 직접 이야기들을 지어 냄으로써 자신은 물론이고 남자 형제들까지 즐겁게 해주었다. 그런 행위는 칼뱅 교도였던 여자 가정 교사가 그 사실을 발견하고는 그녀에게 그따위 즐거움은 사악한 짓이라며 좀더 엄하게 가르치기 시작할 때까지 계속되었다. 고스 부인은 자신의 일기에 "그날 이후로는 줄곧 어떤 종류의 이야기든 꾸며 내는 것은 죄악이라고 여기게 되었다"고 적고 있다. 그렇지만 "이야기를 창작하고 픈 갈망은 맹렬히 커져만 갔고, 내가 듣거나 읽은 모든 것은 내 마음 속의 병을 자라게 하는 '양식'이 되었다. 나에게는 진실

1) Henry Louis Mencken, 1880~1956. 미국의 평론가이자 언론인.
2) Edmund William Gosse, 1849~1928. 영국의 시인이자 비평가.

의 담백함만으로는 충분하지 않았다. 나는 진실에다가 상상력으로 수를 곁들여야만 하는데, 내 가슴을 멍들게 했던 사악함과 우매함과 허무함은 이루 형언할 수 없는 지경이었다. 심지어 지금도, 비록 그 구렁텅이에서 벗어나려고 기도하고 분투하고 있지만 그런 죄의식은 아주 쉽게 나를 허물어 버린다. 죄의식은 나의 기도를 방해했고 나의 발전을 가로막아 결과적으로 나를 비천하게 만들었다.” 이런 글을 그녀는 스물아홉 살에 남겼다.

그녀는 자기 아들도 이런 신념으로 키웠다. “내가 어렸을 적에는 ‘옛날 옛날 옛적에!’ 라는 식으로 서두를 떼며 이야기해 주는 사람이 하나도 없었다. 언제나 선교사들에 대한 이야기였으며, 해적 이야기는 결코 없었다. 나는 벌새하고는 친숙했어도 요정에 대해서는 한번도 들어 보지 못했다”고 고스는 회고했다. “사람들은 나를 진실한 사람으로 만들기를 원했다. 그런 경향은 나를 현실적이고 회의적인 존재로 만들게 마련이었다. 만약 사람들이 나를 초자연적인 환상으로 감싸 줬다면 나의 마음은 아마도 의문을 품지 않는 정신으로 그들의 전통을 답습하는데 더 오랫동안 만족했을지도 모른다.” 1980년에 미국 호킨스 카운티의 공립학교들을 테네시주 법정으로 몰고 갔던 학부모들의 경우 고스의 주장을 접하지 않았음에 틀림없다. 이 학부모들은 『신데렐라』『금발의 미녀』『오즈의 마법사』가 포함되었던 초등학교 시리즈들이 자신들의 근본주의적인 종교 신앙에 위배된다는 주장을 펼쳤다.

다른 사람들의 책 읽기를 금지하겠다고 나서는 권위주의적인 독서가들, 읽어도 좋은 책과 읽어서는 안 되는 책을 가리겠다는 광적인 독서가들, 쾌락을 위한 책 읽기는 거부하고 자신들이 진실이라고 확신하는 사실만 반복해서 이야기하기를 고집하는 금욕적인 독서가들, 이 모든 독서가들은 독서가가 지닌 거대하고 다양한 힘을 제한하려고 시도

하는 존재들이다. 그러나 검열관들은 불길이나 법정이 아닌 다른 방법으로도 목적을 달성할 수 있다. 그들은 자신들의 전제권력을 정당화하기 위해 자신들에게 유익한 방향으로만 책들을 해석할 수 있다.

1976년 내가 고등학교 5학년일 때, 아르헨티나에서는 호르헤 라파엘 비델라가 이끄는 군사 쿠데타가 일어났다. 그 뒤를 따른 것이 인권 탄압이었는데, 그것이 얼마나 심각했는지 그때까지 아르헨티나로서는 한번도 경험해 보지 못했을 정도였다. 군부의 변명은 테러리스트들과 전쟁을 벌인다는 것이었다. 비델라 장군은 "테러리스트는 총이나 폭탄으로 무장한 사람만이 아니라 서구 문화와 그리스도 문화에 어긋나는 이념을 퍼뜨리는 사람들도 그 범주에 포함된다"고 하였다.

납치당하고 고문당한 수천 명 중에는 성직자인 오를란도 비르길리오 요리오 신부도 끼여 있었다. 어느 날 요리오 신부를 신문하던 사람이 신부에게 복음서 읽는 행위가 거짓이라고 빈정거렸다. 신문 담당관이 "당신네들은 예수 그리스도의 가르침을 지나치게 글자 그대로 해석하고 있소"라고 말했다. "예수 그리스도는 가난한 사람에 대해서 말했소. 하지만 그가 가난한 사람을 이야기했을 때는 마음이 가난한 사람을 이야기했는데 당신네는 그것을 고지식하게 해석하여 가난한 사람들과 함께 살려고 해요. 아르헨티나에서는 정신이 가난한 사람들은 부자들이니 앞으로는 부자를 돕는 데 당신의 시간을 투자해야겠소. 그들이야말로 진정으로 정신적 도움이 필요한 사람들이니까."

이런 까닭에 독서가의 힘이라고 해서 모두가 계몽적인 것은 아니다. 하나의 텍스트를 창조할 수 있고, 그 텍스트의 의미를 다양화하고 그 텍스트로 과거와 현재를 비추고 미래의 가능성을 탐색해 낼 수 있는 똑같은 행위가 살아 숨쉬는 페이지를 파괴할 수도 있는 것이다. 모든 독서가는 나름대로 책 읽기의 방법을 창조해 내는데, 그것은 거짓말을 하는 것과는 다르다. 하지만 독서가는 그 텍스트를 어떤 교의(教義)나 전횡적인 법, 사사로운 이익, 노예 소유자의 권리나 전제군주의 권위 등에 교묘하게 종속시킴으로써 거짓말을 할 수도 있다.

얼간이 같은 책벌레 이미지

풍자 시집 『바보선(船)』의 작가 세바스티안 브란트.

이런 것들은 독서가들 모두에게 매우 평범한 몸짓들이다. 안경을 케이스에서 꺼내 종이 조각이나 윗옷 가장자리나 넥타이 끝부분으로 닦은 뒤 그것을 코 위에 걸친다. 그제서야 훤하게 보이는 책장을 들여다본다. 그리고 나서도 글자의 초점을 맞추려고 안경을 위로 올리거나 아니면 반들거리는 콧등 아래로 약간 내린다. 또 조금 있다가는 빨려들 듯했던 텍스트를 보지 않으려고 안경을 들어올리고 양 눈썹 사이의 미간을 문지르며 눈을 감고 눈꺼풀을 찡그려 본다. 이제 마지막 행동이 따른다. 안경을 벗어 곱게 접어 밤을 위해 이제 막 끝낸 책장 사이에 꽂아 둔다. 그리스도교 성화(聖畵)에는 성 루시가 접시에 안경을 담아 다니는 모습이 그려진다. 사실상 안경은 시력이 좋지 않은 독서가들에게는 언제든지 벗었다 낄 수 있는 눈과 같다. 안경은 신체에서 떼어 낼 수 있는 기구요, 또 그것을 통해서 세계를 관찰할 수 있는 가면이요, 애완용 사마귀처럼 언제나 휴대하고 다니는 벌레 같은 물건이다. 책더미 위에 걸치적거리지 않게 양 다리를 접은 채 놓여 있거나, 아니면 어지럽게 흐트러진 책상 위 구석자리에 주인을 기다리듯 서 있는 안경은 독서가의 상징이요, 그 자리에 독서가가 있다는 표시요, 독서가의 기교를 나타내는 것이다.

안경이 발명되기 전 몇 세기 동안은 어떠했을까를 상상해 보면 무척 당혹스럽다. 그 시기에 독서가들은 글자 하나하나의 흐릿한 윤곽을 짚어 가면서 실눈을 뜨고 텍스트를 어렵게 읽었을 것이다. 그러다가 안경을 접하게 되어 별다른 노력을 기울이지 않아도 갑자기 책장이 선명하게 다가올 때 느꼈을 그 위안을 상상하면 정말 감동스럽지 않을 수 없다. 인류의 1/6이 근시인데 독서가 중에는 그 비율이 월등히 높아 24%에 가깝다. 아리스토텔레스, 루터, 새뮤얼 피프스, 쇼펜하우어, 괴테, 쉴러, 키츠, 테니슨, 존슨 박사, 앨릭잰더 포프, 케베도, 워즈워스,

단테, 개브리얼 로세티, 엘리자베스 브라우닝, 키플링, 에드워드 리어, 도로시 L. 세이어스, 예이츠, 우나무노, 타고르, 제임스 조이스, 이들은 모두 시력이 약했다. 많은 경우 사정이 더욱 나빠 호머에서 밀턴, 그리고 제임스 서버와 보르헤스까지 유명한 독서가 중 상당수는 만년에는 맹인이 되기도 했다. 30대 초반에 시력을 잃기 시작해서 더 이상 아무것도 볼 수 없게 되었던 1955년에 부에노스아이레스 국립 도서관 관장에 임명되었던 보르헤스는 한때 자신에게 허용되었던 책을 빼앗겨 버린 실패한 독서가의 기이한 운명에 대해 이렇게 논평했다.

> 그 누구도 눈물을 뿌리거나 책망하지 말자
> 하느님의 권능의 선언을
> 이처럼 장엄한 아이러니로
> 나에게 암흑과 책을 동시에 내리셨나니.

'망각과 잠을 닮은 창백하고 모호한 재'의 흐릿한 세계에 파묻혀 사는 이런 독서가의 운명을 보르헤스는 양식과 마실 것으로 둘러싸인 채 굶주림과 갈증으로 죽어 가야 했던 미다스 왕의 그것과 비교했다. TV 시리즈 '트와일라이트 존'(The Twilight Zone)의 어느 이야기도 미다스의 처지처럼 인류 가운데 유일하게 핵 재앙에서 살아 남은 책벌레를 다루고 있다. 이 세상의 모든 책을 주인공의 의지대로 처분할 수 있는 상황인데 그 생존자는 어쩌다가 그만 안경을 부러뜨리고 만다.

안경이 발명되기 전에는 적어도 독서가의 1/4 정도가 텍스트를 해독하기 위해 특별히 큰 글자를 필요로 했을 것이다. 중세 독서가의 눈에 쏟아진 긴장은 대단했다. 당시 책을 읽던 방들은 여름에는 태양열을 차단하려다 보니 컴컴했고, 겨울에도 칼날 같은 외풍을 막으려고 가능한 한 창을 작게 만들었기 때문에 겨우 흐릿한 빛만 들어올 뿐이었다. 중세의 필사자들도 자신들이 작업하는 환경에 대해 끊임없이 불평을 늘어놓으면서 간혹 책 가장자리에다가 자신의 어려움을 갈겨 놓기도 했다. 13세기 중엽, 우리에게는 이름과 당시 자신이 맡았던 일에 대해 불평을 글로 남겼다는 정도밖에 알려진 것이 없는 플로렌치오라는 사람이 책 가장자리에 적어 놓은 불평을 들여다보자. "정말 피말리는 일이다. 눈의 빛을 앗아 가고, 등을 굽게 만들고, 창자와 갈빗대를 으쓰러뜨리고, 신장에도 통증을 불러오고, 전신에는 피곤을 안겨다 주는 정말 고통스런 작업이다." 시력이 약한 독서가들에게는 더욱 힘든 작업이었음에 틀림없다. 패트릭 트레버-로퍼 같은 사람은 시력이 좋지 않은 이들에게는 오히려 밤이 더 편했다고 암시하는데, 그 이유는 "어둠이 훌륭한 균형 장치의 역할을 맡기 때문"이라는 것이다.

바빌론과 로마, 그리스에서 시력이 떨어지는 독서가들은 주로 노예에게 대신 책을 읽도록 하는 수밖에 달리 방법이 없었다. 몇몇 사람들이 투명한 돌을 통해 보면 도움이 된다는 사실을 깨달았다. 대(大)플리니우스는 에메랄드의 특성에 대해 기술하면서 근시였던 네로 황제가 에메랄드를 통해 검투사의 싸움을 지켜보곤 했다는 기록을 남겼다. 이 에메랄드가 유혈이 낭자한 싸움의 현장을 확대시켰는지, 아니면 단순히 초록색으로 비치게 만들었는지 우리로서는 말할 수 없지만 이런 이야기는 중세를 내려오면서 계속 이어졌다. 로저 베이컨[1]과 그의 스승인 로버트 그로스테스트[2]도 이 보석의 놀랄 만한 특성에 대해 논평한 적이 있다.

하지만 값비싼 돌을 손에 넣을 수 있었던 독서가는 극히 드물었다. 대부분은 타인의 책 읽기에 의존하여 자신의 책 읽기

1) Roger Bacon, 1220?-1290. 중세 영국의 철학자이자 과학자.
2) Robert Grosseteste, 1168?-1253. 중세 영국의 철학자이자 신학자.

를 그럭저럭 때우거나, 아니면 눈의 근육이 결함을 수정하느라 바짝 긴장하는 가운데 그야말로 서서히, 고통스럽게 직접 책을 읽어 갈 수밖에 달리 묘안이 없었다. 그러다가 13세기 말경 어느 때인가, 시력이 약한 독서가의 운명도 확 바뀌게 되었다.

그런 변화가 언제 일어났는지 우리는 정확하게 알지 못한다. 그러나 1306년 2월 23일, 피렌체의 산타 마리아 노벨라 교회의 설교단에서 피사 출신의 조르다노 다 리발토가 설교를 했는데, 그 설교에서 그는 신자들에게 '이 세상에서 가장 유익한 도구의 하나인' 안경의 발명이 벌써 20년 전에 있었다는 사실을 일깨워 주었다. 그러면서 덧붙이기를 "나는 안경을 발견하고 만들었던 사람을 누구보다도 먼저 만났고 함께 대화도 나누었다"고 강조했다.

이 진기한 물건의 발명가에 대해서는 알려진 게 전혀 없다. 그 사람은 아마도 조르다노의 동시대인으로 스피나라는 이름을 가진 수도사일지도 모르는데, 이 사람에 대해서는 "안경을 만들었고 다른 사람들에게 그 기술을 무료로 가르쳐 줬다"라는 기록이 전해져 온다. 그는 아마도 1301년부터 이미 안경 만드는 기술을 알고 있었던 '베네치아 수정 제조업자 길드'의 회원이었을지도 모른다. 이 길드의 규칙 중에는 '독서용 안경을 만들기를 희망하는' 사람이면 누구나 따라야 할 공정을 설명한 것이 들어 있다. 아니면 안경 발명가는 살비노 데글리 아르마티라는 사람일지도 모른다. 이 사람의 명판(銘板)은 지금도 피렌체의 산타 마리아 마조레 교회에 가면 볼 수 있는데, 거기에는 '안경의 발명가'라고 쓰여 있고 '신이여 그의 죄를 용서하소서. A.D. 1317년'이라고 덧붙여 있다. 안경 발명가로 추측되는 또 한 사람은 카탈로그 작성의 거장으로 이미 앞에서 거론됐던 로저 베이컨이다. 그에 대해 키플링은 만년의 한 작품에서 어느 채식자(彩飾者)에 의해 영국으로 밀수입된 초기의 아랍 현미경을 증명하였다. 1268년에 베이컨은 "누구든지 수정이나 유리를 통해 글자나 작은 물체를 관찰하면, 그리고 그 수정이나 유리가 둥근 것을 자른 단면이고 그 볼록면이 눈 쪽으로 향하고 있을 경우, 글자는 훨씬 더 잘 보이고 더 크게 보일 것이다. 그런 도구는 모든 사람에게 유익하다"고 적고 있다. 4세기가 지나서까지도 데카르트는 여전히 안경의 발명을 칭송하고 있다. "모든 인생살이는 감각에 의존하고, 또 감각 중에서도 가장 포괄적이고 귀중한 것이 시각이기 때문에, 그런 능력을 증대시키는 데 기여하는 발명이 가장 유익한 것 가운데 하나라는 데는 의심의 여지가 없다."

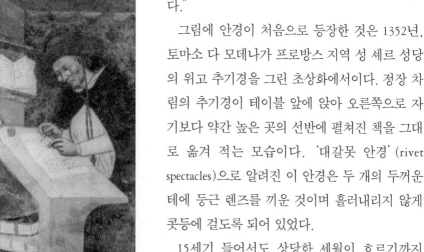

최초로 그림에 안경이 등장하는 위고 추기경의 초상화. 1352년 토마소 다 모데나가 그렸다.

그림에 안경이 처음으로 등장한 것은 1352년, 토마소 다 모데나가 프로방스 지역 성 셰르 성당의 위고 추기경을 그린 초상화에서이다. 정장 차림의 추기경이 테이블 앞에 앉아 오른쪽으로 자기보다 약간 높은 곳의 선반에 펼쳐진 책을 그대로 옮겨 적는 모습이다. '대갈못 안경'(rivet spectacles)으로 알려진 이 안경은 두 개의 두꺼운 테에 둥근 렌즈를 끼운 것이며 흘러내리지 않게 콧등에 걸도록 되어 있었다.

15세기 들어서도 상당한 세월이 흐르기까지 독서용 안경은 사치품에 속했다. 비싸기도 했을 뿐더러 책 자체가 극소수의 사람들이 소유했기 때문에 상대적으로 안경을 필요로 하는 사람이 드물었기 때문이다. 인쇄술이 발명되고 책의 인기가 상대적으로 높아진 뒤부터는 안경에 대한 수요도 증가했다. 예를 들면 영국에서는 행상들이 이 마을 저 마을을 돌면서 '값싼 대륙풍 안경'을 팔고 다녔다. 스트라스부르에서는 구텐베르크의 최초의 성경이 출간되고 겨우 11년이 지난 1466년에 안경 제조업자들이 널리 알려지게 되었으며, 뉘른베르크에는 1478년에, 프랑크푸르트에는 1540년에 안경 제조업자가 등장했다. 더욱 많고 더욱 훌륭한 안경이 더욱 많은 독자들을 더욱 훌륭한 독서가로 만들었고, 더욱 많은 책을 구입하도록 했다는 말도 가능하다. 바로 그런 이유로 해서 안경은 지식인이나 도서관 사서, 학자들과 떼려야 뗄 수 없는 관계로 자리잡게 되었다.

14세기 이후로는 무수히 많은 그림에 안경이 등장하는데, 이는 그 인물에게 학문적이고 현명하다는 인상을 주기 위해서였다. 성모 마리아의 죽음을 그린 수많은 그림에서 그녀의 임종을 지켜보는 의사들이나 현자들 중 몇 명은 다양한 형태의 안경을 끼고 있다. 11세기에 그려진 작자 미상의 작품으로 현재 빈의 노이베르크 수도원에 걸려 있는 「성모 마리아의 죽음」에는 한 젊은이가 절망적인 표정으로 내미는 두터운 책을 살펴보는 하얀 턱수염의 현자가 보이는데, 이 사람의 안경은 작품이 완

빈의 노이베크 수도원에 걸려 있는 「성모 마리아의 죽음」. 오른쪽에서 두 번째에 서 있는 의사의 코에 안경이 얹혀 있다. 이 안경은 그림이 완성되고 몇 세기가 지난 뒤 덧칠해진 것 같다.

성되고 나서 몇 세기가 지난 뒤에 덧칠해 그린 것이다. 이런 그림이 암시하는 바는 학자들 중에서 가장 똑똑한 사람들조차도 성모 마리아를 치유하고 그녀의 운명을 바꿀 수 있을 만큼 충분한 지혜를 갖지 못했음을 말하는 것 같다.

그리스, 로마, 그리고 비잔티움에서는 학자 겸 시인—서책(書冊)이나 두루마리를 들고 있는 것으로 상징되는데—이 귀감으로 삼을 만한 인물로 여겨졌지만 그 역할은 어디까지나 인간에게 국한되었다. 신은 절대로 문학으로 자신을 바쁘게 만드는 법이 없었다. 고대 그리스와 로마의 신들이 책을 들고 있는 모습은 절대로 없다. 신의 손에 책을 쥐어 준 종교는 그리스도교가 처음이었고, 14세기 중반 이후 상징적인 그리스도교 책에는 항상 또 다른 이미지, 즉 안경이 동반되었다. 예수 그리스도와 하느님 아버지의 전지 전능함으로 미루어 볼 때, 그들을 근시안으로 표현하는 것은 정당하지 못할 것이지만, 교부(敎父)들—성 토마스 아퀴나스, 성 아우구스티누스—과 카톨릭 교회법으로 받아들여진 고대 저자들—키케로, 아리스토텔레스—은 간혹 지혜의 안경을 낀 채 학술 서적을 들고 있는 모습으로 묘사되었다.

15세기 말에 이르러 안경은 독서의 위엄뿐 아니라 독서의 악폐까지 상징할 정도로 익숙하게 되었다. 그때나 지금이나 대부분의 독서가들은 간혹 자신들의 행위가 비난받아 마땅하다는 식으로 꾸중을 듣는 치욕적인 경험을 하게 된다. 나도 6학년인가 7학년인가 학교에 가지 않던 어느 날 집안에 틀어박혀 책만 읽는다고 놀림을 당했던 기억이 있다. 그날 놀림을 견디다 못해 나는 끝내 안경은 이쪽 구석으로, 책은 저쪽 구석으로 내동댕이치고는 방바닥에 납작 엎드려 얼굴을 처박고 말았다. 나의 사촌들은 내 침실이 책으로 가득한 것을 익히 보았던 터라 내가 그들과 함께 서부 활극을 보러 가지 않을 것이라 지레 짐작하고 "너는 아마 서부극을 좋아하지 않을 거야"라고 단언했던 것이다. 할머니께서도 내가 일요일 오후에 책을 읽는 모습을 보면 "너 또 공상에 빠져 있구나"라며 한숨을 내쉬었는데, 그 이유는 나의 활발하지 못함이 그녀에게는 세월을 허송하는 게으름이자 삶의 기쁨을 거역하는 죄처럼 보였기 때문이다. 나태한, 연약한, 젠체한, 현학적인, 엘리티스트, 이런 것들은 골똘한 학자, 시력이 나쁜 독서가, 책벌레, 얼간이들 하면 연상되는 형용사들이다. 책 속에 파묻혀, 세상과는 담을 쌓은 채, 너덜너덜한 책 표지 안에 담긴 단어에 익숙하지 않은 사람들보다는 자신들이 더 낫다는 우월감에 빠져, 하느님의 가르침에 숨은 뜻이 무엇인지를 아는 척했던 안경 낀 독서가는 얼간이로 비쳤고, 안경은 지적 오만의 상징이 되었다.

1494년 2월, 그 유명한 바젤의 카니발 동안에 젊은 법학박사였던 세바스티안 브란트[1]는 자그마한 풍자 시집인 『바보선(船)』을 독일어로 출간했다. 이 책의 성공은 가히 폭발적이었다. 첫 해에만 세 차례나 인쇄를 했으며, 브란트의 고향인 스트라스부르에서는 그 수익을 나눠 먹으려는 욕심에 어느 모험심 강한 출판인이 무명 시인에게 그 시집을 4천 행 정도 더 늘리도록 부탁하기까지 했다. 브란트가 이런 형태의 표절에 불만을 토로했지만 별 소용이 없었다. 2년 뒤 브란트는 프라이부르크 대학의 시(詩) 담당 교수였던 자기 친구 자크 로허에게 그 시집을 라틴어로 옮겨 달라고 부탁했다. 로허는 번역을 하긴 했지만 장(章)의 순서를 다시 조정하고 그 자신의 '변주 작품'까지 보탰다. 브란트의 원작에 변화가 가해진 것과는 관계없이 그 책의 독자는 17세기까지 계속 늘어나기만 했다. 그 책의 성공은 부분적으로는 부록으로 스물두 살 먹은 알브레히트 뒤러[2]의 목판화를 곁들인 데 힘입은

[1] Sebastian Brant, 1457~1521. 독일 인문주의 시대의 시인이자 법률가.
[2] Albrecht Durer, 1471~1528. 독일의 화가이자 조각가.

것도 사실이다. 하지만 크게 보아서 그 공로는 브란트 자신의 것이었다. 브란트는 자기가 몸담고 있던 사회의 어리석음과 죄를, 간통과 도박에서부터 신앙심 결여와 배은망덕까지를 간결하고 신선한 표현과 현대적인 언어로 꼼꼼하게 살려 내고 있다. 예를 들어 그 당시 채 2년도 되지 않았던 신대륙의 발견은 책 중간쯤에서 탐욕스런 호기심의 우둔함을 풍자하는 대목의 한 예로 설명되었다. 뒤러와 다른 화가들도 브란트의 독자들이 일상에서 빈번하게 접하는 동료들에게서 언제라도 확인할 수 있는 이런 죄인들의 이미지를 그림으로 제시했다. 그러나 자신의 텍스트에 곁들일 삽화의 이미지를 그렇게 이끈 장본인은 바로 브란트 자신이었다.

이 책의 표지 바로 뒷 페이지에 나오는 그림 중 하나는 학자의 우매함을 형상화하고 있다. 브란트의 책을 펼치는 독자는 곧 자신의 이미지와 맞닥뜨리게 된다. 서재에서 사방이 책으로 둘러싸여 있는 남자이다. 온 공간이 죄다 책이다. 뒤쪽 선반에도, 교탁식 탁자의 양 옆에도, 탁자 안쪽의 칸막이에도 그렇다. 그 남자는 (자신의 당나귀 귀를 숨기기 위해) 모자를 쓰고 있고, 머리 뒤로는 종이 달린 어릿광대 두건이 매달려 있다. 오른손에는 책에 앉으려는 파리를 때려 잡을 먼지털이가 들려 있다. 이 사람

세바스티안 브란트의 『바보선(船)』 초판에 삽입된 알브레히트 뒤러의 목판화.

이 바로 끊임없이 자신을 책에 파묻으려 드는 '책벌레 얼간이'다. 그의 코에는 어김없이 안경이 걸려 있다.

이 안경은 주인을 책망하고 있다. 여기, 세상을 직접 보려 들지 않고 책장의 죽은 단어를 응시함으로써 세상을 간접적으로 살피려는 사나이가 있노라고. 브란트가 그린 그 얼빠진 독서가는 "내가 바보선(船)에 가장 먼저 오르려는 데는 그럴 만한 이유가 있다. 나에게는 책이 인생의 전부여서 황금보다 더 귀중하다. 여기 나는 엄청난 보물을 가지고 있다. 비록 한마디도 이해하지는 못하지만"이라고 말한다. 그는 고백하기를 학문적인 책에서 이것저것 인용하는 유식한 사람들 틈에 끼여 있다가 "그 책 우리 집에도 있는데"라고 말할 수 있게 되기를 원한다고 털어놓는다. 그는 책은 많이 긁어모았지만 지식은 쌓지 못했던 알렉산드리아의 프톨레마이오스 2세와 자기 자신을 비교하고 있다.

브란트의 책을 통해 안경을 쓴 얼간이 학자의 이미지는 곧바로 누구나 다 아는 초상으로 자리잡게 되었다. 1505년에 이미 올레아리우스의 저작에도 나귀가 교탁식 탁자에 앉아 있는 장면이 그려져 있는데, 여기서 학급의 다른 동물 학생들에게 커다란 책을 읽어 주고 있는 그 나귀의 코에는 안경이 걸쳐 있고 발굽에는 파리채가 꽂혀 있다.

브란트의 책이 얼마나 인기가 많았던지 1509년 인문주의 학자 가일러 폰 카이저스베르크는 브란트의 책에 등장하는 얼간이들을 바탕으로 일요일마다

브란트의 시집을 통해 안경을 쓴 얼간이 학자의 이미지가 널리 사용되었다. 뒤러의 목판화와 비슷한 이 그림에서 학생들에게 책을 읽어 주고 있는 나귀 선생의 코엔 안경이 걸려 있고, 한 손엔 파리채 모양의 자작나무 묶음이 들려 있다.

한 명씩 빗댄 설교 시리즈를 시작했다. 브란트의 책 제1장을 기초로 한 첫번째 설교는 당연히 책벌레 얼간이에 대한 것이었다. 브란트는 이 얼간이에게 자신을 묘사해 보라며 단어들을 빌려 주었다. 이 묘사를 이용하여 가일러는 책에 빠진 얼간이를 일곱 가지 형태로 나누었는데, 얼간이의 머리에 달린 종이 딸랑거리는 것으로 갖가지 얼간이를 알아볼 수 있게 했다.

가일러에 따르면 첫번째 종은 책이 마치 값비싼 가구나 되는 것처럼 장식을 위해 책을 수집하는 얼간이를 상징한다. 이처럼 과시용으로 책을 축적하는 행위에 대해서는 이미 A.D. 1세기에 라틴 철학자인 세네카(가일러가 인용하기를 즐겼던 인물임)가 비난하기도 했다. "학교 교육을 받지 못한 많은 사람들이 책을 공부의 도구가 아닌 식당방의 장식으로 이용한다"고 가일러는 강조한다. "책이 명예를 안겨다 주리라 기대하는 사람은 오히려 책으로부터 뭔가를 배워야 한다. 그런 사람은 책을 서재에 보관할 것이 아니라 머리 속에 보관해야 한다. 그러나 이런 첫번째 얼간이는 자신의 책을 사슬로 묶어 자신의 죄수로 만든다. 만약 책들이 사슬을 풀고 말할 수 있게 된다면 아마도 그런 얼간이를 행정관에게 끌고 가서 감금시켜야 할 존재는 자신들이 아니라 이 얼간이라고 주장할 것이다."

두 번째 종은 현명해지려는 욕심에서 지나치게 많은 책을 읽는 부류의 얼간이에게 울린다. 가일러는 이런 얼간이를 음식을 너무 많이 먹어 일으키는 위통이나, 포위된 상태에서 지나치게 많은 부하들을 거느리고 있어 오히려 방해받는 그런 장군에 비교한다. "어떻게 해야 하는가? 그렇다면 내 책들을 모조리 내던져야만 하는가?" 이 대목에서 일요일 신자들 가운데 특정 시민을 손가락으로 가리키고 있을 가일러를 쉽게 상상할 수 있다. "아니, 그렇게 할 필요는 없습니다. 하지만 여러

분들은 그 책들 중에서 여러분들에게 유익한 것만을 골라서 필요한 때에 그것을 이용할 수 있으면 됩니다."

세 번째 종은 책을 모으기는 하되 진정으로 읽지는 않고 자신의 값싼 호기심을 만족시키기 위해 건성으로 들춰보기만 하는 얼간이를 부른다. 가일러는 이런 얼간이를 마을을 돌면서 남의 집 앞에 걸린 상징물이나 표시물을 찢어 내면서도 그것을 자세히 살피려 드는 그런 미치광이에 비교한다. 이런 일은 있을 법하지도 않을 뿐더러 시간 낭비에 지나지 않는다고 그는 말한다.

네 번째 벨은 호화로운 그림책을 좋아하는 얼간이를 부른다. "굶주림으로 고통을 겪는 하느님의 자식들이 숱하게 많은 마당에 금색과 은색으로 눈의 향연을 베푸는 것은 벌받아 마땅하지 않은가? 그대들의 눈은 그대들을 즐겁게 해줄 만한 것으로 이미 해와 달, 별, 수많은 꽃, 그리고 다른 것들도 많이 가지고 있지 않은가?"라고 가일러는 묻는다. 굳이 책에서까지 사람이나 꽃들을 봐야 할 필요가 있는가? 하느님이 내려주신 것만으로는 충분하지 않단 말인가? 이어서 가일러는 그림으로 그려진 상(像)에 애착을 갖는 것은 "지혜에 대한 모독"이라고 결론을 짓는다.

다섯 번째 종은 책을 값비싼 표지로 장정하는 얼간이를 경고한다(여기서 다시 가일러는 은근히 세네카를 인용하는데, 세네카는 "책의 장정이나 상표에서 쾌락을 얻는" 수집가를 경고했다. 이런 무식쟁이의 집에 가면 "서재도 욕실처럼 부유한 가정의 필수적인 장식이기 때문에 천장까지 닿는 선반 가득히 웅변가와 역사학자들의 전집이 꽂힌 것을 볼 수 있다고 했다).

여섯 번째 종은 고전은 한번도 읽지 않았을 뿐 아니라 철자나 문법, 수사학에 대한 지식은 쥐뿔도 없으면서 엉성한 책을 써서 출판하는 얼간이를 부른다. 이런 얼간이는 자신의 알맹이 없는 낙서를 위대한 저작물 옆에 세워 두고 싶은 유혹을 뿌리치지 못해 독서가에서 작가로 변신한 인물이다.

마지막으로—역설적 전환으로 훗날 반주지주의자(反主知主義者)들로부터 묵살당하게 되는데—일곱 번째 책벌레 얼간이는 책을 철저히 무시하고 책에서 얻는 지혜를 멸시하는 그런 부류이다.

브란트가 묘사한 지식인상을 통해, 지식인이었던 가일러는 당대의 반주지주의자들에게 언쟁을 벌일 빌미를 제공했다. 당시 반주지주의자들은 자신들의 역사 개념마저 바꿔 버린 치열한 전쟁, 공간과 무역의 개념을 변화시킨 지리적 탐험, 그리고 지구상에 발 딛고 서 있는 자신들은 어떤 존재이며 또 자신들이 존재하는 이유는 무엇인가에 대한 인식을 영원히 바꿔 버린 종교적 분열 등으로 유럽 사회의 세속 및 종교적 구조가 깨지는 것을 목격해야 하는 불확실한 시대를 힘겹게 살고 있을 때였다. 이런 반주지주의자들에게는 가일러의 설교야말로 더없이 훌륭한 비난거리가 되었다. 가일러의 설교는 하나의 단체로서의 반주지주의자들에게 본인들의 행동에서 결점을 찾기보다는 그들의 행동에 대한 일반인들의 사고에서, 그들의 상상력에서, 그들의 아이디어에서, 그들의 책 읽기에서 결점을 찾도록 했다.

일요일마다 스트라스부르 성당에 앉아 가일러가 잘못 인도된 독서가의 우둔함을 꾸짖는 소리를 들었던 사람들 중에서 많은 이들은 아마도 가일러가 학식 있는 사람들에 대한 일반인들의 원망을 그대로 반영하는 것으로 믿었을지도 모른다. 그 당시 나처럼 안경을 썼을 사람들의 심적 불편은 쉽게 상상할 수 있을 것이다. 아마도 그토록 소중했던 물건인 안경이 어느 순간 갑자기 얼간이의 상징으로 전락하게 되자 다른 사람이 눈치채지 못하게 슬쩍 안경을 벗었을지도 모른다. 그러나 가일러가 실제로 공격하고 있었던 것은 독서가나 독서가들이 끼고 있던 안경이 아니었다. 그것과는 상당히 거리가 멀었다. 그가 세련되지 않았거나 알맹이 없는 지적 경쟁에 비판적이었던 만큼 그의 비난은 문학적 지식과 책의 가치의 필요성을 더욱 강력하게 옹호할 수밖에 없었던 한 인도주의자 성직자로서의 안타까움이었다. 학자들을 두고 턱없이 특권을 누린다느니, 현실의 진정한 고통을 도외시하고 몇 세기 후에 생트뵈브[1]가 '상아탑'이라 부르게 되는 곳에 안주해 버린 인간이라느니, 하는 당시 보통 사람들 사이에 팽배했던 분개에 가일러는 동참하지 않았다. 당시 상아탑은 평범한 무리들의 집단적인 일상사에서 벗어나 '지적인 독서가들이 군중들로부터 자신을 고립시키기 위해 올라갈 수 있었던' 천국이었던 셈이다. 가일러보다 3세기 후의 인물인 토머스 칼라일[2]은 이런 학자적 독서가를 옹호하면서 그런 부류에 영웅적 특성들을 부여했다. 지저분한 다락에서, 닳아빠진 코트를 걸친 채, 살아 생전에는 자신에게 빵을 주거나 아니면 주지 않았을지도 모르는 나라와 세대들을 사후에 자신의 무덤에서(이거야말로 그런 존재들이 하는 일인데) 통치한다." 그럼에도 불구하고 독서가에 대해서는 얼빠진 지식인이라든가, 세상을 기피하는 사람이라든가, 구석진 곳에서 안경을 끼고 책이나 들추는 몽상가라든가 하는 선입견이 끊이질 않았다.

스페인의 작가로 가일러와 동시대 인물인 호르헤 만리케[3]는 인간을 '자신의 손으로 사는 사람들과 부자들'로 나누었다. 곧바로 이런 구분은 '자신의 손으로 사는 사람들과 책벌레 얼간이들', 즉 안경을 낀 독서가라는 인식으로 굳어지게 되었다. 이런 세속적이지 못한 것과의 결부가 한번도 안경을 떠난

1) Charles Augustin Sainte-Beuve, 1804~1869. 프랑스의 시인이자 문예 비평가.
2) Thomas Carlyle, 1795~1881. 영국 스코틀랜드의 역사이자 비평가.
3) Jorge Manrique, 1440?~1479.

적이 없으니 참으로 흥미롭다. 우리 시대에는 지적으로 (아니면 적어도 독서를 좋아하는 것처럼) 보이고자 하는 사람들까지도 그런 상징을 이용하는 실정이니 말이다. 안경은, 그것이 의사의 처방으로 만들어진 것이든 그렇지 않은 것이든, 얼굴의 관능적인 면을 크게 손상시키고 그 대신 지적인 이미지를 보탠다. 토니 커티스도 영화「뜨거운 게 좋아 Some Like It Hot」에서 마릴린 먼로에게 자신이 천진 난만한 백만장자에 지나지 않는다는 확신을 심어 주기 위해 안경을 훔쳐 쓴다. 그리고 도로시 파커의 유명한 말도 있지 않은가. "남자들은 좀처럼 가까이 하려 하지 않아/안경 쓴 소녀를."

학자들과 육감적인 보통 사람들을 구분하며 신체의 강인함과 정신력을 대립시키는 일에는 세심한 논증이 요구된다. 한쪽 편에는 근로자들이나 책에 접근할 기회를 봉쇄당한 노예들이 차지하는데, 인류의 대다수에 해당하는 이들은 가진 것이라곤 뼈와 근육밖에 없다. 다른 한쪽에는 사상가, 엘리트 필사자, 권력과 결탁한 지식인 등 소수가 서게 된다. 세네카는 행복의 의미를 논하는 대목에서 소수에게만 지혜의 성채를 허용하면서 다수의 의견을 멸시했다. "가장 참다운 것은 대다수로부터 환영을 받아야 하지만 인민들은 그러기는커녕 최악을 선택한다.……인민들의 말에 귀기울이는 것보다 더 해로운 것은 없다. 다수가 승인한 것을 옳다고 판단하고, 이성을 따르기보다는 일치 단결을 위해서만 사는 대중들의 행동을 삶의 모델로 받아들이는 것은 해롭기 이를 데 없다"고 그는 말했다. 영국의 학자 존 케어리는 금세기 초에 지식인과 대중의 관계를 분석하다가 빅토리아 여왕 시대 말기와 에드워드 7세 시대에 가장 유명했던 작가들 중 상당수에서 세네카의 견해가 투영되고 있다는 사실을 발견했다. 케어리는 이런 결론을 내렸다. "각 개인을 둘러싸고 있는 군중이 무수히 많다는 점을 감안한다면 다른 사람들이 나와 똑같은 인격을 지녔다고 간주하기는 사실상 불가능하다. 대중이란 말은 다분히 경멸적인 개념으로 이처럼 모두가 다 같지 않다는 데 따르는 어려움을 누그러뜨릴 의도로 만들어 낸 것이다."

글을 '훌륭하게' 읽을 수 있다는 이유로 책을 읽을 권리를 갖는 사람들과 '글을 이해하지 못한다'는 이유로 독서에 접근마저 거부당한 사람들을 대립시키는 논의는 그럴싸하게 들리는 것만큼이나 그 뿌리가 깊다. 소크라테스의 주장을 들어 보자. "무엇이든 글자로 옮겨지기만 하면 그 텍스트는, 그것이 무엇이든 간에, 이곳에서 저곳으로 옮겨지고 '그것을 이해하는 사람들만이 아니라 그것과는 아무런 상관이 없는' 사람들의 손으로까지 들어가게 된다(' ' 부분은 이 책의 저자가 덧붙인 것임). 텍스트는 '올바른' 독자를 정확하게 찾아가고, 또 그 텍스트와 어울리지 않는 '나쁜' 독자를 피하는 방법을 모르지 않는가. 그리고 만약 텍스트가 푸대접을 받거나 부당하게 학대당할 경우에는 언제든지 그 텍스트를 낳은 '부모'가 도움을 줘야 한다. 텍스트는 스스로를 옹호하거나 도울 수는 없다." 아니, 올바른 독자와 나쁜 독자라고…… 소크라테스는 하나의 텍스트에 극소수의 전문가들에게만 허용된 '정확한 해석' 하나가 존재하는 것으로 보고 있다. 빅토리아 여왕 시대 영국에서 매슈 아널드[1]도 이런 오만한 의견을 되풀이했다. "우리는…… 그 유산을 야만인이나 속물들에게 물려주는 데도 반대하고, 마찬가지로 민중들에게 넘겨 주자는 데도 반대한다." 그 유산이 무엇이었는지를 정확히 이해하려 노력하면서 올더스 헉슬리[2]는 그것을 '가문에 특별하게 전해 내려오며, 누적되고 또 구성원 누구나 공유하는 공동 재산인 지식'으로 정의했다. 헉슬리는 이렇게 쓰고 있다. "위대한 '문화 가문'인 우리는 서로 만나면 '할아버지' 호

1) Matthew Arnold, 1822~1888. 영국의 시인이자 언론인.
2) Aldous Leonard Huxley, 1894~1963. 영국의 소설가이자 평론가.

메로스, 무시무시한 늙은이 존슨 박사, '숙모' 사포, 키츠 소년 등에 대한 추억을 서로 나눈다. '베르길리우스 삼촌이 말했던 아주 소중한 말을 기억하고 있어? 티메오우 다나오우스[1]······정말 명언이잖아, 나는 그 명언은 잊지 못할 거야.' 그렇지, 우리 모두는 결코 잊지 못할 거야. 게다가 중요한 것은, 무례하게시리 우리에게 도움을 호소하는 불쾌한 사람들 말야, 온화한 베르길리우스 삼촌에 대해서는 아는 것이 전혀 없는 그 이방인들도 그 말만은 절대 망각하지 못하도록 우리가 신경을 써야 한다고. 그리고 우리는 그 사람들에게 저들은 우리와는 전혀 다른 국외자임을 끊임없이 일깨워 줘야 할 거야."

그렇다면 어느 것이 먼저였던가? 토머스 하디[2]의 표현을 빌리면 '예민한 영혼을 지닌 사람이 극소수 섞여 있는, 그리고 극소수 사람과 그들의 관점만 따르기만 하면 되는 사람들의 무리'인 대중이 먼저 생겨났는가, 아니면 본인들은 이 세상의 다른 사람들보다 우수하다고 여기는데 이 세상은 그저 콧방귀나 뀌면서 모른 채 웃어넘기는 그런 안경 쓴 책벌레 얼간이가 먼저 생겨났는가?

연대기적 순서 따위는 별로 중요하지 않다. 이런 두 가지 틀에 박힌 생각은 허구일 뿐 아니라 위험스럽기까지 하다. 왜냐하면 도덕적 혹은 사회적 비판이라는 미명하에 본래는 전혀 제한받거나 제한할 성질의 것이 아닌 어떤 기능을 축소하려 들 때 이런 고정 관념이 종종 악용되기 때문이다. 지그문트 프로이트는 보통 사람들에게도 글을 창작하는 행위와 흡사한 행위가 있음을 발견하려 노력하면서 픽션의 창작과 백일몽의 창작 사이에 서로 유사점을 찾을 수 있다고 하였다. 그 이유는 픽션을 읽을 때 "상상력에 따르는 실질적인 즐거움은 우리 마음 속의 긴장이 해방되면서 비롯된다.······그때부터 우리도 수

1) Timeo Danaos, 신뢰할 수 없는 사람은 다정하게 보일 때라도 두렵다는 의미의 라틴어.
2) Thomas Hardy, 1840~1928. 영국의 소설가이자 시인.

치심이나 양심의 가책 따위를 느끼지 않고 자신의 백일몽을 즐길 수 있게 되기 때문"이라 한다.

　하지만 독자들 대부분의 경험은 그렇지가 않다. 시간과 장소, 우리의 기분과 기억, 경험과 욕망에 따라서 독서의 즐거움은 최선의 상태에서도 마음의 긴장을 풀어 주기보다는 오히려 더욱 조이게 만든다. 때로는 신경을 너무 팽팽하게 잡아당겨 우리 독자들은 마음의 긴장을 덜 느끼기는커녕 더 강하게 의식하게 된다. 경우에 따라서는 책장 속에서 펼쳐지는 세상이 우리의 의식으로 녹아들기도 하는데, 그럴 때면 우리는 마치 돈키호테처럼 경이감에 빠져 그런 허구적 풍경 속을 목적 없이 방황하게 된다. 하지만 대부분의 시간에 독서가는 아주 팽팽한 상태에서 책을 읽게 된다. 심지어 모든 의심을 접어 둔 상태에서도 우리는 책을 읽고 있다는 사실만은 의식하며, 어떻게 읽어야 하는지를 모를 때조차도 우리는 왜 읽는지를 알고 있다. 이때 우리 맘 속에서는 텍스트의 환영과 책 읽기 행위가 떠나지 않는다. 우리는 결말을 발견하기 위해, 즉 이야기 자체를 위해 글을 읽는다. 우리는 독서 행위 자체를 위해, 즉 종말에 닿기 위해 글을 읽지는 않는다. 우리는 주변을 망각한 채 추적자처럼 무엇인가를 열심히 탐색하며 읽는다. 우리는 또 책장을 건너뛰어 가며 산만하게도 읽는다. 그리고 업신여기듯, 존경하듯, 분노하듯, 태만하게, 열정적으로, 질투하듯, 갈망하듯 책을 읽기도 한다. 또 즐거움을 안겨 주는 것이 대체 어떤 것인지를 파악하지 못하면서도 솟구치는 즐거움으로 책을 읽는다. 레베카 웨스트[1]는 『리어왕』을 읽은 뒤 "이런 감정은 대관절 무엇일까?"라고 묻는다. "내 인생에서 그토록 엄청난 황홀경을 느끼게 만든 지고한 예술 작품의 힘은 무엇일까?" 우리는 모른다. 그것을 건성으로 읽기 때문이다. 마치 무중력 상태에서 공

1) Rebecca West, 1892~1983. 아일랜드 태생의 영국의 여류 소설가이자 비평가.

간을 부유하는 것처럼 우리는 편견에 가득 찬 시선으로 악의적으로도
글을 읽는다. 또 우리는 텍스트의 결함을 고쳐 가면서 관대하게 읽기
도 한다. 그러다가 간혹 운이라도 좋으면 누군가가 아니면 무엇인가가
"우리의 무덤 위를 짓밟은 것처럼", 혹은 어떤 기억이 우리의 마음 깊
숙이 숨어 있다가 순간적으로 되살아난 것처럼 숨막히는 전율로 책을
읽기도 한다. 이런 현상은 우리의 마음 속에 자리잡고 있으리라고는
전혀 예상치 못했던 뭔가를, 아니면 우리가 희미하게 섬광이나 그림자
로 느꼈던 무엇인가를 인식하게 될 때 일어나는데, 귀신 같은 형태로
떠올랐다가 그것이 뭔지를 깨닫기도 전에 다시 우리의 깊은 내면으로
침잠해 버리는 그것은 우리를 한층 더 노숙하고 현명하게 만든다.
　이런 책 읽기를 웅변적으로 말해 주는 사진이 한 장 있다. 제2차 세

1940년 제2차 세계대전 당시 폭격당한 한 서점의 참혹한 모습. 지붕과 대들보는 형체를 알아볼 수 없을
정도로 처참한데, 책이 단정하게 꽂혀 있는 서가는 예전 모습 그대로이다.

계대전 당시인 1940년, 런던이 폭격을 당하던 와중에 찍은 이 사진은 처참하게 무너져 내린 서점의 형해(形骸)를 보여 준다. 부서진 지붕으로는 바깥의 유령 같은 건물들이 보이고 가게의 중앙은 무너진 대들보와 가구들이 더미를 이루고 있다. 그런데도 벽의 서가는 단단하게 고정되어 있고 책도 파손되지 않은 채 그대로이다. 그 폐허 속에 남자 세 명이 서 있다. 어떤 책을 선택할까 망설이는 듯한 한 남자는 책의 제목들을 살피고 있고, 안경을 쓴 다른 한 사람은 책 한 권을 뽑으려고 손을 내뻗고 있다. 세 번째 남자는 두 손에 책을 펼쳐 들고 읽고 있다. 그들은 전쟁에 등을 돌리거나 파괴를 외면하지는 않는다. 바깥의 삶을 버리고 책을 선택하고 있는 것이 아니다. 그들은 너무도 이상하게 닥쳐온 현실을 버텨 내려고 안간힘을 쓰고 있다. 그들은 질문을 던질 권리를 주장하고 있다. 폐허 한가운데서도, 가끔 독서만이 가능케 하는 그 놀랄 만한 인식력으로 그들은 다시 한 번 이해를 구하려고 시도하고 있다.

끝나지 않는 『독서의 역사』

　　연금술사의 인내심으로 나는 언제나 또 다른 무언가를 상상하고 시도해 왔다. 그것을 위해서라면 모든 만족과 자만심을 기꺼이 희생할 것이다. 그 옛날 연금술사들이 걸작을 만들어 낼 용광로의 불을 지피기 위해 가구와 지붕의 대들보를 쏘시개로 사용했듯이 말이다. 걸작이란 무엇인가? 참으로 대답하기 어렵군. 그저 몇 권으로 된 책인지, 구성이 안정되고 짜임새 있는 그야말로 책다운 책인지, 수시로 떠오르는 영감이 제아무리 아름답다 한들 그것을 그저 모아 놓은 것은 아닐 테고……. 친구여, 그러고 나니 내가 천 번도 더 거부했던 악덕의 적나라한 고백만이 남는구려. 하지만 그 악덕은 나를 지배하고 있고 그래도 나는 성공할 수 있겠지. 전체로서(이 문제에 있어서 사람은 하느님만이 아신다는 태도를 취해야 해!) 이 작품의 완성에 성공한다는 것이 아니라 성공적인 한 부분을 보여 주는 데 성공한다는 뜻이다……. 완성된 일부분들을 입증해서, 그리고 나 자신이 완수하지 못할 것들을 잘 알고 있음을 입증하면서.

스테판 말라르메
폴 발레리에게 보낸 편지에서
1869년 11월 16일

헤밍웨이의 유명한 소설 『킬리만자로의 눈』에는 주인공이 죽어 가면서 자신의 힘으로는 절대 쓰지 못할 이야기들을 모조리 회상하는 대목이 나온다. "그는 그곳 바깥에서 얻은 훌륭한 이야기를 스무 개 이상 알고 있었으면서도 한 편도 글로 옮기지 않았다. 왜 그랬을까?" 이 주인공은 이야기 몇 가지를 설명하는 데 그치지만 그 이야기의 목록은 분명 끝이 없을 것이다. 우리가 쓰지 않은 책들을 진열하는 서가가, 우리가 읽지 않은 책을 꽂아 둔 서가처럼, 이 우주라는 도서관의 맨 끄트머리 너머 암흑 속으로까지 뻗쳐 있다. 그러므로 우리는 언제나 A라는 글자의 시작의 시작에 서 있을 뿐이다.

내가 쓰지 않은 책 중에는—지금까지 내가 읽지는 않았지만 언젠가는 읽고 싶었던 책 중에는—『독서의 역사』가 있다. 그 책을 나는 바로 거기, 말하자면 도서관의 이쪽 구획을 비추는 불빛이 끝나고 다음 구획의 어둠이 시작되는 바로 그 지점에서 똑똑히 볼 수 있다. 그 책이 어떤 모습인지 나는 정확히 안다. 표지를 그릴 수 있을 뿐 아니라 크림빛 각 책장의 부드러운 감촉까지 상상할 수 있다. 호색가의 동물적인 감각으로 나는 책 커버 밑에 숨은 감각적인 짙은 색의 천 장정과 금박을 입힌 글자도 짐작할 수 있다. 책 제목이 씌어 있는 속표지, 재치 넘치는 인용구, 그리고 감동적인 헌사도 잘 안다. 또 나는 그 책에 호기심을 자극하는 두툼한 인덱스도 곁들여 있다는 것까지도 잘 알고 있는데, 그런 사실이야말로 내게는 대단한 기쁨을 안겨다 준다. (어쩌다 T자로 시작하는 인덱스를 들추면) Tantalus for readers(독서가들의 탄탈로스[1]), Tarzan's library(타잔의 서재), Tearing pages(책장 찢기), Toes(발톱 '관상' 읽기), Tolstoy's canon(톨스토이 작품 목록), Tombstones(묘

1) 탄탈로스는 그리스 신화에 나오는 탄탈로스 일족의 조상으로 간혹 제우스의 아들로 여겨지기도 한다. 신들의 비밀을 누설한 죄로 지옥에 떨어져 벌을 받는다. 지옥에서 탄탈로스는 목이 마르고 배가 고픈 고통을 받는데, 선 채로 턱까지 물에 잠겨 있어 물을 마시려 하면 그때마다 물이 내려가고, 머리 위에 주렁주렁 과일이 달린 가지가 늘어져 있지만 과일을 따려 하면 가지가 손이 닿지 않는 곳으로 물러난다.

비), Torment by recitation(암송에 의한 고문), Tortoise(거북, 조개와 동물 가죽항 참조), Touching books(감동적인 책들), Touchstone and censorship(시금석과 검열), Transmigration of readers' souls(독서가들의 영혼의 이주, 책 빌려 주기항 참조) 같은 항목이 나타난다.

그 책에는 내가 한번도 본 적이 없는 삽화들이 화강암의 줄무늬처럼 군데군데 섞여 있기도 한다. 알렉산드리아 도서관을 7세기에 현존했던 예술가의 눈으로 그린 벽화, 비가 쏟아지는 가운데 정원에서 큰 소리로 책을 읽고 있는 미국의 여류 시인 실비아 플래스[1]의 사진, 파스칼이 포르 루아이알 수도원에 묵던 시절 그의 방 책상 위에 올려져 있던 책까지 그대로 보여 주는 스케치, 타이타닉호 승객 중 누군가가 마지막까지 움켜쥐었을 바닷물에 흠뻑 젖은 책의 사진(아마도 그 여자 승객은 이 책을 지니지 않고는 결코 배를 포기하지 않았으리라), 또 그레타 가르보가 1933년 자신의 손으로 직접 적은 크리스마스 선물 목록(이 목록을 보면 그녀는 그토록 많은 책들 중에서도 나다니엘 웨스트의 『미스 론리허츠』를 사려 했음을 알 수 있다), 그리고 미국의 여류 시인 에밀리 디킨슨[2]이 침대 위에서 잠든 모습(주름 장식이 달린 보닛 턱 밑으로 깔끔하게 매어져 있고 그녀 주위로는 제목을 알아보기 힘든 책이 예닐곱 권 흩어져 있다)……

나는 『독서의 역사』를 바로 코앞 책상 위에 펼쳐 놓고 있다. 그 책은 그럴싸하게 쓰여졌는데(나는 그 책의 스타일에 대해 정확히 감을 잡고 있다), 쉽게 접근할 듯하면서도 학구적이고, 정보를 제공하는 듯하면서도 사색적이다. 멋드러진 겉장 안쪽에는 저자의 사진이 실려있는데, 그 얼굴은 마음씨 좋게 미소를 짓고 있다(저자가 남자인지 여자인지 나는 알지 못한다. 말끔하게 면도를 한 얼굴은 남자도 될 수 있고 여자도 될 수 있다. 이름의 첫머리 글자 또한 여

1) Sylvia Plath, 1932~1963.
2) Emily Dickinson, 1830~1886.

자의 것도 되고 남자의 것도 될 수 있다). 그러면 나는 아주 포근한 보살 핌을 받고 있다는 기분을 느낀다. 각 장(章)을 넘기는 나는 아득한 옛 날에 존재했던 독서가의 조상들을, 그 중 일부만 유명할 뿐 대다수는 눈길 한번 끌지 못했던, 그리고 어쨌든 나 또한 속하게 될 독서가라는 가족의 조상들을 소개받으리라는 것을 잘 알고 있다. 나는 그들의 관 습과 그 관습의 변화상, 그리고 옛날의 동방 박사처럼 죽어 있는 기호 를 살아 숨쉬는 기억으로 변형시키는 힘을 확보할 때까지 그들이 겪어 야 했던 변모를 배우게 될 것이다. 나는 그들의 승리와 박해와 은밀한 발견들을 읽게 될 것이다. 그리고 결국에는 독서가인 나라는 존재가 어떤 인간인지를 더 잘 이해하게 될 것이다.

어떤 책이 존재하지 않는다고 해서 (아니면 아직껏 존재하지 않았다 고 해서) 그 책을 무시하지 못하는 건 우리가 상상적인 주제에 대해 쓴 책을 무시하지 않는 것이나 마찬가지 경우이다. 세상에는 일각수(一角 獸)에 관한, 아틀란티스 섬에 관한, 남녀 동등에 관한, 셰익스피어의 『소네트집』에 나오는 흑(黑)부인과 그녀만큼 우아한 귀공자에 관한 책 들도 있다. 하지만 『독서의 역사』에 기록된 역사는 포착하기가 매우 어려웠다. 말하자면 '독서의 역사'의 본가지에서 벗어난 지엽적인 이 야기로 이뤄졌다고 할 수 있겠다. 하나의 주제는 또 다른 주제를 끌어 들이고, 하나의 일화는 보기에 따라 전혀 관계 없을 듯한 이야기까지 내 마음 속에 불러일으킨다. 저자는 마치 논리적인 인과 관계나 역사 적인 일관성을 무시하려는 듯, 그리고 독서가의 자유에 대해서는 바로 그 독서라는 기교에 대한 글에서 정의를 내리려는 듯 방향 감각 없이 앞으로만 나아간다.

그럼에도 불구하고 이런 마구잡이식 이야기에도 논리적인 순서는 있다. 내가 보고 있는 이 책은 독서뿐만 아니라 평범한 독서가들의 역사까지 담고 있다. 이들 독서가들은 인류 역사를 거쳐 오면서 수많은 책들 중에서 특정한 책을 선택해 왔다. 그들이 선택했던 책은 선인들의 판단을 통해 이미 받아들여진 것일 때도 있었지만 간혹 잊혀진 채 파묻혀 있던 것을 발굴할 때도 있었고, 또는 동시대인이 쓴 책을 선택할 수도 있었다. 그러므로 이 책은 그런 개개인의 작은 승리와 은밀한 고통, 그리고 그런 것들이 전해오게 된 방식에 관한 이야기이다. 이런 모든 것들이 어떻게 일어나게 되었는지는 가족 회고록이나 마을의 역사, 그리고 아득한 옛날 아득히 먼 곳에서 영위되었던 삶에 대한 설명 등에서 발견되는 몇몇 보통 사람들의 일상을 통해 세세하게 기록되었다. 그렇지만 이야기의 대상은 항상 개인들이지 거대한 단위에 속하는 국가나 세대는 결코 아닌데, 그 이유는 한 나라나 세대가 선택하는 것은 '독서의 역사'가 아니라 '통계의 역사'에 속한다는 판단에서다. 언젠가 릴케는 이런 질문을 던졌다. "이 세상의 역사가 통채로 잘못 이해될 수 있을까? 우리가 항상 대중에 대해서만 이야기했다고 해서 과거를 엉터리라고 말할 수 있을까? 마치 군중들이 둘러싸고 있는 현장을 이야기할 때, 그들에 의해 둘러싸인 한가운데의 사람이 이방인이거나 죽어 가고 있다는 이유로 그 사람에 대해서는 이야기하지 않고 주변에 몰린 군중들만을 이야기하는 것처럼 말이다. 그렇다. 역사도 엉터리라고 말할 수 있다." 이런 오해를 『독서의 역사』의 저자는 분명히 인식했다.

이 정도에서 제14장을 통해 영국 더램의 주교이자 에드워드 2세의 재정관과 대법관을 지냈던 리처드 드 베리를 살펴보자. 1287년 1월 24일, 서퍽주 베리 세인트 에드먼즈 인근의 작은 마을에서 태어난 그는 자신의 쉰여덟 번째 생일에 책을 한 권 완성하면서 "이 책은 기본적으로 책을 향한 사랑을 다루고 있기 때문에 고대 로마인들이 책 제목을 그리스어로 짓던 유행을 따라 '필로비블론'(Philobiblon)으로 정했다"
고 설명했다. 그리고는 4개월 뒤 세상을 떠났다. 드 베리는 아주 열정
적으로 책을 수집했다. 그가 소장한 책은 영국의 다른 주교들의 책을
다 합한 것보다 더 많았다. 그 책들을 침대 주변에 쌓아 두었기 때문에
책을 밟지 않고 그의 방으로 들어가기는 거의 불가능했다. 그런 행운
을 감사하게 여겼던 드 베리는 학자는 아니었다. 그저 자기가 좋아하
는 책을 읽기만 했을 뿐이었다. 그는 아리스토텔레스의 작품이 아닌
것을 그의 것이라 이야기했고 형편없는 시구를 인용하면서도 마치 오
비디우스의 시구인 양 생각했다. 그는 이렇게 쓰고 있다. "책에서는 죽
은 사람들이 마치 살아 있는 사람처럼 느껴진다. 책에서 나는 앞으로
다가올 일들을 예견한다. 책에는 전쟁을 암시하는 전조들이 설명되며
평화의 법도 나온다. 모든 존재들은 결국에는 부패하고 썩게 마련이
다. 농경의 신 사투르누스는 자신이 낳은 아이들을 삼키는 일을 그만
두지 않으며, 신이 인간에게 책이라는 치유법을 내리지 않았다면 이
세상의 모든 영광은 망각 속으로 파묻혀 버리고 말았을 것이다."(이
책의 저자는 언급하지 않았지만 버지니아 울프도 학교에서 낭독한 한 과
제물에서 드 베리의 주장을 그대로 되풀이했다. 버지니아 울프는 이런 글
을 남겼다. "나는 간혹 이런 꿈을 꿀 때가 있다. 최후의 심판일이 동터 오
고 위대한 정복자들과 변호사들과 정치인들이 각자의 대가—불멸의 대리
석에 지워지지 않게 새겨진 그들의 왕관과 월계수와 이름—를 받게 된다
면 전지 전능하신 하느님은 베드로 쪽으로 몸을 돌리고는, 우리가 겨드랑
이에 책을 끼고 오는 모습을 지켜볼 때의 그런 질투심으로 '이봐, 이들에
게는 포상이 필요없어. 그들에겐 줄 것이 없어. 그들은 책 읽기를 사랑하
잖아' 라고 말할 것이다.")

　　제8장은 거의 잊혀진 독서가에게 봉헌한 것인데, 이 독서가를 두고

성 아우구스티누스는 어느 편지에서 "경외심까지 불러일으키는 필사자"라고 칭송하며 자신의 책 중 한 권을 헌정하기도 했다. 그녀의 이름은 (그녀의 할머니인 대(大)멜라니아와 구분하기 위해) 소(小)멜라니아라 불렸는데, 로마와 이집트, 북아프리카 등지에서 살았다. 그녀는 385년경에 태어나 439년 베들레헴에서 죽었다. 그녀는 책을 너무나 사랑했던 나머지 수중에 넣을 수 있었던 책은 모조리 필사를 해서 귀중한 서재를 만들었다. 한 학자는 5세기 그녀에 대한 어느 글에서 '천부적인' 재능을 타고났으며 책 읽기에 대한 사랑이 너무나 깊어 그리스도교 초기 저술가들의 삶을 마치 후식을 먹듯이 탐독하곤 했다고 적고 있다. "그녀는 돈을 주고 산 책뿐만 아니라 어쩌다 접하게 되는 책까지도 어찌나 꼼꼼하게 읽었던지 이 세상에 그녀가 모르는 단어나 사상은 하나도 없었다. 배움을 향한 그녀의 사랑은 너무나 진지해서, 그녀가 라틴어로 쓰인 책을 읽고 있을 때면 사람들은 그녀가 그리스어는 하나도 모른다는 인상을 받았으며, 반대로 그리스어로 쓰인 책을 읽고 있을 때면 라틴어는 전혀 모른다고 생각했다." 총명했던 소(小)멜라니아는 책에서 안락을 추구했던 많은 사람들 중의 한 사람으로『독서의 역사』속을 떠돌고 있다.

우리와는 1세기 정도 차이가 나는 시기에(하지만『독서의 역사』의 지은이는 관행을 무시하고 그를 제6장으로 초대했다) 또 한 사람의 너그러운 독서가인 오스카 와일드가 모습을 드러낸다. 그의 어머니가 골라 줬던 켈트족 동화에서부터 옥스퍼드의 막달렌 칼리지에서 읽었던 학술서까지 그의 독서 편력을 따라가 보도록 하자. 그는 옥스퍼드에서 치러진 어느 시험 시간에 그리스어 신약 성서의 그리스도 수난 부분을 번역하라는 지시를 받았다. 그가 너무도 쉽게, 그리고 너무도 정확하게 번역을 끝내자 시험관은 그에게 그만하면 충분하다고 일러 주었다.

그렇게까지 말했는데도 와일드가 번역을 계속하자 시험관은 다시 한 번 그만하라고 타일렀다. 그러자 와일드는 "제발 계속하게 내버려두세요. 결말이 어떻게 끝나는지 알고 싶어요"라고 대답했다.

와일드에게 자신이 무엇을 좋아하는지 아는 것은 피해야 할 것을 아는 것 못지않게 중요했다. 신문 『폴 몰 가제트』지의 정기 구독자들을 위해 그는 1886년 2월 8일에 '어떤 것을 읽고, 어떤 것은 읽지 말 것인지'의 문제에 대해 이런 충고의 말을 전했다.

절대로 읽지 않아야 할 책은 이런 것들이다. 톰슨의 『사계절』, 로저스의 『이탈리아』, 페일리의 『증거들』, 성 아우구스티누스를 제외한 모든 교부(教父)들의 저술, 『자유론』을 제외한 존 스튜어트 밀의 모든 책들, 단 한편의 예외도 없이 볼테르가 남긴 희곡 전부, 버틀러의 『유추』, 그랜트의 『아리스토텔레스』, 흄의 『잉글랜드』, 루이스의 『철학의 역사』, 논쟁적인 모든 책들, 그리고 무언가를 입증해 보이려고 노력하는 모든 책들……. 사람들에게 무언가를 읽으라고 충고하는 행위는 대체로 무익하거나 해로운데, 왜냐하면 문학에 대한 진정한 평가는 가르치고 할 성질의 것이 아니기 때문이다. 시(詩)에는 입문서가 없고, 사람이 배울 수 있는 것 중에는 항구적으로 배울 가치가 있는 것은 아무것도 없다. 하지만 사람들에게 읽지 말아야 할 것을 일러 주는 것은 크게 다른 문제여서 나는 감히 그것을 대학교육보급운동의 임무로 추천하고자 한다.

혼자만의 책 읽기나 공개적으로 이뤄지는 책 읽기의 취향에 관해서는 매우 일찍이 이 책의 제4장에서 논의된다. 명작 선집자로서의 독서가의 역할도 고려되는데, 여기에는 독서가 자신을 위해 읽을거리를 수집하는 경우도 있고(이 범주에는 장-자크 루소의 『비망록』이 예로 제시되었다) 다른 사람들을 위한 경우도 있다(프랜시스 터너 폴그레이브[1]의 『골든 트레저리Golden Treasury』가 그 예이다). 아울러 우리의 저자는 청중에 대한 관념이 명작 선집자의 텍스트 선택에 어떤 식으로 영향을 미치는지를 매우 명쾌하게 들려 준다. 이러한 '선집의 미시적 역사'를 옹호하기 위해 우리의 저자는 조나단 로즈 교수가 주장한 '독자의 반응에 대한 다섯 가지 일반적인 오류'를 인용한다.

- 모든 문헌은 독자의 정치적 의식에 영향을 미친다는 점에서 언제나 정치적이다.
- 한 텍스트의 영향력은 그 텍스트의 부수와 정비례한다.
- '대중' 문화는 '고급' 문화에 비해 추종자가 월등히 많다. 그렇기 때문에 대중 문화가 대중들의 태도를 더욱 정확하게 반영한다.
- '고급' 문화는 기존의 사회·정치 질서를 지지하고 강화하는 경향이 크다(이는 좌익과 우익 양측에 의해 폭넓게 받아들여지는 가정이다).
- '위대한 책들'의 기준은 엘리트 계층에 의해 배타적으로 정의된다. 일반 독자들은 그런 원칙을 인정하지 않거나, 어쩔 수 없이 받아들일 때도 엘리트들의 의견에 맹종하는 것일 뿐이다.

우리의 저자가 분명하게 밝히고 있듯이 우리 독서가들은 이들 오류 모두는 아니라 하더라도 적어도 한두 가지 오류에는 동의하리라 본다. 그 장(章)에서는 또 무작위로 모아진 '기성품 명작 선집'에 대해서도 설명한다. 이런 명작 선집으로는 구(舊)카이로의 어느 진기한 유대인 문서고에 보관돼 있던 1천 권에 달하는 텍스트들이 있다. '게니자'라 불리는 이 텍

<hr />

[1] Francis Turner Palgrave, 1824~1897. 영국의 비평가이자 시인.

스트들은 중세에 지은 유대교 예배당의 폐쇄된 골방에서 1890년에 발견되었다. 신의 이름을 경배하던 유대인들은 어떤 종이라도 혹시나 신의 이름이 담겨 있지나 않을까, 하는 두려움으로 함부로 버릴 수가 없었다. 그래서 혼인 계약에서부터 음식 목록까지, 사랑의 시에서 서적상의 도서 목록까지(어느 도서 목록에는 『아라비안나이트』에 대한 언급이 처음으로 나온다) 무엇이든 미래의 독자를 위해 거기에 쌓아 두었던 것이다.

한 장(章)이 아니라 세 개의 장(31, 32, 33장)에 걸쳐 우리의 저자는 '독서가의 발견'을 집중적으로 논하고 있다. 모든 텍스트는 한 사람의 독서가를 당연한 것으로 여기고 있다. 세르반테스가 『돈키호테』의 첫 부분을 '한가한 독서가'를 부르는 것으로 시작할 때, 그 첫머리에서부터 등장하는 인물은 이제 곧 시작될 이야기에 몰입할 수 있을 만큼 시간이 충분한 독서가인 바로 나 자신이 되는 것이다. 세르반테스는 나에게 그 책을 이야기하고, 그 작품의 구성에 대해 설명하고, 그 책의 결함을 고백한다. 어느 친구의 충고를 좇아 세르반테스는 자신이 직접 책을 추천하는 내용의 시를 몇 편 썼다(오늘날 통용되고 있는 『돈키호테』는 보통 유명 인사들로부터 받은 칭송을 책 표지에 담고 있다). 세르반테스는 나에게 비밀을 털어놓음으로써 자신의 권위를 실추시킨다. 그 책을 읽고 있는 나는 방어 자세를 취해야 하는데, 바로 그런 행동으로 인해 독서가인 나는 오히려 무장 해제를 당하는 셈이다. 나에게 그렇게 명쾌하게 설명해 주고 있는데 어떻게 항의를 할 수 있단 말인가? 나는 그 게임에 가담하기로 동의한다. 그 허구를 받아들이는 것이다. 결국 그 책을 덮지 못하고 만다.

나의 공개된 협잡은 계속된다. 나는 역사학자인 시드 하메트 베넨겔리로부터 『돈키호테』 제1부의 여덟 장들은 세르반테스 자신의 이야기이고 그 나머지 부분은 아랍 작품을 번역한 것에 지나지 않는다는 말을 듣는다. 왜 그런 농간을 떠올리는가? 그 이유는 독서가인 내가 쉽게 설득당하지 않는 존재이기 때문이어서도 그렇고, 또 작가가 진실임을 맹세하는 그 속임수에 넘어가지 말아야 책 읽기의 수준이 끊임없이 향상될 수 있기 때문이기도 하다. 나는 소설을 읽고, 진정한 모험을 읽고, 진정한 모험의 번역을 읽고, 현실의 수정본을 읽는다.

『독서의 역사』는 취사 선택된다. '독서가의 발견'에 이어 또 다른 허구적 인물인 작가의 발견에 대한 장이 따른다. 프루스트는 이런 글을 남겼다. "어쩌다 나는 불행하게도 '나'라는 단어로 책을 시작하게 되었다. 그러자 나는 보편적인 법칙을 발견하려 하지 않고 '나'라는 단어가 지니는 개인적이고 혐오스런 의미에서 나 자신을 분석하고 있다는 생각이 들었다." 이 말에 자극을 받아 우리의 저자는 1인칭 단수의 쓰임새를 논하고 또 '나'라는 허구적인 인물이 독자들로 하여금 실제 책 속에서는 철저히 배제되어 있는데도 책 속의 대화에 끼여들고 있는 것으로 느끼게 만드는 힘에 대하여 논하게 된다. 우리의 저자는 "독자가 작가의 권위를 넘어서까지 읽을 수 있어야만 그런 대화가 일어날 수 있다"고 말하며 그 예를 '누보 로망'에서, 특히 철저하게 2인칭으로 쓰여진 미셸 뷔토르[1]의 소설 『변심變心』에서 끌어내고 있다. 우리의 저자는 이렇게 덧붙인다. "여기서 비밀을 털어놓으마. 작가는 독자들이 '나'라는 존재를 믿어 주길 기대하지도 않을 뿐 아니라 '사랑하는 독자'에 걸맞게 겸손한 역할을 맡을 것으로 가정하지도 않는다."

호기심을 자극하기에 충분한 일탈(『독서의 역사』의 제40장)을 감행하면서 우리의 저자는 독자에게 말을 거는 다양한 형식이 문학의 주요 장르의 창조로, 아니면 적어도 문학 장르의 분류로 이어졌음을 암시한다. 1948년 독일의 비

1) Michel Butor, 1926~ . 프랑스의 소설가.

평가인 볼프강 카이저(Wolfgang Kayser)는 『언어 예술 작품론』이라는 책에서 장르라는 개념은 모든 언어에 공통적으로 존재하는 세 가지 인칭에서 유래되었다는 사실을 내비쳤다. '나' '당신', 그리고 '그, 그녀 혹은 그것'이 그것들이다. 서정적인 문학에서 '나'는 나 자신을 정서적으로 표현하고, 희곡에서 '나'는 2인칭인 '당신'이 되어 또 다른 '당신'과 정열적인 대화를 나눈다. 마지막으로 서사시의 주인공은 객관적으로 이야기를 풀어 나가는 3인칭 '그, 그녀 혹은 그것'이 된다. 게다가 각 장르는 독자들에게 세 가지 분명히 다른 태도를 요구한다. 서정적인 태도(노래하는 듯한 태도), 극적인 태도(이를 카이저는 '돈호법' (apostrophe)이라고 부른다), 그리고 서사적인 태도 혹은 서사적 어투가 그것이다.

이런 주장을 우리의 저자도 열렬히 받아들여 세 부류의 독서가를 구체적인 예로 들어 보이고 있다. 먼저 19세기 프랑스의 여학생 엘루아즈 베르트랑을 보자. 이 소녀는 제라르 드 네르발[1]의 작품을 읽고 충실하게 기록으로 남겼는데, 그녀의 일기는 1870년 보불 전쟁의 혼란중에서도 용케 보존되었다. 또 런던의 왕립 극장 무대에서 『웨이크필드의 목사』를 공연할 때 올리비아 역을 맡은 엘런 테리[2]를 도와 프롬프터를 맡았던 더글라스 하이드가 있다. 또 다른 독서가는 프루스트의 가정부였던 셀레스트로, 자기 주인의 방대한 소설을 부분적으로나마 읽었다고 한다.

제68장에서(이 『독서의 역사』는 보기 좋을 만큼 두껍다) 저자는 대부분의 독서가들이 과거의 망각 속으로 포기해 버린 한참 뒤까지도 몇몇 독서가만은 어떤 책 읽기를 고이 간직하는 이유와 비법에 대해 의문을 제기한다. 이 대목에서 제시된 예는 1855년 어느 날인

1) Gérard de Nerval, 1808~1855. 프랑스의 시인이자 소설가.
2) Ellen Terry, 1847~1928. 영국의 여배우.

가 발행된 런던의 한 일간지에서 발췌한 것이다. 그 당시 대부분의 영국 신문들은 크리미아에서 벌어지고 있던 전쟁 소식으로 도배질하고 있었다.

  황금 시대 여자 양치기들의 목가적인 복장을 한 예순 살쯤 되어 보이는 존 챌리스라는 늙은 남자, 그리고 오늘날의 여자 옷차림을 하고서 자신을 변호사라고 소개한 35세 된 조지 캠벨이 R.W. 카던 경 앞의 재판정에 자리잡고 있었다. 이들은 변태적인 범죄를 자행하도록 다른 사람들을 자극할 목적으로 턴어게인 레인의 무허가 댄스홀인 드루이즈-홀에서 여자로 변장해 있다가 발각돼 기소되었다.

  '황금 시대 여자 양치기'. 1855년께만 해도 전원 생활을 그리는 문학 작품에서 이상향으로 삼은 것은 아득한 옛날이었다. B.C. 3세기 테오크리토스의 『목가』에서 체계적으로 정리되어 17세기까지도 이런저런 형태로 작가들에게 호소력을 지니면서 밀턴[1], 가르실라소 데 라 베가, 잠바티스타 마리노[2], 세르반테스, 필립 시드니[3], 존 플레처[4]처럼 본질적으로 성향이 달랐던 작가들을 유혹했던 전원시는 조지 엘리엇, 엘리자베스 개스켈[5], 에밀 졸라[6] 라몬 데 바예잉클란[7] 같은 소설가들에게도 매우 다양하게 영향을 미치고 있는데, 이들의 작품에서는 전원 생활이 약간은 더 화사했던 것처럼 보인다. 『애덤 비드』(1859), 『크랜퍼드』(1853), 『대지』(1887)가 그런 작품들이다. 이런 시도도 새로운 것은 아니다. 일찍이 14세기 스페인의 작가 후앙 루이스[8]

1) John Milton, 1608~1674. 영국의 시인.
2) Giambattista Marino, 1569~1625. 이탈리아의 시인.
3) Philip Sidney, 1554~1586. 영국의 시인이자 저술가.
4) John Fletcher, 1579~1625. 영국의 극작가.
5) Elizabeth Gaskell, 1810~1865. 영국의 여류 소설가.
6) Emile Zola, 1840~1902. 프랑스의 소설가.
7) Ramon del Valle Inclan, 1866~1936. 스페인의 시인이자 소설가.
8) Juan Ruiz, 1283?~1350?.

는 그의 작품 『아름다운 사랑의 글』에서 시인이나 외로운 기사가 아름다운 여자 양치기를 만나 점잖게 유혹하는 식으로 전개되던 기존의 관행을 뒤엎고 화자가 과다라마라는 언덕에서 거칠고 무뚝뚝하고 고집이 센 여자 양치기 네 사람과 조우하는 것으로 이야기를 끌어갔다. 처음 두 명의 여자 양치기들이 그를 겁탈하자 그 화자는 세 번째 양치기를 만나서는 거짓으로 결혼을 약속함으로써 위기를 모면하는데, 네 번째 여자 양치기는 그에게 옷이나 보석, 결혼, 혹은 현금을 내놓으면 잠자리를 제공하겠다고 제안했다.

그로부터 2백 년이 지난 뒤에는 사랑에 빠진 양치기 남녀나 매력적인 신사와 순진무구한 시골 처녀의 상징적 호소력을 여전히 믿었던 늙은 챌리스 같은 사람은 찾아보기 무척 힘들게 되었다. 『독서의 역사』의 저자에 따르면, 이런 방식은 독서가들이 과거를 보존하고 다시 들려 주는 방법(틀림없이 극단적이다) 중의 하나이다.

『독서의 역사』 이곳 저곳에서는 몇 개의 장(章)에 걸쳐 독자가 사실(fact)로 받아들일 것에 대비하여 픽션이 갖춰야 할 의무 사항에 대해 논한다. 사실(fact) 읽기에 관한 장들은 플라톤의 이론에서부터 헤겔과 베르그송의 비판까지 담고 있어 약간은 딱딱한 인상을 준다. 이들 장에서는 어쩌면 실존 인물이 아닐 수도 있는 14세기 영국의 여행 저술가 존 맨더빌 경에 대해 서술하고 있다. 그러나 그 서술이 요점을 추려내기에는 지나치게 산만한 느낌을 준다. 그러나 픽션 읽기에 대한 장들은 훨씬 더 간결하다. 여기서는 두 가지 의견이 제시되는데, 이 의견들은 똑같이 규범적인 특성을 가지면서도 서로 반대되기도 하다. 한 의견에 따르면, 독자는 소설의 등장 인물들을 믿고 그들처럼 행동하는 경향이 강하다는 것이다. 또 다른 의견에 따르면, 독자는 소설 속의 등장 인물에 대해 '현실 세계'와는 아무런 관계가 없는 그야말로 가공의 인물에 지나지 않는 것으로 파악해야 한다는 것이다. 제인 오스틴의 『노생거 사원』을 보면 이사벨라와 친구 관계를 끊은 캐서린을 놓고 헨리 틸니가 따져 묻는데, 틸니는 첫번째 의견을 보이고 있다. 틸니는 캐서린의 감정이 픽션의 예를 따를 것으로 기대하고 있는 것이다.

> "너의 기분 말야, 내가 짐작하기로는, 이사벨라를 잃다니 말야, 너 자신의 반쪽을 잃은 기분이겠군. 너의 가슴에 뻥 뚫린 빈 자리는 다른 어떠한 것으로도 채울 수 없어. 주변의 모든 것은 성가시기만 하고, 그리고 바스에서 이사벨라와 함께 즐겼던 그 놀이를 말할 것 같으면, 그녀 없는 놀이를 머리에 떠올리는 것만으로도 몹시 증오스러울걸. 이제 너는 절대로 무도회에 가지 못할 거야. 이제 네 곁에는 속내 이야기를 털어놓을 만한 친구가, 진심으로 믿어도 좋을 만큼 호감을 보이는 친구가, 네가 곤경에 처할 때 의지할 수 있고 충고해 줄 수 있는 친구가 더 이상 존재하지 않는다는 기분이 들걸. 넌 그런 기분이지?" "아니." 캐서린은 이렇게 대답하고 나서 잠시 생각에 잠겼다가 "나는 그렇지 않아—그런 기분을 느껴야 하는 건가?"라고 덧붙였다.

독서가의 목소리가 텍스트에 어떤 영향을 미치는지는 제51장에서, 로버트 루이스 스티븐슨의 주인공이 사모아에서 이웃 사람들에게 이야기를 읽어 주는 장면을 통해 논의된다. 스티븐슨은 자신의 극적인 감각과 산문의 음악적 요소를 그의 어린 시절 보모였던 앨리슨 커닝엄, 즉 '커미'가 침대 머리맡에서 들려 준 이야기의 덕으로 돌렸다. 그 보모는 스티븐슨에게 귀신 이야기와 성가, 칼뱅 교도들의 작은 책자들과 스코틀랜드의 소설을 읽어 주었는데, 이런 다양한 이야기들은 어떤 식으로든 스티븐슨의 소설 속에 녹아들었다. "커미, 나에게 드라마에 대한 열정을 심어 줬던 장본인은 바로 당신이에요"라고 그는 어른이 되어 그녀에게 고백했다. "저라구요, 도련님? 저는 한평생 극장에 발을 들여놓았던 적이 없는걸요." "오, 커미." 그가 대답했다. "그렇지만 당신이 찬송가를 외우던 모습은 너무나도 감동적이었어요."

스티븐슨은 나이 일곱 살이 될 때까지 글을 익히지 않았는데 그 이유는 게을러서가 아니라 남의 입을 통해 생생하게 살아 꿈틀거리는 이야기들을 듣는 기쁨을 더 연장하고 싶어서였다. 이를 우리의 저자는 '셰헤라자드[1] 신드롬'이라고 부른다.

픽션을 읽는 것만이 우리 저자의 유일한 관심사는 아니다. 과학 소책자, 사전, 인덱스나 각주나 헌사 같은 책의 한 부분, 지도, 신문 따위의 읽기도 저마다의 장(章)을 얻을 만하다(그리고 실제로 얻고 있다). 거기에는 소설가 가브리엘 가르시아 마르케스를 짤막하면서도 매우 인상적으로 묘사한 대목이 들어 있다. 이 소설가는 매일 아침마다 사전을 두 페이지씩 읽었는데, 이 소설가의 습관을 우리의 저자는 간결하고 정확한 문장을 쓰는 요령을 터득하려 나폴레옹 법전을 숙독했던 스탕달의 습관에 비교한다.

빌린 책을 읽는 것에 얽힌 이야기는 열다섯 번째 장을 채우고 있다. 제인 칼라일(토마스 칼라일의 부인으로 유명한 서간문 작가임)은 '불법적인 일을 저지르는 것과도 비슷한', 나의 것이 아닌 책들을 읽는 행위, 그리고 나의 명성에 영향을 미칠 수도 있는, 도서관에서 책을 선택하는 행위의 복잡하고 미묘한 세계로 우리를 안내한다. 1843년 1월 어느 날 오후, 유서 깊은 런던 도서관에서 프랑스 작가 폴 드 콕의 외설스런 소설 몇 권을 고른 그녀는 뻔뻔스럽게도 대출장에 자기 이름을 에라스무스 다윈으로 적었다. 그 이름의 주인이 완고하기 이를 데 없던 늙은이로,

1) Scheherazade. 밤마다 남편에게 재미있는 이야기를 들려 주고 자기의 목숨을 건졌다는 페르시아 왕비.

저 유명한 찰스 다윈의 할아버지였으니 사서들로서는 깜짝 놀라지 않을 수 없는 노릇이었다.

『독서의 역사』에는 또 우리 시대와 옛날의 책 읽기 의식도 소개된다(제43장과 제45장). 블룸스데이에서 벌어졌던 『율리시스』의 마라톤 독회, 잠자리에 들기 전 라디오에서 들려 주던 책 읽기에 대한 향수, 청중으로 가득한 홀이나 눈[雪]에 갇힌 휑한 공간에서 이뤄지던 책 읽기, 환자의 침대 곁에서의 책 읽기, 겨울 화롯불 가에서의 귀신 이야기 읽기 등등. 또 독서요법(제21장)이라는 신기한 과학도 있는데 웹스터 사전에 따르면 "의학과 정신병학에서 책 읽기를 보조 요법으로 활용하는 것"으로 정의되는 이 학문을 바탕으로 어떤 의사들은 『버드나무 바람』이나 『부바르와 페큐셰』로 심신에 깃든 병을 치료할 수 있다고 주장한다.

이젠 빅토리아 여왕 시대의 여행에서는 결코 빼놓을 수 없었던 책 보따리 이야기를 할 때가 되었다. 리비에라로 여행을 떠나든, 아니면 남극 대륙으로 떠나든 그 당시에는 누구나 적절한 책으로 가득한 여행 가방을 챙기지 않고는 결코 집을 떠나지 않았다(가엾은 아문젠. 우리의 저자에 따르면, 남극으로 향하던 길에 그 탐험가의 책 보따리가 그만 얼음 밑으로 빠져 버렸다고 한다. 그래서 아문젠은 당시 구해 낼 수 있었던 유일한 책을 벗삼아 몇 개월을 보내지 않을 수 없었다. 그 책이 바로 존 고든의 『고독과 고통에 빠진 폐하의 초상화』였다).

말미(그래도 마지막은 아니다)의 어느 장(章)은 작가들이 독서가의 힘을 인정하는 문제에 대해 노골적으로 언급하고 있다. 마치 레고 박스처럼, 독서가들이 쌓아 주기를 기다려 책장을 활짝 열어 놓고 있는 책들이 여기 몇 권 있다. 로렌스 스턴[1]의 『트리스트램 샌디의 생애와 의견』은 독자

[1] Laurence Sterne, 1713~1768. 영국의 성직자이자 소설가.

들이 어떤 방식으로 읽어도 좋게 창작되었다. 그리고 훌리오 코르타사르[1]의 『돌차기 놀이』는 각 장을 서로 바꿔 읽어도 무방하게 꾸몄기 때문에 각 장의 순서는 독자들이 마음대로 결정할 수 있다. 스턴과 코르타사르는 불가피하게 뉴에이지 소설, 다시 말해 하이퍼텍스트(hypertext)로 우리를 안내한다. (우리의 저자에 따르면) 하이퍼텍스트란 용어는 1970년대 컴퓨터 전문가인 테드 넬슨이 컴퓨터 기술로 가능해진 비연속적인 이야기 공간을 묘사하기 위해 만들어 낸 것이다. "여기, 꼭대기도 없고 바닥도 없는 네트워크에서는 어떠한 위계 질서도 존재하지 않는다"고 우리의 저자는 소설가 로버트 쿠버의 말을 인용하고 있다. 쿠버는 『뉴욕 타임스』지에 기고한 글에서 하이퍼텍스트를 묘사하며 그 이유를 이렇게 설명했다. "단락, 장, 그리고 다른 전통적인 텍스트 분할이 이제는 위임받은 권한도 서로 똑같고, 수명도 똑같은 창문 크기의 텍스트와 그래픽으로 대체되었기 때문이다." 하이퍼텍스트의 독자는 거의 모든 지점에서 텍스트로 들어갈 수 있고 언제든지 이야기의 흐름을 바꾸거나 삽입, 수정, 확장, 삭제 등을 요구할 수 있다. 독서가(아니면 작가)는 언제나 하나의 텍스트를 계속 파고들거나 다른 이야기로 바꿀 수 있기 때문에 이들 텍스트 또한 종말이 없는 셈이다. "모든 것이 중도에 놓여 있다면, 독서가나 작가나 언제 일을 마무리지었는지 어떻게 알 수 있는가?"라고 쿠버는 묻는다. "만약 저자가 언제 어디서나 이야기를 시작하고, 또 원하는 모든 방향으로 이야기를 전개해 나갈 수 있는 자유를 누릴 수 있다면, 이제는 그렇게 함이 의무가 아닐까?" 이 인용문에서 우리의 저자는 그런 의무에 내포된 자유를 건드린다.

다행히도 『독서의 역사』에는 끝이 없다. 우리의 저자는 이 책 말미에 독자 여러분

1) Julio Cortàzar, 1914~1984. 벨기에 태생의 아르헨티나 소설가.

들이 아직 미래에 일어날 독서 행위와 놓쳐 버린 주제, 적절한 인용, 사건과 등장 인물에 대한 더 많은 사색을 덧붙일 수 있도록 백지 여러 장을 남겨 두었다. 거기에는 약간의 위안이 담겨 있다. 나는 그 책을 내 침대 곁에 놓는 장면을 상상해 본다. 오늘 밤, 아니면 내일 밤, 그것도 아니면 모레 밤에 그 책을 펼치면서 혼잣말로 중얼거리는 모습도 그려 본다. "아직 끝나지 않았어"라고.